KB210425

도서출판 대장간은
쇠를 달구어 연장을 만들듯이
생각을 다듬어 기독교 가치관을
바르게 세우는 곳입니다.

대장간이란 이름에는
사라져가는 복음의 능력을 되살리고,
낡은 것을 새롭게 풀무질하며, 잘못된 것을
바로 세우겠다는 의지가 담겨져 있습니다.

www.daejanggan.org

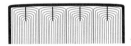

신자들의교회 성서주석은
펼침이 좋고 오래 보관할 수 있도록
전통적인 사철 방식으로 제작했습니다

40년 넘게 나를 지지해준
아내 메리에게잠31:28-29

BELIEVERS CHURCH BIBLE COMMENTARY

Old Testament

Genesis, by Eugene F. Roop, 1987
Exodus, by Waldemar Janzen, 2000
Deuteronomy by Gerald E. Gerbrandt, 2015
Joshua, by Gordon H. Matties, 2012
Judges, by Terry L. Brensinger, 1999
Ruth, Jonah, Esther, by Eugene F. Roop, 2002
1 & 2 Chronicles by August H. Konkel, 2016
Psalms, by James H. Waltner, 2006
Proverbs, by John W. Miller, 2004
Ecclesiastes, by Douglas B. Miller, 2010
Isaiah, by Ivan D. Friesen, 2009
Jeremiah, by Elmer A. Martens, 1986
Lamentations/Song of Songs by Wilma Ann Bailey, Christina Bucher, 2015
Ezekiel, by Millard C. Lind, 1996
Daniel, by Paul M. Lederach, 1994
Hosea, Amos, by Allen R. Guenther, 1998

New Testament

Matthew, by Richard B. Gardner, 1991
Mark, by Timothy J. Geddert, 2001
John, by Willard Swartley, 2013
Acts, by Chalmer E. Faw, 1993
Romans, by John E. Toews, 2004
2 Corinthians, by V. George Shillington, 1998
Galatians by George R Brunk III, 2015
Ephesians, by Thomas R. Yoder Neufeld, 2002
Philippians by Gordon Zerbe, 2016
Colossians, Philemon, by Ernest D. Martin, 1993
1–2 Thessalonians, by Jacob W. Elias, 1995
1–2 Timothy, Titus, by Paul M. Zehr, 2010
1–2 Peter, Jude, by Erland Waltner and J. Daryl Charles, 1999
1, 2, 3 John, by J. E. McDermond, 2011
Revelation, by John R. Yeatts, 2003

Old Testament Editors

Elmer A. Martens, *Mennonite Brethren Biblical Seminary, Fresno, California*
Douglas B. Miller, *Tabor College, Hillsboro, Kansas*

New Testament Editors

Willard M. Swartley, *Anabaptist Mennonite Biblical Seminary, Elkhart, Indiana*
Loren L. Johns, *Anabaptist Mennonite Biblical Seminary, Elkhart, Indiana*

Editorial Council

David W. Baker, *Brethren Church*
W. Derek Suderman, *Mennonite Church Canada*
Christina A. Bucher, *Church of the Brethren*
John Yeatts, *Brethren in Christ Church*
Gordon H. Matties, *Mennonite Brethren Church*
Paul M. Zehr (chair), *Mennonite Church USA*

회중교회 사역자,

교회학교 교사,

선교단체의 리더,

그룹성경공부 구성원,

학생,

목회자,

연구자.

이 읽기 쉬운 주석 시리즈는

성서의 원래 메시지와 그 의미를

오늘날 더 온전히 이해하려는

모든 이들을 위한 것이다.

Copyright © Hreald Press 1994

Original published in English under the title ;
  Daniel -Believers Church Bible Commentary
  by Paul M. Lederach.
Published by Herald Press, Herrisonburg, VG 22802
Realeased simultaneously in Canada by Herald Press Waterloo, Ont. N2L 6H7.
All rights reserved.

Uesd and translated by the permissions of Herald Press.
Korea Editions Copyright © 2017, Daejanggan Publisher. Daejeon, South Korea

신자들의 교회 성서주석
다니엘

지은이	폴 M. 레더락
옮긴이	임요한, 최태선
초판발행	2017년 5월 3일
펴낸이	배용하
책임편집	배용하
등록	제364-2008-000013호
펴낸곳	도서출판 대장간
	www.daejanggan.org
등록한곳	대전광역시 동구 우암로 75-21 (삼성동)
편집부	전화 (042) 673-7424
영업부	전화 (042) 673-7424 전송 (042) 623-1424
분류	주석 │ 신약 │ 다니엘
ISBN	978-89-7071-412-7
	978-89-7071-386-1 (세트 04230)
CIP제어번호	2017009603

이 책의 저작권은 Herald Press와 독점 계약한 대장간에 있습니다.
기록된 형태의 허락 없이는 무단 전재와 복제를 금합니다.

 값 22,000원

신자들의 교회 성서주석

다 니 엘

폴 M. 레더락

임요한, 최태선 옮김

차례

시리즈 서문

신자들의 교회 성서주석시리즈는 기본적인 성서공부를 위한 새로운 도구를 사용할 수 있게 한다. 이 시리즈는 성서의 원래 메시지와 그 의미를 오늘날 더욱 풍부하게 이해하고자 하는 모든 사람들—주일학교 교사들, 성경공부그룹, 학생, 목회자 등—을 위해 발간되었다. 이 시리즈는 하나님께서 여전히 듣고자 하는 모든 이들에게 말씀하시며, 성령께서는 하나님의 뜻을 알고 행하고자 하는 모든 이들을 위해 말씀으로 권위 있는 산 지침을 삼으신다는 신념에 기초하고 있다.

저자들은 가능한 넓은 층의 독자들을 도우려는 열망으로 참여를 결정했다. 성서본문을 선택함에 있어 어떤 제한도 없으므로, 독자들은 가장 익숙한 번역을 계속 사용할 수도 있다. 이 시리즈의 저자들은 비교를 위한 기준으로 NRSV역과 NIV역을 사용한다. 이들은 어떤 본문을 가장 가까이 따르고 있는지, 그리고 자신들만의 번역을 하는 부분이 어디인지를 보여준다. 저자들은 혼자서 연구한 것이 아니라, 정선된 조언가들, 시리즈의 편집자들, 그리고 편집위원회와 협의했다.

각권은 성서를 조명하여 필요한 신학적, 사회학적, 그리고 윤리적 의미들을 제공해주며, 일반적으로 "고르지 않은 땅을 매끄럽게" 해주고 있다. 비평적 이슈들을 피하지 않되, 그것을 학자들 간의 논쟁이 일어나는 전면에 두지도 않았다. 각각의 섹션들은 주를 달아, 이후에 "성서적 맥락에서의 본문"과 "교회생활에서의 본문"이라는 집중된 글들이 따라오게 했다. 이 주석은 해석적 과정에 도움을 주지만 모이는 교회 속에서 분별되는 말씀과 성령의 권위를 넘어서려 하지는 않는다.

신자들의 교회라는 용어는 교회의 역사 속에서 자주 사용되어 왔다. 16세기 이후로, 이 용어는 흔히 아나뱁티스트들에게 적용이 되었으며 후에는 메노나이트 및 형제교회를 비롯해 유사한 다른 그룹들에게도 적용되었다. 서술적인 용어로, 신자들의 교회는 메노나이트와 형제교회 이상의 것을 포함하고 있다. 신자들의 교회는 이제 특수한 신학적 이해들을 나타내고 있는데, 예를 들면 신자의 침례, 마태복음 18:15-20에 나타나는 교회 회원이 되기 위해 필수적인 그리스도의 통치에 헌신하는 것, 모든 관계들 속에서 사랑의 힘을 믿는 것, 그리고 자발적으로 십자가의 길로 그리스도를 따라가고자 하는 의지이다. 저자들은 이런 전통 속에 이 시리즈가 설 수 있도록 선정되었다.

신자들의 교회 사람들은 항상 성서의 단순한 의미에 순종하는 것을 강조한다고 알려져 있다. 이 때문에 그들은 깊이 있는 역사비평적 성서학문의 역사가 길지 않다. 이 시리즈는 고고학과 현재 진행되는 성서연구를 진지하게 취하면서 성서에 충실하고자 한다. 이런 작업의 의미는 다른 많은 좋은 주석들에서 발견될 수 있는 해석들과 저자들의 해석이 질적으로 크게 다르지 않다는 뜻이다. 그러면서도 이 저자들은 그리스도, 교회와 선교, 하나님과 역사, 인간의 본성, 그리스도인의 삶, 다른 교리들에 대한 기본적인 신념을 공유한다. 이런 가정들이 저자의 성서해석을 이루고 있다. 따라서 이 시리즈는, 다른 많은 주석처럼, 하나의 구체적인 역사적 교회의 전통 속에 서 있는 것이다.

이러한 교회의 흐름 속에서 많은 사람은 성경공부에 도움될만한 주석의 필요를 역설해왔다. 이 필요에 대한 응답이 신자들의 교회성서주석을 소개하는 데 충분한 정당성이 될 것이다. 그럼에도, 성령께서는 어떤 전통에도 묶이지 않으신다. 이 시리즈가 전 세계 그리스도인들 사이의 벽을 허물며 말씀의 완전한 이해를 통한 순종 속에서 새로운 기쁨을 가져다주기를 바라는 바이다.

〈BCBC 편집위원회〉

저자 서문

나는 신자들의 교회 성서 주석을 위한 다니엘 주석을 준비하라고 요청받았을 때, 받아들여야 할지 주저했다. 다니엘 해석은 첨예한 논쟁의 문제가 있다. 나는 내가 무엇을 쓰든 공격을 받을 것이라는 사실을 알았다. 하지만 나는 비평과 논쟁을 피하고 싶은 생각이 든다.

내 평생 기독교 교육 출판에서 일했었다. 30여 년 동안 나는 회중 내에 여러 세대에 걸친 사람들에게 성서 진리를 소통한다는 문제와 씨름했다. 내 목표는 그들의 모든 세대가 자신의 능력을 다해 사랑하고 믿으며 순종하는 가운데 예수 그리스도에게 반응하도록 돕는 것이었다. 나는 교회학교 교과과정을 계획하고 저자들을 안내했으며, 아이들과 청년들과 장년들을 위한 교육 자료를 편집했다. 이 이외에도 50여 년 동안 이 역할에서 설교와 목회적 관심에서 복음을 전달하려고 노력하며 목사로 섬겼다. 이와 같이 여러 면에서 나는 이런 양식의 주석을 쓸 준비가 되어 있었다.

주석을 쓴다는 것은 작은 일이 결코 아니다. 나는 수년 동안 다니엘서를 연구했다. 이 때문에 다양한 맥락에서 설교하고 가르치고 강의할 기회가 있었다. 나의 다니엘 해석은 전통적인 접근을 무시하지 않으면서도, 많은 이들이 보통 견지하는 견해와는 다르다. 내 해석은 더 깊이 시험하기 위해 제시된다. 그래서 나는 많은 이들과 논의한 후, 주석을 쓰라는 요청을 받아들였다.

신자들의 교회 성서 주석은 두 가지 중요한 요구를 다루려 시도한다. 첫째, 주일학교 교사들과 같이 회중 가운데 활동하는 평신도들에게 유용한 성서의 책들에 대한 해석을 제공하는 것이다. 둘째, "아나뱁티스트"라고 알려진 신학 흐름에 있는 신자들에게 줄 통찰력과 헌신을 북돋우고 지지하며 간과하지 않을 성서의 책들에 대한 해석을 제공하는 것이다.

평신도들을 위해

평신도를 위해 쓰인 주석은 어떠해야 하는가? 많은 주석 저자들은 학문 공동체의 동료들에게 설명하는 것 같다. 저자들은 특정 절이나 문단에 대해 설명할 때, 종종 다른 학자의 설명에 동의하든지 동의하지 않든지 함으로써 논의를 개진한다. 이것은 학문적 연구에서 중요하며, 새로운 해석을 확대하거나 확장하거나 수정하거나 뒷받침하는 데 유용하다. 그러나 평신도가 회중 가운데 활동하며 가르칠 도움을 받고자 할 때 학문적 대화라는 무성한 덤불을 헤쳐 나가는 데 어려움을 겪을 수도 있다.

　따라서 나는 마치 평신도와 마주하며 말하듯이 이 주석을 쓰려고 노력했다. 나는 많은 자료에서와 다니엘서의 각 부분의 핵심을 개인적으로 연구한 데서 다듬으려고 노력했다. 다른 주석과 학문적 연구와 많은 학자들의 입장에 대해서는 최소한으로 언급하려 했다. 이해를 돕거나 연구하는 본문과 관련된, 구약과 신약의 본문에 대한 언급은 주저하지 않고 포함시켰다. 이 접근법이 명백히 한계가 있지만, 평신도가 역사적 맥락에서와 성서 내에서와 적절하면서도 최근 연구에서 다니엘서의 의미와 취지를 파악하는 데 도움이 되기를 바란다.

아나뱁티스트 관점

　아나뱁티스트 신학적 방침에 주목하면서 주석을 쓴다는 것은 최소한 두 가지 이유에서 도전이 된다. 첫째, 우리는 사전에 형성된 개념에 대한 증거를 찾으려고 성서를 보지 않는다. 아나뱁티스트 사상에 영향을 받고 그 사상에 전념한 자로서, 서구 교육을 받고 북아메리카 문화에 있으며 스위스 메노나이트 배경에서 20세기를 살아가는 내게 가능한 한도에서 다니엘서가 스스로 말하도록 노력했다. 나는 아나뱁티스트 전통에 중심이 되는 많은 주제들이 거의 뜻밖에 대두하는 데 대해 놀랍기도 하고 기쁘기도 하다. 즉, 박해 가운데의 신실함, 세상에 있으나 세상에 속하지 않는 무저항의 방식, 신앙 공동체에서의 헌신과 참여, 국가의 요구보다 우선하는 신앙의 헌신두 나라의 신학과 제자도에 대한 강조 등과 같은 주제가 나온다.

　둘째, 아나뱁티스트 신학의 주제를 표현하는 문제는 과도기에 있다. 최근 아나뱁티즘에 대한 뿌리와 16세기 환경에 대해 이해하는 데 엄청난 진전이 있었다. 또한 사람들은 현대에 많은 인종과 문화와 지리적 배경에서 이 운동에 합류함에 따라, 이 주제들을 확장하고 심화했으며, 이 주제들의 새로운 함의를 보여주었다. 50여 년 전 유명한 아나뱁티스트 역사가이자 신학자이며 교사인 헤롤드 S. 벤더Harold S. Bender는 미국 교회사 협회, "아나뱁티스트 비전"1943의 회장 취임 연설을 했다. 이 연설은 아나뱁티즘의 주요 주제들을 신선하게 해석한 연설이며, 아나뱁티즘이 처음 제시된 이후 모범적인 성명서 역할을 했다. 하지만 현대 학자들과 신학자들이 오늘날 이런 성명을 내려 한다면, "비전"은 아마도 달리 진술될 것이다. 동시에 스스로 아나뱁티스트 가족이라고 여기는 교회들은 끊임없이 자신들의 신앙 고백을 진술하고 재진술하고 있다.

10여 년 전 내가 다니엘서를 연구하기 시작했을 때, 어떤 예언의 요소들이 책이 있든지 간에 이 요소들은 인내하고 신실하도록 끊임없이 요구하는 부름을 약화시켜서는 안 된다고 곧 확신했다. 이 부름은 신자들이 하나님과 그분의 나라에 대해 충실하기 때문에 발생하는 고난과 핍박 가운데 온다. 이 나라는 항상 있으며, 하나님의 때와 하나님의 방식으로 온전해지고 완성된다. 이런 맥락에서 이전에 지적한 중요한 아나뱁티스트 주제들은 명확하고도 강력하게 대두된다. 다니엘서는 이야기와 환상에서 하나님이 궁극적으로 역사를 통제한다는 사실과, 그분의 백성은 마지막까지 각 위기 가운데 살고 행동해야만 하는 방식에 대해 신실한 모든 세대에 호소한다.

하나님이 예수 그리스도가 승천하고 또 재림할 사이의 때를 끝내기 전, 터무니없이 악한 폭군들이 실제로 있을 것이다.살후2:3-6; 요일2:18-22 그러나 다니엘서는 누구도 돕지 않고 끝이 임할 역사의 짐승들에게 최종적으로 초점을 두는 것은 아니다. 대신 다니엘서는 만물을 통치하는 옛적부터 계신 분, 왕권이 주어진 인자와 같은 이, 신실한 자들을 보호하는 가장 높으신 분의 거룩한 이들천사들, 거룩한 백성에 맡겨진 하나님의 영원한 통치에 초점을 둔다.단7:9-27

감사의 글

나는 이 주석을 쓰는 데 도움을 준 많은 이들에게 감사한다.

첫째, 내가 목사로 섬기면서 글을 쓸 시간을 내려 할 때, 협조해 준 프랭코니아 메노나이트 교회에 감사한다. 원고를 읽고 유용한 제안을 한 평신도 모임에 감사한다. 나는 교회 위원회와 장로들에게 매년 몇 주 동안 글을 쓸 기회를 허락한 데 대해 감사하며, 회중의 컴퓨터를 사용해서 원고를 타이핑하는 큰 일을 행정 보조로 도운 제랄딘 캐슬의 노고에도 감사한다. 그녀는 지치지 않고 현재의 형태에 이르도록 여러 모로 수정하며 원고를 읽어주었다.

나는 대서양을 접하는 뉴저지 주, 오우션 그로우브의 집을 책을 쓸 장소로 제공한 데 대해 내 누이와 매제, 메리 제인과 히람 허쉬에게 감사한다.

최근 나는 신학대학원 수업부터 목회자와 회중 프로그램을 위한 연구 모임까지 다양한 수준에서 다니엘서를 가르치도록 초청한 일에 기뻤다. 연구하는 이 시기 나는 참여자들에게서 도전과 많은 자극을 받았으며, 이 주석에 표현된 견해에 익숙하게 계속 글을 쓰도록 고무됐다.

나는 수 년 동안 프랭코니아 메노나이트 컨퍼런스펜실베이니아 주, 서더턴에 사무실이 있는를 위한 조정자이자, 이제는 역사적인 셀포드 메노나이트 교회펜실베이니아 주, 할리스빌의 목사인 제임스 C. 롱에이커와 대서양 해변 메노나이트 컨퍼런스를 위한 목회자 제랄드 C. 스터더펜실베이니아 주, 랜스데일에게 원고를 읽어준 데 대해 감사한다. 그들은 주석의 방향에 대해 강력하게 지지하며, 내용을 개선하고 초점을 예리하게 하도록 제안하면서, 격려가 되고 가치 있는 도움을 주었다.

나는 신자들의 교회 성서 주석 편집 위원회에게 적극 지지한 데 대해 감사한다. 훌륭하게 안내하고 신중하게 편집하며, 주석의 구성과 내용을 위한 통찰력 있고 유용한 제안을 해 준 데 대해 구약 편집자 엘머 A. 마텐스Elmer A. Martens에게 특히 감사한다. 나는 구약과 특히 히브리어와 아람어에서의 그의 전문 지식을 높이 평가한다. 원어를 참조할 때 정확성을 높이는 일에 그의 도움을 받은 데 대해 감사한다. 헤럴드 출판사의 편집자 S. 데이비드 가버도 연대의 일관성을 높이고 자료 순서를 향상시키며, 중요한 핵심에서의 간격을 메우는 데 크게 도움이 된 사람들에 포함시켜야 한다. 인디애나 주, 엘카르트에 있는 연합 메노나이트 성서신학대학원의 구약 교수, 밀러드 C. 린드도 이 주석의 내용을 개선하는 데 유용한 많은 제안을 하며 도움을 주었다.

마지막으로 인내하며 지지해 준 내 아내, 메리에게도 감사한다. 나는 많은 날들을 연구하고 글을 쓰는 데 보냈는데, 이 날들은 우리가 그녀에게 흥미로운 일들을 함께 하며 보낼 수 있었던 시간들이었다. 그럼에도 그녀는 지속적으로 내가 이 일을 완성할 수 있도록 격려했다.

주석을 쓰는 일은 결코 마무리 되지 않는다. 항상 지적해야 할 또 다른 사항이 있고, 탐구해야 할 또 다른 영역이 있다. 어떤 주석도 최종적이지는 않다. 어떤 이는 내 의견에 동의하지 않을 것이다. 하지만 나는 정직하고 겸손하게 쓰려고 노력했다. 아마도 하나님의 진리는 많은 색으로 구성된 무지개와 같을 것이다. 나는 이 주석이 아무리 흐리고 간과된다고 해도 다니엘서에 계시된 하나님의 진리의 전반적인 아름다움에 기여할 약간의 색을 제공함으로써 이 무지개에 기여하기를 희망한다.

폴 M. 레더락
펜실베이니아 주, 서더턴

서론

인간 다니엘

다니엘서는 다니엘이라고 불리는 주요 인물에게서 책의 이름이 선택됐다. 이 이름은 "하나님께서 심판하셨다"를 의미하며, 히브리인들 사이에서 흔한 이름이었다. 다윗에게는 다니엘이라 불리는 한 아들이 있었다.대상3:1 바빌로니아에서 돌아온 추방된 자들 가운데 다니엘이라는 이름을 지닌 이다말의 아들이 있었다.스8:2 이 이름은 "굳게 세운 언약에" 서명한 제사장들 목록에도 나온다.느9:38; 10:6

에스겔은 다니엘이라 불리는 사람과 노아와 욥을 연결시킨다. 이 다니엘은 성서 역사 초기에서 홍수 시대와 족장 시대 사이에 살았을 것이다. 그는 의로움을 주목받았다.겔14:14 다니엘이라는 이름은 두로 왕에 대한 비판에서도 언급된다. 두로 왕은 자신을 신이라고 생각하는 자만에 대해 비난받았다. "너는, 다니엘보다 더 슬기롭다"겔28:3라는 하나님의 말씀이 그 왕에게 임했다. 이 다니엘은 현명하다고 특징지어진다. 이런 어렴풋한 인물들과 다니엘서의 중심인물과의 관계는 명확하지 않다. 여전히 논란의 여지가 있지만 한 가지 제안은 에스겔에 언급된 다니엘이 고대 페니키아현대 시리아의 라스 샤므라 발굴에서 1930년 이후로 우리에게 알려진 우가릿 신화주전 14세기경의 다니엘이라는 사실이다.

그러나 다니엘서의 주인공은 히브리 신앙의 의와 바벨론 지혜자들의 지혜가 결합된다. 다니엘은 박해 가운데 흔들리지 않는 신앙과 용기를 보여준 인물이다. 그는 환상과 꿈을 받고 해석할 능력도 갖췄다.

다니엘이라는 사람에 대해 알려진 사실은 다니엘서 자체에서 나온다. 다니엘은 아마도 주전 604년 말, 더 가능성이 높은 것은 주전 597년에 느부갓네살[**느부갓네살**, 314쪽]이 끌고 간 바벨론으로 추방된 초기 집단에 속했을 것이다.에세이를 보라 다니엘은 고레스의 원년 주전 539년에 바벨론에서 머물고,1:21 그의 환상 가운데 하나는 고레스의 제삼년에 임한다고 보고된다.10:1 이와 같이 다니엘은 60년 내지 70년의 기간 동안 바빌로니아에 있으면서 섬겼다.

구조: 이야기와 환상

표면적으로 다니엘서는 단순한 구조로 되어 있다. 여섯 가지 이야기[단1-6장]와 네 가지 환상[단7-12장]이 있다. 이야기들은 사람의 관심으로 채워진다고 흔히 이야기한다. 환상은 많은 모호한 언급들과 주로 묵시 양식으로 되어 있으면서, 복잡하게 지상의 사건들과 관련된 하늘의 숨겨진 메시지를 드러낸다.

다니엘서의 일부는 히브리어로 되어 있고 다른 일부는 아람어로 되어 있다. 게다가 어떤 부분은 1인칭[나]으로 기록된 반면에 다른 부분은 3인칭으로 기록된다. 학자들 사이에서는 다니엘서가 해석을 위해 어떻게 나뉘는 게 가장 좋은지에 대해 의견이 일치하지 않는다. 다니엘서의 저자와 연대에 대해서도 일치하지 않는다.[다니엘 : 연대와 저작권, 303쪽] 심지어 다니엘서 자체의 길이도 논란이 있는데, 70인경이 히브리 성서보다 더 길기 때문이다.[다니엘서에 대한 보충, 320쪽]

이 주석에서는 다음과 같이 세 부분으로 나뉘는 구조로 다룰 것이다.

제1부: 도입

1장은 다니엘서에 대한 도입 자료를 제공한다. 1장은 구체적인 인물과 사건과 연대를 인용하면서, 다니엘서를 역사와 연결시킨다. 6절에서 다니엘과 그의 동료 하나냐와 미사엘과 아사랴를 소개한다. 1장은 경합하는 충성에 직면하여 하나님에게 충성하고 적대적인 환경에서 신실한 삶을 사는 자들에 대한 주제를 소개함으로써 이어지는 이야기를 위한 기초를 마련한다.

제2부: 나라들을 향한 소책자

2:4b에서 7:28까지는 아람어로 되어 있다. 아람어는 문화와 무역의 언어로서, 오늘날의 영어와 마찬가지로 당시 국제적인 언어였다. 어떤 이는 전체 책이 원래 아람어로 기록되었고, 1:1-2:4a과 8:1-12:13이 나중에 히브리어로 번역되었다고 보지만, 아람어로 된 부분은 한 단위로 다뤄진다. 아람어는 국제적 언어일 뿐만 아니라, 이스라엘의 하나님에 대한 정보 역시 당시 주도적인 정치 인물들에 의해 **민족과 언어가 다른 뭇 백성**에 전달된다.[4:2; 3:29; 6:25, 참조[비교]] 다니엘과 그의 동료들과 하나님의 행위와 세계 지도자들의 증언의 이야기는 나라들에게 전하는 이스라엘의 하나님에 대한 메시지를 구성한다. 하지만 이 소책자는 이중의 청중에게 전달된다. 이 소책자는 **민족과 언어가 다른 뭇 백성**에게 뿐만 아니라 하나님의 고통당하고 혼란을 겪는 백성에게 의미 깊게 전달된다.

나라들을 향한 소책자는 하나님의 나라로 시작한다. 느부갓네살은 머리가 금으로 되어 있고, 가슴과 팔은 은으로 되어 있으며, 몸 중앙과 넓적다리는 동으로 되어 있고, 다리는 철로 되어 있고 발은 철과 진흙으로 되어 있는2:32 큰 형상에 대한 꿈을 꾼다.단2장 다니엘의 해석에 따르면, 이 형상은 지상의 네 나라를 나타낸다. 하지만 이 나라들은 하**늘의 하나님이 한 나라를 세우실 터인데 … 영원히 망하지 않을 나라**에 자리를 내줄 것이다.2:44 이 나라는 한 돌에 의해 개시되는데, 이 돌은 **산에서 손으로 떼어내지 않았으며**새번역, "아무도 돌을 떠내지 않았는데"-역주 환상에서 형상을 쳐서 조각내고 **온 땅에 가득 찼습니다**.2:45, 34-35

　　나라들을 향한 소책자는 하나님의 왕권과 나라로 마무리한다. 다니엘의 환상에서,7장 인자와 같은 이RSV; NRSV: 인간가 **옛적부터 계신 분**RSV: Ancient of Days 앞에 온다. 그에게 통치와 영광과 왕권이 주어져 **민족과 언어가 다른 뭇 백성이 그를 경배하게 하셨다**.7:14 이제 이 나라에게는 **가장 높으신 분의 거룩한 백성에게로 돌아갈 것이다. 그의 나라는 영원한 나라다. 권세를 가진 모든 통치자가 그를 섬기며 복종할 것이다**.7:27

　　소책자의 시작과 마지막에 있는 하나님 나라에 대한 묘사들 사이에는 이스라엘의 하나님이 자신의 신실한 종들을 통해 왕들과 나라들과 마주 대한다. 3장에서, 사드락과 메삭과 아벳느고개명됨, 1:7는 느부갓네살의 금 신상에 절하기를 거부한다. 그들의 신실함과 이어지는 활활 타는 화덕에서의 구원받는 사건으로 말미암아 느부갓네살은 **민족과 언어가 다른 뭇 백성**에게 경솔히 말하지 않도록 경고하고, **이와 같이 구원할 수 있는 신은 다시 없을 것이다**3:29라고 단언하는 명령을 포고한다.

　　6장에서 다니엘은 자신의 하나님에게 기도를 멈추기를 거부한다. 다니엘이 사자 굴에서 구원받은 후, 다리우스는 **민족과 언어가 다른 뭇 백성**에게 조서를 내렸다. 다리우스는 다음과 같이 명령을 공포한다. "**모든 백성은 반드시 다니엘이 섬기는 하나님을 공경하고, 두려워하여야 한다. 살아 계신 하나님이 영원히 다스리신다. 그 나라는 멸망하지 않으며, 그의 권세 무궁하다. 그는 구원하기도 하시고 건져내기도 하시며, 하늘과 땅에서 표적과 기적을 행하시는 분, 다니엘을 사자의 입에서 구하여 주셨다**."6:25-27

　　중간에 두 이야기에서,단4-5장 하나님은 두 왕을 직접 대면한다. 느부갓네살은 자기 궁의 지붕 위를 거닐고, 바빌로니아 성읍을 흡족한 듯이 바라본다. "**내가 세운 이 도성, 이 거대한 바빌로니아를 보아라! 나의 권세와 능력과 나의 영화와 위엄이 그대로 나타나 있지 않느냐!**"4:30 그는 **가장 높으신 분이 인간의 나라를 다스리신다는 것과, 그의 뜻에 맞는 사람에게 나라를 주신다는 것**을 알게 될 때까지 미쳐 돌아다닌다.4:32 왕이 자신의 눈을 하늘을 향해 들 때 그의 이성이 돌아온다. **민족과 언어가 다른 뭇 백성에게 보내는 편지에서,**4:1 그는 지극히 높으신 하나님의 위대함에 대해 말할 뿐만 아니라 **그가 하시는 일은 모두 참되며, 그의 모든 길은 공의로우니, 그는 교만한 이를 낮추신다**4:37라고 고백한다.

다음으로 하나님은 연회장의 벽에 신비롭게 글을 쓰는 손을 통해 벨사살과 대면한다.5:5 벨사살은 신성 모독의 방식에서 돌아서려하지 않아, 환락의 시간을 보낸 그 날 밤 죽음을 맞이한다.5:30 이 사건은 충분히 목소리를 내고 있다. 민족과 언어가 다른 뭇 백성에게 이스라엘의 하나님에 대해 배우라고 더 깊이 요청할 필요가 없다.

7장은 아람어 섹션을 마무리한다. 2장의 신상의 네 가지 금속금과 은과 놋쇠와 쇠은 7장의 네 짐승사자와 곰과 표범과 **무섭게 생겼으며, 힘이 아주 센** 짐승; 7:4-7과 유사하다. 문체와 내용에서 7장은 이전 장들의 자료에서 벗어난다. 이것은 독자의 흥미를 끌어내는 이야기가 아니라 환상이다. 7장의 묵시적 문체는 다니엘서의 제3부인 8-12장에서 이어질 환상들을 위한 기초를 마련한다.[묵시문학, 295쪽] 7장은 2장의 느부갓네살의 꿈을 통해 시작된 하나님 나라라는 주제를 심화시킬지라도, 또한 성도들과 전쟁을 벌이고 그들을 지배하는 넷째 짐승인 무섭게 생긴 인물을 소개한다. 이 무시무시한 왕은 이어질 환상들에서 계속 등장한다. 하지만 이 잔인한 왕의 무시무시한 행위가 드러나기 전에, 7장은 그의 운명이 확정됐다는 사실을 분명히 한다. **넷째 짐승이 살해되고, 그 시체가 뭉그러져서, 타는 불에 던져졌다.**7:11 그는 권세를 빼앗기고, 멸망하여 없어질 것이다.7:26

그러므로 7장은 이중적인 목적에 기여한다. 7장은 나라들을 향한 소책자를 마무리한다. 7장은 1인칭으로 기록된, 안티오쿠스 4세 에피파네스Antiochus Epiphanes, 주전 175-164년가 등장할 수년 후 하나님의 백성에게 임할 고난과 시련에 대한 다니엘의 환상을 소개하기도 한다.[안티오쿠스 4세 에피파네스, 293쪽]

제3부: 성서 읽기와 환상 받기

셋째 섹션인 8:1-12:13은 다니엘의 세 환상을 포함한다. 8장은 양과 염소에 대한 환상이다. 8장은 알렉산더 대왕 시대부터 성도를 무너뜨릴 대담한 모습의 왕이 등장할 때까지 세속 역사를 간략하게 개관한 내용을 제공하는데, 이 왕은 하나님을 대면하지만 어떤 인간의 손으로도 무너지지 않을 것이다. 왕과 숫염소에 대한 환상은 가브리엘이 해석한다.

다음 환상은 다니엘이 긴 중재의 기도 후에9장 예레미야의 예언에 대해 숙고할 때 그에게 임한다. 다니엘은 자신의 기도에서, 자기 백성의 죄와 반란 및 하나님의 계명과 규례를 거부하는 것과 대조적으로 그들을 위한 하나님의 권세와 의와 사랑과 신실함을 상기시키면서 거룩한 역사를 개관한다.

다시 가브리엘이 다니엘에게 나타난다. 가브리엘은 예레미야의 70년 후 이스라엘을 고국으로 회복할 것에 대해 말하지 않는다. 대신 그는 490년 후 다가 올 큰 고난에 대해 말한다. 다른 환상에서와 마찬가지로, 앞으로 올 무시무시한 왕에게 초점을 둔다. 다시 **그것을 거기에 세운 사람이 하나님이 정하신 끝 날을 맞이할 때**9:27 그 왕의 종말이 보증된다.

셋째 환상10-12장에는 알렉산더 대왕부터 안티오쿠스 4세 에피파네스가 나오기까지의 역사에 대해 은밀하게 다시 말하거나 미리 말하는 내용이 이어지는 긴 서론이 있다.[셀레우코스 왕조, 317쪽] 이전 환상과 마찬가지로 무시무시한 왕이 자신의 끝을 맞이하고, **그를 도와줄 사람이 없을 것이다.**11:45 환상의 마지막 부분에서 중요한 차원이 더해진다. 신실한 자들이 고난을 당하며 많은 이들이 폭군의 손에 죽었고, 왕들과 나라들이 붕괴됐을지라도, 이것은 신실한 자들을 위한 이야기 전부는 아니다. 부활이 있다. **땅 속 티끌 가운데서 잠자는 사람 가운데서도, 많은 사람이 깨어날 것이다. 그들 가운데서, 어떤 사람은 영원한 생명을 얻을 것이며, 또 어떤 사람은 수치와 함께 영원히 모욕을 받을 것이다. 지혜 있는 사람은 하늘의 밝은 빛처럼 빛날 것이요, 많은 사람을 옳은 길로 인도한 사람은 별처럼 영원히 빛날 것이다.**12:2-3

이 마지막 계시는 2장에서 시작된 주제, 곧 하늘의 하나님이 한 나라를 세우실 터인데, **그 나라는 영원히 망하지 않을 것**이라는 주제를 마무리한다.2:44 이 주제는 7장에서 더욱 명확해진다. **나라와 권세와 온 천하 열국의 위력이 가장 높으신 분의 거룩한 백성에게로 돌아갈 것이다. 그의 나라는 영원한 나라다. 권세를 가진 모든 통치자가 그를 섬기며 복종할 것이다.**7:27 동일한 주제가 **별처럼 영원히 빛날 … 지혜 있는 사람**12:2-3의 부활에서 절정에 이른다.

나라들을 향한 소제자
다니엘2-7장

장	2	3	4	5	6	7
	A	B	C	C	B	A
주제	나라들/나라 신상의 네 부분	신성함의 시험 (국가 숭배를 추가하라는 유혹)	하나님의 통치 (인격: 회복)	하나님의 통치 (거부: 죽음)	신성함의 시험 (하나님에게의 기도를 생략하라는 유혹)	나라들/나라 네 짐승들
전령	느부갓네살	느부갓네살	느부갓네살	벨사살	다리우스	하늘의 전령
메시지	하나님은 참으로 모든 신 가운데서 으뜸가는 신이시요, 모든 왕 가운데서 으뜸가는 군주이시다. 비밀을 드러내는 분이시다. (2:47)	이와 같이 자기를 믿는 사람을 구원할 수 있는 신은 다시 없을 것이다. (3:29)	하늘의 왕을 찬양하고 높이며, 그분에게 영광을 돌리는 바이다. 과연 그가 하시는 일은 모두 참되며, 그의 모든 길은 공의로우니, 그는 교만한 이를 낮추신다. (4:37)	벨사살 왕은 살해되었고. (5:30)	살아 계신 하나님이신 그 나라는 다스리신다. 그 나라는 멸망하지 않으며, ... 그는 구원하기도 하시고 건져내기도 하시며, 하늘과 땅에서 표적과 기적을 행하시는 분. (6:26-27)	가장 높으신 분의 성도들이 나라를 얻을 것이며, 영원히 영원히 그것을 누릴 것이다.(7:18) 나라와 ... 가장 높으신 분의 거룩한 백성에게로 돌아갈 것이다. 그의 나라는 영원한 나라다. (7:27)

다니엘서는 이야기와 묵시적 환상 모두에서 하나님의 통치권을 강조한다. 다니엘서는 적대적인 문화 가운데 있는 하나님의 백성을 위해 용기와 희망을 제공한다. 동시에 아람어로 된 나라들을 향한 소책자는 민족과 언어가 다른 뭇 백성에게 이스라엘의 하나님의 특성과 사역에 대해 증언한다. 이것은 세상에 은혜를 제시하는 것으로 선교적인 주제다. 우리는 이 소책자가 얼마나 널리 회람됐는지, 또는 이 소책자가 히브리 정경에 속하기 전에 유대 공동체 밖에서 얼마나 영향을 미쳤는지에 대해 알지 못한다. 그럼에도 우리는 이 소책자가 전 세계적으로 호소하려는 명백한 목적을 정당하게 인정해야만 한다.

신약에 비추어

다니엘서를 해석할 때, 주전 6세기이든 2세기이든 처음 받은 자들 가운데 본문의 의미를 분별하는 것이 중요하다.[**다니엘서: 연대와 저작**, 303쪽] 구약 저자들은 어떻게 후세대들 독자들이 어떻게 자신들의 저술을 사용하고 재해석할지를 생각하지 않았다는 사실을 기억하는 것도 중요하다. 아모스는 다윗의 통치의 회복에 대해 기록했을 때,암9:11-12 성령의 인도를 받은 야고보가 교회의 일원이 됨으로써 그리스도의 나라에 들어가는 이방인들을 지지하고자 이 본문을 사용할 것이라고 예상하지 못했다.행15:15-17 이스라엘의 구원에 대한 호세아의 예언호1:10; 2:23은 바울이 유대인과 이방인들로 구성된 교회가 하나님의 백성이 됐다는 사실을 입증하려고 사용했다.롬9:25-26

다니엘서와 신약의 관계는 다니엘서가 내다보는 중요한 주제들에서 명백하게 인식된다. 다니엘서는 "두려워하지 말아라. 적은 무리여, 너희 아버지께서 그의 나라를 너희에게 주시기를 기뻐하신다"눅12:32라는 예수의 말씀을 내다보고 있다. 다니엘서는 "사람에게 복종하는 것보다, 하나님께 복종하는 것이 마땅합니다"행5:29라는 베드로와 사도들의 말씀을 지지한다. 다니엘서는 청중들에게 "헛된 일을 버리고, … 하나님께로 돌아오게 하려는"14:15 사도 바울의 설교와 모범을 미리 내다본다. 바울은 "우리가 하나님 나라에 들어가려면, 반드시 많은 환난을 겪어야 합니다"라고 말하면서 그들에게 "믿음을 지키라고 권하였다."14:22 그리고 바울은 "자기를 찾아오는 모든 사람을 맞아들였다. 그는 아무런 방해도 받지 않고, 아주 담대하게 하나님 나라를 전하고, 주 예수 그리스도에 관한 일들을 가르쳤다."28:30-31 가장 중요한 사실은 다니엘이 부활을 미리 내다본다는 것이다. "그리스도께서 살아나지 않으셨다면, 여러분의 믿음은 헛된 것이 되고, … 그리고 그리스도 안에서 잠든 사람들도 멸망했을 것입니다. … 그러나 이제 그리스도께서는 죽은 사람들 가운데서 살아나셔서, 잠든 사람들의 첫 열매가 되셨습니다."고전15:17-20

광범위한 주제 이외에도, 신약 특히 요한계시록에서 다니엘서에 대한 본문의 인용이 있다. 예를 들어, 요한계시록 1장의 인자에 대한 묘사는 다니엘 7장과 10장에서 발견되는 천상의 인물에 대한 묘사를 반영한다. G. K. 비일Beale이 입증한 대로, 요한계시록 4장과 5장은 다니엘 7:9-27과 상응하는 통일된 구조를 보여준다. 요한계시록 13장에 묘사된 짐승에 대한 명백한 언급은 다니엘 7장에서 발견된다. 비일244은 "13장에서의 모든 구약 언급 가운데 약 2/3가1곳이 다니엘서에서 왔다."고 결론 내린다. 요한계시록 17장은 뿔 달린 짐승을 묘사하면서, 다니엘서에 크게 의존한다. 비일265은 요한계시록 17장의 구약 사용의 반 이상이 다니엘서에서 온다고 결론 내린다. 비일은 다니엘서와 요한계시록 사이의 문자 그대로의 관계에 대한 상세한 조사를 넘어, "다니엘서는 다른 어떤 전통적인 자료나 구약 자료보다도 요한계시록의 전반적인 **신학**과 **구조**에 더 결정적일 수 있다"는 가능성을 탐구한다.271; 비일이 굵은 글씨를 사용함

폭넓은 관점에서 신약 교회는 새로운 방식으로 구약의 패턴을 넘겨받아 사용했다. 육체의 할례는 문자 그대로가 아닌 영적으로 마음의 할례로 대체됐다.신10:16; 30:6; 롬2:28-29 그리하여 어떤 이가 해석하듯이, 교회는 "하나님의 이스라엘"갈6:16이 되었다. 살아계신 하나님의 성, 시온 산은 새 언약의 중재자인 예수에게 온 자들과 관련 있다.히12:22-24 사람들이 예수의 초림의 특성과 사역에 대한 구약 예언 본문을 인식하지 못했듯이, 오늘날 신자들은 그리스도의 재림과 관련한 일련의 사건들을 다니엘서나 다른 구약의 묵시 자료에서 조정하지 않으려고 하는 것이 온당하다. 그리스도의 재림을 바라는 것은 중요하다. 이 사건에 대한 이해는 명백한 신약의 가르침에서 도출하고 그 가르침에 근거하는 것이 최선이다.

평화의 방법

다니엘서를 지배하는 또 다른 주제가 있다. 이야기와 환상에서 온화함과 무방비함과 평화와 무저항의 방법은 예수와 그의 가르침의 방법을 미리 보여준다. 다니엘서가 2세기 안티오쿠스 에피파네스 시대와 마카비 저항 시대에 편찬됐다면, 악에 저항하는 대안의 방법을 제시하는 것이다.[마카비 가문, 309쪽; 셀레우코스 왕조, 317쪽] 다니엘은 권력에 맞서 싸울 준비를 하는 자들보다는 박해를 인내하는 자들 편을 든다. 다니엘서는 마카비 가문 및 그들의 정책과는 거리를 둔다. 다니엘서는 인간의 불굴의 정신이 고조되는 것을 자랑스럽게 여기지 않는다. 오히려 하나님의 역사에 대한 목표를 강조하고, 하나님이 행동할 것이라고 의존한다.

안티오쿠스 4세 에피파네스 당시 유대인들 가운데 평화주의 공동체가 있었다는 사실을 가리키는 몇 가지 단서가 있다. 많은 이들이 큰 희생과 순교를 당하여서라도 언약 법을 확고히 지키려 했다. 그들은 토라를 순종하지 않을 수 없다고 느꼈으며 저항하려 하지 않았고, 심지어 안식일에 자신들을 방어하지도 않을 것이다.마카비1서1:62-63; 2:29-38; Goldstein, 1976:5 마타티아스Mattathias는 이런 경건한 무리들 일부에게 유대 배반자들을 치고, 법을 집행하고 시리아 사람들과 싸우는 데 자기에게 합류하라고 설득했다. 하지만 성전이 정화되고 다시 봉헌된 후, 많은 하시딤 사람들은 자신들이 모세 율법을 지키도록 허용된다면 시리아 법의 통제를 받으며 사는 데 만족했다.마카비1서는 그들을 시리아의 평화의 말을 믿는 것에 대해 나약하다고 묘사할지라도, 1:30; 7:12-18 마카비2서는 기도와 무기보다는 하나님을 신뢰하는 것과 무저항과 순교와 부활을 더 깊이 존중한다.[마카비 가문, 309쪽]

다니엘서는 자체를 구약에 관통하는 평화스러운 흐름에 두고, 예수에게서 그 성취를 발견한다. 출애굽 시대부터, 하나님은 칼이나 창이 아니라 말벌이나 불같은 더위로 그들 앞에서 나라들을 쫓아내어 자기 백성을 위한 자리를 만들기로 약속했다.출23:28, 신7:20, 수24:12; RSV과 NRSV 참조 이상적인 왕신17:14-20은 "더 많은 말을 획득"하지 않을 것이다. 즉 이상적인 왕은 군사적인 힘을 세우지 않을 것이다. 이사야는 심지어 방어하는 군대 전략도 무신앙으로 간주했고사22:8-11; 30:15-18 평화스러운 방법을 갈망했다.2:2-4; 9:6-7; 11:9

다니엘서의 어떤 지점에서도 하나님은 신적인 전사로 나타나거나 그와 같이 행하지 않는다. 구약에서 때로 하나님은 전사로 간주되며,출15:3; 사42:13, 25; 59:15b-19; 63:1-6 이 형상은 묵시 자료에 전달되지만 다니엘서는 아니다. 다니엘서에서 전쟁과 소요는 혼돈과 악의 바다에서 출현하는 짐승 같은 왕들의 특징이 된다. 점차 향상되며 발전하는 대신에, 인간의 나라들은 쇠퇴하고 점차 비인도적이 된다. 고난과 박해 가운데서도 신실한 자들은 진실을 유지한다. 그들이 기도하고, 적을 무너뜨리고 불과 천사로 심판하는 지극히 높은 분에게서 영원한 나라의 선물을 기다릴 때, 그들의 행동은 무능하고 무력해 보인다.단7:10-11; 10:20-21; 12:1

다니엘과 그의 친구들의 이야기는 온화함과 중재와 무저항을 잘 보여준다. 환상은 하나님의 백성을 압제하는 폭력적이고 무자비한 폭군을 묘사한다. 그러나 성도들은 심지어 죽기까지 자신을 내어주고, 살려는 투쟁에서의 요구와 반대요구를 거부하고, 마카비 가문의 군사우선 정책이 세상을 변화시키지 않을 것이라는 사실을 알고서, 무저항의 신앙으로 견딘다. 세상의 변화는 오직 하나님이 개입할 때에 온다.

하나님의 백성에게 영향을 미치는 역사의 사건들은 하늘에서 감독하고 인도한다. 다니엘서의 표현은 역사가 시간에 앞서 기록됐다는 사실을 암시한다. 즉 일어날 일은 이미 진리의 책에 기록됐다는 것이다.10:21 게다가 **진리의 책**에 기록된 사건들은 하늘의 인물들이 수행한다. 즉 다니엘에게 말하는 천사장 가브리엘8:16; 10:13과 페르시아의 천사장 10:13과 이스라엘의 천사장 미가엘10:13, 21이 있다.

마카비1서에서, 역사에서의 하나님의 조치가 인정된다고 하더라도 자신이 직접 취한 인간들에게 초점을 둔다. 그들은 안티오쿠스 군대와 싸우려고 군사 방법을 동원한다. 마카비2서에서 싸움은 하나님을 신뢰하는 것만큼이나 중요하지 않다. 기도와 순교는 하나님의 자비와 구원을 야기하기 때문에 가치를 인정받는다. 하지만 다니엘서는 이 방향에서 더 나아간다. 다니엘의 환상 가운데 어떤 지점에서도, 세상의 권력이 이스라엘과 그들의 땅을 지배하므로 이스라엘이 자신을 보호하거나 침략자를 무찌르고자 군사력을 동원해야 한다고 제안하지 않는다. 대신 하나님의 신실한 백성은 저항하지 않도록 부름 받았으며, 그들 가운데 폭력을 행사하는 자들은 도움을 거의 받지 못할 것이라고 비난 받는다.단11:34 그들은 무력으로 하나님의 목적을 보호할 수 있다고 생각하므로 실패한다.11:14

다니엘서에서는 세상의 권력을 경멸한다. 기껏해야 세상의 권력은 오래가지 못한다고 여겨진다. 이런 주제들은 다음과 같이 자주 나온다. **가장 높으신 분이 인간의 나라를 지배하신다는 것과, 뜻에 맞는 사람에게 나라를 주신다.**4:17, 25, 32; 5:21 **나라가 … 돌아갈 것이다.**7:27 **사람이 손을 대지 않아도, 그는 끝내 망할 것이다.**8:25 **정하신 끝 날을 맞이할 때까지.**9:27 승리는 죽음 자체를 통해 보인다.11:33; 12:2-3

세상의 권력은 하나님의 방식과 조화를 이루지 않는 방법을 사용하고, 결국 그들은 항상 실패한다. 11장은 다음과 같이 군사의 힘을 의지한 왕들의 운명들을 제공한다.

그의 나라가 깨어져서,11:4

그 여인은 아무런 권세도 쥐지 못하고,

왕자를 낳아도 세자가 되지 못할 것이다.11:6

승리는 차지하지 못할 것이다.11:12

비틀거리다가 넘어져서,

사라지고 말 것이다.11:19

얼마 안 가서, 아무도 모르게 살해되고 말 것이다.11:20

마지막 무시무시한 **왕의 끝이 이를 것이니,**

그를 도와줄 사람이 없을 것이다.11:45

폭군의 멸망은 하나님의 행위다. 그들의 성공은 오래가지 않을 것이다.11:36 하나님은 신실한 자를 구원한다. 거룩한 백성은 군사적 힘이 아니라 자신들의 하나님을 의지할 뿐이다. 현명한 자들은 무기를 들지 않는다. 군사적 힘을 믿는 자들의 방식을 따르는 것은 그들의 운명을 겪게 되기 때문이다. 즉 **그들은 실패할 것이다.**11:14 신실한 자들은 결국 자신들은 영원히 별과 같이 빛날 것이라는 사실을 알고서,12:3 칼, 화염, 포로됨, 약탈을 견딘다.11:33

오늘날 그리스도인들에게 무저항은 예수에 대한 충성에서 오며, 하나님과 이웃과 자신과 원수를 사랑하라는 예수의 가르침을 따르는 데서 온다. 다니엘서에서 제시된 통찰은 칼을 사용하는 것에 반대하는 예수의 가르침의 사례를 미리 보여주고 지지하며 제공한다. 평화에 대한 예수의 삶의 방식과 가르침을 지지하는 주제들은 다음을 포함한다.

1. 하나님은 궁극적으로 역사를 통제한다. 그분은 왕들과 제국을 세우고 무너뜨린다.4:17, 25, 32; 5:21

2. 정치가들과 제국은 흥망성쇠를 겪는다. 하나님의 뜻을 받아들이고 행하는 자들은 영원한 나라를 발견하고, 나라가 주어지며, 그 나라를 형성한다.1:21; 2:44; 5:30–6:2; 7:27

3. 하나님의 요구와 국가의 요구 사이에서 선택할 때, 신실한 자들은 하나님에게 순종하여 자유와 생명을 잃을 수도 있지만, 일시적이고 표면적인 것들을 잃을 뿐이다. 이 생애와 다가올 생애에서 영원한 나라를 얻는다.3:20–23; 6:16; 12:1–3

4. 악은 신자들에게 끊임없이 문제가 된다. 왕들과 나라들은 불의하다. 하나님은 고통과 압제와 불의에서 신실한 자들을 옮기지 않는다. 하나님과 그의 방식에 순종하고 충성하는 것이 특히 타협하며 생명을 연장하는 것보다 더 중요하다.7:25–27

5. 사람이 아무리 높이 오르거나 아무리 권력을 갖춘다고 하더라도, 그 사람은 하나님의 통제를 벗어날 수 없다. 세상이 특권과 권력에 열광하나 결국에는 망상에 불과하다.5:18–21

6. 하나님은 격렬하게 저항하는 자들이 아니라 박해를 견디는 자들의 편을 든다. 신자들은 압제를 당할 때에도 정직과 청렴 및 하나님과의 교제를 유지할 수 있다.3:16–18; 6:10

7. 하나님의 나라는 군사적인 힘으로 시작되거나 유지되지 않는다.7:14, 27

8. 정치 지도자들은 종종 자신들의 권력을 확대하고 자신들의 폭력적인 방식을 지지하려고 종교를 사용한다. 신실한 자들은 종교를 왜곡하고 남용하지 않도록 경계해야만 한다.3:14; 6:7-9

9. 신실함은 겸손하고 저항하지 않고 기도하는 공동체의 상황에서 가장 효과적으로 유지된다. 다니엘은 기도하는 공동체를 대변한다.2:17-19; 6:10-11

10. 군사 우선 정책은 결코 그것이 전망하는 것을 실현하지 못한다. 약간의 도움이 될지는 모르겠지만, 하나님의 궁극적인 승리와 비교할 때 일시적이며 무상할 뿐이다.11:34

11. 위기의 상황 가운데 신실한 자들의 조치는 과정에서 칼이나 화염이나 포로됨이나 약탈로 실패할 수 있다는 사실을 알고서, 사람들이 하나님의 방식을 이해하도록 돕는 것이다.11:33

12. 폭력과 압제의 시기는 오래 가지 못한다. 압제당하는 신실한 자들은 하나님의 때와 방식으로 개입할 것을 기대하면서, 긴 안목을 가진다.7:25-26; 8:14; 9:27

다니엘서는 나라들에 대해 하나님의 관점을 제시하며 인간 정부의 활동을 평가하고, 신실한 자들에게 격려하며 하나님의 통치권을 강력하게 주장하면서, 우리 시대를 위한 책이다.

1부

도입

이방 세계에서의 신실함

사전 검토

능숙하게 다니엘 1장은 이어질 이야기를 이해하는 데 필요한 배경 지식과 신학적인 통찰을 제공하는 어마어마한 양의 자료를 묶는다. 다니엘 1장은 8-12장과 마찬가지로 히브리어로 되어 있는 반면, 다니엘 2:4b-7:28은 아람어로 되어 있다. 두 언어는 다니엘서가 유대인들과 세상의 모든 민족들과 나라들에게 동시에 전달된다는 것을 암시한다. 다니엘 당시 아람어는 바울 당시의 코이네 그리스어와 오늘날의 영어와 마찬가지로 교역의 국제 언어였다. 히브리어로 시작하고 끝나기 때문에 다니엘서는 유대 공동체에 권위 있게 말할 수 있다.

1장은 다음과 같은 공헌을 한다.

1. 1장은 다니엘서를 역사와 잇는다. 통치자의 이름과 구체적인 연대가 기록된다. 이것은 이어질 내러티브가 "옛날 옛날에"로 시작하는 꾸며낸 이야기가 아니라는 사실을 암시한다. 내러티브는 어려운 상황에 처한 실제 사람들의 이야기로 간주돼야 한다.

2. 히브리인들의 하나님은 부족 신 이상이다. 하나님은 역사를 감독한다. 이 사

실은 악이 잠시 동안 지배했다고 하더라도 하나님의 통치가 궁극적으로 우세할 것이라는 나중의 가르침을 준비한다. 하나님의 활동은 팔레스타인에 국한되지 않고, 하나님의 관심은 이스라엘 사람들보다 더 넓다. 그러므로 하나님은 여호야김을 예루살렘에서 느부갓네살의 권력에 넘어가도록 했다. 바빌로니아에서 하나님은 다니엘에게 공식적인 지지를 받고 다니엘과 그의 동료들에게 지식과 기술을 전수했다.

3. 다니엘 1장은 예루살렘에 있는 성전의 기구들이 어떻게 바빌로니아에로 왔는지를 설명한다. 이것은 5장 이야기에 중요하다.

4. 1장은 다니엘과 그의 동료들이 어떻게 바빌로니아에 도착했는지를 말한다.

5. 1장은 다니엘과 그의 동료들의 전기에 대한 정보를 제공한다. 그들은 느부갓네살이 공적 업무를 위해 훈련받도록 확립한 자격을 충족시킨다.

6. 1장은 삶의 방식에서의 선택적으로 바꾸는 것이 또 다른 문화에서 살고 섬기는 데 옳고 필요하다고 받아들인다.

7. 1장은 나머지 이야기들에서 발전될 주제, 곧 하나님에게 충성하는 것이 다른 모든 계명보다 우선된다는 주제를 소개한다. 삶의 방식의 변화는 이 주요 충성을 좌절시키지도 위태롭게 하지도 않는다.

8. 다니엘 1장은 갈등이 따를 것이라고 예상한다. 본토인들이 특히 경쟁력이 있다고 느끼는 업무에서 외국인들이 본토인보다 잘할 때, 적대감이 발생한다. 왕은 포로들이 바빌로니아의 마술사보다 열 배는 더 능력이 있다는 사실을 목격한다. 이 판단은 시험대에 오를 것이다.

9. 1장은 다니엘이 하나님의 백성의 대표자로서 추방의 마지막 시기까지 힘과 책임을 다하는 자리를 이어간다고 지적하면서, 다니엘이 바빌로니아에서 섬긴 긴 시간을 주목한다.

개요

역사적 서언, 1:1-2

1:1	국가의 위기
1:2	성스러운 기구들이 어떻게 바빌로니아에 이르렀는가

느부갓네살의 포로들에 대한 계획, 1:3-5

주석적 해설

역사적 서언 1:1-2

느부갓네살이 주전 598-597년 예루살렘을 포위하고 이전에 예루살렘을 공격한 사건에 대한 기사는 열왕기하 24:1-17과 역대상 36:5-10에 발견된다. 이 기사에 유대인들을 대규모로 추방하는 사건이 이어졌다. 그 다음에 주전 587-586년에 느부갓네살은 예루살렘을 파괴하고 죽지 않은 자들을 포로로 끌고 갔다.왕하25; 대하36:17-21 이것은 두 번째 대규모 추방이었다.[**연표**, 299쪽] 예레미야는 느부갓네살을 하나님의 말씀을 순종하지 않는 것에 대해 예루살렘과 유다에 심판을 내린 하나님의 종으로 간주했다. 예레미야는 또한 그 땅이 황무지가 되고, 백성들은 바빌로니아 왕을 70년 동안 섬길 것이라고 예언했다.렘25:1-14[**느부갓네살**, 314쪽]

요시야가 느고의 통솔을 받는 이집트 군대와 조우또는 대적?하는 동안 므깃도에서 치명적으로 부상을 당한 후,왕하23:29 여호야김은 주전 609년 유다의 왕위에 올랐다.[**유다의 왕들**, 307쪽] 주전 605년 바빌로니아 사람들은 이집트 사람들과 앗시리아의 남은 자들을 갈그미스에서 만났다. 갈그미스는 유프라테스 강의 여울목이 내려다보이는 성읍이었다. 갈그미스는 이집트가 아시아로 멀리 진출했다는 사실을 나타냈다. 거기서 바빌로니아 **황태자 브누갓네살**느부갓네살의 유대 형태, 렘21:2 이집트 왕 느고를 무찔렀다.렘46:2; 왕하24:1, 7 하지만 그 다음에 그는 아버지 나보폴라사르Nabopolassar가 죽었으므로, 왕이 되려고 고국으로 서둘러 가야 했다. 유다는 이집트의 봉신 국가였으므로, 느부갓네살이 갈그미스에서 승리하여 곧 유다와 예루살렘은 아마도 주전 604년 말 무렵 바빌로니아의 통

치를 받게 됐을 것이다.[**바빌로니아/갈대아, 297쪽**]

느부갓네살이 여호야김의 제 삼년에 예루살렘을 포위했다면,단1:1 이때는 주전 606년 이었을 것이다. 하지만 느부갓네살은 여호야김의 제 사년, 주전 605년이 돼서야 왕이 됐다.렘25:1 이집트와 초기 팔레스타인 체계는 새해 첫날 이전의 통치의 첫 달을 일 년으로 셈하는데, 이 경우 느부갓네살의 제 일년은 여호야김의 제 사년과 동일한 해가 된다.렘25:1 바빌로니아와 후대 팔레스타인 계산은 등극한 일부 해 **후에** 새해에 시작하는 첫 온전한 즉위년부터 각 왕을 위한 기록을 시작한다. 이 방식에 따르면, 만약 느부갓네살이 왕이 되자마자 예루살렘을 포위했다면 여호야김의 통치의 제 삼년이 될 수도 있다.단1:1 하지만 느부갓네살이 시리아-팔레스타인 성읍을 굴복시키는 데 여러 해 걸렸다. 더욱 그럴듯한 점은 **여호야김 왕이 왕위에 오른 지 삼 년이 되는 해**는 여호야김이 배반하기 전 주전 603-601년 공물을 바치면서, 바빌로니아를 섬긴 지 "삼 년" 된다는 것을 의미할 수 있다는 것이다.왕하24:1 주전 601년 즈음, 느부갓네살은 시리아-팔레스타인에게 이집트를 분명히 공격하도록 했으나 공격을 받았다. 이로 말미암아 여호야김은 바빌로니아에 대한 충성을 거부하게 됐고, 이집트에 운명을 걸었다. 하지만 이런 연대 결정은 논란의 여지가 있다. 저자의 관심은 연대를 조화시키는 것이 아니라, 이야기를 세상 역사에 근거하게 하는 것이다.

여호야김 이야기도 해결하기가 어렵다. 역대하 36:6은 느부갓네살이 여호야김을 묶어 바빌로니아로 끌고 갔다고 이야기하지만, 그 다음에 그는 아마도 자연사했을 것이며 ABD, 3:655 "그의 조상과 함께 누워 잠"들었다.주전 598년; 왕하24:6

여호야김의 통치 말, 느부갓네살은 여호와의 집의 "일부" 기구들을 바빌로니아로 옮겼다.대하36:7 그의 아들 여호야긴이 세 달을 통치한 후, 그와 다른 추방자들과 "귀중한 기구들"이 바빌로니아에 옮겨졌다.36:10; 왕하24장; 주전 597년 11년 후 시드기야의 통치 말에, 느부갓네살은 여호와의 집과 모든 큰 집을 불태웠고, 성전의 "모든 기구 … 그리고 보물들"과 왕과 신하들을 다른 포로들과 함께 데려갔지만, 일부 가난한 사람들은 땅을 기경하도록 남겨뒀다.대하36:18, 20; 왕하25; 주전 587-586년 성전과 왕의 궁전의 기구들과 보물들은 아마도 여러 단계에 걸쳐 바빌로니아로 옮겨졌다는 사실에 대해 동의한다.

이와 같이 역시 여러 추방이 있었다.[**연표, 299쪽**] 다니엘과의 그의 친구들은 아마도 유다가 바빌로니아의 통치에 들어간 주전 604년 말 가장 이른 공격에서 느부갓네살에 의해 포로로 끌려갔을 것이다.단 2:1 해설, 참조 그때나 느부갓네살이 팔레스타인을 거쳐 이집트를 공격하러 온 주전 601년이 아니라면, 바빌로니아 기록에 따라 주전 597년에 대

규모 추방이 있었을 가능성이 더 높다.왕하24:14-16

1:1 국가의 위기

유다와 예루살렘의 위기는 하나님이 행한 것이다. 열왕기하 **24:12**은 유다 왕 여호야긴이 바빌로니아 왕에게 **항복했다고** 지적하지만, 다니엘 저자예레미야와 마찬가지로는 하나님의 손이 역사한다고 본다.렘25:9 다니엘서는 하나님의 통치권을 인정함으로써 시작한다. 하나님은 유다 왕을 느부갓네살의 손에 넘겨 준RSV; 히브리어. '나탄' [natan] 분이다.1:2 하나님이 역사와 인간의 사건을 통제하고 있다는 사실은 전체 다니엘서의 기초가 되는 주제다. 이 시작하는 장에서, 하나님은 국가의 위기뿐만 아니라, 다니엘과 그의 동료들의 개인적인 삶에 역사한다. 하나님은 다니엘에게 호의를 베풀었고 '나탄' 1:9 젊은이들에게 **지식을 얻게 하시고, 문학과 학문에 능통하게** 하도록 주셨다. '나탄' 1:17 다니엘서의 시작에서 독자는 사건들 배후에 베푸는 하나님의 손길이 있다는 것을 볼 수 있다. 주님이 느부갓네살에게 예루살렘 공격에 성공하도록 허락했다. 주님이 다니엘에게 시험을 협상할 때 성공하도록 했다. 주님은 젊은이들에게 그들이 훈련받을 때 성공하도록 베풀었다.

1:2 성스러운 기구들이 어떻게 바빌로니아에 이르렀는가

예루살렘에 있던 성전의 성스러운 기구들이 바빌로니아로 왔다는 사실은 5장 벨사살 이야기에 대한 중요한 배경이 된다. 느부갓네살이 정복당한 나라에서 포로를 사로잡을 때, 그들의 재물과 국가의 보물도 취했다. 다니엘서 저자는 자신의 유대 친족 백성들에게 공감했다. (1) 기구들이 시날 땅으로 옮겨졌고, (2) 느부갓네살의 신들의 보물 창고그리고/또는 그의 궁전에: 대하36:7에 놓였다는 것은 슬픈 일이다.

시날은 바빌로니아와 티그리스−유프라테스 유역의 평원을 가리키는 고대 이름이었다. 시날이라는 단어는 거짓 종교와 연결됐다.창11:1-9; 사11:11; 슥5:11, 참조 시날에서 땅의 백성이 꼭대기가 하늘로 향하는 탑을 세우려고 모였다. 탑으로 말미암아 그들은 하나님에게 가고 그들의 손의 일을 통해 하나님을 다룰 수 있다고 생각했다. 통일과 명성과 안전을 확보하는 것은 인간의 노력이었다. 하나님은 그들의 말을 혼란스럽게 하여, 그들을 흩었다.창11:1-9

창조주와 피조물의 긴밀한 관계는 인간의 노력이 아니라 항상 은혜와 신앙에 근거했다. 성서 내러티브에서 하나님의 은혜의 행위가 종종 인간의 실패에 이어졌다. 가인에게 표시로 자비가 베풀어져, 그는 죽임을 당하지 않을 것이다.창4:15 노아의 경우 무지개는 하나님이 결코 홍수로 모든 육체를 파멸하지 않을 것이라는 자비의 징표였다.9:8-17 그러나 바벨 탑 사건 후, 하나님의 자비에 대한 위대한 이야기가 시작된다. 하나님은 아브라함을 불렀고, 그를 통해 모든 인류를 축복할 백성을 만들 것이라고 약속했다.12:1-3 하나님이 아브라함을 부른 것과 아브라함의 자손들을 위해 하나님이 행하신 것을 고려할 때, 아브라함의 하나님의 성전에서 기구들을 시날로 다시 가져가는 것은 믿기가 어려워 보인다. 아브라함부터 이 순간까지의 사건들이 의미가 없거나 중요하지 않을 수 있는가?

저자의 슬픔은 기구들이 느부갓네살의 신들의 보물 창고에 놓였다는 사실에서 가중된다. 당시, 승리하거나 정복한 나라의 신들이 실제로 패배한 나라의 신들을 정복했다고들 생각했다.왕하18:33-35, 참조 이와 같이 예루살렘 성전의 성스러운 기구들을 바빌로니아 신전에 두는 것은, 이스라엘이 하나님이 무능하다고 말하는 것 같다. 하나님은 자신의 적수를 만났다. 하나님은 성스러운 기구에 발생한 일에서 입증되지 않는다. 대신에 다니엘서가 분명히 하듯, 더 큰 역사에서 일어나는 일에서 드러난다.

느부갓네살의 포로들에 대한 계획 1:3-5

바빌로니아의 새로운 왕은 새로 끌고 온 포로들을 잘 사용하기로 결정했다. 저자는 느부갓네살이 환관장히. '라브 사리스' [rab saris]; NIV: 그의 궁전 신하들의 우두머리 아스부나스와 한 대화를 설명한다. 이 히브리어 용어는 열왕기하 18:17과 예레미야 39:3, 13에서 고유명사 역할을 한다. 아스부나스는 왕이 신뢰하는 자다. 엄밀한 의미에서 그는 반드시 거세된 것은 아니다.RSV: 환관장, 참조

1:3-4 자격과 교육

느부갓네살은 가장 영리하고 우수한 자들이 신하들로 훈련받는 데 관심을 가진다. 아스부나스는 왕을 섬길 젊은이들을 선택할 때 일정한 자격을 따라야 했다. 느부갓네살은 그에게 훌륭한 신체적 조건과 높은 지적 능력과 행정 능력을 갖춘 매우 사회적 수준이 높은 자들 가운데서만 선택하도록 지시한다.

사회적 수준에 대해서는 젊은이들은 이스라엘의 상위 계층, 왕족이나 귀족 출신이어야 한다. 이런 젊은이들은 높은 지위에 있는 자들 가운데 어떻게 행동해야 할지를 안다. 그들은 화려함과 웅장함에 압도당하지 않을 것이다. 귀족이라고 번역된 단어는 여기와 에스더 1:3, 6:9에서만 나온다. 이 단어는 페르시아 시기주전 539-323년에서 유래하기 때문에, 이 단어를 사용한다는 것은 자료들이 후대에 기록됐다는 것을 암시한다.

육체적 상태에 대해서는, 젊은이들은 흠이 없어야 한다. 육체적 장애가 있는 자들은 배제된다. 그들은 잘생겨야 한다. 육체적 완벽함을 반영하는 유쾌한 용모를 갖춘 자들만이 선택될 것이다.

지적인 능력에 대해, 젊은이들은 **모든 분야의 지혜에 능숙해야 한다.** 자격 목록에서 어떤 조건들 '하크마'[hakmah], 지혜와 같이은 외국 궁전에서 활동했던 또 다른 이스라엘 사람인 요셉의 이야기 '하캄'[hakam], 현명한에도 나온다.창41:33, 39 구약 저자들은 하나님을 아는 지식을 지혜의 시작으로 간주했다.잠1:7 느부갓네살이 이런 통찰을 가지지 않았더라도, 그럼에도 상식선에서 살아가는 데 능숙한 젊은이들을 찾고 있다. 이것은 윤리적이며 도덕적인 행동을 포함한다. **지식이 있고**는 젊은이들이 고국에서 좋은 교육을 받아서 통찰력이 있다는 사실을 암시한다. 통찰력이나 이해RSV는 배우는 능력, 빨리 습득하는 자들을 강조한다.

행정 능력에 대해, 젊은이들은 인정하고 계획하며 책임을 수행하는 데 능력을 입증해야 한다.

느부갓네살의 생각에, 이런 자격이 아무리 포괄적이라고 하더라도 충분하지는 않다. 이 자격은 실제로 그에게 중요한 것, **즉 바빌로니아의 언어와 문학**을 배우는 토대가 되어야 한다.

다니엘에서, **바빌로니아**Chaldean라는 용어는 두 가지 방식으로 사용된다. 이 용어는 지리학적으로 주전 1100년부터 계속 페르시아 만 가까운 바빌로니아 남부에 정착한 자들로 정의되는, 민족 집단을 가리킬 수 있다. 느부갓네살 자신은 바빌로니아 사람이다. 다니엘 5:30과 9:1에서, 바빌로니아 사람은 이 민족 집단을 가리킨다. 느부갓네살은 아마도 자신의 문화적 유산, 자기 백성의 책과 언어를 자랑스럽게 여겼을 것이다. 하지만 이것은 여기서의 의미가 아니다.[바빌로니아/갈대아, 297쪽]

바빌로니아는 파생된 의미에서 점성술, 꿈 해몽, 점치기, 마술에서 유명한 사람들과 같이 직업으로 규정된 집단을 가리키는 데 사용될 수도 있다. 왕은 포로들이 이런 대규모의 중요한 지식 체계에 익숙해지고 이 집단의 일원이 되기를 원한다. 여기 **바빌로니아**는 이 전문적인 계층에 사용된다.2:2-5, 10; 4:7; 5:7, 11 참조 아스부나스가 뽑은 젊은이들은 점성술과 마술의 전문가인 바빌로니아 사람들의 징조, 주문, 찬송, 기도, 의식, 신화와 전설, 공식, 수학을 배울 것이다.

이야기가 전개되어 갈 때, 느부갓네살은 이런 전문 지식을 사용한다. 에스겔은 "바빌로니아 왕이 그 두 길이 시작되는 갈림길에 이르러서는, 어느 길로 가야 할지 알아보려고 점을 칠 것이다. 화살들을 흔들거나, 드라빔 우상에게 묻거나, 희생제물의 간을 살펴보고, 점을 칠 것이다"라고 동의한다.21:21 드라빔은 행운의 부적과 신들에게서 오는 메시지의 원천으로 사용되는 인간 모양으로 되어 있는 신들의 작은 형상이나 조각상이다.창 31:19, 31:30; 삿18:14-20, 참조

훈련 과정은 성급한 개관도 주입식의 과정도 아닐 것이다. 느부갓네살은 학생들이 이 바빌로니아 선생과 3년 동안 함께 할 것이다. 마치자마자 젊은이들은 왕을 섬기게 될 것이다.

1:5 음식과 음료

느부갓네살은 훈련받는 자들을 잘 돌보려고 계획한다. 그들은 나라에서 최상의 교사의 도움을 받을 뿐만 아니라 왕처럼 생활할 것이다. 공부하는 전체 기간, 그들은 포로 생활을 하는 여호야긴과 그의 아들들과 마찬가지로 왕의 할당량의 음식과 포도주, 곧 **왕의 일정한 양**을 먹고 마실 것이다.왕하25:30; 렘52:34

아스부나스의 선택 1:6-7

아스부나스가 얼마나 많은 사람들을 느부갓네살의 훈련 계획을 위해 선택했는지는 언급하지 않는다. 다니엘서는 네 명, 곧 다니엘과 하나냐와 미사엘과 아사랴만 소개한다. 모두 유다 지파 출신이다.

이 네 명의 젊은이들은 그들의 가족과 고국 및 그들의 하나님의 예배 중심지인 예루살렘에서 떨어져, 이제 이스라엘에서는 가증한 일들로 간주되는 삼년 동안의 훈련에 돌입한다. 어쨌든 모세는 이스라엘에게 무슨 수를 써서라도 점술, 징조, 주술을 피하고, 부적이나 영매나 마술사와 관계하지 말라고 가르쳤다.신18:9-14

자신들의 과거와 완전히 단절하고, 새로운 권위 아래 있다는 것을 보이며,창2:20, 참조 또한 편의를 위해41:45, 참조 아스부나스는 젊은이들의 이름을 바꾼다. 그는 이스라엘의 하나님을 가리키는 그들의 이름 '엘'이나 '야'가 있는을 없애고, 대신 다음과 같이 바빌로니아 신들을 가리키는 이름을 준다.

> 다니엘하나님이 심판했다은 **벨드사살**벨이 그의 생명을 인도한다이 된다.
> 하나냐여호와는 은혜롭다는 **사드락**사두라쿠: 나는 신을 두려워한다이 된다.
> 미사엘누가 하나님과 같은가은 **메삭**메사쿠: 나는 중요하지 않다이 된다.

아사랴여호와가 도왔다는 아람어 이름 **아벳느고**신의 이름에 대한 언어유희, 나부: 빛나는 이
   의 종을 받는다.

다니엘과의 그의 친구들은 경건하고 헌신된 이스라엘 사람들이다. 명백히 그들은 자
신들의 하나님을 가리키는 이름이 없어지고 벨과 같은 이방 신들을 가리키는 이름으로
대체될 때 큰 불쾌감을 경험한다.

다니엘의 결정과 제안 1:8-16

1:8 왕의 음식 거부하기

지금까지 빨리 진행했던 이야기가 극적으로 느려진다. 국제 정치와 왕궁 규정에 대한
언급에서부터, 이야기는 제안된 메뉴에 대한 질문에서 멈춘다. 더욱 중요한 사실은 행동
단어들의 주어가 왕궁의 입장에서 포로의 확고한 행동으로 옮겨간다는 점이다. 이제 이
야기는 포로의 결정으로 형성된다.

우리는 다니엘과 그의 친구들이 무엇 때문에 왕의 음식과 음료를 거부했는지 궁금하
다. 특히 그들이 바빌로니아에 왔을 때 받아들였던 모두를 고려할 때 왜 이것인가? 그들
은 아스부나스가 유대인에게 완전히 금기시되는 지역에서의 바빌로니아의 문학과 관습
에 대한 교육을 받도록 명한 것을 거부하지 않는다. 그들은 자신들의 하나님에 대한 언
급이 바빌로니아 신들로 대체될 때도, 자신들의 새로운 **다른 이름**을 거부하지 않는다.
그들은 느부갓네살이 예루살렘과 성전을 파괴했고, 자신들의 백성을 포로로 끌고 갔으
며, 자신들의 예언자들이 그에 대해 거친 말들을 했는데도 그 **왕의 왕궁에서** 공무 보기
를 거부하지 않는다. 실제로 네 젊은이들은 다른 문화를 공부하고 점술과 같은 전혀 다
른 사상 세계에 익숙해지는 데 놀랍도록 개방적이었다.

그들은 이 모든 변화를 받아들이므로, 그들이 왕의 음식과 포도주를 거부하는 것은 이
상해 보인다. 다니엘과 그의 동료들은 유대의 음식 법을 어기고 싶지 않기 때문에 왕의
음식을 거부한다. 다양한 생선과 고기는 금지되고 부정한 것을 포함할 수 있을 것이다.레
3:17; 11:1-47 음식을 먹거나 먹지 않는 것은 동양의 일부에서는 여전히 해당하듯, 종교적
정체성의 표시다. 그렇다면 역시 음식은 만족할 수 없는 방식으로 준비됐을 것이다. 예
를 들어 피가 고기에서 완전히 빠지지 않았을 것이다.창9:4; 레17:10-14 음식이나 그 음식
을 준비하는 것으로 자신을 **더럽히는 것**은 사소한 문제가 아니다.겔4:14-15, 참조 이런 금
기사항은 이스라엘 역사의 가장 오래된 시기로 거슬러 올라간다.

포도주는 모세 율법이 금지하지 않지만, 이전에 이교 신들에게 바쳤던 것일 수도 있으며, 마찬가지로 고기도 그렇게 바쳐졌을 수 있다. 이스라엘의 배경에서 제사장그리고 아마도 그들의 가족만이 희생제물의 일부를 먹도록 허용됐다.출29:24; 레2:2-3; 삼상2:13-17 우상숭배에서 신약 시기의 증거는 다니엘서의 시대의 관습을 어렴풋이 알려줄 수 있다. 그 증거는 제사장이 아니지만 예배하거나 사교적인 모임을 갖는 사람들이 우상에게 바쳐진 고기를 먹는다는 사실을 가리킨다.행15:29; 고전8, 10장; 롬14장 벨과 뱀 이야기에서 제사장들은 밤에 우상에게서 고기를 훔친다.단14:1-22, 외경에서[**다니엘서에 대한 보충**, 320쪽]

다니엘서의 이 부분이 이른 연대의 것으로 여겨진다면, 우리는 아카드 의식에서 벨 신 앞에 바쳐진 도살된 양의 고기 조각이 새로운 신상을 만드는 직공들에게 배분되도록 했다는 사실을 주목할 수 있다. 아마도 헌주로 바쳐진 포도주 일부는 직공들을 위해 아껴 뒀을 것이다. 또한 "왕의 희생제물"도 있다. 왕은 제사장들에게 지시를 내리고, 제사장들은 왕과 관련된 의식을 감독한다.ANET: 331-345 왕과 우상 숭배는 매우 밀접하게 연결되어 있어, 명백하지는 않더라도 **왕의 일정한 양과 포도주**는 우상에게 바쳐졌고 왕의 종들이 사용했을 수 있다.단1:16

다니엘서의 최종 형태가 후대 연대의 것이라고 한다면,주전 165년 다니엘서가 보인 모세 법에 대한 포로기 이후의 관심과 일치하면서 음식 법을 지키는 것에 대한 내용을 포함한다는 것에 잘 들어맞는다.느8-9장 안티오쿠스 4세 에피파네스의 통치 동안 이런 규율은 이스라엘 사람들에게는 신실함의 중대한 문제였다. 어떤 이는 양심적으로 우상에게 바쳐진 돼지고기를 먹는 것과 같이 "음식으로 더럽혀지기 보다는 차라리 죽는 것을 택했다."마카비1서 1:43-49, 62-63; 마카비2서 6-7장

그러나 왕의 음식을 거부하는 것은 왕의 음식을 먹을 때 상징하는 것에서 유래했을 수도 있다. 고대 근동에서 음식은 생명을 유지하는 수단이상이었다. 구약 시대에, 언약은 종종 식사로 조인됐다. 두 당사자가 먹는 음식은 그들을 상징적으로 동일한 씨족의 구성원으로 만들었다. 여호수아와 그의 사람들이 기브온 사람들과 식사를 나눌 때, 그들은 심지어 자신들이 속았다는 사실을 알았더라도 깨질 수 없는 유대 관계를 형성했다.수9:3-27 므비보셋은 다윗의 아들과 같이 다윗의 식탁에서 먹었다.삼하9:7, 10, 11 반면에, 먹기를 거부한다는 것은 깨진 관계를 상징했다. 요나단은 사울이 다윗을 죽이려고 한 시도를 알았을 때, "화가 치밀어 식탁에서 일어섰다. 그리고 아무것도 먹지 않았다."삼상20:20-34 교제의 결속으로서의 음식은 히브리어 단어 언약과 함께 나오는데, 어떤 이는 이 언약이 "먹다"TDOT, 2:253-255; 더 그럴듯한 어근 의미는 "결쇠," "족쇄," "결속의 고착"이다라는 어근에서

유래했다고 한다. 함께 먹고 마시는 것은 종종 언약을 기념하는 것의 일부다.출24:11; 눅 22:14-20

그러므로 다니엘이 왕의 음식을 먹는 것은 왕의 보호를 받아들이고, 다시 그에게 온전히 충성할 것을 다짐하는 것이다.시23:5 즉 전적으로 충성하고 순종하겠다는 언약을 의미한다. 다니엘과 그의 동료들은 느부갓네살을 섬길 것이지만, 그에게 절대적인 충성을 하지는 않을 것이며, 오직 자신들의 하나님에게만 절대적으로 충성할 것이다. 다니엘과 그의 동료들은 바빌로니아의 문화 상당 부분을 받아들이고 그 생활에 참여할 것이지만,렘 29:1-9, 참조 느부갓네살에게 그의 음식을 먹고 그의 포도주를 마시는 것으로 상징되는 절대적인 충성을 하는 것은 거부할 것이다. **왕이 내린 음식**을 받아들인다는 것은 다른 관습은 그렇게 하지 않는 방식으로 그들의 신앙을 손상시킬 것이다. 그들에게 신실함은 주로 그들의 하나님에게 충성을 고집하는 것을 의미한다. 그들은 어떤 점에서는 경계를 분명히 한다. 그들은 온전히 동화되는 것도 거부하고 전적인 일치도 거부한다. 어떤 의미에서 그들은 두 세계의 시민들이다. 그들은 바빌로니아 세계에 참여하는 것을 받아들이지만, 자신들의 하나님에게 충성하는 것을 포기하지 않을 것인데, 여기에는 하나님의 언약과 그 언약에 유효한 어떤 음식 규정도 지키는 것을 포함한다. 그러므로 다니엘은 아스부나스에게 넷은 다른 음식을 먹도록 해달라고 요청한다.

1:9-14 시험

매우 애국주의적 무리에서, 애국을 내세워 사리를 채우기를 거부하는 자들이 어려움에 처하고, 이런 사람들에게 도움을 주는 자들도 위험에 처할 수 있다. 아스부나스는 다니엘의 요청이 함축하는 바를 알고 있다. 그는 다니엘의 요청을 허락하고, 특히 다니엘과 그의 동료들의 빈약한 건강 상태에 대한 증거가 자신이 그들에게 협조했다는 사실에까지 추적되면 자신의 지위와 자신의 생명이 위험에 처하게 될 것이라는 사실을 안다. 그들에게 왕의 음식과 음료를 거부하는 비애국주의적 행동을 하도록 허용하는 것은 중대한 범죄가 될 것이다.

이 시점에서,1:9 저자는 다시 하나님의 통치권에 주목한다. 하나님은 아스부나스에게 다니엘과 그의 친구들에 대한 호의와 동정을 받도록 했다. '나탄' 아마도 이 상황은 고린도전서 10:13의 실례를 제공할 것이다. 그들은 우상숭배에 대한 유혹에 직면하여 전적으로 신실하기로 했다. 그리고 하나님은 피할 길을 제공한다. 결과적으로 아스부나스는 다니엘이 거절이 왕과 마찰을 일으키지 않도록 결정한다.

게다가 아스부나스가 다니엘과 그의 친구들을 감독하도록 임명한 감독관은 협상을 알고 있는 것 같다. 아스부나스는 다니엘의 제안에 동의한다. 다니엘과 그의 친구들은 열흘 동안 채소를 먹고 물을 마실 것이다. 열흘의 시험 기간은 그들이 식사법의 변화로 말미암아 건강을 잃지 않았는지를 분명히 할 것이다.

아마도 **감독관**은 자신의 식사를 왕의 진미와 바꿨을 것이다. 그렇다면 감독관은 이 교환에서 이익을 얻고 있다고 생각했을 수 있으며, 이로 말미암아 비밀이 보장된다. 승낙이 떨어졌다. 다니엘과 그의 동료들의 식사는 바뀔 것이며, 감독관은 결과를 판단하는 데 최종 결정권에 보장받을 것이다. 그 다음으로 시험은 시작된다.

1:15-16 시험의 결과

열흘의 시험 기간 마지막에, 감독관은 다니엘과 그의 동료들이 계속 왕의 진미를 먹은 다른 젊은이들보다 더 건강해 보인다는 사실을 인정한다. 이 네 젊은 이스라엘 사람들은 자신들의 신앙의 지시를 따르는 위험을 감수했다. 어떤 해로운 신체적인 결과도 없다. 따라서 감독관은 지속적으로 음식을 바꾸는 데 동의한다. 다니엘과 그의 동료들은 매일 자신들의 신실함과 하나님에게 대한 전적인 충성을 표현하는 표시로서 채소를 계속 먹는다. 이 이야기의 주제는 채소 식단이 더 놓은 건강을 분명히 야기한다기보다는,창9:3 하나님이 신실한 종들을 영예롭게 한다는 사실삼상2:30을 입증하는 것이다. 다니엘과 그의 친구들이 **왕이 내린 음식**을 먹는 자들보다 더 기름졌다는 사실을 주목하라.

훈련 협상하기 1:17-20

저자는 이미 하나님이 자신의 힘을 행사한 두 가지 방식을 주목했다. 하나님은 유다 왕 여호야김을 느부갓네살의 손군사적 힘에 주었다. '나탄' [natan] 하나님은 다니엘에게 느부갓네살의 환관장의 눈에정치적 힘 호의1:9, RSV를 주었다. '나탄' 이제 셋째 방식을 주목한다. 즉 하나님은 네 명에게 **지식을 얻게 하시고, 문학과 학문에 능통하게 주었다.**인간 지성의 힘1:17 저자는 다니엘이 모든 환상과 꿈에 대한 통찰력을 지녔다고 덧붙이는데, 이는 예언자의 표시다.민12:6; 마24:15 이것은 특히 나중 사건에 비추어 특히 중요하다.2, 4-5장

네 젊은이들은 바빌로니아 문화를 공부하고 있다. 사람들은 자신들의 문화가 다른 문화보다 우월하다고 생각하는 경향이 있다. 네 젊은이들이 바빌로니아의 문화의 방식을 배우는 동안, 그들의 교사들은 유대의 가치를 조롱할 가능성이 있다. 바빌로니아 사람들은 자신들이 군사적 힘에서 무적이라고 믿는다. 과학적 업적에서도 그들은 자신들이 우

월하다고 여긴다.[바빌로니아/갈대아, 297쪽] 하나님은 네 히브리 젊은이들에게 이 모두를 배울 능력을 주었다. 하지만 바빌로니아 환경 가운데, 그들은 자신들의 신앙을 지킬 수 있다. 신실함을 상징하는 매일의 채소 식단으로 말미암아, 그들은 배움이라는 하나님의 재능을 받고 또한 그들의 신앙을 지키는 데 도움이 되었을 것이다.

공부하는 3년의 기간은 빨리 지나간다. 과정을 마쳤을 때, 느부갓네살 왕은 아스부나스에게 젊은이들을 회견하러 데려오라고 명령한다. 느부갓네살은 포로들 가운데서 **뽑은** 유능한 종들을 계발할 교육 프로그램의 성공에 관심이 있다.

전체 젊은이들을 왕 앞에 데려왔다. 느부갓네살은 그들을 하나씩 회견한다. 그는 무리 가운데 넷이 바빌로니아 문자와 지혜를 파악하는 데 뛰어나다는 사실을 발견한다. 이 넷은 다니엘, 하나냐, 미사엘, 아사랴로 확인된다. 그들의 새로운 바빌로니아 이름이 여기서 사용되지 않는다는 사실에서 역설이 있다. 이것은 넷의 유능함이 그들의 히브리 이름이 증언하는 하나님의 탓으로 돌리는 저자의 방식일 수 있다.

넷의 탁월한 능력을 확인한 후, 느부갓네살은 그들에게 특별한 책임을 갖는 지위를 부여한다. 즉 **그들로 왕을 모시게 하였다.**1:19 게다가 느부갓네살은 그들이 얼마나 깊고 폭넓게 바빌로니아의 지혜와 명철을 이해하는지를 점검하고자 회견을 이어간다. 그 후 그는 놀라운 결론에 이르게 된다. 이 넷은 왕국의 마술사와 주술가보다 **열 배**나 유능하다!1:20

이런 약간의 정보로, 저자는 갈등이 올 것을 미리 보여준다. 내국인이 특히 유능하다고 느끼는 지역에서 외국인이 자신들보다 뛰어나다고 할 때 무슨 일이 일어나겠는가? 왕이 칭찬한 외국인들은 그렇게 본토인들에게는 사랑받지 못한다. 바빌로니아의 전문가들은 곧 왕의 평가를 시험할 것이다. 점술과 주술이 낯설고 금기시됐던 젊은이들이 이제는 그 제도에서 자란 자들보다 더 유능하다. 이 젊은이들이 자신들의 교사를 포함해서 왕국의 모든 사람보다 열 배는 뛰어나다는 왕의 견해는 도전을 받게 될 것이다.

역사적 언급 1:21

이 도입 장은 다니엘의 공적인 업무의 기간에 대한 언급으로 마무리한다. 다니엘은 거의 느부갓네살의 통치 시작에 가까운 주전 604년 또는 597년부터 고레스 왕의 첫해 주전 538년까지 일했으며, 고레스는 유대인들이 포로에서 돌아가도록 허락한다.대하36:22-23[고레스, 301쪽]

아마도 이 역사적 언급을 포함하는 데서 약간의 역설이 있는 것 같다. 이 장은 느부갓네살이 극적으로 큰 권력을 쥐며 떠오르고 이스라엘 사람들은 굴욕을 맛보며 시작하지만, 그럼에도 바빌로니아에서 느부갓네살이 죽고 그의 왕국이 깨어진 오랜 후에도 권력과 책임의 자리에서 계속하는 이는 바로 하나님의 백성의 대표자 다니엘이다. 하나님의 백성의 운이 역전되고 그들이 자유롭게 고국에 돌아올 때까지, 다니엘은 바빌로니아를 섬긴다. 다니엘의 경험은 바빌로니아에서의 포로 생활 시작부터 마치기까지 지속된다.

포로 생활의 어려움이 시작한다는 사실은 유다의 여호야김 왕이 왕위에 오른 지 삼 년이 되는 해에1:1라는 시작의 연대기 언급에서 암시된다. 이 시작은 전능한 하나님이 관장한다. 하지만 1장의 마지막에서 연대기 언급에서도 지적하듯, 또한 포로생활의 끝이 있다. 다니엘은 고레스 왕 일년까지 이어간다. 분노의 날과 마찬가지로 구원의 날은 하나님이 관장한다.Goldingay: 28 성스러운 기구를 바빌로니아로 옮겨갔다는 사실은 다니엘 5장 사건에 대한 배경이 됐다. 그래서 이 역사적 언급 역시 바빌로니아 왕의 통치가 70년 동안 지속될 것이라는 예레미야의 예언렘25:11-12에 대해 다니엘 9장이 고려하는 바를 반영한다.

하나님의 백성의 완전한 패배, 하나님의 거룩한 성읍 예루살렘의 파멸, 하나님의 집 성전의 파괴지극히 높으신 이는 거기에 담아질 수 없을지라도, 대하6:18-21는 다니엘서의 이야기들에 대한 배경이 된다. "패배한" 하나님에 대한 신앙이 어떻게 지속될 수 있는가? 실제로 신앙이 지속되려면, 그 신앙은 어떤 형태를 취할 것인가? 신앙은 어떻게 표현될 것인가? 많은 면에서 다니엘서는 이런 질문에 대한 답을 제공한다. 하나님의 역사는 민족과 언어가 다른 뭇 백성에게 도달하고 시간을 넘어 확장되면서, 이제 세계적으로 볼 수 있다.

성서적 맥락에서의 본문

다니엘과 요셉과 에스더

다니엘의 이야기는 요셉창37-50장 및 에스더에1-10장의 이야기와 매우 비슷하다. 다니엘의 이야기와 마찬가지로, 요셉과 에스더의 이야기는 훌륭하게 계획되고 배열된다. 다니엘과 요셉과 에스더 이야기는 큰 어려움에 직면한 의로운 사람들에 대해 말한다. 부분적으로 그들의 어려움은 외국 사회 내에서 동화하고, 외국 가치를 채용하며 적용하라는 압박 때문에 일어난다. 하지만 더 중요한 것은 이야기들이 그들의 하나님에 대해 말한다는 점이다. 이야기는 청중들에게 신실함이라는 그들의 모범을 따르고 하나님의 힘과 지지를 의존하도록 요청한다.

다니엘과 요셉과 에스더는 히브리 젊은 사람들의 최상의 인물로 묘사된다. 그들은 모든 상황에서 옳은 행동을 보인다. 다니엘과 요셉은 준수하게 생겼다.창39:6; 단1:4 에스더는 만족스러우며 매력적이다.에2:2, 15-17 다니엘과 요셉은 뛰어난 행정가다. 요셉은 대규모의 음식과 구제 프로그램을 운영할 수 있는 유일한 사람이며, 바로 다음 가는 지위에 있다.창41:38-44 마찬가지로, 다니엘은 왕 다음으로 최고의 책임 자리에 오른다.단2:47-49 에스더는 현명한 왕궁의 정치가다.5:1-8:8

다니엘과 요셉은 유혹을 받는다. 요셉은 보디발의 아내의 유혹에 직면하고 그것을 극복한다.창39:7-23 다니엘은 왕의 음식을 거부한다.단1:8 요셉과 다니엘은 유혹에 직면하여 개인적인 욕망과 포부보다 신실함을 우선시한다. 요셉은 보디발의 아내의 계략에 직면할 때, "내가 어찌 이런 나쁜 일을 저질러서, 하나님을 거역하는 죄를 지을 수 있겠습니까?"창39:9라고 말한다. 다리우스 왕 이외에는 누구에게도 기도하지 말라고 금지한 명령에 직면하여, 다니엘은 **이전에 해오던 그대로, 자기 집으로 가서** 하루에 세 번 무릎 꿇고 **자신의 하나님에게 기도하고 찬양한다.** 이런 하나님에 대한 충성과 배반하라는 유혹에서 이기는 점은 다른 이들이 열심히 배울 모범이 된다.

다니엘과 요셉은 꿈을 꾸는 사람들이다. 요셉은 자신의 미래와 관련된 두 가지 꿈을 꾼다.창37:5-10 요셉 이야기의 진행은 볏단 꿈과 해와 달과 열 한 별의 꿈으로 결정된다. 다니엘 역시 꿈을 꾼다. 다니엘의 꿈은 유대 민족의 미래에 있을 사건들과 더 관련 있다.단7-12장 요셉과 다니엘의 이야기에서, 하나님은 주로 자신의 목적을 촉진하고자 꿈을 준다.

그러나 더욱 중요한 것은 둘 다 꿈을 해몽하는 사람이라는 점이다. 요셉은 바로의 술잔을 올리는 시종장과 빵을 구워 올리는 시종의 꿈을 해몽하는 반면,창40:5-23 다니엘은 느부갓네살의 꿈을 해몽한다.단2, 4장 요셉과 다니엘은 자신들의 능력에 대해 하나님에게 온전히 맡긴다. 요셉은 "해몽은, 하나님이 하시는 것이 아닙니까?"창40:8라고 말한다. 다니엘은 느부갓네살에게 **비밀을 알려 주시는 분은 오직 하늘에 계시는 하나님뿐이십니다**단2:28라고 주장한다. 심지어 느부갓네살도 **너는 네 안에 거룩한 신들의 영이 있으니, 할 수 있을 것이다**4:18라고 자기 꿈을 해몽할 다니엘의 능력을 인정한다.

다니엘과 요셉과 에스더의 이야기는 하나님이 자신의 영광을 위하고 자신의 목적을 이행하도록 만물을 관장한다는 사실을 잘 보여준다. 하지만 이로 말미암아 그들이 많은 개인적인 노력을 하지 않는 것은 아니다. 요셉의 형제들은 요셉을 이집트로 팔 때 무지하게 행동한다. 하지만 그들은 실제로는 "수많은 사람의 생명을 구원"할창50:20 하나님의 목적을 이루는 데 기여하고 있다. 다소 비슷한 방식으로 다니엘이 동양의 폭군과 교류로 가장 높으신 분이 인간의 나라를 지배하신다는 사실을 인식하기에 이른다.단4:17, 25, 32; 5:21 에스더의 이야기에는 "왕후께서 이처럼 왕후의 자리에 오르신 것이 바로 이런 일 때문인지를 누가 압니까?"에4:14라는 모르드개의 유명한 말이 있다.

요셉과 다니엘과 에스더의 신실한 행위는 하나님의 구속 목적이 그들의 생애를 넘어 미래로 멀리 확대된다는 사실을 보여주면서, 장기적인 함의를 지닌다. 요셉은 올 것이 더 많이 있다고 믿는다. 하나님이 많은 사람들을 보존하는 것은 "이집트의 관"창50:26으로 끝날 수 없다. 미래에 대한 요셉의 믿음은 신실한 자들을 호명하는 데서도 주목된다. 히11:22 마찬가지로 다니엘은 하나님의 나라가 온 땅을 덮고단2:35, 44 지극히 높은 분의 백성의 손에 있을7:27 미래를 바라본다. 에스더의 행동으로 말미암아 부림절을 기념하게 되는데, 부림절은 모든 세대에 대해 하나님의 구원을 상기시킨다에9:26-28

다니엘과 요셉과 에스더는 하나님이 자기 백성이 어디에 있든지 그들을 안내하고 보존하면서, 그들과 함께 한다는 사실을 주장한다. 셋 모두는 외국 땅에 있다. 즉 다니엘은 바빌로니아에 있고, 요셉은 이집트에 있으며 에스더는 페르시아에 있다. 이 사실은 하나님에게 어느 하나의 거룩한 땅이 없다는 신약의 강조점을 미리 보여준다. 즉 "땅이 주님의 것이다."시24:1; 행7:47-50, 참조 예수가 승천할 때, 하늘과 땅의 모든 권세가 그에게 주어진다. 그는 자신을 따르는 자들에게 온 민족을 제자 삼으라고 책임을 지운다.마28:18-19

다니엘과 요셉과 에스더의 성공은 그들이 하나님을 경외하고 순종하는 방식에 있다. 그들과 하나님의 백성에 대한 그분의 계획은 그 계획을 위협하는 포악한 정권의 계획에도 불구하고 이행된다. 그들은 하나님을 믿고 하나님을 신뢰한다.

아마도 고국에서의 신실한 가르침 때문에 그들은 큰 장애를 극복할 수 있는 깊은 신앙을 가지게 됐을 것이다.Friedman: 295 그들은 또한 자신들의 생애에서 하나님의 인도하는 손길을 인정한다. 그들의 이야기는 하나님이 자신의 목적을 성취하고자 성별에 관계없이 신실한 사람을 사용할 것이라는 성서의 통찰력을 강조한다.

교회생활에서의 본문

대안 공동체

오늘날의 세계에서 교회는 대안의 공동체여야 한다. 이것은 항상 하나님이 자기 백성을 위한 의도였다. 모세가 이스라엘 사람들을 이집트에서 인도할 때, 이집트와 전혀 다른 새로운 공동체를 만들고자 한 것이 하나님의 의도였다. 새 공동체는 새로운 정의에 대한 이해, 새로운 율법, 새로운 조직, 새로운 통치체제, 새로운 옳고 그름의 기준을 가져야 한다. 바울은 "우리 조상들은 모두 구름의 보호 아래 있었고, 바다 가운데를 지나갔습니다. 이렇게 그들은 모두 구름과 바다 속에서 세례를 받아 모세에게 속하게 되었습니다. 그들은 모두 똑같은 신령한 음식을 먹고, 모두 똑같은 신령한 물을 마셨습니다."고전 10:1-4라고 주장한다. 새로운 공동체는 하나님의 조치로 창조됐고, 공동체의 생명과 행동의 특성은 계시로 왔다.

새로운 공동체에서 하나님의 뜻과 통치는 하나님의 권위가 받아들여지지 않는 사회질서와 대조적으로 운용되기 때문에, 이런 대안 공동체를 형성하는 것은 어렵다. 바울은 하나님의 의도에 맞선 저항을 묘사한다. 어떤 이는 우상숭배자가 됐고, 다른 이는 부도덕에 탐닉했다. 어떤 이는 여호와를 시험했고, 다른 이는 불평했다.고전10:6-10

이 대안 공동체의 특징은 하나님과의 교류에서 유래한다. 바로도 아니고 심지어 또 다른 이스라엘 사람도 아니고 여호와 하나님이 통치한다. 공동체는 정의와 의로움과 긍휼을 입증해야 한다.사5:7 그러나 곧 이스라엘에게는 자신들 주변에 바로와 같은 풍요롭고 강력한 왕들과 민족들이 있다. 긍휼 대신에 가난한 자들의 울부짖음이 들리지 않았다. 하나님이 말씀하고 인도하고 훈련하도록 하는 대신, 하나님은 허드레 일꾼이 되고 길들여졌고, 성전과 성전의 제의에 갇혔다. 백성은 고집스럽게 자신의 길을 갔다. 확실히 예언자들은 하나님의 원래 의도를 회복하려 했다. 아모스는 압제와 과시적 소비에 반대하여 소리 높였다. 이사야는 바빌로니아의 신들이 지친 짐승들 등으로 옮겨지고, 자신들을 숭배하는 자들이나 스스로를 구원할 수 없다고 조롱하면서 하나님의 신실함에 초점을 뒀다.46:1-4

다니엘과 그의 동료들의 이야기와 다니엘의 환상에서, 하나님의 대안 공동체의 형세가 다시 대두하기 시작한다.

이것은 오늘날 교회에 교훈이 된다. 예루살렘과 성전이 폐허가 되고, 인간적인 관점에서는 하나님이 더 이상 제의와 절기에 매이지 않는다. 하나님은 이전에 모세에게 "은혜를 베풀고 싶은 사람에게 은혜를 베풀고, 불쌍히 여기고 싶은 사람을 불쌍히 여긴다."출 33:19라고 말씀했듯이, 자유롭게 행동한다. 다니엘의 이야기에서, 하나님과 그의 백성의 관계는 다시 직접적이고 개인적인 것 같다. 가장 높은 분은 베풀고 계시하며, 기도에 응답하고 구원한다. 하나님은 자신의 목적을 성취하려고, 신실한 유대인뿐만 아니라 무자비한 폭군의 삶에도 역사한다.

이 대안 공동체는 의도적인 공동체다. 신실한 자들은 낯선 종교에 참여하거나 지배적인 문화에 흡수되는 것이 아니라, 희생이 큰 결정을 해야 한다. 우리는 다니엘과 그의 동료들이 대안 공동체로 어떻게 살아가는지에서 배울 수 있다. 그들은 자신들의 이웃들을 꾸짖는다는 의미에서 "예언적"이지 않다. 그들은 사회가 타락했다고 비난하면서 움츠려 들지도 않는다. 대신에, 그들은 바빌로니아의 교육과 공적 업무에서 제공해야 했던 많은 것들에서 이득을 본다. 다니엘과 그의 동료들은 새로운 이름이 주어진다. 그들은 자신들이 온 사회에서는 금기시 되는 훈련과 관습에 대한 교육을 받아들인다. 그렇다면 무엇 때문에 그들이 대안 공동체가 되는가?

무엇보다도 그들은 살아있는 하나님이라고 이해하는 그분에게 헌신한다. 그들은 하나님에게의 충성을 대신하는 어떤 충성도 허용하지 않는다. 그들은 신실함이 왕의 요구나 국가의 요구보다 우선한다고 분명하게 이해한다.3:18; 6:10 이런 헌신에서 죽음을 무릅쓰는 가운데, 그들을 구분하는 다양한 행동이 나온다. 도덕적인 진실함이 있다.6:22 그들의 업무는 개인적인 부를 쫓는 것으로 더럽혀지지 않는다.5:17 압제당하는 자들의 구제에 관심이 있다.4:27 그들은 현재의 사태가 온전하고 최종적인 상태가 아니라고 인식한다. 그들은 하나님이 행동하고 있으며 또한 행동할 것이라고 확신하는, 희망의 사람들이다. 그들은 하나님의 통치와 궁극적인 목적에 대한 비전을 가지고 있다.2:44; 7:27; 12:2-3 그들의 삶은 기도2:17-24; 6:10; 9:3-19와 성서에 대한 묵상9:1-2이 스며들어 있다.

둘째, 그들은 "내가 사로잡혀 가게 한 그 성읍이 평안을 누리도록 노력하고, 그 성읍이 번영하도록 나 주에게 기도하여라. 그 성읍이 평안해야, 너희도 평안할 것이기 때문이다."렘29:7라고 한 추방당한 자들에게 보낸 예레미야의 편지의 가르침을 따른다. 하나님의 대안 공동체로서의 교회는 홀로 살지 않는다. 교회는 더 광범위한 사회의 선을 추구한다. 교회는 소금과 빛의 역할을 한다.마5:13-16 사회가 실패하면 신실한 자들의 안녕 역시 위험에 처한다.

다니엘과 그의 동료들은 자신들이 역사적 신앙 전통에 귀속됐다는 의식을 잃지 않는다. 그러나 그들은 그 전통의 정적인 차원에서 탈피하여 원래의 의도를 되찾는다. 이런 신앙으로 그들은 자신들이 처한 문화에 직면하고 접촉한다. 자신들의 하나님이 궁극적으로 역사를 통제한다는 인식으로 말미암아, 그들은 새롭고 역동적인 방식으로 그들이 살아가는 문화에 직면한다. 그들은 과거를 재건하는 데 관심을 두지 않고, 하나님의 미래와 하나님의 나라가 어떻게 현재에 영향을 주는지를 구분하는 데 관심을 둔다.

순응하라는 압박이 심해질 때,3장 결정해야 할 일들과 명령과 딜레마가 그들의 신실함에 도전할 때, 그들은 개인적인 희생이나 결과에 상관없이, 하나님을 순종하고 의지하기로 결심한다.3:17-18 그들은 공적인 책임을 갖는 지위에 있을지라도, 다른 이들을 위압하거나 생각을 통제하거나 스스로를 높이지 않는다. 그들은 인간의 가치와 자신들의 하나님이 계시한 가치를 구분할 수 있다. 그들은 하나님이 할 수 있는 일이나 할 일에 한계를 두지 않는다. 많은 면에서 그들은 다음과 같이 베드로의 서신에서 구체화된 대안 공동체의 본보기가 된다.

> 그러나 정의를 위하여 고난을 받으면, 여러분은 복이 있습니다. 그들의 위협을 무서워하지 말며, 흔들리지 마십시오. 다만 여러분의 마음속에 그리스도를 주님으로 모시고 거룩하게 대하십시오. 여러분이 가진 희망을 설명하여 주기를 바라는 사람에게는, 언제나 답변할 수 있게 준비를 해 두십시오. 그러나 온유함과 두려운 마음으로 답변하십시오. 선한 양심을 가지십시오. 그리하면 그리스도 안에서 행하는 여러분의 선한 행실을 욕하는 사람들이, 여러분을 헐뜯는 그 일로 부끄러움을 당하게 될 것입니다.벧전3:14-16

하나님의 대안 공동체의 절대적이며 전적인 충성으로 말미암아, 교회는 신자의 삶의 모든 면에 관심을 가지면서, 종교적 경쟁자에 대해 결정적으로 우세하게 된다. 교회는 유대교에서 이런 공동체 의식을 받았지만 다니엘서에서 제시된 외부인들에게의 개방성을 더욱 발전시킨다.예를 들어, 6:25-27 모두가 자유롭게 교회라는 대안 공동체에 환영받는다.

2부
나라들을 향한 소책자

사전 검토

국제적언 언어와 관심

이 장들은 나라들을 향한 특이한 소책자를 형성한다. 다니엘 2:4b-7:28은 예수와 바울 시대 코이네 그리스어 및 오늘날의 영어와 마찬가지로, 세계 교역의 언어인 아람어로 되어 있다. 아람어 문헌이 동쪽으로는 아프가니스탄, 서쪽으로는 터키까지 발견됐다. 페르시아 시대 아람어 자료는 이집트에서 발견됐다.

구약 예언자들은 하나님이 전 세계에 관심을 가진다는 견해를 가지고 있다.사42:4; 45:22에서처럼 이런 신념은 많은 구약의 배경을 형성한다. 아브라함이 부름 받았을 때, 자신을 통해 땅의 모든 족속이 복을 받을 것이라고 듣는다.창12:3 처음부터 하나님의 의도는 자신의 은혜를 모든 인류가 얻을 수 있도록 하는 것이었다. 하지만 종종 교회에서도 일어나듯이, 이스라엘에서 하나님이 누구를 사랑하고 돌보는지를 확인하는 데 편협하게 되는 경향이 있었다. 이사야는 하나님이 전 세계를 사랑했지만, 그의 사랑은 예루살렘과 "거룩한 땅"에 중심을 두고 예루살렘과 "거룩한 땅"에서 움직여 나가야 한다고 믿었다. 이사야는 예루살렘에게 공물을 바치러 오는 땅의 왕들에 대해 말했다. 이사야는 하나님이 세상을 위해 무엇을 하든지, 거룩한 성읍, 예루살렘을 통해 이뤄질 것이라고 생각했다.사2:1-4; 60:1-14

교역 언어로 기록된, 다니엘의 나라들을 향한 소책자에 또 다른 관점이 깊이 새겨 있다. 예루살렘은 폐허가 되고, 성전은 약탈당하고, 이스라엘 백성은 포로로 끌려갔다. 이제 우리는 다니엘과 같이 신실한 이스라엘 사람들과 접촉하는 당시 위대한 지도자들을 통해 **민족과 언어가 다른 뭇 백성**4:1에게, 하나님이 스스로를 드러낸다는 사실을 배운다. 행정 문서와 같은 "소책자"가 실제로 모든 곳에 있는 백성에게 전달됐는지의 문제는 여전히 해결되지 않았다. 이야기가 전개되면서, 우리는 영토 안에 있는 백성은 왕의 명령에 대해 당연히 정통했다고 기대할 것이다.

어떤 이는 이런 소책자 개념이 나라들을 비판하는 예언자의 신탁과 비슷한 문학적인 장치라고 제안했다.렘46-51장; 암1-2장에서처럼 이런 문학적 장치로, 히브리인들은 통치자들이 하나님을 인정하도록 하고, 적 국가에 내리는 하나님의 심판을 분명히 하도록 할 때 하나님의 강력한 손길을 확신했을 것이다. 이런 소책자는 히브리 백성이 하나님의 권능과 그들을 위한 구원에 대한 믿음을 지지할 것이다. 그럼에도 이야기에서 제시되는 대로, 이런 고위직 사람들의 종교적인 반전은 극적이며, 그들의 전향의 영향은 분명히 선교적이다. 세계는 아니더라도 제국 전역의 다른 이들도 공적인 명령으로 촉구될 때, 이스라엘의 하나님을 유일한 주권적 하나님으로 인정할 수 있다.

패턴과 주제

이 나라들을 향한 소책자는 신중하게 구성된다. 2-7장에는 여섯 이야기가 있다. 첫째 이야기2:1-49는 여섯째 이야기와 병행을 이룬다.7:1-28 첫째 이야기는 느부갓네살의 꿈을 다루고, 마지막 이야기는 다니엘의 꿈을 보고한다. 두 이야기에는 느부갓네살의 꿈에 나오는 신상의 부분들과 다니엘의 환상에 나오는 네 짐승이 대변하는 연속되는 네 나라들이 있다. 두 이야기는 하나님의 나라의 침입으로 절정에 이르는데, 이는 첫째 이야기에서 돌로 대변되고, 마지막 이야기에서는 **가장 높은 분의 거룩한 이들**에게 주어진 영원한 나라로 대변된다.

둘째 이야기3:1-30와 다섯째 이야기6:1-28에도 살아 계신 하나님에 대한 헌신을 다루는 비슷한 주제가 있다. 두 이야기는 다니엘과 그의 동료들이 불순종하는 왕의 칙령을 포함한다. 그들의 대적에게는 그들의 행동이 반역이다. 다니엘과 세 동료에게, 칙령은 기본적인 신앙의 헌신을 부정하라고 요구한다. 둘째 이야기에서,단3장 이슈는 하나님에게 대한 헌신에 무언가를 **더할** 수 있는가 하는 것이다. 하나님을 예배하는 데 국가를 예배하는 것도 포함할 수 있는가? 사드락과 메삭과 아벳느고는 느부갓네살이 **세운** 신상 앞에 **절하기를** 거부한다. 다섯째 이야기에서,단6장 이슈는 국가가 하나님을 예배하는 중요한 견지를 **제거할** 수 있는가 하는 것이다. 다니엘은 피해가기를 거부한다. 그는 계속 자신의 **하나님에게 기도하고 그분을 찬양한다.** 두 이야기에서 이슈는 우리에게 정치적인 위법이라기보다는 종교적인 위법으로 보인다. 하지만 왕들이 전투에 나가기 전에 종교적 제의를 행한 사실에서도 보여주듯, 당시그리고 종종 지금도! 종교와 정치는 서로 맞물려 있었다.

두 기사에서, 이스라엘 사람들은 유죄로 밝혀졌다. 그들은 종교적인 고백을 하며, 정당함이 입증됐고, 그 다음에 등용됐다.

셋째 이야기4:1-37와 넷째 이야기5:1-30는 **가장 높으신 분이 인간의 나라를 다스리신다는 것과, 그의 뜻에 맞는 사람에게 나라를 주신다는 것**4:32; 5:21, 참조을 인정할 필요성에 직면한 두 지도자들을 다룬다. 느부갓네살은 분별하게 되고, 가장 높으신 분을 찬양하고 영예롭게 한다. 그러나 벨사살은 느부갓네살의 경험에서 배우기를 거부한다. 벨사살은 하늘의 주님에 맞서 자신을 높이고, 방탕한 유흥에서 예루살렘에서 온 성스러운 기구들을 사용한다.5:22-23 느부갓네살의 나라는 회복되지만, 벨사살은 살해당한다.

이 여섯 이야기에서 하나님에 대한 진리는 히브리 예언자들이 아니라 위대한 세계 지도자들이 전 세계에 선언한다. 본문은 히브리어가 아니라 아람어로 되어 있으며, 따라서 광범위한 청중에게 소통될 준비가 되어 있다. 또한 하나님에 대한 진리, 그분은 누구인가, 그분은 무엇을 하는가는 예루살렘이 아니라, **바빌로니아**에서 온 세계에 전달된다.

이 이야기들에도 고대 근동의 독자들에게 친숙하고, 그들이 소책자의 메시지를 이해하는 데 도움을 줄 인유$隱喩$와 상징이 있다. 독자들은 인간의 문제 가운데 신들이 관여하는 것을 명확히 표현할 방법으로 꿈과 환상을 사용하는 데 익숙했다.

역사를 여러 시기로 나누는, 네 나라 구도2장과 7장는 묵시문학뿐만 아니라 바빌로니아와 페르시아 사상의 특징이었다. **큰 산이 되어, 온 땅에 가득 찼습니다**2:35는 독자들에게 시리아 폭풍 신인 바알-하닷우뢰의 주/타격의 주의 거룩한 산, 사본 산을 떠올리게 할 것이다. 독자들은 4장의 큰 나무가 신들이 인간과 교류하는 성스러운 장소라고 이해할 것이다.

7장의 일부 이미지는 근동 독자들에게 낯설지 않을 것이다. 가나안의 최고신은 "시대의 아버지"라고 불렸다. 하늘의 구름과 함께 온 자는 하늘의 회의에 속한 자로 여겨질 것이다. 가나안의 바알은 "구름을 타는 자"로 불렸기 때문이다. 독자는 **인자와 같은 이**의 통치가 바알의 통치와 비슷하다고 받아들일 것이다. 바알은 그들의 신화에 따르면 바다의 신 얌과 승리한 후 왕권을 확보했다. 하지만 이런 이미지는 여호와와 그의 백성 사이의 언약 관계에 근거하여, 이스라엘의 신앙이라는 다른 패턴에 사용됐다.

소책자는 근동에 익숙한 종교적 상징이 가득하여, 히브리인들의 하나님에 대한 진리를 민족과 언어가 다른 뭇 백성에게 전하는 데 도움이 되도록 문학적인 인유를 사용하는 것 같다. 저자는 이 통치자들이 다니엘의 하나님에 대한 민족과 언어가 다른 뭇 백성에게 말한 것을 함께 묶음으로써 강력한 증거를 발전시킨다. 이처럼 금으로 된 머리와, 은으로 된 가슴과 팔, 놋쇠로 된 배와 넓적다리, 쇠로 된 다리와 쇠와 테라코타, 즉 **토기장이**

의 진흙2:41으로 된 큰 형상에 대한 꿈이 있다. 다시 온 땅을 채울 큰 돌이 이 형상을 파괴할 때, 이것은 다음과 같은 느부갓네살의 메시지에 대한 배경을 제공한다. **과연 그대의 하나님은 비밀을 드러내는 분이시다.**2:47

활활 타는 화덕에서 사드락과 메삭과 아벳느고가 구원받은 이야기는 다음과 같이 **민족과 언어가 다른 뭇 백성**에게 전하는 메시지로 마무리한다. **이와 같이 자기를 믿는 사람을 구원할 수 있는 신은 다시 없을 것이다.**3:29

느부갓네살이 건강을 잃은 후 다시 의식이 돌아와서 가장 높은 분이 통치한다는 사실을 깨달을 때, 그는 다음과 같이 자신의 깨달음을 온 인류와 나눈다.4:1

이제 나 느부갓네살은 하늘의 왕을 찬양하고 높이며, 그분에게 영광을 돌리는 바이다.

과연 그가 하시는 일은 모두 참되며,

그의 모든 길은 공의로우니,

그는 교만한 이를 낮추신다.4:37

벨사살의 이야기는 진수성찬과 술 취함과 환락의 유흥 가운데 엄한 두려움의 이야기다. 예루살렘 성전에서 온 성스러운 기구들을 자신의 잔치에 가져왔을 때, 이상한 글이 벽에 나타난다. 벨사살의 오만함과 불경한 방식은 패배와 죽음으로 끝난다. 이 이야기는 설명이나 경고의 어떤 말씀으로도 마무리하지 않는다. 사건 자체는 정신이 번쩍 들게 하는 메시지를 전한다.5장

다리우스 왕은 다니엘을 사자 굴에 넣은 후, 염려 가운데 밤을 보낸다. 아침에 그는 다니엘이 안전하고 무사하다는 사실을 알았다. 그 때 다리우스는 **전국에 사는 민족과 언어가 다른 뭇 백성**에게 조서를 내렸다. " … **내가 다음과 같이 법령을 공포한다. 내 나라에서 나의 통치를 받는 모든 백성은 반드시 다니엘이 섬기는 하나님을 공경하고, 두려워하여야 한다.**

살아 계신 하나님이

영원히 다스리신다.

그 나라는 멸망하지 않으며,

그의 권세 무궁하다.

그는 구원하기도 하시고 건져내기도 하시며,

하늘과 땅에서 표적과 기적을 행하시는 분,

다니엘을 사자의 입에서 구하여 주셨다."6:25-27

마지막으로 7장에서 다니엘은 무시무시한 네 짐승에 대한 환상을 보았는데, 이들은

많은 면에서 2장의 형상에 나오는 나라들과 비슷하다. 넷째 짐승은 특히 무시무시하다. 이 짐승은 **옛적부터 계신 분**의 힘을 통해 통제를 받는다. 나라들을 향한 소책자는 다음과 같이 이 메시지로 마무리한다.

나라와 권세와 온 천하 열국의 위력이

가장 높으신 분의 거룩한 백성에게로 돌아갈 것이다.

그의 나라는 영원한 나라다.

권세를 가진 모든 통치자가 그를 섬기며 복종할 것이다.7:27

다니엘과 그의 친구들의 신실함에서 이 세상은 이스라엘의 하나님에게 속하며, 그분은 우주를 궁극적으로 통제하고 역사를 주관하며,4:17 왕을 세우기도 하고 내리기도 하며, 국제적인 사건 배후나 그 위에서 살아 계신 하나님이 역사한다고 민족과 언어가 다른 뭇 백성에게 선포하기에 이른다. 다나 N. 페웰Danna N. Fewell의 다음과 같은 논평은 적절하다. "다니엘서에서 중심이 되는 정치적 이슈는 통치권이다."12 페웰은 통치권에 대해 경쟁자들을 주목함으로써 비전통적인 방식으로 "이슈"를 발전시킨다. 이야기에서 거듭 강렬해지는 두 주제 가운데 하나는 "유다 포로들의 신을 통치자 중에 통치자로 인정한다는 것"이다.Fewell: 132 느부갓네살은 자신의 섬뜩한 형상을 **세울** 수 있다. 그는 자기 신하들을 **엎드리게** 할 수 있다. 하지만 그의 권력은 전능한 여호와 하나님의 통치와 힘에 비교할 때 보잘 것 없다. 여호와 하나님은 지상의 나라들을 통제할 뿐만 아니라, 자기 성도들에게 주는 영원한 나라를 세우고 있기 때문이다.

나라들을 향한 소책자는 신실한 증인들의 이야기를 들려준다. 이 사람들은 개인적인 희생에 상관없이 자신들의 신앙을 지킬 준비가 되어 있다. 그들은 당시 정치가들을 기꺼이 섬기지만, 이 정치가들이 오만한 정치력을 향상시키려고 자신들을 사용하도록 하지는 않는다. 고위직과 권력자들을 섬기는 것과 낯선 신들과 악한 목적을 위해 그들에게 이용당하는 것에는 작은 차이가 있다. 다니엘과 그의 친구들의 흔들리지 않는 신실한 삶과 증언을 통해, 당시 위대한 사람들은 이스라엘의 하나님에 대한 심오한 통찰력을 가지게 된다. 이 통찰력은 나라들에게 전하는 소책자의 메시지의 핵심을 형성한다.

하나님은 궁극적으로 통제한다! 이런 식으로 구원할 수 있는 어떤 신도 없다! 본질적으로 이것은 은혜와 구원의 말씀이요, 유대인들과 우리가 들을 필요가 있는 말씀이다. 고대 이야기 역시 그들이 살며 영향을 받는 권력자들의 문화에 온전히 흡수되지 말라고 경고하는 말씀이다. 이것은 실제 유혹이었다. 고레스가 유대인들에게 자신들의 조상 땅으로 돌아가서 성전을 재건하도록 허락하는 칙령을 내렸을 때, 많은 이들이 바빌로니아

나라들을 향한 소책자
다니엘 2-7장

장	2	3	4	5	6	7
	A	B	C	C	B	A
주제	나라들/나라 신상의 네 부분	신실함의 시험 (국가 숭배를 추가하라는 유혹)	하나님의 통치 (인정: 회복)	하나님의 통치 (거부: 죽음)	신실함의 시험 (하나님에게의 기도를 생략하라는 유혹)	나라들/나라 네 짐승들
전령	느부갓네살	느부갓네살	느부갓네살	벨사살	다리우스	하늘의 전령
메시지	하나님은 참으로 모든 신 가운데서 으뜸가는 신이시요, 모든 왕 가운데서 으뜸가는 군주이시다. 비밀을 드러내는 분이시다. (2:47)	이와 같이 자기를 믿는 사람을 구원할 수 있는 신은 다시 없을 것이다. (3:29)	하늘의 왕을 찬양하고 높이며, 그분에게 영광을 돌리는 바이다. 과연 그가 하시는 일은 모두 참되며, 그의 모든 길은 공의로우니, 그는 교만한 이를 낮추신다. (4:37)	벨사살 왕은 살해되었고. (5:30)	살아 계신 하나님이 영원히 다스리신다. 그 나라는 멸망하지 않으며, … 그는 구원하기도 하시고 건져내기도 하시며, 하늘과 땅에서 표적과 기적을 행하시는 분 (6:26-27)	가장 높으신 분이 성도들이 나라를 얻을 것이며, 영원히 영원히 그 나라를 누릴 것이다.(7:18) 나라와 … 가장 높으신 분이 거룩한 백성에게로 돌아갈 것이다. 그의 나라는 영원한 나라다.(7:27)

에 남아 있기를 선호했다.스1:1-5 그들은 다른 곳에 흩어진 이스라엘 사람들과 함께 디아스포라로 알려졌다. 외세의 지배를 받으며 살면서 예루살렘의 안녕을 위해 기도한 다른 이들에게, 다니엘은 위로와 희망의 말씀을 준다. 다시 압제와 핍박의 시대에, 그 말씀은 하나님이 살아 있을 때나 죽은 후 부활 가운데 그들의 신앙을 변호할 것이라고 단언하면서, 신실한 자들에게 주는 확신의 말씀이다.

나라들을 향한 소책자는 참된 하나님이 누구이며, 그분이 무엇을 행하는지를 분명히 하면서, 독자의 영적인 지평선을 넓힌다. 가장 높은 하나님은 민족과 언어가 다른 뭇 백성에 관심을 갖는다. 이 나라들을 향한 소책자의 각 장들은 이전 페이지에서 도표로 표현했듯이, **모든 신 가운데서 으뜸가는 신이시요, 모든 왕 가운데서 으뜸가는 군주**에 대해 세상에 메시지를 전한다.

다니엘 2:1-49

계시자 하나님: 느부갓네살의 꿈

사전검토

1:1의 시간에 대한 언급이 오류가 아니라면, 다니엘과 하나냐와 미사엘과 아사랴는 느부갓네살이 충격적인 꿈을 꿨을 때, 바빌로니아 문화와 언어 훈련을 거의 시작하지 않았다.

느부갓네살은 관행대로 꿈을 해몽하도록 **마술사와 주술가와 점쟁이와 점성가들을** 불러들였다. 명백히 느부갓네살은 자신의 지혜자들의 주장에 대한 신빙성과 신뢰성을 의심하고 있다. 느부갓네살은 그들이 꿈과 해몽 모두를 말하도록 하는 것이 그들의 해몽에 신빙성을 더할 것이라고 생각한다. 왕과 지혜자들 사이의 열띤 논쟁에서, 지혜자들은 다음과 같이 분명히 시인한다. **임금님께서 물으신 것은 너무 어려워서, 육체를 가진 사람과 함께 살지 않는 신들이라면 몰라도, 아무도 그 일을 임금님께 알려 드릴 수 없습니다.**2:11 이것은 이어질 사건을 위한 무대를 마련한다. 그런 하나님이 있고, 그분은 실제로 육체를 가진 사람과 살고 있다. 이 하나님이 하늘의 하나님, 다니엘과 그의 조상들의 하나님이다. 가장 놀라운 사실은 이 하나님이 비밀을 드러내는 하나님이라는 점이다. 하나님의 지혜는 접근할 수 있다.

왕은 크게 분노하여 다니엘과 그의 동료들을 포함해서 바빌로니아에 있는 모든 지혜자들을 죽이도록 명령하는데, 다니엘과 그의 동료들은 이런 위기 가운데 하늘의 하나님에게 기도로 의지한다. 그들의 새로운 교육은 쓸모가 없다. 하지만 하나님이 응답한다. 다니엘의 기도와 찬양이 이어진다. 여기서 다니엘은 신자들의 작은 무리에서 기도한다. 6장에서 그는 왕의 명령을 무시하고 개인적인 기도를 한다. 9장에서 그는 자기 백성을 위해 중재의 기도를 한다.

다니엘은 느부갓네살에게 꿈과 그 꿈의 해몽을 알리기 전, 자신의 하나님이 비밀을 드러내는 분이라고 전적으로 공을 돌린다. 그렇게 할 때, 다니엘은 바빌로니아 지혜자들의 한계를 보이지만, 자신의 명예를 높이는 것은 피한다. 또한 다니엘은 무저항의 성격이라는 특성을 보인다. 명백하게 그는 자신의 고국과 성전을 파괴했고 자신의 백성을 포로고 끌고 간 느부갓네살에게 **임금님은 바로 그 금으로 된 머리이십니다**2:38라고 말한다.

이 장은 다니엘서의 나머지에서 발전될 다음과 같은 두 가지 중요한 주제로 끝난다. (1) 꿈은 하나님의 영원하고 우주적인 나라에서의 그분의 통치를 가리킨다. (2) 느부갓네살은 다니엘의 하나님에 대해 중요한 것을 배운다. 즉 **그대들의 하나님은 참으로 모든 신 가운데서 으뜸가는 신이시요, 모든 왕 가운데서 으뜸가는 군주이시다. … 과연 그대의 하나님은 비밀을 드러내는 분이시다.**2:47

개요

2:45b   신빙성 주장하기

느부갓네살의 선언, 2:46-49

주석적 해설

왕의 불면증 사건 2:1-13

다니엘의 아람어 부분 가운데 첫 이야기는 세 번째 시간 언급으로 시작한다.2:1; 1:1, 21, 참조 느부갓네살은 왕위에 오른 지 **이 년**이 되는 해, 곧 주전 603년 초에 악몽을 꾼다. 하지만 이야기에서 다니엘과 그의 친구들은 삼 년의 훈련 기간을 마쳤고1:5, 18 이제 처형될 수 있는 지혜자들 가운데 포함된다.2:12-14 아마도 **이 년**은 연대 오류일 것이다. 아마도 이야기의 초기 형태는 느부갓네살보다는 나보니도스Nabonidus에 초점을 맞췄을 것이다.Hartman, 1978:143 다니엘서에서, 느부갓네살은 신-바빌로니아 왕들의 혈통을 집약적으로 보여주며 대표하는 인물이 된다.4:28-33 해설 참조 아람어 사용은 4a절의 점술가들이 왕에게 한 발언으로 시작한다. 구약에서 다른 아람어 섹션이 있지만,스4:8-6:18; 7:12-26; 렘10:11 다니엘 섹션2:4b-7:28이 가장 길다.

2:1-2 느부갓네살의 꿈

젊은 왕 느부갓네살은 매우 활동적이었다. 그가 효과적으로 통치하려면 힘을 결집시킬 필요가 있었다. 자기 아버지에게서 물려받은 제국은 꽤 새로운 제국이었다. 따라서 북쪽과 서쪽의 국경과 특히 팔레스타인에 사소한 소요가 있었다. 느부갓네살은 주전 605년 갈그미스에서 이집트를 무찔렀다. 그렇기는 하지만 이집트가 다음에 무엇을 할 것인지는 명백하지 않았다. 아마도 느부갓네살의 불안감이 악몽에 기여했을 것이다. 바빌로니아 사람들에게 악몽은 나쁜 징조로 간주된다. 이처럼 느부갓네살은 악몽으로 말미암아 깊은 불안 상태에 빠졌다. 그는 불안하여 잠을 잘 수 없다. 그는 꿈이 자신의 나라와 관련이 있다고 느낀다.[**느부갓네살**, 314쪽]

느부갓네살은 자신의 꿈의 의미를 결정하는 할 때의 도움이 **마술사와 주술가와 점쟁이와 갈대아 사람들**새번역, "마술사와 주술가와 점쟁이와 점성가들"-역주에서 얻을 수 있어야 한다고 생각한다. 여기서 갈대아 사람들은 지혜자들의 특권 계층을 의미한다.1:4 해설 참조 유대 저자의 관점에서 이들은 낯선 무리다. 저자가 계속 왕에게 조언하는 중요한 백성의 목록을 반복할 때, 그의 얼굴에 미소가 번지고 있음이 틀림없다.2:27, 참조 요셉이 이집트

의 마술사와 지혜자들보다 우월하다고 입증하지 못했는가?창41장 예언자 이사야는 주술가들이 거만하며, 행하거나 악을 물리치지 못하면서 무능하고, 미래를 예견할 수 없다고 그들을 조롱했다.사47:9-15 바빌로니아에서 그리고 신실한 유대인들이 다른 종교를 접하는 곳은 어디에서든지, 그들은 비술을 받아들이거나 사용하기를 거부했다.

2:3-11 느부갓네살과 지혜자들

느부갓네살은 모인 전문가들에게 자신이 꿈을 꾸었다고 말하고, 그 의미가 분명해질 때까지 자신에게 마음의 평화가 없을 것이라고 불평한다. 지혜자들은 느부갓네살에게 꿈을 이야기하면 해몽해 줄 것이라고 약속한다. 지혜자들은 주제 문제로 분류되는 꿈에 대한 많은 책을 가지고 있다. 그들은 여기에서 정확하고 권위 있게 의미를 찾아낼 수 있다. 다니엘보다 1세기 이전 것으로 여겨지는, 니느웨에 있는 앗수르바니팔의 도서관에서 발견된 점술에 대한 많은 자료들은, 이 주제가 얼마나 인기를 얻었는지를 가리킨다.ANET: 450-452

느부갓네살은 불가능한 요구를 한다. 자신의 꿈을 말하기를 거부하고, 지혜자들이 자신에게 꿈과 그 꿈의 해몽해달라고 요구한다. 전형적인 동양의 폭군과 마찬가지로, 느부갓네살은 그들이 실패하면 비참한 결과를 맞이할 것이며, 성공하면 큰 보상을 받을 것이라고 약속한다. 느부갓네살은 자신의 꿈을 기억할 수 없는가? 한 사람이 꿈을 기억할 수 없다면 그 사람의 신이 그에게 화를 낸다는 바빌로니아 격언이 있다.

느부갓네살의 무시무시한 위협에 직면하여, 지혜자들은 **임금님께서 그 꿈을 종들에게 말씀하여 주시면, 해몽해 드리겠습니다**라고 두 번 응답한다.2:7 다신론자들로서 그들은 신들만이 이런 어려운 일을 드러낼 수 있다고 말한다.2:11 성서에서 바로의 꿈이 기록되고,창41장 성서 밖에서는 앗시리아 왕 산헤립과 에살하돈의 꿈이 언급된다. 고고학을 통해 우리에게 알려진, 꿈 안내서는 많은 선례들을 열거한다. 이처럼 전문가들은 많은 "사례 역사"에 알고 있으며, 아마도 주어진 꿈의 해몽을 자료에서 얻을 수 있을 것이다. 하지만 여기서 그들은 꿈에 대한 정보가 없다. 이런 활동의 실추가 종종 이사야 40-48장의 주제다.41:21-24에서처럼

지혜자들이 느부갓네살의 꿈과 그 꿈의 해몽을 말할 수 없으므로, 느부갓네살은 분노하여 그들에게 시간을 끈다고 비난했다. 그는 그들에게 **사태가 바뀔** 때까지,2:9 아마도 꿈이 예견한 위기가 지나갈 때까지, 시간을 벌려고 거짓말을 한다고 혐의를 씌운다. 느부갓네살은 지혜자들과의 대화에는 자신이 정말로 자신의 꿈을 기억한다는 실마리가 있

다. 지혜자들이 꿈과 그 꿈의 해몽을 말하라는 느부갓네살의 요구는 지혜자들의 주장이 진실인지를 시험하는 그의 방식이다.

2:12-13 느부갓네살의 명령

느부갓네살의 분노는 한계점에 다다랐다. 그는 지혜자들과의 대화를 끊는다. 왕은 바빌로니아의 모든 지혜자들을 죽이라는 명령을 발한다. 저자는 다니엘과의 그의 동료들이 그 살육에 포함될 것이라고 지적한다.

다니엘의 개입 2:14-28

다니엘이 어떻게 느부갓네살 앞에 갔는지에 대한 두 가지 기사가 있다.2:14-16; 2:24-28 두 기사에서 느부갓네살의 신하 가운데 한 사람 **왕의 시위대 장관 아리옥**이 소개된다. 두 기사에서 아리옥에게는 바빌로니아의 지혜자들을 살육하라는 불쾌한 임무가 주어진다.2:14, 24 첫 기사에서,2:14 아리옥은 명백히 다니엘에게 간다. 둘째 기사에서,2:24 다니엘이 아리옥에게 간다.

첫 기사에서 우리는 다니엘이 왕을 알고 있었다는 사실을 얻는다. 왕의 엄중한 명령의 이유에 대해 아리옥에게 물은 후, 다니엘은 **해몽**해 주고자 시간을 요청하도록 느부갓네살에게 갔다.2:16

둘째 기사에서 다니엘이 비밀을 드러내는 환상을 받은 후, 그는 지혜자들을 죽이지 말라고 아리옥에게 호소한다.2:24 그 다음에 다니엘은 아리옥에게 꿈을 해몽할 수 있도록 느부갓네살과의 방문 약속을 요청한다. 하나님이 자신에게 꿈을 계시하기 전에 느부갓네살에게 꿈을 해몽하겠다고 확약했다는 점에서, 다니엘의 신앙이 여기서도 보인다. 아리옥은 꿈을 해몽할 수 있는 유다의 포로에 대해 서둘러 느부갓네살에게 말하고, 곧 다니엘을 왕에게 소개한다.2:24 이 지점에서 다니엘의 바빌로니아 이름, **벨드사살**이 사용된다.2:26 첫 기사에서처럼,2:16 다니엘이 왕의 꿈을 해몽하겠다고 제안하는 대신에, 왕이 다니엘에게 정말로 꿈을 말하고 **해몽할 수** 있는지를 묻는다.2:26

두 기사의 의미를 간과해서는 안 된다. 첫 기사는 다니엘과 그의 동료들이 어떻게 꿈과 그 꿈의 해몽에 대한 계시를 위해 기도했는지를 말한다. 둘째 기사 때문에 우리는 다니엘이 느부갓네살에게 어떤 지혜자도, 마술사와 주술가와 점쟁이나 점성가도 느부갓네살의 요구를 들어줄 수 없다고 말한 사실을 알게 된다. **오직 하늘에 계시는 하나님**2:28 다니엘의 하나님만이 이것을 할 수 있다! 문학적인 기교의 관점에서 두 기사는 서로를 강화한다. 말로 다시 들려주면 청중이 들을 때, 두 기사는 놀라운 발전을 강조한다.

2:14-23 다니엘의 해석을 받다

다니엘은 신앙 공동체 내에서 꿈과 그 꿈의 해몽에 대한 계시를 받는다. 다니엘과 그의 친구들은 비-히브리 교육을 받고 있다. 그러나 히브리인들의 하나님에 대한 신앙은 결코 흔들리지 않는다. 그들이 왕의 음식과 포도주를 거절한 것은 자신들의 충성을 매일 떠올리게 한다. 여기서 그들의 히브리 이름이 사용된다. 그들의 이름이 가리키는 하나님은 그들이 함께 했을 때 비밀을 드러낸다.

다니엘이 아리옥과 대화한 후, 다니엘은 그의 동료들에게 돌아온다. 다니엘은 홀로 외로운 영웅이 아니다. 다니엘과 그의 친구들이 **함께 하늘의 하나님이 긍휼을 베풀어 주셔서 이 비밀을 알게 해주시기를** 간구한다. 그들은 기도의 교제를 가졌다. 그들은 자신들도 지혜자들도 죽임을 당하지 않도록 계시를 간구한다. 거룩한 성읍과 성전에서 멀리 떨어진 바빌로니아에서, 젊은이들은 바빌로니아 사람들의 우상숭배의 지식에 매일 몰두하며, 느부갓네살을 섬긴다. 하지만 이것 이상으로 그들은 **하늘의 하나님**을 섬긴다. 하나님을 가리키는 이 아람어 명칭은 이 장에서만 나온다.2:18-19, 37, 44 이 명칭은 3-7장의 **가장 높으신 하나님, 하늘의 왕**4:37 **하늘의 임금님**5:23과 유사하다. **하늘의 하나님**이라는 명칭은 히브리어 형태로 다른 곳에서 나오지만, 포로기 이후 자료에서스1:2; 6:10; 7:12, 21; 느1:5; 2:4 아마도 바빌로니아 사람들과 같은 사람들의 별 숭배를 반박하는 방식으로 나오는 것 같다.사40-55장에서처럼 이 명칭은 하나님이 지구와 별의 창조주라는 사실을 강조한다.

기도와 믿음의 교제 가운데 하나님은 밤에 환상을 준다. 꿈과 그 꿈의 의미의 **비밀**이 드러난다. "비밀" '라즈'[raz]이라고 번역된 단어는 성서 가운데 다니엘서에서만 나온다.2:18-19, 27-30, 47; 4:9 이 단어는 "비밀"이나 "불가사의"를 의미하는 페르시아 기원의 단어로, 역사 가운데 하나님의 목적을 다루기 때문에 하나님의 계시를 통해서만 이해될 수 있다. 그러므로 이 단어는 바울이 로마서 16:25에서 사용한 대로, 그리스어 단어 '무스테리온' musterion신비의 의미와 가깝다.

계시 이후 찬송이 이어진다.2:20-23 **하나님의 이름을 찬양한다.** 찬양축복 bless한다는 것은 권한을 부여하는 것이다. 하나님을 향하여 사용될 때, 이 단어는 감사와 명예와 존중을 거론된 이에게 전하는 것을 의미한다. 찬양에서 하나님의 특성과 사역이 표현된다. 다니엘의 언어는 시편과 비슷하며72:18-19에서처럼 하나님에게 감사하고 개인적인 경험을 결합하면서,시30, 107편에서처럼 감사시를 모방하여 형성된 것 같다.

하늘의 하나님은 **지혜와 권능**을 가졌는데,2:20 이는 상대적으로 지혜자들의 지혜와 느부갓네살의 권능을 대수롭지 않게 만든다. 여기서 하나님을 찬양하는 이중적인 이유가 제시된다.

하늘의 하나님은 **때와 계절을 바뀌게 하시고 왕들을 폐하기도 하시고, 세우기도 하신다.**2:21 이것은 신앙 진술문이다. 이스라엘의 하나님은 역사를 최종적으로 통제한다. **때**라는 단어는 지속의 개념을 지니는 반면, **계절**은 무언가가 일어날 적절한 순간을 암시한다.살전5:1 하나님은 왕을 지배하는 권능을 가진다.시75:7 왕들은 가고 온다. 나라는 일어나고 망한다. 현재의 사건 배후에 하나님은 자신의 목적을 이루고 있다. 다니엘서의 독자뿐만 아니라 다니엘 이야기가 초점을 두는 왕들은 이 사실을 잘 인식하게 될 것이다.

하늘의 하나님은 **총명**한 자들에게 **지혜**와 **지식**을 준다. 지혜문학에서 익숙한 이 용어들은 지혜자들이 지혜를 주장하는 사실을 고려할 때 특별히 적절하다. 하나님은 지혜와 지식의 근원이며, 하나님은 자신이 원하는 대로 지혜와 지식을 나눠준다. 이 사실은 시편 기자의 "주님을 경외하는 것이 지혜의 근본이다. 주님의 계명을 지키는 사람은 바른 깨달음을 얻으니, 영원토록 주님을 찬양할 일이다."시111:10라는 표현과도 일치한다. 다니엘과 그의 친구들은 하나님을 경외한다. 하나님은 유별난 방식으로 꿈과 그 꿈의 해몽을 드러내어, 그들의 헌신을 존중한다.

영원한 하나님은 **심오한 것과 비밀을 드러내신다.** 하나님이 느부갓네살의 꿈과 그 꿈의 의미를 드러낼 때, 다니엘과 그의 친구들은 자신들의 하나님에게 과거와 미래는 동일하며, 어둠은 하나님에게 장애가 되지 않고, **빛으로 둘러싸인 분**이라는 사실을 깨닫게 된다. 많은 구약 본문에서 하나님은 "타오르는 불처럼"출24:17 또는 "그의 손에서 뻗어"나온 "두 줄기 불빛"합3:4과 같이 빛으로 둘러싸였다고 묘사된다. 이사야는 "주님께서 너의 영원한 빛이 되시고"사60:19-20과 같이 하나님의 밝음을 경험한다. 신약은 이 개념을 더욱 명확하게 표현한다. 바울은 "만왕의 왕이시요, 만주의 주이십니다. … 사람이 가까이 할 수 없는 빛 속에 계시고"딤전6:15-16라고 기록한다. 야고보는 "빛들을 지으신 아버지"약1:17를 언급하고, 요한은 더욱 분명하게 "하나님은 빛이시요, 하나님 안에는 어둠이 전혀 없다는 것입니다."요일1:5라고 밝힌다. 이 빛은 하나님이 선하고 옳고 거룩하며, 나누어줄 지혜를 갖는다는 징표다.

감사는 **나의 조상을 돌보신 하나님**2:23에게 드리는 감사와 찬양에 대한 개인적인 언급으로 마무리한다. 다니엘은 하나님이 자신의 지혜와 힘의 근원, 곧 그들의 기도를 응답하신 분이라고 인정한다. 다니엘은 간청과 하나님의 응답을 받는 데서 신앙 공동체의 중요성을 간과하지 않는다. 하나님은 **나에게 지혜와 힘을 주시며 주님께 간구한 것을 들어 주시며 왕이 명령한 것을 알게 해주셨다.** 찬양의 이 마지막 행은 그가 하늘의 하나님을 축복하는 이유를 명백하게 진술한다.2:23

2:24-28 다니엘이 느부갓네살을 만나다

다니엘이 개입하는 두 번째 기사는 다니엘이 꿈을 드러내기 전에 다니엘과 느부갓네살 사이의 중요한 대화를 제공한다.2:26-28 대화에서 느부갓네살은 다니엘에게 **너는 할 수 있느냐?** 2:26라고 묻는다. 다니엘은 자신의 능력의 원천에 대해 자신에게 있지 않다고 **비밀을 알려 주시는 분은 오직 하늘에 계시는 하나님뿐이십니다.**2:28라고 느부갓네살에게 지적할 기회를 포착한다.

단계적으로 다니엘서의 첫 네 장은 느부갓네살에게 참된 권능과 능력을 가진 이스라엘의 하나님과 대변하게 한다. 느부갓네살은 자기 전이나 후의 왕들과 정치가들과 더불어 자신의 권력을 과대평가한다. 결국, 느부갓네살은 힘이 자신의 손에 있는 것도 자기 나라에 있는 것도 아니고, 이스라엘의 하나님, 곧 그가 성스러운 기구들을 예루살렘에서 가져오고 이스라엘 사람들과 그들의 왕을 포로로 끌고 왔을 때 패배시켰다고 생각한 하나님에게 있다는 것을 이해하게 될 것이다. 느부갓네살은 히브리인들의 하나님이 하늘과 땅을 주관한다는 사실을 배우는 과정에 있다.

너는 할 수 있느냐? '카헬' [kahel], 또한 4:18[4:15, 아람어로]에; 5:8, 15, 참조 이것은 다니엘서에서 지속되는 이슈다. 다니엘은 할 수 있는 하나님이 있기 때문에 할 수 있다. 느부갓네살은 다니엘이 그에게 **거룩한 신들의 영**이 있기 때문에 할 수 있다고 인정한다.4:18 다니엘의 하나님은 **활활 타는 화덕**3:17에서도 구할 수 있다. '야킬' [yakil], 3:17; 4:37[4:34, 아람어로], 참조; 6:20[6:21, 아람어로] 느부갓네살과 다리우스는 그들의 힘이 제한적이며, 할 수 있는 하나님이 있다는 사실을 발견하게 될 것이다.단3, 6장 악한 힘들이 하나님의 최적인 승리에 연기될 수 있을지 몰라도, 하나님의 능력은 제한되지 않는다.

꿈과 그 꿈의 해몽을 말하기 전, 다니엘은 자신이 들을 것을 이해하기 위한 배경을 느부갓네살에게 제공한다. 다니엘은 꿈이 미래, 곧 **날들의 마지막**2:28 느부갓네살의 현재 통치와 미래 확정되지 않는 시점 사이의 날과 관련된다고 말한다.

하나님이 자신을 어떻게 드러내는지에서 중대한 변화를 주목하라. 여기서 하나님은 유대의 지혜로운 사람의 도움을 받는 이방 통치자에게 자신을 드러내고, 통치자를 통해 전 세계에 드러낸다. 이전 이스라엘 역사에서, 하나님은 주로 족장들과 이스라엘의 예언자들을 통해 자신의 의도를 드러냈다. 이 이야기에서 하나님은 바빌로니아 왕 느부갓네살의 무의식적인 생각과 또한 그의 종 다니엘을 통해 역사한다. 하나님은 느부갓네살에게 잠자리에서 준 꿈을 다니엘이 말하고 해몽할 수 있도록 할 것이다. 이 꿈의 궁극적인 의미는 전 세상을 포함한다!

꿈과 그 꿈의 해석 2:29-45

2:29-30 하나님에게 공을 돌리기

다니엘이 느부갓네살에게 그의 꿈을 말하기 전, 두 가지 중요한 개념을 반복한다. 즉 (1) 비밀을 드러낸 하나님은 느부갓네살에게 앞으로 일어나게 될 일을 알렸다는 사실과 (2) 다니엘이 스스로 꿈이나 그 꿈의 해몽을 드러낼 수 있도록 특별한 주장을 할 수 없다는 사실이다. 해몽이 사실이라고 느부갓네살이 확신할 수 있도록, 다니엘은 먼저 꿈을 이야기한다. 다니엘과 느부갓네살 사이의 긴 대화는 능숙한 이야기하기를 반영한다. 대화는 중심 이슈를 염두에 둘 뿐만 아니라, 청중들이 꿈을 들으려면 얼마나 더 기다려야 하는지 궁금해 하도록 긴장감을 증대시킨다.

2:31-35 꿈 보고

느부갓네살의 꿈은 거대하고, 놀랍고, 특히 빛나는 사람 모양의 신상에 초점을 둔다. 이것은 가장 비싼 금부터 거의 가치가 없는 진흙까지 이상하게 섞인 재료로 만들어진다. 머리는 금이고 가슴과 팔은 은이며, 배와 넓적다리는 놋쇠고, 다리는 철이며, 발의 일부는 쇠이고, 일부는 **토기장이의 진흙**, 테라코타2:41로 만들어졌다. 금과 은은 귀금속이다. 놋쇠와 쇠는 강하고 단단하다. 진흙은 어떤 힘도 없이 부서지기 쉽고 약함을 나타낸다. 진흙은 기반으로 사용되어 전체 신상의 안정성을 위협한다.

신상은 머리가 금으로 되어 있어 영광을 묘사한다. 신상은 힘을 표현하지만, 무거운 짐을 견디지 못할 뿐만 아니라 응집력을 보여줄 수 없는 발을 가져서, 거의 안정성이 없다. 신상은 사치스럽고 어리석으며, 약하고 쓰러지기 직전이다! 여기에 권력과 영광을 지녔으나 동시에 끊임없이 내부의 위기와 부패와 분열에 직면한 인간 제국에 대한 생생한 묘사가 있다.창11:1-9, 참조

갑작스럽게, 인간이 잘라내지 않은 돌이 공중으로 날아 온다. 이 돌이 신상의 발에 충돌하고 부서뜨린다. 신상이 넘어지자, 신상의 모든 부분들이 동시에 너무 잘게 조각나서, 바람이 모든 신상의 흔적들을 날려버린다. 그러나 돌은 남아 있다. 돌은 커져서 온 세

상을 채운다.

2:36-45a 꿈 해석

다니엘은 꿈을 말한 후, 꿈의 의미를 설명한다. 명백하게 다니엘이 꿈을 묘사한 내용은 느부갓네살의 기억과 일치한다. 왕은 어떤 의견도 하지 않는다. 그러나 다니엘이 세부 내용을 해몽할 때, 느부갓네살의 놀라움은 점차 커진다.

신상의 의미 2:36-43

다니엘과 그의 동료의 경험을 고려할 때, 해몽은 다니엘이 보고하기에는 어려웠을 것이다. 느부갓네살은 그들을 바빌로니아에 포로로 끌고 왔다. 그는 그들의 이름을 바꾸었고, 그들을 재교육 프로그램을 받도록 했다. 느부갓네살은 예루살렘을 약탈했고, 많은 이스라엘 사람들을 혼란에 빠뜨렸고 난민으로 만들었다. 하지만 이 느부갓네살에게 다니엘은 **임금님은 바로 그 금으로 된 머리이십니다**2:38라고 말한다. 다니엘의 백성의 최고의 적을 금으로 된 머리라고 확인하는 것이 얼마나 어렵겠는가! 하지만 다니엘은 느부갓네살에게 금으로 된 머리라고 부를 때, 또 다른 중요한 점을 지적한다. 즉 느부갓네살의 영광의 권능은 그의 능력의 결과가 아니라는 사실이다. 느부갓네살이 **왕들 가운데서도 으뜸가는 왕**이라는 사실은 이스라엘의 하나님의 조치 때문이다. 즉 **하늘의 하나님이 임금님께 나라와 권세와 힘과 영광을 주셨습니다**.2:37 하나님은 땅 지역뿐만 아니라 사람과 짐승과 새까지 포함하여 느부갓네살의 통치를 확장한 분이다.2:38

이스라엘의 하나님은 허락하다는 의미뿐만 아니라 배치하다는 의미로 준다. **주셨습니다**라고 번역된 히브리어 단어 '나탄' [natan]는 이외에도 "임명하다"라는 의미도 포함한다. 1장에서 하나님은 여호야김을 느부갓네살의 손에 **주었다**.1:2, RSV 그 다음에 하나님은 다니엘을 위해 아스부나스의 눈에 호의를 **주었다**.1:9, RSV 다음으로 하나님은 다니엘과 그의 동료들에게 배울 능력을 **주었고**, 다니엘에게 환상과 꿈에 대한 통찰력을 **주었다**.1:17 이제 느부갓네살은 자신의 능력과 특권이 하나님에게서 오는 선물이라는 사실을 배우고, 4장에서 더욱 충분히 배울 것이다. 신약에서 하나님의 조치는 종종 "주다"라는 용어로 표현된다. 한 장에서 다음과 같이 세 예를 제공한다. "하나님께서 … 외아들을 주셨으니"요3:16 "하늘이 주시지 않으면, 사람은 아무것도 받을 수 없다."3:27 "아버지는 아들을 사랑하셔서, 모든 것을 아들의 손에 맡기셨다."3:35, RSV

다니엘의 해몽을 통해, 우리는 네 금속의 신상이 각각 지배적인 세력을 가진 네 세대를 대표한다는 사실을 배운다. 학자들은 이런 구도의 기원에 대해 궁금해 했다. 유대 시빌라의 예언집Sibylline Oracles제4권; 제 3권, 참조에서, 주전 2세기의 것으로 여겨지는 일부는 10 기간의 구도로 나온다. 하지만 주전 6세기의 페르시아의 조로아스터 문헌이 그렇듯이, 아시아인들이 역사를 네 세대로 더욱 흔히 나눴다. 훨씬 이전에 주전 8세기 헤시오도스는 금과 은과 놋쇠와 쇠로 네 세계의 세대를 확인한다. 아마도 다니엘서는 이와 같은 구도를 반영하는 것 같다. 다니엘서의 양식은 후대 페르시아 자료에게서 영향을 받은 것 같지 않다.Lucas: 202; Hartman, 1978:31-33, 참조 토빗서 14:4-14는 연속되는 앗시리아와 바빌로니아와 메대를 의미하고, 다가올 페르시아 통치에 적합한 포로에서 돌아오는 것을 예견한다. 다니엘은 명백히 앗시리아를 처음부터 빠뜨리고, 그리스를 이런 연속의 마지막에 덧붙인다. 즉, 바빌로니아, 메대, 페르시아, 그리스가 된다.7:4-8 해설 참조

이스라엘의 하나님은 느부갓네살을 금으로 된 머리로 만들었다. 이것은 예언자 예레미야의 메시지에 반영된다. 예레미야가 시드기야에게 느부갓네살에 대해 반역하지 말라고 촉구할 때, 예레미야는 하나님이 다음과 같이 말씀하시는 것을 인용한다.

> 내가 큰 권능과 편 팔로 이 땅을 만들고, 이 땅 위에 있는 사람과 짐승도 만들었다. 그러므로 나의 눈에 드는 사람에게 이 땅을 맡기겠다. 지금 나는 이 모든 나라를 나의 종 바빌로니아 왕 느부갓네살의 손에 맡겼으며, 들짐승도 그에게 맡겨서, 그가 부리게 하였다.렘27:5-6; 28:14, 참조

어떤 나라들이 신상으로 상징되는가? 유일한 한 나라, 즉 신-바빌로니아 제국이 확인된다는 점을 주목하는 것이 중요하다. 느부갓네살은 금으로 된 머리다. 둘째 나라는 느부갓네살의 나라보다 열등할 것이다. 셋째 나라는 온 땅을 다스릴 것이다. 넷째 나라는 강하고, 호전적이겠지만 테라코타와 섞인 쇠와 같이 불안정할 것이다.집회서13:2, 참조 그러나 꿈의 중요한 계시는 하나님이 결코 파괴되지 않을 나라를 세우려고 조치를 취할 것이라는 점이다.단2:44 산에서 사람의 손으로 떠내지 않은 돌이 신상을 치고 동시에 쇠와 진흙과 놋쇠와 은과 금을 조각내어 바람이 모든 것을 날려 보냈다는 사실을 주목해야 한다. 그리하여 흔적도 찾아볼 수 없게 되었습니다.2:35

히브리 문학에 흔한 문학 장치로, 넷째는 특별한 중요성이나 명성이나 지위를 제공하면서 셋이 한 단위를 형성하는 네 항목의 묶음이 있다. 이런 3+1의 구도를 보여주는 많은 예가 있다.Talmon: 347 다니엘에게는 세 동료 하나냐와 미사엘과 아사랴가 있다. 그러

나 다니엘은 넷 가운데 뛰어난 자다. 셋은 바빌로니아의 지방 문제를 감독하도록 임명받는 반면, 다니엘은 왕의 궁전에 남는다.2:49 마찬가지로 욥에게는 세 "위로자"와 엘리후가 있다. 이새의 가장 어린 아들인 다윗은 그의 세 형들보다 윗자리에 있다.삼상17:13-14 솔로몬은 암몬과 압살롬과 아도니야보다 우수하여, 다윗의 뛰어난 아들이었다.

이런 묶음은 다음과 같이 잠언 30:15-31에서처럼, 지혜 자료에도 나타난다.

> 전혀 배부른 줄 모르는 것이 셋,
>
> 만족할 줄 모르는 것 넷이 있으니.30:15
>
> 기이한 일이 셋,
>
> 내가 정말 이해할 수 없는 일이 넷이 있으니.30:18
>
> 세상을 뒤흔들 만한 일이 셋,
>
> 세상이 감당하지 못할 일이 넷이 있으니.30:21
>
> 늠름하게 걸어 다니는 것이 셋,
>
> 위풍당당하게 걸어 다니는 것 넷이 있으니.30:29

아모스는 이런 양식으로 이방 나라들을 비판하는 신탁을 표현한다.1:3-2:8 "나 주가 선고한다. 다마스쿠스가 지은 서너 가지 죄를."1:3 그 다음에 가사,1:6 두로,1:9 에돔,1:11 암몬 자손,1:13 모압,2:1에 대한 진술과 마지막으로 유다2:4와 이스라엘2:6에 대한 비슷한 진술이 이어진다.

이런 문학 양식은 정확하고 문자 그대로의 해석이 필요하지는 않다. 종종 넷째와 관련된 관찰, 행동, 사건이나 사람에게 초점을 둔다. 다니엘 7장에서, 하늘에서의 조치 뒤에 넷째 짐승에 대한 고려가 이어진다. 8장에서 네 나라가 일어날 것이며, 이 나라들에서 사람의 손으로 되지 않은 왕이 나올 것이다.8:25; 2:34-35, 참조 동일한 발상이 11:2-4에도 나온다. 세 왕이 페르시아에 일어날 것이다. 넷째 왕의 때에 위대한 전사 왕이 일어날 것이다.

그렇다면 신상으로 대변되는 나라들은 어떻게 해석될 것인가? 나라들을 명시하는 데 초점을 두어서는 안 된다. 대신 완성된 시기 후에 돌을 보낼 하나님의 조치에 초점을 두어야 한다.

어떤 해석자들에게는 신상이 느부갓네살부터 나보니도스/벨사살까지의 왕들의 통치를 대변하고, 고레스의 손에 느부갓네살 왕조가 몰락하는 것을 상징하는데, 이는 70년의 시기와 일치한다.단9장[**나보니도스**, 314쪽] 느부갓네살을 계산하여 제국의 마지막 이전에 네 명의 바빌로니아 왕들이 있다는 사실은 흥미롭다. 신상이 이 네 왕을 대변한다면, 돌은 고레스일 수 있다. 하지만 이런 해석은 다니엘 8:20에 비추어 문제가 된다. 다른 제안은 신상이 다니엘서 자체에서 언급되는 네 왕들, 즉 느부갓네살과 벨사살과 메대의 다리우스5:31와 페르시아의 고레스6:28를 대변한다는 것이다. 이 해석의 몇 가지 문제 가운데 하나는 메대의 다리우스 왕의 정체다.[**페르시아 왕 고레스/메대 왕 다리우스** 301쪽]

신상이 연속되는 제국을 대변한다면, 어떤 제국이 될 것인가? 금에서 은으로, 놋쇠에서 진흙이 섞인 쇠로 움직이는 것은 실제로 줄어드는 가치를 암시한다. 하지만 연속되는 제국이 어떻게 서로에게 열등하게 되는가? 제국들은 능력이 적은 지도자 때문에 열등한가? 지리적인 지역 면에서 열등한가? 인구가 줄어드는 것인가? 군사적으로 약해지는 것인가? 경제적으로 쇠락하는 것인가? 옛 것이 더 낫다고 생각되는가? 다니엘서의 넷째 나라에서 열등함은 분열과 불안정에서 볼 수 있다.2:42-43

쇠와 진흙이 함께 결합시키는 시도에서도 상징하듯이, 넷째 나라는 특히 불안정하다. 발가락이 **일부는 강하고 일부는 쉽게 부서질** 왕들과 나라들을 상징한다.2:42 쇠와 진흙의 혼합은 약한 결혼에 비유된다. 즉 **그들은 결혼으로 서로 섞이겠지만 함께 결합되지는 못할 것이다.**새번역, "쇠와 진흙이 서로 결합되지 못하는 것처럼, 그들이 결합되지 못할 것입니다"-역주2:43 이것은 나라를 통합시키려는 시도에서 왕족들 사이의 결혼을 가리키는 듯하다. 마지막 환상단10-12장이 이집트의 프톨레마이오스 왕조와 시리아의 셀레우코스 왕조 사이의 결혼을 가리킨다는 사실을 주목하라. 이 둘의 계승자들은 알렉산더 대왕의 장군들에까지 이어진다.11:6, 17 하지만 이 결혼은 관계를 돈독하게 하지 못한다.

다니엘 2장은 우리 자신의 용어 "감춰진 약점"진흙으로 된 발에 기여했다. 이 왕들은 낮은 전쟁으로 쇠를 휘두를지라도, 그들에게는 언뜻 보아서는 명백하지 않은 "감춰진 약점"이 있다. "진흙으로 된 방어"는 하나님과 그분의 위엄 앞에서 소용없다.욥13:11-12; 사41:25; 시2:9; 계2:27, 참조

2장은 바빌로니아 이후 세 제국을 명명하지 않는다. 네 제국을 (1) 바빌로니아, (2) 메대, (3) 페르시아, (4) 그리스로 보고, 모두가 다가올 하나님의 전 세계의 나라에게 멸망당한다는 것이 가장 그럴 듯하다.Hartman, 1978:29-42; ABD, 2:30 페르시아에서 유래한 것으로 보이는 고대 전통은 네 세계적인 나라를 앗시리아, 메대, 페르시아, 그리스/마케도니아로 불렀는데, 이 나라들은 "이탈리아 사람들을 위한 노예의 멍에"가 이어갔다.Sibylline Oracles, 4:49-104 다니엘은 바빌로니아가 예루살렘을 파괴했기 때문에, 앗시리아를 바빌

로니아로 대체했다. 주전 612년 메대는 바빌로니아가 앗시리아를 정복하도록 도왔고, 주전 550년에는 구분되지만 메대-페르시아 제국의 한 일부가 됐다.단5:31-6:28; 에1:3

(1) 바빌로니아, (2) 메대-페르시아, (3) 그리스, (4) 로마 제국은 가능성이 낮은 것 같다.Baldwin: 65-68 만약 그렇다면 우리는 다니엘서에서 둘째 나라를 메대-페르시아 제국 550-330으로 확인할 실마리를 찾을 수 있을 것이다. 나중 환상에서 두 뿔을 가진 양8:20은 메대와 페르시아를 대변한다. 그렇다면 셋째 나라는 주전 336년에 알렉산더 대왕이 세운 그리스 제국, 곧 8:21의 수염소가 될 것이다. 다니엘 2장은 넷째 나라를 명시하지 않는데, 이는 로마일 수도 있다. 그러나 여기서 넷째 나라는 아마도 다니엘 7장의 넷째 짐승, 즉 그리스와 동일할 것이다. 그리스는 결국에 로마의 영향권에 들어오는데, 주전 190-188년 즈음 셀레우코스 왕조11:18가, 그리고 주전 168-167년 즈음 프톨레마이오스 왕조11:30가 영향권에 들어갔다.

로마 제국 시대, 하나님은 자신의 아들 예수를 보냈고, 신약이 증언하듯이, 하나님의 나라가 시작됐다. 가장 초기의 기독교 저자는 넷째 나라를 로마로 해석하고, 돌을 메시아 예수로 해석하는 경향이 있다.Irenaeus, *Against Heresies* 26.1 느부갓네살의 꿈이 연속된 제국을 예견할지라도, 돌이 신상을 칠 때 연속적으로 붕괴되기보다는 동시에 붕괴됐다. 모든 제국은 동시에 가루로 변했다. 이것은 하나님의 통치가 붕괴가 일어나는 연대와 상관없이, 붕괴와 모든 제국의 멸망 가운데 역사한다는 사실을 암시한다.

돌의 의미 2:44-45a

돌은 하나님의 나라나 하나님의 통치를 대변한다. 돌은 채석장에서 사람의 손으로 잘린 것이 아니다. 이것은 신적인 기원을 가리킨다. 돌은 인간의 노력의 산물이 아니다. 게다가 인간의 노력 밖의 원천에서 오는 돌은 오만한 인간의 조직이 흔들리도록 한다. 인간 제국이 짓밟히고 악한 제도들이 쓸려나갈 때, 돌은 남아 있다.

이 왕들의 시대에,2:44 하나님이 직접 와서 결코 파괴되지 않을 나라를 세울 것이다. **그 나라는 영원히 망하지 않을 것이며, 다른 백성에게 넘어가지 않을 것입니다.**2:44 이는 이 나라가 하나님의 백성에게 넘겨질 것이라는 사실을 의미한다. 7:27에서처럼, 하나님의 백성은 **영원한 나라를** 받을 것이다. **권세를 가진 모든 통치자가 그를 섬기며 복종할 것이다.**7:27 해설과 단7장을 위한 교회생활에서의 본문을 보라 다니엘서가 나라들을 향한 소책자에서 하기 시작한 대로, 하나님이 자기 백성을 구원하고, 백성이 하나님에 대한 지식과 경배를 다른 민족들과 나눌 때, 이 일이 일어난다.사61:6, 참조 그렇게 할 때, 하나님의 백성

은 하나님의 나라를 받는다. 산이 되는 돌2:35, 44-45은 하나님의 전 세계적 통치의 압도
하는 가치와 권능을 보여주고, 모든 나라들이 하나님을 참되게 경배하도록 부른다. "마
지막 때에, 주님의 성전이 서 있는 산이 모든 산 가운데서 으뜸가는 산이 될 것이며, 모든
언덕보다 높이 솟을 것이니, 모든 민족이 물밀듯 그리로 모여들 것이다."사2:2-4; 미4:1-4

　이와 같이 하나님의 나라는 일어서고 망하는 나라들 가운데서도 통치권을 행사할 것이
다. 돌은 외부에서 땅에 오며, 하나님의 나라를 상징한다. 돌은 파괴될 수 없다. 돌은
온 땅을 채울 것이다. 돌은 마지막 실재가 될 것이다! 하나님의 나라는 예수와 초대 교회
에 중요한 주제가 된다.눅4:43; 9:2; 12:31-32; 13:29; 17:20-21; 행1:3; 8:12; 14:22; 20:25; 28:31

2:45b 신빙성 주장하기

　다니엘은 위대한 하나님, 이스라엘의 하나님이 느부갓네살에게 미래에 대한 자신의
계획을 드러냈다고 말함으로써 꿈의 해몽을 마무리한다. 꿈 해몽의 세계 중심지인 바빌
로니아에서, 하나님의 사람 다니엘만이 느부갓네살의 꿈과 그 꿈의 해몽을 말할 수 있다
는 사실은 역설적이다. 이스라엘의 하나님이 꿈을 시작했기 때문에, 하나님의 신실한 종
을 통해 꿈을 이야기하고 그 꿈을 해몽할 수 있다. 그 때 다니엘은 느부갓네살에게 하나
님이 꿈을 주고, 해몽을 주도록 조치를 취하므로, 자신이 보고하는 것은 온전히 신뢰할
만하며, 그 꿈의 해몽도 확실하다고 상기시킨다.

느부갓네살의 선언 2:46-49

　다니엘이 말하기를 마칠 때 즈음, 느부갓네살은 압도당한다. 다니엘은 꿈을 드러냈는
데, 이는 느부갓네살과 바빌로니아 사람들이 하나님이 개입해야만 가능한 일이라고 인
정했다.2:11 게다가, 다니엘의 해몽은 느부갓네살에게 일리가 있다. 더 나아가 꿈은 느부
갓네살의 교만을 쳤다. 느부갓네살은 역사가 자신 앞에 펼쳐지는 것을 본다. 그는 돌의
의미를 이해하지 못할 지라도, 역사 가운데 자신의 자리를 본다. 자신의 자리는 안전하
다. 다가올 시기에, 어떤 인간 제국도 그의 제국보다 더 크지 않다. 왜냐하면 그는 금으로
된 머리이기 때문이다!

　느부갓네살은 드러난 꿈의 기적과 특별히 유리한 해몽을 접하면서, 다니엘을 경배하
기 시작한다. 그는 다니엘 앞에 자신의 얼굴을 숙이고, 경배의 상징인 **예물과 향품**을 주
라고 명령한다. 우리는 다니엘이 이런 경배를 받기를 거부했다고 본다.루스드라의 바울과 바
나바, 참조; 행14:11-18; 갈4:14

이 이야기의 결론은 중요하다. 느부갓네살은 다니엘의 하나님, 이스라엘의 하나님에 대해 배운 것을 말한다. 느부갓네살은 다니엘의 하나님이 단순히 부족 신이 아니라고 말한다. 그분은 **모든 신 가운데서 으뜸가는 신**이다. 게다가 꿈은 나라들의 흥망성쇠를 묘사하므로 느부갓네살은 이스라엘의 하나님이 역사를 주관한다는 사실을 배운다. 그분은 왕들을 자신의 의지대로 움직이는 분이다. 게다가 다니엘이 느부갓네살의 꿈을 말하고 해몽한 대로, 느부갓네살은 바빌로니아의 지혜자들이 아니라 다니엘의 하나님이 **비밀을 드러내는 분**이라는 사실을 배운다. 골딩게이Goldingay: 57는 "다니엘서의 핵심 주장은 하늘에 하나님이 있다는 사실이 아니다. 즉 모두가 동일하게 믿었다. 지혜자들11절의 절망적인 가정과 반대로 이 하나님이 비밀을 드러낸다는 것이 핵심 주장이다."라고 말한다.

다니엘서의 아람어 섹션에 있는 각 이야기는 전 세계에 알려진 하나님에 대한 계시의 진술로 마무리한다. 유일한 예외는 벨사살 이야기다.5장 하지만 그때도 군주의 죽음이 하나님의 행동하는 능력을 설득력 있게 전한다. 각 이야기는 다니엘의 하나님에 대한 진리를 선언하는 배경이 된다. 여기서 바빌로니아 왕 느부갓네살은 다음과 같이 전 세계에 이스라엘의 하나님이 누구인지 선언한다.

1. **모든 신 가운데서 으뜸가는 신**. 그분 "앞에 다른 어떤 신들도 없다."출20:3, 참조
2. **모든 왕 가운데서 으뜸가는 군주**. 그분은 제국과 통치자와 역사를 관장하는 분이다.
3. **비밀을 드러내는 분**. 그는 어둠 가운데도 무엇이 있는지 알며 빛이 그와 함께 있다.

이런 고귀한 호칭을 포함하는 선언으로,계17:14, 참조 이야기는 빠르게 끝난다. 다니엘은 높은 명예와 선물을 받는다. 그는 바빌로니아 지역을 다스리는 지도자이자 지혜자들의 우두머리가 된다.심지어 1:5의 삼 년의 과정을 마치기 전에? 그 다음에 다니엘은 사드락과 메삭과 아벳느고의 등용을 요청한다. 이 요청에서 그들의 바빌로니아 이름들이 사용된다. 그의 요청은 허락받는다. 그들에게 지방에서의 지위가 주어졌지만 다니엘은 수도에 머문다. 다니엘의 세 친구들의 등용은 이어질 시험3장에 대한 무대를 마련한다.

성서적 맥락에서의 본문

돌

예수는 고난 주간 시작 때 예루살렘에 축하를 받으며 입성한 후, 성전에서 가르쳤고 선포했다. 유대 지도자들은 그와 "당신은 무슨 권한으로 이런 일을 합니까? 누가 이런 권한을 당신에게 주었습니까?"눅20:2라고 맞섰다. 이후에 예수는 자신의 포도원을 소작 농에게 빌려준 포도원 주인의 비유를 이야기한다. 소작료를 거둘 때가 왔을 때, 주인은 종을 보냈다. 하지만 소작농들은 종을 때려 빈손으로 보낸다. 주인은 다른 종을 보냈는데, 그도 맞고 모욕을 당하고 빈손으로 돌아온다. 그 때 주인은 소작농들이 자신의 "사랑하는 아들"은 존중할 것이라고 생각하고서 그를 보냈다. 대신에 아들이 도착했을 때, 소작농들은 포도원을 넘겨받으려는 의도에서 그를 죽였다. 그 다음에 예수는 주인이 소작 농들을 죽이고 포도원을 다른 소작농들에게 줄 것이라고 말했다.

포도원 주인의 조치를 지지하고자, 예수는 돌을 다루는 여러 구약 본문을 인용한다.눅 20:17-18

"집 짓는 사람들이 내버린 돌이, 집 모퉁이의 머릿돌이 되었다"라는 표현은 시편 118:22에서 오는데, 아마도 예루살렘 성벽이 재건될 느헤미야 시기였을 것이다. 돌은 주변 나라들이 경멸했지만 포로기 이후 하나님이 다시 세운 선택받은 이스라엘을 가리킬 것이다. 시온에 대해 불린 내용은 신실한 이스라엘을 대변하고 인도할 메시아에게서 성취된다.

"누구든지 그 돌 위에 떨어지면, 그는 부스러질 것이요"는 이사야 8:14-15에서 유래하여 함께 묶였으며, 이사야 본문에서 만군의 주님은 "거치는 돌도 되시고 걸리는 바위도 되시며 … 많은 사람이 거기에 걸려서 넘어지고 다치며, 덫에 걸리듯이 걸리고 사로잡힐 것이다." 다음 부분, "그 돌이 어느 사람 위에 떨어지면 그를 가루로 만들 것이다."는 다음과 같이 다니엘서에서 왔다. "또 임금님이 보고 계시는 동안에, 아무도 돌을 떠내지 않았는데, 돌 하나가 난데없이 날아들어 와서, 쇠와 진흙으로 된 그 신상의 발을 쳐서 부서뜨렸습니다. 그 때에 쇠와 진흙과 놋쇠와 은과 금이 다 부서졌으며, 여름 타작 마당의 겨와 같이 바람에 날려 가서 흔적도 찾아볼 수 없게 되었습니다. 그러나 그 신상을 친 돌은 큰 산이 되어, 온 땅에 가득 찼습니다."단2:34-35

더 나아가, 다니엘서에서 이 진술은 다음과 같이 해석된다. **하늘의 하나님이 한 나라를 세우실 터인데, 그 나라는 영원히 망하지 않을 것이며, … 그 나라가 도리어 다른 모든**

나라를 쳐서 멸망시키고, 영원히 설 것입니다.2:44-45

후대 유대교에서 돌에 대한 이 많은 구약 절들은 오실 메시아와 연결됐다. 이것은 교회에서 발전된 해석과 일치한다.J. Jeremias in TDNT, 4:271-280 예수는 자신을 돌로 보았고, 초대 교회 지도자들도 역시 그렇게 이해했다. 사도행전 설교에서 베드로와 요한은 예수를 건축자들이 버린 돌로 간주했다. 로마서 9:33에서, 바울은 예수를 돌로 본다. 거기서 바울은 이사야 28:16를 인용한다. 베드로전서는 독자에게 "주님께 나아오십시오. 그는 사람에게는 버림을 받으셨으나, 하나님께는 택하심을 받은 살아 있는 귀한 돌입니다."라고 초대함으로써 돌 주제를 발전시킨다. 이 초대 후에 이사야 28:16, 시편 118:22, 이사야 8:14에서의 인용이 나온다.벧전2:4-8

그리스도의 초림 가운데 살고 있으므로, 우리는 돌이 예수 그리스도이고 그분의 나라라는 초대 교회에 동의한다. 예수의 시대 이후로, 나라는 온 땅을 채우도록 자라고 있는 과정에 있다. 건축자의 기대에 못 미쳤던 돌이 역시 모퉁잇돌이나 쐐기돌, 즉 무게를 견디거나 아치 모양이 가능하도록 하는 돌인 것으로 드러난다.

돌 위에 떨어진다는 것은 깨지는 것이다. 다시 말해서 누군가가 깨지고 노출되고 부끄러움을 당하여 위급하고 부적절하다고 인정하게 될 때, 그는 하나님의 은혜를 받는다. 다른 한편, 교만하고 고집 피우며, 자신 멋대로 하고 하나님의 은혜와 사랑을 거부하면 멸망에 이른다. 예수와 그분의 나라에 직면할 때, 사람들은 아이로서 들어가야만 한다. 예수와 그분의 나라를 거부하면 심판을 받게 된다. 왜냐하면 "그 돌이 어느 사람 위에 떨어지면 그를 가루로 만들 것"이기 때문이다.눅20:18

교회생활에서의 본문

하나님 나라 전파하기

하나님 나라는 다니엘서의 중심 주제다. 나라들을 향한 소책자는 나라로 시작하고 마무리한다. **하늘의 하나님이 한 나라를 세우실 터인데.**2:44 **나라와 권세와 온 천하 열국의 위력이 가장 높으신 분의 거룩한 백성에게로 돌아갈 것이다. 그의 나라는 영원한 나라다.**7:27 반복적인 표현은 나라를 **영원**하고 **대대에** 지속될 것이라고 묘사한다.4:3, 34

하나님 나라는 하나님이 자신의 백성의 왕이 되고자 이집트에서 이스라엘 백성을 구원하는 그분의 조치에 근거한다. 순종은 하나님에 대한 충성에서 온다. 하나님 나라는 특별한 사람들을 위해 존재하지 않는다. 오히려 하나님의 의도는 자신의 백성을 통해 나라가 온 민족에게 확장되는 것이다. 예루살렘이 폐허가 되고 이스라엘 사람들이 포로로 끌려가거나,주전 6세기 시리아 왕이 예루살렘 성전을 더럽히고 모세 율법서를 찢는주전 2세기; 마카비1서 1장 절망적인 시기에, 하나님 나라 개념이 다니엘서에서 활력적이며 명료하게 대두한다.

예수는 "나는 … 하나님 나라의 복음을 전해야 한다. 나는 이 일을 위하여 보내심을 받았기 때문이다."눅4:43라는 말씀으로 사역을 시작했다. 예수는 자신의 제자들에게 가르치고, "하나님 나라를 선포하며 병든 사람을 고쳐 주게 하시려고 그들을 내보내"셨다.눅9:2 하나님 나라에는 항상 선교적 차원이 있다. 예수의 메시지는 전 세계를 위한 것이었다. 하지만 예수는 대안 공동체, 즉 좁은 문으로 들어가고 어려운 길을 택한 적은 무리를 만드는 데 특히 관심을 가졌던 것 같다.마7:13-14 대안 공동체를 위해 예수는 은혜와 은혜에서 온 순종을 언급했다. 예수는 사랑, 자신을 희생하는 봉사, 정의를 요구하고, 부자와 가난한 자, 남과 여, 유대인과 이방인 사이의 태도 변화를 요구했다. 하나님 나라를 현재 경험하는 것은 그 나라가 온전해 질 때 어떻게 될 것인가를 미리 맛보는 것이다.

하나님 나라는 현재와 미래의 실재이면서도 또한 영적이며 사회적 차원을 가진다. 예수는 개인의 변화에 관심을 가지며, 사회에 맞서며 스며들 헌신된 제자들 집단 형성에도 관심을 가졌다. 산상 수훈에서도 발견되듯이, 예수의 가르침은 지금 경험돼야 한다. 예수를 따른다는 것은 신자가 삶의 방식, 평화와 무저항, 가난한 자와 압제당하는 자에게 가지는 관심에 대한 그분의 가르침을 순종하고자 헌신한다는 것을 의미한다. 예수를 따르는 자들은 하나님의 은혜에 의지하고 그 은혜로 힘을 얻어, 섬김과 자기희생의 사랑이라는 사람을 산다. 하나님 나라의 삶의 영적이며 사회적 차원이 형성되는 것은 신실한 제자들의 공동체, 곧 교회에서다. 공동체의 행동은 더 큰 주변 사회의 가치와 관습과는 조화를 이루지 못할 것이다. 하지만 하나님이 통치하는 헌신된 제자들의 대안 공동체인 교회가 사회에 맞서며 변화시킬 수 있다는 깊은 인식이 있다.

마태복음 16장에서, 예수는 교회와 하나님 나라에 대해, "나는 … 내 교회를 세우겠다."라고 하며, "내가 너에게 하늘 나라의 열쇠를 주겠다"라고 말씀한다.마16:18-19; 18:18, 참조 교회와 나라는 분리되지 않지만 동일하지도 않다. 교회는 그리스도의 몸이요, 성령의 전이다. 이렇게 교회는 하나님 나라와 함께 엮여있다. 교회는 하나님 나라의 복음을 선포하고, 하나님 나라에 기여한다. 우리는 교회가 하나님 나라의 증거물 1호라고 생각할 수 있다. 교회는 하나님 나라의 거류지이며, 하나님의 나라의 지역에서의 표현이다. 교회의 사역은 하나님 나라의 사역이다. 교회는 온전해질 때까지 하나님의 나라를 발전

시키기 위한 하나님의 계획에서 중심이 된다.엡1:18-23; 3:9-13

다니엘과 그의 동료들은 하나님 나라, 그 나라의 권능과 그 나라의 세계적이며 영원한 차원에 대한 환상을 받는다. "하나님의 말씀은" 하나님과 다투는 모든 인간 제국을 "분쇄한다." 하나님의 통치는 "연속적으로 역사 전반에서 그리고 극적으로 마지막에서" 이 것을 행한다.Aukerman: 103-104 그들의 신앙을 타협하기를 거부한 신실한 자들의 공동체로서, 다니엘과 그의 친구들은 희생에 상관없이 순종하며 산다. 이처럼 다니엘과 그의 친구들은 하나님의 나라, 하나님의 통치가 어떻게 실현되며 경험되는지에 대한 모범을 제공한다. 이것은 이 당시에도 발생했고, 지금도 교회에서 발생하고 있으며, 주님이 돌아올 때까지 발생할 것이다. 그때, "세상 나라는 우리 주님의 것이 되고, 그리스도의 것이 되었다. 주님께서 영원히 다스리실 것이다."계11:15

다니엘 3:1-30

구원자 하나님: 활활 타는 화덕에서의 구출

사전검토

다니엘의 아람어 섹션에 있는 이야기들은 오래된 이야기들이다. 이야기들이 이른 시기에 기록됐는지 늦은 시기에 기록됐는지는 여전히 논란이 있다.[**다니엘서: 연대와 저작권**, 303쪽] 어떤 경우든 이야기는 많은 해에 걸쳐 구두로 전달됐다. 사드락과 메삭과 아벳느고의 이야기는 쉽게 들려지고 쉽게 기억되는 저자의 이야기다. 이 이야기는 반복과 대조로 가득하다. 장엄함과 우스꽝스러움 사이의 상호 작용이 있다. 우리는 오만한 왕이 겸손하게 되는 반면 신실한 사람들은 높여지는, 중대한 기회를 볼 수 있다. 또한 조롱할 기회도 있다!

금 신상에 대한 이야기의 중심 주제는 경배다.3:5-6, 10-12, 14-15, 18, 28 **세우다**3:1-3, 5, 7, 12, 14, 18와 **엎드리다**3:5-7, 10-11, 15 사이의 상호작용이 있다. 이야기에는 **민족과 언어가 다른 뭇 백성**을 위한 의미를 지니면서, 보편적인 차원이 있다.3:4, 7, 29

많은 반복은 저자를 기쁘게 한다. 사자 굴에서의 다니엘의 이야기와 마찬가지로,6장 내러티브는 단순한 접속사, **그래서/그렇다면**NRSV/RSV; 아람어: '베다인' [be'dayin]을 거듭 사용하여 진행된다.3:3, 13, 19, 21, 24, 26, 30 저자는 우스꽝스러운 신상 앞에 엎드린 "지체 높은 이들"의 목록3:2-3, 27과 악기 목록3:5, 7, 10, 15을 반복하는 것을 즐길 것이다. 새 젊은

이들의 이름 역시 운율이 있다. 저자가 세 젊은이를 언급하는 데 대명사를 거의 사용하지 않는다는 사실을 주목하라. 몇 번이고 **사드락과 메삭과 아벳느고**라는 이름을 반복한다.3:12-14, 16, 19, 20, 22-23, 26, 28-30 마지막으로 **불타는 화덕**이 공포감을 몰고 오지만 세 젊은이에 해를 끼칠 수 없었다.3:6, 11, 15, 17, 20-21, 23, 26 로버트 알터Robert Alter가 지적하듯, 반복은 히브리어 이야기 전달의 특징이다.88-113

이야기에는 두 가지 절정이 있는 것 같다. 이야기는 사드락과 메삭과 아벳느고의 신앙 증언으로 마무리할 수 있었다.3:17-18 그들은 하나님이 구원할 수 있지만 그렇지 않더라도 그들은 왕의 신앙을 경배하는 것을 계속 거부할 것이라고 말한다. 둘째 절정은 사드락과 메삭과 아벳느고의 하나님이 구원할 수 있다는 **민족과 언어가 다른** 뭇 백성에게 내린 느부갓네살의 명령에 있다.3:29

개요

주석적 해설

경배할 신상 3:1-7

3:1 느부갓네살의 신상

다니엘은 느부갓네살에게서 그의 악몽에 동반되는 걱정을 치료했다.2:1-49 그의 악몽의 해몽에서 느부갓네살은 궁극적으로 역사를 통제하는, 이스라엘의 하나님의 통치권에 직면했다. 미래는 하나님의 손에 있다.

느부갓네살은 악몽에서 헤어 나왔으므로, 왕으로서 계속 수행해야만 한다. 느부갓네살은 자기 제국의 무너지기 쉬운 특성을 잘 인식하고 있다. 지리적으로 제국은 많은 백성과 문화와 종교와 정치적인 구획들을 포함해서 널리 퍼져 있다. 느부갓네살은 새로운 통일성을 위해 힘써야 한다.

이 통일성을 상징할 뿐만 아니라 조성하려고, 느부갓네살은 거대한 신상이나 기념비를 세운다.3:1 어떤 면에서 기념비는 느부갓네살의 꿈의 신상과 관련이 있다.2:1-49 이야기는 정확하게 이 신상이 무엇을 닮았는지 말하지 않는다. 아마도 느부갓네살을 닮은 모습일 것이다. 머리만 금으로 만들지 않고, 이제 온 신상을 금으로 입혔을 것이다.

이 신상은 또한 바빌로니아 신, 나부를 기념하며 만들었을 것이다. 느부갓네살의 이름은 이 신의 이름을 결합한다. 즉 "나부, 내 아들을 보호하소서" 또는 "나부, 내 경계를 보호하소서"가 된다. 자신에 대한 형상이든 자신의 신에 대한 형상이든, 느부갓네살의 자부심을 위한 기념비다. 이것은 사람들이 그것에 절하기를 거부할 때, 느부갓네살이 왜 잔인하게 분노했는지를 설명할 수 있다.

신상의 규모는 상상하기 어렵다. 높이 27m에 넓이는 2.7㎡가 된다. 현대에 이것은 라디오 신호를 송신하는 탑과 비교될 수 있다. 이 규모는 이집트에서 사용되는 더 친숙한 10이 아니라 6에 근거한 아카드 수 체계를 반영한다. 60초가 1분이 되고 60분이 1시간이 되며 24시간이 하루가 되는 식으로 우리가 시간을 측정하는 방식은 이 체계로 거슬러 올라갈 수 있다. 에스겔 40:5의 측정 막대는 길이가 6규빗이었다. 아마도 저자는 신상이 이상하고 불안정하다는 것을 암시하려고 신상의 규모를 포함했을 것이다. 바람 한 번 불면 쉽게 흔들릴 수 있다.

신상은 두라 평원에 있다. **두라**는 "성벽"을 의미하는 아카드어 단어다. 명백히 신상은 바빌로니아 성읍 외곽의 요새 지역에 세워졌다.

다음과 같은 질문이 제기된다. 이 내러티브는 역사적으로 사실인가 아니면 상징적인

가?5:1-4 해설을 보라 이 이야기가 사실적인 기사로 주장하는 자들은 탑이나 신상을 세우는 바빌로니아 관습을 지적한다. 바빌로니아 신 마르둑의 신상은 그 잔해가 유적 발굴에서 발견되지 않을지라도, 우리가 바빌로니아 문헌에서 알 수 있듯, 바빌로니아 의식에서 중요한 자리를 차지했다. 로도스 섬의 거성은 지리적으로 다른 지역이지만, 느부갓네살의 신상보다는 10규빗이 더 높다. 노예를 불타는 화덕에 던진다는 언급은 "고" 바빌로니아 제국주전 1750년 시대에서 온다. 볼드윈Baldwin: 100이 요약한 관련 자료에서 보여주듯, 이 관습이 알려지지 않은 것은 아니다. 노만 포티어스Norman Porteous: 55는 다니엘 3장을 마카비2서 7장의 관련 이야기와 비슷한, 순교 이야기로 이해해야 한다고 제안한다. 이야기에서 기적적인 구원 때문에, 어떤 이는 이 내러티브를 "이야기화된 역사"로 보는데, 요나 이야기도 이렇게 분류될 수 있다. 어떤 이는 이 이야기를 이야기에서 생생하게 된 본문사43:1-3; 시66:10-12와 같은에 대한 주석으로 간주하기도 한다.Goldingay: 68

현대인들은 역사성에 대한 질문에 너무 집착할 수 있다. 성서 저자는 "역사적" 기사와는 다른 문학적 양식으로 진리를 전달할 수 있다. 그럼에도 구약의 역사에 대한 강조점, 곧 다른 고대 근동 저술과 비교해서 역사가 지배적인 사실을 놀랍게 강조하는 점을 고려할 때, 많은 독자들은 이 내러티브를 히브리 영웅들의 왕궁 삶에서 일어난 사건을 보고한다고 간구하는 경향이 있다.

신상은 통일성이라는 상징 역할을 하여, 제국을 강화하도록 만들어졌다. 사회의 위 계층부터 아래 계층까지 모든 백성이 신상에 경배하며 절해야 한다. 신상은 상징적으로 국가의 권력과 종교의 권력을 결합한다.마카비1서 1:41-64, 참조

3:2-3 정치가들과 백성이 봉헌하러 오다

빛나는 신상이 완성될 때, 느부갓네살은 모든 바빌로니아 관료들을 자신이 세운 신상에 봉헌하도록 부른다. 지방의 우두머리인 **지방장관**은 제국의 주요 지역을 책임지고 있다. 대신들은 지방장관에 책임을 지는 군인들인 것 같다. 총독은 유대나 사마리아와 같이 지방 지역의 우두머리다. 고문관들은 재판관과 법무장관이다. 재무관은 공적 기금을 책임지며, 법률가들은 아마도 지방의 법 집행관일 것이다.

정치가의 이런 분류를 종종 반복하는 것은 풍자적인 뉘앙스를 지닌다. 이들은 봉헌하러 온 "지배 계층"이지만 스스로의 생각은 없다. 그들은 독재자가 손가락을 까딱할 때마다 단순히 절할 뿐이다.

관료들은 두라 평원에 모인다. 그들은 느부갓네살이 세운 신상 앞에 두려워하며 선다.

무리들은 봉헌식이 진행되기를 기다리면서 기대감에 서 있다.

3:4-7 명령

전령이 왕의 명령을 가지고 나타난다. 신상의 실제 의미는 이제 명백해진다. 신상은 느부갓네살에게 온전히 헌신하고 충성한다는 상징이다. 신상을 경배하는 것은 일종의 황제 숭배다.제13장, 참조 지시사항은 명백하다. 음악이 연주될 때, 모든 관료와 백성, **민족과 언어가 다른 뭇 백성**3:4, 7이 느부갓네살이 세운 신상을 경배하며 **엎드려야** 한다. 봉헌식은 국가의 우두머리를 높이는 축제가 되어야 한다. 모두가 경배하며 절할 때, 나라에 새롭게 모두에 해당하는 일치가 이뤄질 것이다.

협주단의 악기 목록은 저자의 효과적인 방식으로 거듭 반복된다. 악기에는 나팔과 풍수 같은 목관 악기와 거문고와 사현금과 칠현금 같은 현악기가 있고, 북 같은 타악기가 있다. 악기의 아람어 목록에서는 '카이테로스,' *qayteros*, 그리스어: '키타라' [*kithara*] '페산테린' *pesanterin*, 그리스어: '프살테리온' [*psaltērion*] '숨포테이야' *sumponeyah*, 그리스어: '숨프크니아' [*sumphōnia*]라는 세 그리스어 차용어가 있다. 첫째는 일종의 칠현금이며, 둘째는 풍수 종류이며, 셋째는 아마도 북drum, NRSV이나 백파이프bagpipe, RSV일 것이다. 셋째 단어는 교향곡처럼 모든 악기들이 "함께 울리다"라는 의미를 지닐 수 있지만, 구체적인 악기를 가리킨다면 타악기가 될 것이다. 어떤 주석가들에게는, 이 그리스어 차용어가 나온다는 것이 다니엘서가 늦은 연대에 기록됐다는 사실을 암시한다. 다른 이들은 느부갓네살 통치 이전 앗시리아 시대, 그리스 음악가와 악기가 비문에 언급된다고 지적한다.[**다니엘서: 연대와 저작권**, 303쪽]

사드락과 메삭과 아벳느고가 고발당하다 3:8-15

3:8-12 바빌로니아 사람들의 악의스러운 보고

명백히 사드락과 메삭과 아벳느고는 모든 관료들이 모일 때 두라 평원에 오지 않았거나, 음악이 연주될 때 그들은 절하지 않았다. 아마도 그들은 느부갓네살을 공개적으로 비판하지 않으려고 멀리 떨어져 있었을 것이다.

그들이 봉헌식에 있다면 나머지는 절하는 사이에 그들은 서 있다. 그들은 직접적으로 자신들의 하나님을 부인하도록 요구받지 않는다. 그들은 단지 느부갓네살의 신상에 잠깐 절하기만 하면 된다. 그러나 느부갓네살의 신상에 절하거나 그 방향으로 고개를 끄떡이는 것도 느부갓네살이 절대적으로 순종하라는 주장을 인정하는 것이다. 신상에 절하

는 것은 왕의 풍요로운 음식을 먹는 것과 동일한 의미를 지닌다.1:8-21

　많은 신들과 그에 대한 충성의 세계에서, 누군가가 왜 유일한 한 신만을 섬기겠다고 하는 것은 이해하기 어렵다. 이 방향이나 저 방향으로 절하거나 고개를 끄떡이지 않는가? 사도들이 예수에 대해 "다른 아무에게도 구원은 없습니다. 사람들에게 주신 이름 가운데 우리가 의지하여 구원을 얻어야 할 이름은, 하늘 아래에 이 이름 밖에 다른 이름이 없습니다."행4:12라고 말하듯이, 유일신론의 놀라움은 선택을 좁히는 것이라는 점이다. 다신론의 영광이라고 생각되는 것은 다신론의 폭넓은 선택의 범위다.

　느부갓네살의 위협은 명백하다. 절하라, 그렇지 않으면 불에 탈 것이다! 그리고 느부갓네살의 명령은 공허한 위협이 아니다. 두 예언자, 아합과 시드기야는 이 지도자에게 불태워졌다.렘29:21-23 "절하라, 그렇지 않으면 불에 탈 것이다"라는 위협은 한 제국과 한 왕과 한 경배라는 전체주의적인 사고의 논리적인 입장이다. 국가보다 위에 있는 어떤 것도 비애국주의적이며 반역으로 간주된다. 독재자는 자신을 넘어서는 어떤 권위도 인정하지 않는다. 이런 이유에서 제자도는 희생이 따를 수 있다.

　사드락과 메삭과 아벳느고는 절하기를 거부했다는 사실은 어떤 바빌로니아 사람들을 제외하고는 명백히 눈에 띄지 않는다. 마침내 바빌로니아 사람들은 고상한 지위의 이런 최근 이민자들을 무너뜨릴 기회를 발견한다. 그들은 자신들의 바빌로니아 학문에서 이 유대인들의 뛰어난 기술에 분개해 한다. 이 경쟁자들은 이 유대인들을 고위직에 등용한 것을 시기한다. 그들은 시기하고 악의에 차서, 사드락과 메삭과 아벳느가가 왕에게 행한 행동을 보고한다. 바빌로니아 사람들은 왕에게서 잃은 호의를 회복하고자 하고, 동시에 이 이민자들을 강력한 지위에서 내쫓고자 한다.

　그들이 느부갓네살에게 갔을 때, 그들은 특히 절하기를 거부한 자들에 대한 징벌을 강조하면서, 왕의 명령을 되풀이 한다.3:11 그 다음에 그들은 세 젊은이의 행동을 보고한다. 그들의 보고는 거짓이 아니다. 단순히 악의적일 뿐이다. 그들은 느부갓네살이 신뢰하는 지위로 높은 사람들이 불충하며 가치가 없다고 묘사한다. 그들이 씌운 혐의는 세 가지다. (1) 그들은 느부갓네살의 명령에 주의하지 않는다. (2) 그들은 느부갓네살의 신들을 거부한다. (3) 그들은 느부갓네살의 금 신상에 경배하기를 거부한다.

3:13-15 격노한 폭군

　사드락과 메삭과 아벳느고가 자신의 신상에 경배하기를 거부했다는 사실을 듣자마자, 느부갓네살은 어느 누구도 감당할 수 없는 전형적인 폭군과 마찬가지로 억제할 수 없는 분노를 터뜨린다. 그의 권위는 모욕당할 뿐만 아니라 그는 이 외국인들에게 베푼 혜택이 배반당했다고 느낀다. 분노하는 가운데, 그가 공정하려고 한 것은 인정할 만하다. 느부갓네살은 이 사람들을 소문에 근거하여 비난하지 않는다. 그는 절할 다른 기회를 만들고 세 젊은이에게 고발을 반박할 기회를 준다.

사드락과 메삭과 아벳느고는 왕 앞에 불려간다. 그는 **너희가 참으로 나의 신을 섬기지 않고, 내가 세운 금 신상에게 절을 하지 않았느냐?**라고 묻는다. 느부갓네살은 음악이 울릴 때 그들이 경배할 두 번째 기회를 제시한다. 그들이 거부한다면 그는 불타는 화덕의 위협을 반복한다. 마지막으로 그는 **어느 신이 너희를 내 손에서 구해 낼 수 있겠느냐?**라고 하여 히브리인들의 하나님이 약하고 무능하다고 조롱하며 마무리한다. 이런 질문은 이전에 회의주의자들이 물었다.3:14-15; 왕하18:33-35; 19:10-13, 참조

느부갓네살은 이 질문에 대한 대답이 분명히 이스라엘의 하나님은 아니라고 생각한다! 느부갓네살이 예루살렘을 약탈하고 성전을 빼앗으며, 왕과 백성을 포로로 끌고 왔을 때 그 하나님은 패배했다. 이전에 왕은 다니엘의 하나님이 **모든 신 가운데서 으뜸가는 신이시요, 모든 왕 가운데서 으뜸가는 군주**라고 인정했을지라도,2:47 드러나는 신비와 관련되어 이렇게 인정했다. 아마도 그는 잊었을 것이다. 하지만 느부갓네살이 배워야 할 훨씬 많은 것이 있다. 명백하게 느부갓네살은 자신의 말과 자신의 인식 사이를 연계시키지 못했다. 그는 자신의 권위에 대해 어떤 제한이 있다는 것도 깨닫지 못한다. 어떤 인간의 힘도 하나님과 동등하지 않다. 그의 군사적 승리를 통해 모든 신들을 패주시켰다. 랍사게가 히스기야에게 묻는 질문과 마찬가지로,사36:18-20 느부갓네살은 모든 힘을 자신에게로 돌렸다. 모세의 노래에서, 하나님은 "이제는 알아라. 나, 오직 나만이 하나님이다. 나 밖에는 다른 신이 없다. 나는 죽게도 하고 살게도 한다. 나는 상하게도 하고 낫게도 한다. 아무도 내가 하는 일을 막지 못한다."신32:39 느부갓네살은 오만하게 분노하여, 하나님이 자신에게 유보한 군력을 찬탈했다.단5:19, 참조

사드락과 메삭과 아벳느고가 절하기를 거부하다 3:16-18

마침내 사드락과 메삭과 아벳느고는 말할 기회를 얻는다. 그들은 왕을 부르지만 어떤 존중의 호칭도 사용하지 않는다. 여기서 그들은 약간 무례하게 군다. 이렇게 사용하지 않은 것은 느부갓네살이 나머지와 마찬가지로 인간일 뿐이라는 사실을 암시한다. 그들은 느부갓네살의 질문에 직접적으로 대답하지 않는다. 왜냐하면 그들은 말할 수 있는 게 거의 없기 때문이다. 대신에, 그들은 느부갓네살이 도전한 하나님의 자비에 자신들을 맡

긴다.

어느 신이 너희를 내 손에서 구해 낼 수 있겠느냐?라는 질문에 대한 응답은 우리 **하나님!**이 된다. 세 사람의 신앙은 가장 깊은 신앙이었다. 그들은 자신들의 하나님이 구원할 권위와 능력을 가졌다고 확신한다. 하지만 그들은 일어날 일은 하나님이 결정할 바라는 사실을 인정한다. 그들은 하나님이 선택한 대로 자신들을 다루도록 한다. 사실상, 그들은 "하나님은 우리가 알기에 그분이 할 수 있는 것을 할 필요는 없다. 우리 하나님이 불타는 화덕에서 구원하는 기적을 행한다고 한다면, 좋다. 그렇지 않다고 하더라도 우리는 그분을 계속 섬길 것이다."라고 말한다.

섬기다아람어: '펠라 [pela], 3:12, 14, 17-18, 28에서로 번역된 단어는 다니엘 3장에 자주 나온다. 이 어근의 원 의미는 "경의를 표하다"라는 개념을 전달한다. 점성가들은 사드락과 메삭과 아벳느고가 바빌로니아 사람들의 신들을 **섬기기를** 거부한다고 보고한다.3:12 느부갓네살은 그들이 자신 신들을 섬기기를 거부할 것이라고 믿을 수 없다.3:17 17절에서 세 사람의 반응은 명백하다. **우리가 섬기는 우리 하나님은 우리를 구하실 수 있습니다.** 18절에서 그들의 반응은 더욱 급진적이다. 심지어 하나님이 구하지 않더라도 그들은 어떤 상황에서도 느부갓네살의 신을 섬기지 않을 것이다.욥13:15, 참조. NRSV 주석, "그분이 나를 죽일지라도, 나는 그분을 신뢰할 것입니다." 신상을 섬기는 것은 우상숭배이며, 시민종교로 국가를 섬기도록 하는 것이다. 그들은 결코 자신들의 섬김을 타협하거나 나누지 않을 것이다. 이슈는 하나님이 구할 수 있는가의 문제가 아니다. 이것은 다니엘서에서 전혀 의문시되지 않는다. 이슈는 신자들이 우상숭배를 거부하느냐와 그들의 삶이 위험에 처할지라도 충성이 갈리기를 거부할 것인지의 문제, 즉 신실함의 문제이다.

세 이스라엘 사람은 하나님이 기적을 행할 수 있다고 믿는다. 그들은 또한 하나님이 자유롭게 기적을 행하지 않을 수도 있다고 믿는다. 그들은 하나님이 자기 자녀의 기도를 듣고, 그들의 필요를 안다는 사실을 믿는다. 하지만 하나님은 자신의 방식으로 응답할 권리를 갖고 있다. 신약은 한 예를 제공한다. 헤롯이 야고보를 투옥시켰을 때, 야고보는 참수 당했다. 헤롯이 베드로를 투옥시켰을 때, 베드로는 기적적으로 구출 받았다.행12장

느부갓네살 앞에 서 있는 세 사람은 하나님을 섬기는 데 헌신했다. 그들의 대답에서 그들은 변호 받지 못하는 것에 대해 전혀 말하지 않고, 부활을 언급하지도 않는다. 그들은 하나님이 강력하고 기적을 행하기 때문이 아니라, 살아 계신 하나님이기 때문에 하나님을 섬긴다. 따라서 그들은 다른 신들을 섬기지도 느부갓네살이 세운 신상을 경배하지도 않을 것이라고 그에게 말한다. 그들의 조용한 신앙은 느부갓네살의 분노를 증대시킬

뿐이다.

사드락과 메삭과 아벳느고가 화형 선고를 받다 3:19-23

3:19-20 좌절한 폭군

처음에 점성가들이 느부갓네살에게 악의적인 보고를 하러 왔을 때, 느부갓네살은 사드락과 메삭과 아벳느고의 불복종에 분노했다. 처음부터 그는 폭력적인 대면을 피하기를 원했다. 이제 그들이 느부갓네살을 은인임에도 거부하고 두 번째 기회를 준 것을 거부하며, 자신의 신들과 신상을 거부하고 고집스럽게 하나님을 믿는 이 모두는 느부갓네살이 견딜 수 없는 것이다.

이전이나 이후의 좌절한 정치가들과 마찬가지로, 느부갓네살은 이비성적인 극단에 치닫는다. 보통 화덕의 불로도 셋을 태우기는 충분하지 않다. 화덕은 평소보다 일곱 배를 더 뜨겁게 해야 한다. 좌절한 현대 군사 전략가와 마찬가지로, 온 땅을 한 번에 파괴할 폭탄을 가지는 것으로도 충분하지 않다. 대신에, 수십 배도 수백 배도 아니고 수천 배 이상으로 온 땅을 파괴할 폭탄이 있어야 한다. 보통 군사들은 이 무력한 세 사람들을 화덕에 던지는 데 사용되지 않는다. 가장 강력한 군사들이 이 일을 하도록 했다.

3:21-23 불타는 화덕 속으로

보통 화덕에 던지기 전에 죄수들을 발가벗기는 대신, 셋은 옷을 입고 태워질 준비가 되어 있다. 그들의 모자, 바지, 속옷을 입은 채로 안전하게 묶였다. 불복종한 셋은 어떤 흔적도 남지 않을 것이다. 모두가 태워질 것이다! 저자에게는, 그들의 옷과 모자가 안전하게 묶였다는 사실을 분명히 하여 불에 대비하는 이 우스꽝스러운 장면에 유머가 있다.

또한 역설이 있다. 왕의 사람들은 평소보다 화덕을 더 뜨겁게 한다. 그 다음에 왕의 사람들 가운데 가장 강한 사람들이 사드락과 메삭과 아벳느고를 화덕에 던진다. 하지만 왕의 사람들 자신들이 희생자가 된다. 그들은 좌절한 정치가의 비이성적인 명령을 수행하다가 죽는다.

외경의 보충

아사랴의 기도와 세 젊은이의 노래NRSV 외경라는 긴 추가 내용이 다니엘서의 70인역의 이 지점에 나온다. 다니엘 3:23-24을 포함하는 한 조각이 쿰란에서 발견됐지만, 많은 이들이 처음에는 히브리어나 아람어로 작성됐을 것이라고 생각하더라도 이 추가 내용이 없다.

기도: 기도 1-22; 단3:24-45, 70인역.그리스 버전

내러티브: 기도 23-27; 단3:46-51, 70인역.

찬양: 기도 28-68; 단3:52-90, 70인역.

기도는 회개와 탄원 가운데 하나다. 언뜻 보면, 세 사람이 하나님에 대한 신실함 때문에 화덕에 이미 들어갔으므로 적절해 보이지 않는다. 하지만 다니엘 자신의 영으로, 그들은 자신들과 자기 백성들을 위해 기도하고 있다. **우리는 죄를 지었습니다. … 오 주님, 우리는 다른 어떤 민족보다 적게 되었습니다.**Prayer 6, 14 기도는 기적의 보고에 앞서 적합한 구원을 위한 부르짖음이다. **우리를 구원하소서, … 오 주님 당신의 이름에 영광을 돌리게 하소서. … 그들에게 당신만이 온 세상을 위에 영광스러운 여호와 하나님이심을 알게 하소서.**20-22

내러티브는 기적을 보고한다. 천사가 순교자들을 위해 화덕을 시원하게 유지한다.23-27

찬양은 구원에 대해 감사하고29-34, 66 시편 148편의 분위기에서 온 피조물에게 하나님을 찬양하고 요청한다.35-68 시편 136편과 마찬가지로, 찬양은 전형적으로 한 행은 **여호와를 찬양하라**라고 권고하고 다른 행은 **그분을 찬양하고 영원히 그분을 높여라**라고 반복하면서, 공적 예배를 위한 번갈아 노래하는 양식으로 되어 있다. 기도와 찬양은 이야기에 중요한 차원을 더한다. 기도는 젊은이들의 경건을 반영하는 반면, 내러티브와 찬양은 느부갓네살의 제한된 힘과 하나님의 놀라운 힘과 위엄을 대조시킨다.[**다니엘서에 대한 보충**, 320쪽에는 전체 본문이 나온다]

사드락과 메삭과 아벳느고가 구원받다 3:24-27

3:24-25 놀란 폭군

느부갓네살은 자신의 강력한 군사들의 죽음에 놀라, 셋이 합당한 징벌을 받았는지 확인하려고 화덕을 엿본다.

느부갓네살은 놀라서 세 사람이 서서 돌아다니며, 더 이상 손과 발이 묶이지 않은 것을 본다. 게다가 그들과 넷째 사람이 같이 있다. 이전에 자신의 힘을 불경하게 자랑했던 왕3:15이 이제 **구원할 수 있는**3:17, 25, 28-29 셋의 하나님이 그들을 놀랍도록 보존한 사실

을 가장 먼저 알린다.

느부갓네살은 겁에 질려 신하들에게 **우리가 묶어서 화덕 불 속에 던진 사람은, 셋이 아니더냐?**라고 묻는다. 이 질문에 신하들은 동의한다. **내가 보기에는 네 사람이다. 모두 결박이 풀린 채로 화덕 안에서 걷고 있고, 그들에게 아무런 상처도 없다!**라고 어떻게 가능한 일인가 묻는다. 그는 **넷째 사람의 모습은 신의 아들과 같다!**라고 덧붙인다.

많은 영어 번역본은 하나님의 아들과 같다KJV거나 신들의 아들과 같다RSV; 아람어라고 한다. 그러나 이 인물을 예수 그리스도의 성육신 전의 현현보다는 천상의 존재로 보는 것이 더욱 적절할 것이다. 느부갓네살은 더 침착하게 될 때, 넷째 인물을 하나님이 자기 종들을 구원하려고 보낸 천사라고 부른다.3:28 아마도 이 인물은 **거룩한 감시자**로 확인되는 천상의 인물이거나4:9-26 해설을 보라 자기 백성의 불로 지나갈 때 함께 하겠다고 약속한 하나님 자신일 수 있다.사43:2

3:26-27 절하지 않고 태워지지 않다

느부갓네살은 **불타는 화덕**의 입구에 가서 **가장 높으신 하나님의 종 … 이리로 나오너라!**라고 셋을 부른다.

다시 한 번 느부갓네살은 하나님의 나라에 직면한다. 그의 꿈에서,2:1-49 돌이 큰 신상을 가루로 만들고 온 땅을 채웠다. 이제 느부갓네살의 빛나는 금으로 된 신상은 자기 나라를 통일시키고 자신의 힘과 자부심에 대한 기념비 역할을 하도록 고안됐지만 신상은 중요성이 사그라졌다. 신상 옆의 화덕에서, 가장 높으신 하나님이 구원하며 일하고 있다.

폭군은 자신이 선택한 것에 근거하여 패한다. 어떤 하나님이 구할 수 있는가? 대답은 느부갓네살의 입에서 발견된다. 즉 **가장 높으신 하나님이다.**3:26 다니엘서에서, 이 칭호는 여기에서 처음 나오고, 유대인뿐만 아니라4:24-25, 32; 5:18, 21; 7:18-27 비유대인도 사용한다.4:2, 17, 34 이 이름은 멜기세덱창14:18-20과 발람민24:16과 이사야사14:14가 사용했다. 가장 높으신 분은 역사를 통제하는 하나님이다.신32:8 이 명칭은 우주를 통치하는 하나님을 가리킨다. 이교에 대해, 이 명칭은 많은 신들 가운데 가장 높은 신을 의미한다. 유대인에게 이 명칭은 이스라엘의 하나님이다.

셋이 화덕에서 나올 때, 그들은 관료들에게서 조사 받는다. 불은 그들의 몸이나 머리털이나 옷도 제어할 힘이 없었다. 심지어 불 냄새도 나지 않는다. 오직 느부갓네살의 줄만이 타서 없어졌다. 이처럼 사드락과 메삭과 아벳느고의 이야기는 이사야 **43:2**의 약속을 쉽게 이해할 수 있는 인간의 경험으로 바꾼다. 셋은 홀로가 아니며, 심지어 화염에 휩

싸이지도 않는다. 그들의 경험은 안전히 지킨다는 약속을 잘 보여준다.시34:7; 91:11

느부갓네살의 조서 3:28-30

왕은 한편으로는 사드락과 메삭과 아벳느고가 굴하지 않는 자신들의 하나님을 믿는 신앙과 다른 한편으로는 구원하는 하나님과의 강렬한 대면에 직면한다. 그래서 느부갓네살은 하나님을 찬양하고 온 세상을 향한 메시지를 준비한다. 느부갓네살의 축복과 명령은 이야기에 적절한 대단원을 제공한다. 사드락과 메삭과 아벳느고의 하나님을 찬양할 때, 느부갓네살은 그들의 신앙3:17과 그들이 자기 명령을 순종하기를 거부한 것3:18과 그들이 기꺼이 죽을 준비가 되어 있었다는 사실3:23을 상기시킨다.

그들의 신앙과 하나님의 조치의 결과로, 느부갓네살은 이전에 금으로 된 신상을 예배했던 자들에게 사드락과 메삭과 아벳느고의 하나님을 신성모독하지 않도록 조심하라고 요청한다. 그렇지 않으면 왕이 비참한 형벌을 내릴 것이다.3:28-29 자기 신들을 섬기기를 거부했다고 세 이스라엘 사람을 비판하는 대신,3:12, 14 느부갓네살은 그들의 하나님을 섬긴 것에 대해 사드락과 메삭과 아벳느고를 칭찬한다.3:28 그는 **나라와 언어가 다른 뭇 백성**에게3:4, 7 금으로 된 신상 앞에 **엎드리**라는 명령을 변경한다. 이제 그들에게 이스라엘의 하나님에 대해 존중하며 말하도록 명령한다.3:29 마지막으로 하나님이 구원할 능력에 대한 질문3:15, 17은 사드락과 메삭과 아벳느고가 아니라 느부갓네살 자신이 자신의 명령에서 **자기를 믿는 사람을 구원할 수 있는 신은 다시 없을 것이다**3:29라고 대답한다. 느부갓네살의 공표는 은혜를 제안한 것이다. 그는 세상에 구속자 하나님을 소개한다.

이야기는 빠르게 사드락과 메삭과 아벳느고가 지방에서 등용되는 것으로 마무리한다. 이것은 셋이 불신임되고 충성하지 않는다고 알려지며, 공적인 섬김에서 제거될 것이라는 어떤 점성가들의 희망을 좌절시키고 있다.

성서적 맥락에서의 본문

불타는 화덕

사드락과 메삭과 아벳느고의 이야기가 들려졌을 때, 유대 청중은 불타는 화덕에서 더 깊은 의미를 보았을 수 있다. 이집트에서의 속박은 "철 화덕"이나 "철 용광로"RSV 또는 NRSV: 신4:20; 왕상8:51; 렘11:4로 비유됐다. 바빌로니아에서의 포로 경험은 "역경의 화덕"으로 간주됐다.사48:10

분명 불타는 화덕 가운데 있는 세 젊은이들의 이야기는 청중들이 바빌로니아의 포로라는 화덕에서의 자신들의 이야기로 이해했다. 그리고 나중에 세 젊은이의 이야기는 주전 2세기 안티오쿠스 4세 에피파네스의 박해라는 불타는 화덕에서의 신실한 자들의 이야기로 이해됐다.

상징적으로 "화덕," "도가니," "제련"은 "입증하다," "시험하다"의 의미를 지녔다. 사드락과 메삭과 아벳느고의 이야기에서는 하나님이 자기 백성을 정제하면서 신실함으로 초대하고 있다. "도가니는 은을, 화덕은 금을 단련하지만, 주님께서는 사람의 마음을 단련하신다."잠17:3; 시66:10-12; 말3:2-3, 참조

이 주제는 다음과 같이 신약에도 나온다.

> 그러므로 여러분이 지금 잠시 동안 여러 가지 시련 속에서 어쩔 수 없이 슬픔을 당하게 되었다 하더라도 기뻐하십시오. 하나님께서는 여러분의 믿음을 단련하셔서, 불로 단련하지만 결국 없어지고 마는 금보다 더 귀한 것이 되게 하시며, 예수 그리스도께서 나타나실 때에 여러분에게 칭찬과 영광과 존귀를 얻게 해 주십니다.벧전1:6-7

교회생활에서의 본문

하나님과 국가

사드락과 메삭과 아벳느고와 불타는 화덕의 이야기는 다니엘서의 아람어 섹션에서 여섯 이야기 가운데 두 번째 이야기다. 많은 면에서 이 이야기는 사자 굴의 다니엘의 다섯 번째 이야기6장와 비슷하다. 두 이야기는 외국 영토에 살지만 신앙을 지키려고 노력하는 하나님의 종들을 다룬다. 모든 면에서 세상과 특히 국가가 자기 목적을 위해 종교를 형성하며 통제하려고 할 때, 사람들은 어떻게 하나님을 섬기고 예배하는가?

다니엘 3장과 6장의 이야기는 자신들의 신앙 때문에 박해와 죽음에 직면하는 초기 아나뱁티스트에게 매우 큰 가치를 지닌다.Braght의 다니엘 아래 색인을 보라 얀 바우테르츠 판 쿠익Jan Woutersz van Cuyck은 1572년 도르드레흐트에서 자신의 신앙 때문에 불태워졌다. 투옥된 동안 심한 고통을 당했지만 그는 가까스로 자기 친척들과 동료 신자들에게 편지들을 썼다. 한 편지에서 그는 "내가 나무, 돌, 금, 은, 빵, 포도주, 기름에 무릎 꿇느니 사

자 굴에 갇힌 다니엘과 함께 하라. 세워진 신상을 경배하느니 불타는 화로 가운데 있는 젊은이들과 함께 하라"Braght: 918, 897-926

이 두 이야기에서 국가의 요구는 두 가지 형태로 온다. 사드락과 메삭과 아벳느고의 사례에서, 요구는 자신들의 신앙에 국가의 경배를 추가하라는 것이다. 하나님과 국가를 동일하게 중요한 것으로 삼으려는 유혹이 항상 있었지만, 실제로 항상 국가가 최고의 권위를 지니는 것으로 간주되고 말았다. 오늘날 이것은 시민 종교의 형태를 띠거나, 국가가 영광과 찬양의 대상이 되는 종교 국가주의 형태를 띠는데, 여기서 국가의 가치가 종교화되고, 국가의 영웅은 신성화되며, 국가의 조치는 하나님의 구속 사역과 동일시된다. 시민 종교는 다음과 같이 세 가지 서로 얽힌 개념을 중심으로 그 형태를 취한다. (1) 하나님은 자신의 목적을 성취하고자 국가를 도구로 삼으려고 국가를 선택하고 탁월하도록 축복했다. (2) 애국주의와 나라 사랑은 종교와 동일하거나 분리할 수 없다. (3) 위기의 상황, 특히 전쟁 때에, 군사들은 하나님과 나라 모두를 위해 죽는다.

하나님과 국가를 동일하게 중요하다고 여기는 것은, 국가의 요구가 하나님의 뜻과 방식에 모순된다고 할 때도, 개인이 국가의 요구를 따를 수 있게 만든다. 사드락과 메삭과 아벳느고는 자신들이 하나님을 예배하고 충성하는 것이 우선이라고 매우 명확하게 이해했다. 그들은 자신들의 신앙에 느부갓네살의 신상 숭배를 덧붙일 수 없었다. 그때나 지금이나 이런 거부는 비애국적일 뿐만 아니라 체제 전복적이라고 여겨졌다. 그들의 자세는 개인적으로 크게 희생하며 취하는 위험을 감수하고 멸시당하는 자세다.

그리스도인은 무엇보다 그들이 사는 국가의 시민이어야 하는가, 아니면 예수를 따르는 자들이어야 하는가? 이 질문은 자신의 국가가 전쟁에 참여할 때, 국가 자원을 군대에 사용하는 것과 관련된 이슈에서 특히 중요하다.

세계의 모든 나라들은 군 비축을 위해 매년 1천조 원을 사용한다고 추정된다. 더 나아가 이 매년 경비의 25퍼센트가 10년 이상 세계 주민을 위한 생활 조건을 개선하는 데 사용됐다면, 음식, 옷, 집, 의료, 교육, 고용, 건강한 환경이 모든 인류에 제공될 수 있다고 추정된다.

사드락, 메삭, 아벳느고와 다니엘이 자신들의 신앙에 국가가 무언가를 덧붙이려 하거나 무언가 뺏으려 하지 못하도록 하는 태도는 오늘날 교회에 호소력이 있다. 사회가 전쟁 기간에 행진과 감정의 격발과 군대 영웅을 기리는 찬사에 사로잡힐 때, 종교를 침묵하게 하려는 유혹이 크다. 이런 활동에서 전쟁은 자유와 해방, 영웅주의와 고귀함으로 이끄는 빛의 천사로 제시된다. 하지만 실제로 전쟁은 항상 낭비, 공포, 파멸, 기근, 굶주림,

이탈, 잔인함, 해체, 고문, 허위, 죽음이었고 여전히 그렇다. 사드락과 메삭과 아벳느고의 하나님은 이제 예수 그리스도에게서 자신을 드러냈고, 자기 백성에게 최고로 충성하도록 부른다. 이것은 예수의 삶, 가르침, 죽음, 부활에서 온전히 드러났다. 예수는 자기를 따르는 자들에게 먼저 하나님의 나라를 구하도록 가르쳤다.마6:33 신실한 신자는 원수를 사랑하라는 예수의 가르침을 가벼이 여기거나 억누르지 않는다.눅6:27, 35-36

나중에 사자 굴에 갇힌 다니엘의 이야기에서, 국가는 다른 형태로 요구한다. 다니엘에게 그의 신앙의 견지를 제거하도록 요구했다. 다니엘은 삼십 일 동안 하나님에게 기도하지 않아야 한다.6장

세계적 복음

하나님의 목적이 온 세상을 포함한다는 다니엘서의 중요한 통찰력이 오늘날 교회에 필요하다. 협소하게 이해되는 복음과 세계적 복음 사이의 긴장은 초대 교회를 곤란하게 했고, 이 긴장은 현재까지 계속된다.

사도행전에서, 누가는 오순절에 신자들에게 하나님의 나라와 언어가 다른 뭇 백성을 포함할 새로운 백성을 만들고 있다는 사실을 이해하기가 얼마나 어려운지를 말한다. 오순절이 새로운 출애굽이었다는 사실은 명백해 보였다. 백성이 이집트를 떠날 때, 홍해를 가르는 바람이 있었다.출14:21 오순절에 강력하고 빠른 바람 소리가 있었다.행2:2 출애굽에서 불기둥이 백성을 인도했다.출13:21 오순절에서 불의 화염이 이 새로운 백성에게 임했다.행2:3 하지만 초대 기독교 지도자들은 복음이 세계적이었으며, 온 인류를 위한 것이었다는 사실을 이해하게 됐을 때 얼마나 큰 번민을 경험했는가! 이런 통찰력에 따라 행하기가 얼마나 어려웠는가!

초대 교회의 어떤 이들은 자신의 집단을 위해 복음을 지키려고 노력했다. 복음이 유대인에게서 이방인들을 포함하러 퍼져나갔을 때, 엄청난 긴장이 있었다.행10장 바울은 유대인과 이방인을 모두 포함하는 하나의 새로운 공동체가 있을 것이라고 명백하게 이해했다.엡2장 로마서 11:12, 25-26에서, 바울은 이방인들을 "온전히 포함"하는 것과 "온 이스라엘"의 구원을 예견했다. 그리하여 그들이 함께 새로운 백성을 창조하는 하나님의 조치의 절정이 된다. 많은 해석가들이 주장한 대로, 바울은 이 새로운 백성을 하나님의 이스라엘이라고 불렀다.갈6:16

예수가 승천하기 전, 자신을 따르는 자들에게 한 말씀은 분명히 급진적이다. "나는 하

늘과 땅의 모든 권세를 받았다. 그러므로 너희는 가서, 모든 민족을 제자로 삼아서, 아버지와 아들과 성령의 이름으로 세례를 주고, 내가 너희에게 명령한 모든 것을 그들에게 가르쳐 지키게 하여라."마28:18-20 이 선언에서 예수는 거룩한 땅이나 장소, 또는 특권을 가진 사람들이라는 개념을 완전히 제거했다. 복음의 관점에서 온 세계는 거룩한 땅이며, 모든 사람들은 하나님의 사랑을 받는 대상이다.요3:16

기독교의 교파가 있는 오늘날, 신자들은 종종 자신의 집단이 하나님의 사랑을 받는 데서 특별하며 유일한 자리를 차지한다고 느끼는 것 같다. 각 교파는—또는 심지어 독립적인 회중도 자신만의 작은 제국을 세운다. 각각은 다른 그리스도인들이 무엇을 하는지 고려하지 않고 일방적으로 행동하는 경향이 있다. 사느냐 죽느냐의 이슈라고 할 수 없는 개념이나 실천에 몰두하기 때문에, 다른 그리스도인들과 함께 사역하는 것은 종종 저항을 받는다. 이에 대해, 다니엘서는 능력이 있고 궁극적으로 통제하는 강력한 하나님이며, 그분의 은혜로우며 구속의 사역은 모든 이류를 위한 것이라는 견해를 견지면서 중요한 개선책들을 제시한다.

다니엘 4:1-37

교만한 자를 낮추는 하나님:
느부갓네살이 하나님의 통치를 인정하다

사전검토

아람어 소책자의 이 섹션은 국제적인 공식성명인 편지 형태로 느부갓네살이 기록했다. 이 섹션은 전국에 사는, **민족과 언어가 다른 뭇 백성에게** 전달된다.

편지에서, 느부갓네살은 개인적인 경험을 묘사한다. 그의 편지는 일반적인 양식을 따르는데, 4:1-4는 전형적인 도입을 제공하고, 4:5-33은 편지의 본문을 구성하고, 4:34-37은 결론을 형성한다. 편지는 19-33절을 제외하고 1인칭으로 기록된다. 19-33절은 3인칭으로 표현되며, 그 가운데서도 19-27절은 느부갓네살에게서 온 듯하고, 28-33절은 느부갓네살의 질병의 원인과 경과를 아는 사람에게서 왔다. 이런 배열은 관점의 변화와 반복이라는 문학적 기술을 고려한 결과다.

느부갓네살의 편지의 요점은 이스라엘의 하나님이 가장 높으신 하나님이며, 역사를 주관하는 분이라는 사실을 세상에 말하려는 것이다. 그러므로 이 편지는 다음과 같은 강력한 진술로 시작한다.

그 나라 영원하고,

그 통치 대대에 이를 것이다.4:3

편지는 다음과 같이 한 단위를 둘러싸고자 비슷한 구절을 반복하는 인클루지오 형식으로 끝난다.

그의 통치 영원하고
그의 나라 대대로 이어진다.4:34

느부갓네살의 고백 이외에도, 하나님이 **지배하며 그의 뜻에 맞는 사람에게** 나라를 주신다는 비슷한 선언이 세 명의 다른 인물, 곧 감시자4:17과 다니엘 4:25과 하**늘로부터 내려오는 말소리**4:31에서 나온다. 다음과 같이 명령을 위한 이유에서 보여주듯이, 인간이나 특히 왕의 자부심이라는 강력한 모티프는 하나님의 통치권에 대해 근본적으로 강조하는 것에 비해 부차적이다.

가장 높으신 분이 인간의 나라를 지배하신다는 것과,
뜻에 맞는 사람에게 나라를 주신다는 것과, …
사람들이 알도록 하려는 것이다.4:17

2장과 3장에서처럼 4장에서, 느부갓네살이 중심인물이다. 하지만 플롯이라는 면에서 다니엘이 둘째 꿈4장에서보다 첫째 꿈2장에서 더 두드러진다. 4장의 초점은 26절, **하나님이 세상을 다스리신다는 것을 임금님이 깨달으신 다음에야, 임금님의 나라가 굳게 선다**에 나온다.
다음과 같이 네 인물이 편지에 나온다.

1. 느부갓네살 왕, 성읍과 제국의 거만한 건설자
2. 다니엘, 목자의 마음을 가진 하나님의 사람
3. 하늘에서 오는 목소리 배후에 있는 천상의 존재
4. 인간들을 지배하고 교만하게 행하는 자를 낮추는 가장 높으신 하나님

반복과 핵심 용어들과 같은 문학적인 특징은 주목할 만하다. 꿈을 말할 때, 느부갓네

살은 나무를 묘사하는데, 이를 다니엘이 반복한다.4:10-12, 20-21 느부갓네살의 짐승 행동에 대한 묘사가 꿈에 나오고4:15-16 **하늘로부터 내려오는 목소리**가 반복하고4:31 다시 해설자가 반복한다.4:33 다른 반복을 분류하고 그 의미를 탐구하면 흥미로운 과제가 될 것이다. 두 가지 핵심 단어가 이 장에 나온다. **가장 높으신**은 다른 장에서보다 이 장에서 더 자주 나온다.4:2, 17, 24-25, 32, 34 하늘을 가리키는 단어 '셰마야' *šemaya'* 가 자주 나오듯이,4:11-12, 15, 20-23, 25-26, 31, 33-35, 37 때로 **땅**earth으로 번역되고 때로 **지면**ground으로 번역되는 아람어 '아르아' *'ar'a'*가 종종 나온다.4:1, 10-11, 20, 22; 아람어 구절에 대해 세 절을 빼라 – 3:31; 4:7-8 등 이 특징들은 하나님의 통치에 대한 이 장의 주제를 강화한다.

개요

주석적 해설

편지의 도입 4:1-3

이야기에 따르면, 느부갓네살은 이 편지를 자신의 생애 말에 썼다. 그의 제국은 명백히 견고해졌고, 바빌로니아 성읍에서의 대규모 건설 계획은 완성됐다. 바빌로니아는 세상의 불가사의 가운데 하나가 됐다. 나라들에 보내는 편지는 느부갓네살의 통치의 정점을 반영한다.

편지는 고대 문체를 따른다. 송신자 **느부갓네살 왕**을 거론하며 시작한다.[**느부갓네살**, 314쪽] 수신자들은 **민족과 언어가 다른 뭇 백성**라고 명명된다. 다음으로 인사가 나온다. **백성에게 평강이 넘치기를 바란다!** 인사 뒤에 편지의 목적을 간략하게 진술한다. **가장 높으신 하나님이 나에게 보이신 표적과 기적을 백성에게 기꺼이 알리고자 한다.** 도입은 가장 높으신 하나님에게 보내는 찬양의 시로 마무리한다. 고린도후서 1:1-4과 에베소서 1:1-4에서 이런 문체의 도입과 비슷한 내용이 발견된다.

표적과 기적은 4:2-3과 6:27에서 언급된다. 하나님은 자신의 임재를 드러내고 자신의 사역을 촉진하고자 표적과 기적을 행한다. 표적과 기적은 이스라엘이 이집트에서 나올 때 동반됐고행7:36 바빌로니아의 포로들 가운데 발생했다. 나중에 표적과 기적은 나사렛 예수의 사역을 특징짓고 입증했다.2:22 표적과 기적은 오순절에서 명백히 드러났으며 2:43 교회의 열광적인 초기 시절을 종종 발생했다.5:12; 6:8; 14:3; 15:12

느부갓네살이 가장 높으신 하나님에게 드리는 찬양은 다음의 시편 145:10-13과 비슷하다.

> 주님, 주님께서 지으신 모든 피조물이 주님께 감사 찬송을 드리며,
> 주님의 성도들이 주님을 찬송합니다.
> 성도들이 주님의 나라의 영광을 말하며,
> 주님의 위대하신 행적을 말하는 것은,
> 주님의 위대하신 위엄과,
> 주님의 나라의 찬란한 영광을,
> 사람들에게 알리려 함입니다.
> 주님의 나라는 영원한 나라이며,
> 주님의 다스리심은 영원무궁 합니다

이런 유사함 때문에 의문이 제기된다. 느부갓네살은 히브리 시를 잘 알았는가? 아니면 이 편지는 유대인이 기록하고, 그 다음에 느부갓네살의 것으로 여겨졌는가? 이런 질문은 답을 얻기가 어렵다. 그럼에도 느부갓네살이 시편과 같은 히브리 성서에 친숙했을 것이라고 추측하는 것은 흥미롭다.

편지의 본론 4:4-33

4:4-8 느부갓네살의 꿈

4절에 따르면 제국 초기의 긴장과 시련은 지나갔다. 제국은 안전하고, 훌륭한 문화가 발전하고 있다. 효과적인 통치는 자리 잡고 있으며, 그가 훈련시킨 유능한 공적인 업무를 감당하는 종들이 수행하고 있다. 바빌로니아 성읍의 영광은 비교불가다. 이 영광은 세상의 상상력을 사로잡는다. 이제 느부갓네살이 **집에서 편히 쉬며** 궁에서 **평화를 누린다**고 말한다. 느부갓네살은 훌륭하고 능력 있으며, 깨어 있고 자비로운, 제국을 세운 자가 되려는 자신의 소망을 성취했다.

하지만 통치 초기와 마찬가지로, 어느 날 밤, 느부갓네살은 악몽을 꾼다. 꿈 후에 그는 공포에 떨고 두려워하며 자기 침대에 누워 있다. 하나님은 다시 꿈을 사용하고, 다시 자신의 종 다니엘을 사용할 것이다.

과거와 마찬가지로, 느부갓네살은 **마술사들과 주술가들과 점성가들과 점쟁이들**4:7; 2:2, 참조을 부른다. 하지만 이전과 마찬가지로 그들은 소용이 없으며, 꿈을 해몽할 수 없다. **마침내 다니엘이 내 앞에 나타났다.**4:8 이것이 편지기는 하지만, 편지 안의 보고는 드라마처럼 쓰여 있다. 다른 극적인 특징은 **하늘로부터 내려오는 말소리,**4:31 불길함 꿈의 해몽 후 느부갓네살의 자랑,4:30 짐승 행동에 따라 하는 왕의 모습을 보이는 뜻밖의 전개 4:33를 포함한다. 이 "드라마"에서 우리는 플롯, 성격묘사, 관점, "어조"를 찾을 수 있다.

느부갓네살은 다니엘의 이름 변경을 생각해낸다.1:7 다니엘의 새 이름, 벨드사살은 느부갓네살의 신 벨바빌로니아 신 마르둑을 가리키는 호칭을 가리키지만, 그럼에도 느부갓네살은 **거룩한 신들의 영**이 계속 다니엘에게 있다고 설명하는데, 이는 다신론적인 설명으로 세 번 나온다.4:8-9, 18 바로가 요셉에게 비슷한 진술을 한다.창41:38; 다음 성서맥락에서의 본문을 보라 다니엘이 이전에 꿈 해몽에서 성공했던 기억으로,2:11, 28, 47 느부갓네살은 다니엘에게 자신의 꿈을 이야기한다.

4:9-18 다니엘이 꿈을 듣다

느부갓네살은 그의 바빌로니아 이름, **벨드사살**과 공식적인 명칭인 **마술사의 우두머리**를 사용하여 다니엘을 부른다.4:8; 2:48, 참조 느부갓네살은 이런 바빌로니아 미사여구에도, **거룩한 신들의 영**이 다니엘에게 있다고 인정한다. 그 다음에 느부갓네살은 신적인 영이 그에게 있으므로 **어떤 비밀도 네게는 어렵지 않을 줄**을 확신하면서, 자기 꿈을 다니엘에게 말한다.

느부갓네살의 꿈의 세부 내용은 10절에서 17절까지 확장된다. 꿈의 초점은 큰 나무다. 광야 때문에 팔레스타인에서와 물이 많은 저지대 때문에 바빌로니아에서 땅의 상당 부분은 나무가 자라기에는 좋지 않은 환경이다. 결과적으로, 나무는 성스러운 것으로 간주됐고, 작은 숲들은 신이 거주하는 장소로 여겨졌다. 나무는 고대 근동 신화에 등장했다. "고상하고 탁월하며, 푸릇푸릇하고 보호해주며, 열매가 풍부하고 오래 사는 나무는, 살아 있고 초월하며, 생명을 주고 보존하는 우주나 실재나 신 자체를 흔히 상징한다."-Goldingay: 87; 계22:2, 참조 때로 세계 역사는 나무로 상징될 것이다. 나무는 하늘과 땅을 연결하거나 신적인 지식을 제공한다고 여겨질 수 있다.창2:17; 3:1-7

히브리인들 사이에서, 예언자 드보라가 아래에서 이스라엘을 다스렸던 드보라의 종려나무와 같은 특정 나무가 존중받았다.삿4:5 그러나 이스라엘의 종교 지도자는 이상한 종교 의식과 가증한 것들이 행해지는 가나안 산지의 작은 숲들을 거부했다.왕하16:2-4; 렘2:20 이사야는 나무와 동산 숭배를 비판했다.1:29-31 나무를 존중한다는 사실이 느부갓네살의 꿈 배경이 될 수 있다. 그의 꿈에서, 나무는 하나님과 인류 사이의 행위, 이 경우 하나님과 느부갓네살 사이의 행위를 위해 마련된 무대 역할을 한다.

나무는 또한 나라와 통치를 상징할 수 있다.삿8:8-15 에스겔은 이집트를 하나님 자신과 맞서며, "하나님의 동산에" 있는 나무들을 능가하는 백향목에 비교했다.겔31:2-14 예수는 나무를 하나님 나라를 가리키는 징표로 사용했다.마13:31-32; 눅13:19

느부갓네살의 꿈에서, 나무는 땅의 중앙, 따라서 세계 활동의 중심에 있다. 나무는 마치 신들에게 통로를 제공하는 것처럼, 키가 크고 하늘에 닿는다.창11:4, 참조 나무는 온 땅에 보이고, 강력하고 크며, 파괴할 수 없다. 나무의 열매는 나라들을 먹이고, 그 잎은 짐승과 인간에게 그늘을 제공한다. 새들은 그 가지에 거한다. 나무는 강력한 제국을 대변하는데, 제국 통치자는 모든 피조물을 위해 음식과 은신처와 보호를 제공한다. 이와 같은 나무가 있는데, 하나님이 필요한가?

그 다음에 **거룩한 감시자**전령가 **하늘로부터** 내려온다.4:13 **감시자**4:13, 17, 23로 번역된 아람어 단어는 구약에서는 여기서만 발견된다. 이름은 천상의 존재들이 깨어 있고 잠을 자지 않는다는 고대 신앙을 반영한다.시121:3-4; 계4:8, 참조 **감시자**라는 용어는 또한 천사들이나에녹1서12:2-4; 희년서4:15와 같이 일반적으로 타락한 천사창6:1-4; 욥4:18, 참조를 위한 위경에 나온다. 하늘의 **감시자**라는 개념은 감시자들에게 그 영토에서의 정보를 왕에게 전달하라고 명령하는 지상의 왕들의 실행과 연결된다.시62:6, 참조 왕은 감사지들에게 용무를 위해 파견할 수 있다. 감시자들은 천상의 존재, 거룩한 이, 천사, 결정하는 하늘의 집단의 일부이며, 하나님의 선고를 알리고 실행하는 권력을 지닌다.단4:14, 17; 7:22, 참조; 영적 전쟁의 천사들: 10:20-21; 12:1; 단10-12장에 대한 교회생활에서의 본문; 욥1:12; 2:6-8 느부갓네살은 자신의 꿈을 이야기할 때, 감시자라는 단어를 사용한다. 그래서 아마도 이 용어는 이란에서 기원하는 것 같다.다른 위경의 언급에 대해, IDB, 4:805-806을 보라

다니엘의 해몽에서, 감시자들의 명령은 **거룩한 이들**의 결정한 것이 된다.4:17 구약 다른 곳에서 **거룩한 이들**이라는 용어는 하나님의 천사나 "하늘의 존재"를 가리키는데, 이들은 여호와 하나님이 주재하는 하늘의 법정에 참석한다.단7:9[옥좌], 18, 22, 27; 8:13; 슥14:5; 욥1:6-12; 5:1; 15:15; 신33:2-3; 출15:11과 시82:1에서는 "신들"이라 불림; 또는 창6:1-4과 욥1:6, RSV에서는 "하나님의 아들들"이라고 불림 그러므로 **감시자**를 천사에 대한 동의어로 해석하는 것이 안전하다. 성서에서 천사들은 하나님의 전령들이며, 땅에서 하나님의 활동을 수행하는 데 관여한다. 그러므로 천사들은 예수의 생애와 사도행전에 기록된 교회의 시작에 관여한다.

이 꿈의 **거룩한 감시자**는 나무를 **베고서** 잎사귀와 열매와 가지를 떨어 나무에서 생활하고 은신처를 찾는 모두를 **쫓아내야** 한다고 명령한다. 오직 나무의 **뿌리**와 **그루터기**만 남을 것이며, 쇠줄과 놋줄로 묶일 것이다. 목초지에 있어 그루터기는 기후에 노출될 것이다. 명백하게 진술하지는 않았지만 감시자는 제국에서 제국의 우두머리, 곧 강력한 개인에게로 초점을 옮기는데, 그 개인의 마음은 사람의 마음에서 짐승의 마음으로 변화될 것이다. 이 상태는 **일곱 때**가 지속될 것이다.4:16 **때**는 불명확한 기간을 가리킬지라도,2:8 보통 1년으로 해석한다.7:25에서처럼 따라서 심판은 7년 동안 행해질 것이다.

히브리 독자들에게, 왕을 나타내는 이런 나무라는 그림은 에스겔의 큰 백향목 나무에 대한 비유왕조를 나타내는와 넝쿨로 번성하지만 그 다음에 뿌리가 뽑히는 유다 왕겔17:2-10을 떠올리게 한다. 하나님이 키우고 베어낸다는 원리가 강조된다.겔17:23-24; 19:10-14, 참조 하나님이 나무를 넘어뜨리면서, 오만한 통치자를 겸손하게 한다는 주제는 에스겔 31장에서 상세하게 발전된다. 고대 신화는 왕의 권력에 대해 말하려고 나무 주제를 사용했다. 그러나 느부갓네살의 꿈은 나무가 넘어지는 것을 포함하는데, 이는 신화에 포함되지 않지만 히브리 예언자에게서 알려진 주제다.

소식을 알린 감시자는 가장 높으신 분의 선고에 따라, 이런 계획을 세우고 이해할 수 있는 하늘의 존재의 집단으로 확인된다. 이 계획의 목적은 살아 있는 자들인류에게 **가장 높으신 분이 인간의 나라를 지배하신다는 것과, 뜻에 맞는 사람에게 나라를 주신다는 것과, 가장 낮은 사람을 그 위에 세우신다는 것**을 깨닫게 하려는 것이다.4:17

느부갓네살은 이 악몽에 두려워하여,4:5 다니엘에게 해몽해 달라고 간청한다. 과거처럼 바빌로니아 지혜자들은 도움이 되지 않는다. **거룩한 신들의 영**NRSV 해설: 거룩한 신적인 영이 다니엘에게 있기 때문에, 느부갓네살은 다니엘이 해몽할 수 있다고 믿는다.4:18

4:19 다니엘의 걱정

이 지점에서 편지는 느부갓네살이 여전히 온전한 마음으로 다니엘의 해몽을 스스로 보고할 수 있을지라도, 3인칭으로 다니엘과 대화한 것을 보고한다. 28절에서 느부갓네살의 발광을 묘사하기 시작한다. 이 보고는 다니엘도 느부갓네살도 아니고 해설자가 한다. 이런 식으로 편지는 객관성, 심지어 신빙성을 얻는다.

다니엘이 꿈을 들을 때,4:19 그는 놀라고 당황한다. 그는 큰 나무가 느부갓네살을 상징한다는 사실을 안다. 왕이 자기 고국을 멸망시키고 자신을 포로로 끌고 왔지만, 수년에 걸쳐 다니엘은 느부갓네살에 감사하거나 최소한 존중한다. 하나님이 다니엘에게 그렇게 하도록 임명했기 때문에, 그는 자신이 왕을 섬긴다고 이해한다. 그러므로 다니엘은 이스라엘의 하나님에 대해 왕에게 소통하는 독특한 자리에 있다. 하지만 이것은 어려운데, 이는 느부갓네살이 누구에게 책임을 지거나 어떤 신이나 다른 인간에게도 종속되는 것을 인정하기를 거부하기 때문이다.

다니엘은 꿈이 느부갓네살에 대해 불운하게 예견한다는 사실을 안다. 그래서 그는 말하기를 주저하지만, 느부갓네살은 다니엘에게 계속하도록 재촉한다. 다니엘은 어떤 적대적인 감정도 드러내지 않고, "마침내 느부갓네살이 당할 만한 일을 당할 것이다."라고 말하지 않는다. 대신에, 다니엘은 "이 꿈은 … 해몽도 임금님의 원수들에게나 해줄 수 있으면 좋겠습니다."라고 말한다.

4:20–26 꿈 해몽

다니엘은 나무의 영광을 해석하며 시작하는데, 나무는 이전 꿈에서 금으로 된 머리와 같다.2:38 **임금님, 그 나무는 바로 임금님이십니다. 임금님은 강대해지셨습니다. 임금님의 강대함이 하늘에 닿았고, 임금님의 통치가 땅 끝까지 이르렀습니다.**4:22 하지만 꿈속의 나무가 베어졌듯이, 느부갓네살도 **베어**질 것이다. 17절의 명령은 감시자가 하늘의 회의에서 하나님이 내린 선고에 근거하여 선언한다. 그러므로 이것은 **가장 높으신 분**의 명령이다.4:24 느부갓네살은 일종의 정신착란으로 괴로워한다. 그는 인간 사회에서 쫓겨나, 일곱 때 동안 짐승과 함께 야외에서 지내고 들짐승처럼 지낼 것이다. 일곱 때가 지나서야 그는 **가장 높으신 분이 인간의 나라를 다스리신다는 것**과, **누구든지 그의 뜻에 맞는 사람에게 나라를 주신다는 것**을 알게 될 것이다.4:25 나무의 그루터기는 남아 있으며, 이것은 심판이 치명적이지는 않을 것이라는 사실을 의미한다.사6:13; 10:5-11:10, 참조 하늘 새번역, "하나님"—역주이 **세상을 다스리신다는 것**을 느부갓네살이 알게 될 때, 나라가 그를 위해 세워질 것이다.4:26

하늘은 하나님에 대한 동의어다. 마태복음은 자주 하나님 나라를 가리키려고, "하늘의 나라"라는 용어를 사용한다. 예수의 이야기에서 탕자는 "아버지, 내가 하늘과 아버지 앞에 죄를 지었습니다."눅15:18라고 말한다. 다시 말해서, 탕자는 하나님에게 죄를 지었다. 느부갓네살이 자기 왕좌를 유지하고자 한다면, 그는 전능한 하나님이 자신을 지배한다는 사실을 인정하는 것이 중요하다.

4:27 다니엘의 목자의 마음

이 지점에서 다니엘은 꿈 해몽 이상으로 나아간다. 그는 조언을 제안한다. 예언자 나단이 다윗 왕을 대면하고,삼하12:1-15 엘리야가 아합 왕을 대면하듯,왕상21:17-24 다니엘은 느부갓네살을 대면한다. 다니엘은 느부갓네살에게 그의 방식을 바꾸고 참회하라고 조언한다. 다니엘은 구체적으로 불의와 압제를 언급한다.4:27 아마도 다니엘은 느부갓네살이 정원과 가로수 길과 사원과 궁전을 갖춘 큰 성읍을 지으려고 노예의 노동력을 사용한 방식으로 모욕을 당했을 것이다.[**바빌로니아**, 297쪽] 다니엘이 느부갓네살의 단점을 지적하는 데 상당한 용기가 필요하다. 하지만 다니엘은 근심한다. 그는 느부갓네살이 **공의를 행하고 가난한 백성에게 자비를 베풀면서**RSV 그의 방식을 바꾼다면, 자비롭게 하나님은 심판을 돌이키고 느부갓네살에게 그의 통치를 이어가도록 허용할 것이라고 믿는다. 다니엘은 이런 조언을 할 때, 왕들을 부르는 가운데, 특히 정의와 공의를 행하지 않았다고 여호야김을 비판하는22:15-17 예레미야의 말렘21:11-23:6을 되풀이한다.

다니엘은 목자의 마음으로 느부갓네살이 자신의 죄악의 방식에 주목하도록 하고, 그에게 참회하도록 조언한다. **중단하다**,RSV; NRSV 해설 속죄하다,NRSV "보상하다"로 번역된 동사 '페루크' [peruq]는 "풀다"를 의미할 수도 있다. 다니엘의 조언은 **관대한 행위가 네 죄를 대체하도록 하십시오**REB라고 하여, 느부갓네살이 스스로를 자신의 죄악의 방식에서 벗어나라는 것이다. 다니엘이 요구한 조치는 하나님과의 올바른 관계에서 온다. 따라서 다니엘의 조언은 법적인 정의를 넘어서서 하나님의 성품을 반영하는 선한 행위의 삶으로까지 간다.

4:28-33 교만한 자가 겸손해지다

느부갓네살의 꿈에 예견된 것이 발생했다. 느부갓네살이 다니엘과 한 대화 후, 하나님은 그에게 열두 달의 은혜 기간을 허락한다.4:29 하지만 느부갓네살은 자신의 방식을 바꾸지 않는다.

느부갓네살은 무엇이 위협받았는지 안다. 그는 또한 어떻게 그것을 피할지도 안다. 그럼에도 어느 날 느부갓네살은 비문에서도 확인되듯, 건축가로서의 그의 명성을 즐기면서, 왕궁 지붕 위를 거닐고 있다. 느부갓네살은 바빌로니아의 큰 성읍을 내려다 볼 때, 이 영화로운 성읍을 자신의 **강력한 권력**에 의해 **영화와 위엄**을 위한 왕의 처소로 만들었기 때문에, 그는 자부심이 가득하다. 하지만 성읍은 느부갓네살 자신이 세운 것이 아니라, 노예의 땀과 가난한 자들을 압제하고 부당하게 대하며 착취하여 세워졌다. 나중에 페르시아 왕 고레스는 신-바빌로니아 왕들이 사용한 강제 노동을 기꺼이 폐지하고, 백성의 노후화된 주택을 개선하여 안정화한다.ANET: 316

바빌로니아 성읍의 경이로움과 느부갓네살과 같은 왕들의 오만함은, 인류의 오만하고 불안정한 성취를 상징할 때 "바빌로니아"라는 이름을 성서에서 사용하는 배경이 된다. 이런 업적은 하나님의 성읍, 하늘의 예루살렘과는 정반대다. 이 전통은 요한계시록에 특히 잘 드러난다.14:8; 16:19; 17:5, 18; 18:2, 10, 21

느부갓네살은 다니엘의 호소에 동요되지 않았다. 그는 자신과 자신의 왕권과 성읍만이 **영화와 위엄**이 자리 잡을 곳이라고 생각한다. 느부갓네살이 교만한 말을 할 때, 하나님은 행동한다. **하늘로부터 내려오는 말소리**는 예견됐던 것이 이제 일어날 것이라는 사실을 가리킨다. **하늘로부터 내려오는 말소리**는 이 드라마에서 "등장인물"으로서 뿐만 아니라, 느부갓네살의 지식이나 통제를 넘어서는 실재가 있다는 사실을 강조하는 것으로 나온다. "외부"에서 느부갓네살을 부르는 것은 신적인 통치권을 다시 가리키는 것이다. 나중에 랍비들은 이런 신비로운 하늘로부터 내려오는 말소리를 '바트 콜' *bat qol* 곧 하나님의 목소리를 반향이나 울림이라고 불렀으며, 말라기와 마지막 구약 예언자가 죽은 후 이스라엘에게서 성령이 떠나갔다고 주장하기 때문에, 이 목소리는 특히 가치 있다. 비슷한 현상이 신약막1:11; 요12:28; 행9:4; 10:13과 후대 유대교에서 보고된다.

두 가지가 일어날 것이라고 말소리가 알린다. 첫째, 나라는 느부갓네살의 손에서 빼앗길 것이다. 둘째, **그는 가장 높으신 분이 인간의 나라를 다스리신다는 것과, 그의 뜻에 맞는 사람에게 나라를 주신다는 것**4:32을 알게 될 때까지, 사회와 격리된 비극적인 인물로 전락하고, **일곱 때**해를 소처럼 살게 될 것이다. 이전이나 이후 사람들과 마찬가지로, 느부갓네살은 자신의 성취에 너무 기뻐하여, 하나님의 경고에 거의 주의를 기울이지 않는다. 그는 "서 있다고 생각하는 사람은 넘어지지 않도록 조심하십시오."고전10:12라는 바울의 경고의 말씀을 잘 예증해 준다.

즉각적으로 망상이 느부갓네살이 덮쳤다. 어떤 이는 그의 정신병이 낭광狼狂자신을 이리 따위의 야수라고 여기는 정신병-역주와 비슷하다고 말하는데, 이 의학 용어는 그리스 단어 '루코스'lukos, 이리와 '안드로포스' anthrōpos, 인간의 근거한다. 이 병으로, 사람은 이리가 된다는 망상을 가지게 된다. 다른 용어는 동물화 망상insania zoanthropia인데, 그가 동물처럼 행동하기 때문이다. 느부갓네살의 기괴한 행동은 다른 이들이 용납할 수 없어, 그는 아름다운 성읍에서 들로 쫓겨난다. 거기서 그는 소처럼 풀을 먹고 그의 몸은 이슬로 축축해지며, 머리는 길게 자라고 손톱과 발톱은 동물의 발톱처럼 구부러진다. 느부갓네살의 동물 같은 행동은 현대 정신병 의사들에게도 알려진 상태다. 볼드윈Baldwin, 109은 자신들이 동물이 되고 있다고 생각하는 두 고객을 다룬 정신병 의사를 인용한다. 이런 증상은 정신병이 시작됨을 알리는 신호가 된다고 여겨졌다.

해설자는 이런 분별력을 잃은 개인의 삶을 아주 상세하게 확장할 수도 있지만, 이것은 명백히 이 이야기의 관심이 아니다. 느부갓네살의 편지의 시작과 마무리 부분을 포함해서 여러 연설에서, 중심을 차지하는 것은 하나님의 통치권이다. 하나님은 자신의 형상으로 창조된 자신의 "종"렘27:6을 이런 상태로 전락시키는 데서 전혀 즐기지 않는다. 하지만 하나님은 겸손을 바란다. 그분은 스스로 낮추지 않는 자를 낮춘다. 야고보의 말씀에서, "하나님께서는 교만한 자들을 물리치시고, 겸손한 사람들에게 은혜를 주신다."약4:6

어떤 학자들은 7년의 질병 기간을 느부갓네살의 통치에 대해 알려진 바에 조화시키기가 어렵다고 믿는다. 많은 이들은 느부갓네살의 이 질병이 실제로는 주전 556-539년에 통치했던 그의 후계자, 나보니도스의 질병이었다고 주장한다.[나보니도스, 312쪽] 쿰란에 남아 있는 〈나보니도스의 기도〉에 따르면, 나보니도스는 "심한 염증으로 나는 7년 동안 고생했으며, 사람들에게서도 격리됐다."라고 기록했다. 이 시기에 나보니도스는 아라비아의 오아시스 마을인 테마에 거주한 반면, 벨사살이 그를 대신하여 다스렸다.7:1; 8:1; 5:1 이 경험이 느부갓네살에게 옮겨졌다면 느부갓네살은 신-바빌로니아 왕들의 혈통을 대변하며,이스라엘을 추방으로 벌하면서 나보니도스가 그의 통치를 확대하기 때문에, 이는 이해할 만하다.

느부갓네살이 정신 장애를 경험했다는 사실에 대한 증거는 설형문자 조각 문헌에도 나오는데, 이 문헌은 왕이 바빌로니아에서 일시적으로 떠나 있었다는 사실을 지적하는 것 같다. 바빌로니아 역사에 대한 일반 자료가 완전하지 않으므로, 이 이야기가 실제 역사라고 외적으로 확증할 수 없을 것이다. 이야기의 역사성에 대한 관심은 하찮은 것은 아니지만, 본문은 명백하게 신학적인 요점을 납득하게 하려고 기록됐다. 심지어 강력한 왕들도 통제하는 하나님의 절대적인 통치권은 느부갓네살이 세계적으로 알리는 메시지다. 하지만 우리는 이런 메시지가 히브리인들에게 미치는 영향을 잊어서는 안 된다. 바빌로니아에서의 포로로 있거나 다른 압제의 상황에서 사는 유대인들에게, 권력을 가진 사람들에게 의심의 여지없이 하나님이 관할하며 지배한다는 메시지는 "은혜"로 다가올 것이다.

편지의 마무리 4:34-37

4:34-36 느부갓네살의 찬양과 회복

이 지점에서 느부갓네살은 자신의 1인칭 기사를 시작한다. 짐승과 함께 거주한 기간 마지막에, 느부갓네살은 하늘을 향해 눈을 든다. 이전에 그는 눈을 들어 바빌로니아와 자신의 업적에 매혹됐다. 하늘을 향해 눈을 든다는 것은 그가 하나님의 통치권을 인정할 준비가 되어 있다는 것을 의미한다. 이렇게 신앙을 발휘할 때, 그의 이성이 돌아온다. 사람의 정신의 온전함과 신앙과 자기평가 사이가 연결된다. 느부갓네살은 가장 강력한 사람에서 가장 애처로운 사람으로 변했다. 그는 들판에 머무는 동안, 자신이 얼마나 약한지 배운다. 또한 가장 높으신 분의 나라가 자신의 나라보다 뛰어나다는 사실을 깨닫게 된다.

느부갓네살은 이성이 돌아오자, 가장 높으신 하나님과 그분의 영원한 나라를 찬양하고 영광을 돌린다. 느부갓네살은 하나님 나라의 권능과 영원한 특성을 찬양하는 시로 편지를 시작하듯, **영원히 살고**4:34; 12:7, 참조 스스로 결정하고 진실하게 하늘과 땅을 영원히 다스리는 왕의 미덕을 찬양하는 시로 편지를 마무리한다. 여기서 그는 시편 115:3, 이사야 14:27, 40:17을 반영한다.

느부갓네살은 개인이 하나님 앞에 진실로 겸손할 때만 진실로 인간이 된다는 사실을 배운다. 이것은 예수가 자기 제자들에게 "그 나라를 오게 하여 주시며, 그 뜻을 하늘에서 이루심 같이, 땅에서도 이루어 주십시오."마6:10라고 기도하도록 가르친 기도의 마음이다.

4:37 느부갓네살의 증언

느부갓네살은 개인적인 증언으로 편지를 마무리한다. 그는 자신의 통치와 영광이 회복된 것을 보고한다. 고문관들과 대신들의 지지와 확신을 되찾는다. 왕의 자리에 복직할 때, 그는 이전보다 더 큰 영예를 받는다.4:36 하지만 이제 하늘의 왕을 찬양하고 영광을 돌리면서, 개인적인 영광에 대한 의식은 신앙으로 완화되는 것 같다.4:37

> 이제 나 느부갓네살은
> 하늘의 왕을 찬양하고 높이며, 그분에게 영광을 돌리는 바이다.
> 과연 그가 하시는 일은 모두 참되며,
> 그의 모든 길은 공의로우니,
> 그는 교만한 이를 낮추신다.4:37

이 증언으로, 느부갓네살은 세상의 뭇 백성에게 보내는 연설을 마무리한다.4:1 그는 이스라엘의 하나님에 대해 배운 것을 나눈다. 느부갓네살의 증언은 부분적으로 누구도 이스라엘의 하나님의 통치권을 인정할 수 있고 인정해야 한다는 것이다. 느부갓네살은 인간의 힘이 하나님의 권위에 복종하는 것을 대변하며, 현명한 통치자들은 그의 모범을 따를 것이다. 이처럼 유대교는 다른 이들에게 개방적인 것으로 묘사되는데, 이는 포로기 이후 시기의 특징적인 신념이다.사19:19-25; 45:14, 24; 슥2:11; 8:20-23; 토빗서14:6-7, 참조 이런 식으로 고백하는 모두는 환영받는다. 심지어 느부갓네살도! 치유에 대한 감사장이 시편에서 발견된다.시30편에서처럼 하나님이 고통스러운 경험을 통해 인간을 변화시킨다는 개념꿈과도 연관되어이 욥기 33장에 설명된다.

느부갓네살은 자신의 통치 시작부터 끝까지, 하나님 나라와 마주한다. 첫 꿈에서 그는 땅에 오는 돌을 본다.단2장 돌은 하늘뿐만 아니라 땅에서의 하나님의 통치를 나타낸다.마6:10, 참조 하나님의 나라는 사람의 나라들을 전복시키고 온 땅을 채운다. 하나님의 나라는 공의를 요구한다. 하나님의 나라는 인간에게 하나님의 방식에 따라 살거나 겸손하도록 요구한다.

느부갓네살이 신자가 되었는지에 대한 의견은 다양하다. 어떤 이는 아니라고 한다. 즉 지지하는 역사적인 증거가 전혀 없으며, 회개를 암시하는 것도 없다. 그리고 느부갓네살은 **나는 이전보다 더 큰 영예를 받으면서**라고 쓴다.4:36 하지만 하나님의 "종"렘27:6 느부갓네살이 고넬료와 같이 "하나님을 두려워하는 자"행10:2가 됐을 가능성은 있다. 다니엘서는 하나님이 느부갓네살을 다루는 것과 다니엘이 느부갓네살을 섬긴 임기에 대해 말한다. 우리는 이스라엘의 하나님에 대한 느부갓네살의 증언, 곧 하나님은 모든 신 가운데서 으뜸가는 신이요, 모든 왕 가운데서 으뜸가는 군주며, 비밀을 드러내는 분이고,2:47 구원할 수 있으며,3:29 옳고 정의로우며 교만한 자를 낮출 수 있다4:37는 증언을 듣는다.

성서적 맥락에서의 본문

교만에 대한 경고

교만에 대한 동의어는 오만함이나 자부심이나 허영심이다. 히브리어에는 최소한 교만이라는 개념을 포함하는 여섯 어근이 있다. 이 어근들은 "올리다"와 "높다"라는 개념을 갖는다. 구약에서 교만은 죄의 토대로 여겨진다. 이사야 2:6-22은 이 견해를 반영한다. 많은 면에서 느부갓네살의 굴욕의 이야기단4장는 이사야의 말씀, "그 날에, 인간의 거만이 꺾이고, 사람의 거드름은 풀이 죽을 것이다."사2:17라는 점을 잘 보여준다. 잠언과 시편에서 교만한 자는 비판을 받고 겸손한 자는 칭찬받는다.시18:27; 101:5-6; 잠15:25 하나님만이 영광을 받으며 높여진다. 유일하게 적절한 자랑의 대상은 이스라엘의 하나님의 의로운 행동이다.시20:7; 34:2

느부갓네살과는 별도로, 더 구체적으로 성서는 왕의 오만함이라는 이슈를 다룬다. 에스겔이 나무 상징을 사용하여 오만함과 자만에 대해 항변할 때, 유다 왕들뿐만 아니라 이집트 바로들을 염두에 둔다.겔17:2-10; 19:10-14; 31 에스겔은 자신을 신으로 제시하는 군주, 두로 왕에 대한 또 다른 은유를 사용하는데, 이 왕은 에덴 동산의 첫 인간과 비교된다.겔26-28장 예언자는 두로의 운명에 대해 예견하고, 독재자와 정치 임무를 맡은 다른 이들의 오만함을 비판한다. 이사야는 바빌로니아 군주를 보고 그의 허세가 "스올로 떨어졌으니"사14:3-22; 렘50:31-32, 참조라고 묘사한다. 하나님은 교만한 통치권과 지도자들을 반대한다. 예수도 교만을 비판한다.막7:21-23 예수는 사람들에게 "마음이 온유하고 겸손"한 자신을 따르라고 초대한다.마11:29 예수는 "자기를 높이는 사람은 낮아지고, 자기를 낮추는 사람은 높아질 것이다."마23:12라고 예언한다.

강력하게 할 필요성

바로는 "하나님의 영이 함께 하는 사람을, 이 사람 말고, 어디에서 또 찾을 수 있겠느냐?"창41:38라고 말할 때, 하나님이 요셉과 함께 한다는 사실을 인정한다. 이사야는 자신의 메시지의 근원을 "주 하나님께서 나를 보내셨고 그분의 영도 함께 보내셨다."사48:16라고 밝힌다. 예언자의 임무는 성령을 통해 주어졌다. "주님께서 나에게 기름을 부으시니, 주 하나님의 영이 나에게 임하셨다."사61:1 예수는 이 동일한 말씀을 자신의 사역 시작에서 사용한다.눅4:18-19

성령은 이집트에서 요셉과 함께 하듯, 바빌로니아에서 다니엘과 함께 한다. 하지만 다니엘은 자신에 대해 이 주장을 하지 않는다. 어떤 의미에서 느부갓네살4:9, 18과 왕후5:11가 목격하고 벨사살이 다니엘과의 대화에서 **그대에게는 신들의 영이 있다**라고 보고한다.5:14 이에 대해, RSV 해설에서는 거룩한 하나님의 성령이라고 제안한다. 이 절에서 하나님을 가리키는 아람어 단어는 히브리어와 마찬가지로 '엘로힘' [elohim], 창1:1 복수로 되어 있다. '엘라힌' [elahin] 그러므로 우리는 이것이 위엄의 복수인지,구약에서 이 수사 장치를 위한 증거는 거의 없다; Roop: 31 하나님이 군주이고 하늘의 법정에서 천사나 감시자와 같은 다른 천상의 존재를 포함하는지,이스라엘 사람 화자에게 더 가능성이 높다; 창1:26; 욥1:6; 단4:17, 참조 아니면 여기서 비이스라엘인들의 표현에 다신론, 곧 신들을 반영하는지는 의문의 여지가 있다. 어떤 경우든 다니엘이 꿈을 해몽하는 지혜와 명철은 자신을 넘어서는 근원, **거룩하며 신적인 영**NRSV 해설에서 온다. 다니엘과 함께 가장 높으신 하나님을 믿는 자들은 하나님의 성령이 다니엘에게 역사하고 있었다고 더 강력하게 주장할 수 있다.

에스겔의 사역 역시 성령의 역사를 통해 왔다.겔3:12, 14; 11:1 그는 다음과 같이 성령이 새로운 방식으로 하나님의 백성에게 역사할 날을 기대했다. "그 때에 내가 그들에게 일치된 마음을 주고, 새로운 영을 그들 속에 넣어 주겠다. 내가 그들의 몸에서 돌같이 굳은 마음을 없애고, 살같이 부드러운 마음을 주겠다. 그래서 그들은 나의 율례대로 생활하고, 나의 규례를 지키고 그대로 실천하여, 내 백성이 되고, 나는 그들의 하나님이 될 것이다."겔11:19-20; 36:25-28, 참조

에스겔은 역시 성령을 받아들이는 길을 보았다. "너희는 회개하고, 너희의 모든 범죄에서 떠나 돌이켜라. 그렇게 하면, 죄가 장애물이 되어 너희를 넘어뜨리는 일이 없을 것이다. 너희는, 너희가 지은 죄를 모두 너희 자신에게서 떨쳐내 버리고, 마음과 영을 새롭게 하여라. 이스라엘 족속아, 너희가 왜 죽고자 하느냐? 죽을 죄를 지은 사람이라도, 그가 죽는 것을 나는 절대로 기뻐하지 않는다. 그러므로 너희는 회개하고 살아라. 나 주 하나님의 말이다."겔18:30-32

신약에서 하나님의 성령은 자기 백성을 새롭게 하는 일을 한다. 마리아가 아들을 낳을 것이라는 소식을 받았을 때, 천사 가브리엘은 마리아의 두려움을 진정시키고, "성령이 그대에게 임하시고, 더없이 높으신 분의 능력이 그대를 감싸 줄 것이다."눅1:30-35라고 설명한다. 예수는 자신을 따르는 자들에게 "성령이 너희에게 내리시면, 너희는 능력을

받고, 예루살렘과 온 유대와 사마리아에서, 그리고 마침내 땅 끝에까지 이르러 내 증인이 될 것이다."행1:8라고 약속하며 승천할 때 비슷한 말씀을 사용한다.

오순절에, 베드로는 이 사건을 설명하려고 예언자 요엘을 인용한다. 요엘은 언약 백성으로서의 이스라엘이 새로워질 것과 그들의 회개와 회복을 기대했다. "그런 다음에, 내가 모든 사람에게 나의 영을 부어 주겠다."욜2:28-29 베드로는 이 희망을 성령의 오심과 연결한다. 오순절에 성령은 오심은 강력한 바람의 소리, 불의 혀, 신자들이 다양한 민족의 언어로 말하는 것이 동반된다. 베드로는 "이 일은 하나님께서 예언자 요엘을 시켜서 말씀하신 대로 된 것입니다."라고 선언한다. 그러나 베드로는 "주님의 이름을 부르는 사람은 구원을 얻을 것이다."라고 예언에서 새로운 의미를 분별함으로써 요엘에서의 인용을 마무리한다. 베드로는 이 말씀을 십자가에 못 박히고 부활한 주님, 나사렛 예수에게 적용한다.행2:16-24, 36

예수의 부활과 승천 후 성령이 부어졌다. 베드로는 예수가 승천한 후 통치와 권위의 자리인 "하나님의 오른 편에 올려"졌다고 주장한다.행2:33 다른 설교에서, 베드로는 예수는 "영원 전부터, 하나님이 자기의 거룩한 예언자들의 입을 빌어서 말씀하신 대로 만물을 회복하실 때까지"행3:21 하늘에 있다고 말한다. 다시 말해서, 예수는 돌아오기 전까지 하나님의 우편에 있을 것이다. 그 사이에 예수가 보낸 성령은 승천한 주님과 단순히 요셉이나 다니엘과 같이 신앙에서 예언자나 지도자가 아니라, 회개 및 신앙을 통해 그를 따르는 모두 사이를 연결한다.행2:38

베드로가 오순절에 "멀리 떨어져 있는 모든 사람," 믿는 모두에게 말하듯,행2:39 성령의 은사는 온 인류에게 유효하다. 성령은 온 세계를 향한 임무에서 교회에 강하게 한다. 성령은 새로운 공동체를 온전하게 사로잡는다. 마찬가지로 교회는 성령에 사로잡힌 몸이요, 성령의 전이며, 개인 신자들 역시 그렇다.고전3:16-17; 6:19 신약 명칭이 "성령"Holy Spirit이지만, 이 용어는 구약에서는 세 번만 발견되는데,시51:11; 시63:10-11 구약은 보통 "하나님의 영"이나 "주님의 영"이라고 말한다. 신약 용어에 영향을 받지 않는다면, 구약에서 우리는 적절한 명칭이 "강력하게 하는 영"이 될 것이라고 결론내릴 수 있겠다. 성령 활동의 힘을 주고 가능하게 하는 차원이 여러 본문에서 부각된다.창1:2; 출35:31; 삿11:19; 겔37:1-14; 미3:8 이처럼 성령은 인간의 나약함과 대조된다.

다니엘의 경험은 성령의 강력하게 하는 활동을 반영한다. 다니엘의 생애에서 하나님의 영이 함께 함은 그의 지혜와 명철, 꿈과 벽 위의 신비한 글에서의 하나님의 개입을 해석하는 능력에서 관찰된다. 신자들에게서 성령의 함께 함은 많은 방식으로 입증된다. 바울은 디모데에게 "하나님께서는 우리에게 비겁함의 영을 주신 것이 아니라, 능력과 사랑과 절제의 영을 주셨습니다."딤후1:7라고 말한다. 성령의 함께 함은 "사랑과 기쁨과 화평과 인내와 친절과 선함과 신실과 온유와 절제"갈5:22-23라는 성령의 열매로 드러난다. 성령의 함께 함은 또한 다음과 같이 섬김을 위한 은사로 드러난다.

> 각 사람에게 성령을 나타내 주시는 것은 공동 이익을 위한 것입니다. 어떤 사람에게는 성령을 통하여 지혜의 말씀을 주시고, 어떤 사람에게는 같은 성령을 따라 지식의 말씀을 주십니다. 어떤 사람에게는 같은 성령으로 믿음을 주시고, 어떤 사람에게는 같은 성령으로 병 고치는 은사를 주십니다. 어떤 사람에게는 기적을 행하는 능력을 주시고, 어떤 사람에게는 예언하는 은사를 주시고, 어떤 사람에게는 영을 분별하는 은사를 주십니다. 어떤 사람에게는 여러 가지 방언을 말하는 은사를 주시고, 어떤 사람에게는 그 방언을 통역하는 은사를 주십니다. 이 모든 일은 한 분이신 같은 성령이 하시며, 그는 원하시는 대로 각 사람에게 은사를 나누어주십니다.고전12:7-11

교회생활에서의 본문

교만을 다루기

교회는 가장 이른 시기부터 강력하게 교만을 반대했다. 바울은 영적인 교만에 대해 경고한다.고전4:6-7 야고보는 "하나님께서는 교만한 자들을 물리치시고, 겸손한 사람들에게 은혜를 주신다."4:6; 잠3:34라고 하며, 또한 "주님 앞에서 자신을 낮추십시오. 그리하면 주님께서 여러분을 높여주실 것입니다."약4:10라고 한다. 베드로는 "모두가 서로서로 겸손의 옷을 입으십시오."벧전5:5라고 충고한다. 베드로는 야고보가 사용한 잠언에서의 동일한 인용으로 논증을 마무리한다. 그 다음에 그는 "그러므로 여러분은 하나님의 능력의 손 아래로 자기를 낮추십시오. 때가 되면, 하나님께서 여러분을 높이실 것입니다."벧전5:5-6라고 덧붙인다. 신약에서 유일하게 적절한 교만은 예수 그리스도의 사역과 능력에서 드러난 하나님에 대한 자부심교만이다.고전1:28-31; 갈6:14; 빌3:3-9

교부시대부터 계속 교만은 일곱 가지 치명적인 죄악의 목록에 포함됐다. 16세기 아나뱁티스트 가운데 하나님에게 순종함초연한 내맡김과 제자도에서의 그리스도를 따름본받음은, 함께 하는 그들의 삶에서와 외부인들과의 관계에서 겸손을 집약적으로 보여주는 자기 부인의 개념이었다. 예수가 가르치고 모범을 보인 대로, 이것은 "먼저 하나님의 나라와 하나님의 의를 구하"는 데 필요한 자기부인과 기꺼이 고난당하려고 준비되어 있음을 의미한다.마5:10; 6:33; 16:24-26 이것은 고귀한 목적을 위한 것이며, 각자는 여전히 하나님의 형상으로 만들었고, 하나님이 사랑하며 성령이 내주하고, 하나님이 거저 주었으므로, 자기 학대의 행위가 아니다.창1:27; 요3:16; 고전6:19; 12:7

대부분의 19세기 동안 겸손은 아나뱁티스트의 후예인 북아메리카 메노나이트 사이에 지배적인 주제였다. 메노나이트는 애국주의 슬로건에 직면하는 전쟁 시기와 개인의 종교적 경험에 대한 증언으로 직면하는 부흥 시기에 다소 멀찍이 떨어져 있다. 그들은 위에서부터의 새롭게 태어나는 것이 필수적이라고 믿는다.요3:3 그러나 새롭게 태어남의 실재는 그 결과, 즉 어떻게 삶을 사는가 만큼이나 슬로건과 증언에서는 발견되지 않는다. 새롭게 태어남의 지표 가운데 겸손이 주도적인 지표다. 개인의 교만을 비판하는 것 이외에, 19세기 메노나이트는 전체 공동체가 겸손을 반영해야 한다고 인식했다. 생활양식 문제에서 교회는 그들이 사는 사회의 과시적이며 눈에 띄게 드러내는 것과 대조적인 경제성과 단순성의 기준을 구성원들 사이에서 발견했다. 그들은 서로에게 복종하고 내어맡김으로써, "존경하기를 서로 먼저"롬12:10 하려 하면서 집단적인 겸손을 보여야 한다.

20세기에 많은 그리스도인들은 온유함과 겸손을 잊고, 대신 독단적임과 심지어 공격적임을 강조한다. 그러나 겸손이 여전히 예수를 따르는 평화로운 자들의 특징이다. 겸손은 지배와 폭력이라는 방법을 통해 사회 지위와 권력을 추구하는 것과 대조된다. 겸손은 성취한 바를 공적으로 과시하는 것을 피한다.

하나님은 교만한 이를 낮추신다단4:37라는 느부갓네살의 말은 지속적으로 설득력이 있다. 이 말은 가족, 씨족, 민족, 교회이나 제국이든 집단의 교만에도 개인의 교만에도 적용된다.

다니엘 5:1-30

존중받아야 할 하나님: 벨사살의 잔치

사전검토

왕의 환락 가운데 하나였던 벨사살의 잔치는 문제를 해결하는 다니엘의 또 다른 공적의 배경이 된다. 이야기는 긴박한 상황으로 전개되며, 왕이 당황하고 신비한 글이 벽에 기록되며,신적인 낙서? 불길한 예언이 있고 예기치 못하게 통치하는 군주가 비극적인 죽음을 맞이한다. 내러티브는 연설, 특히 왕에게 역사에서 배우지 못한 것에 대해 고발하는 다니엘의 연설이 지배적이다.

잔치 이야기는 느부갓네살의 편지에 기록된 사건과 밀접하게 연결된다. 벨사살의 비극적인 결말은 예루살렘 성전에서 온 기구들을 신성모독하며 사용한 것과 더불어 느부갓네살의 경험에서 배우지 못한 것에서 설명된다.

이야기의 구조는 단순하며 쉽게 이어진다. 왕궁은 다음과 같은 행동에 대한 배경이 된다. (1) 벨사살은 자신의 명예를 위해서나 임박한 침략에서 시선을 돌리고자 국가 연회를 지휘한다. (2) 연회가 진행되는 동안, 벨사살은 느부갓네살이 예루살렘의 자신들의 우상을 찬양하면서 손님들이 사용하려고 성전에서 가져온 금과 은 그릇을 요청한다. (3) 신성모독의 행위가 한참 진행 중일 때, 하나님의 개입이 있다. 4장에서 하나님의 조치는 꿈의 형태를 띤다. 여기서는 큰 연회장의 석고 벽에 신비스러운 글을 쓰는 손가락이라는 형태를 띤다. (4) 벨사살은 두려움에 떨며 "주술가들과 점성술가들과 점성가들"을 불러 설명하도록 한다. 과거처럼 그들은 도움이 안 된다.2:10-11; 4:7 이야기의 첫 부분은 벨사살이 창백하여 약해지고, 떨고 두려워하며 마무리한다.

이야기는 기본적으로 연속되는 왕의 어머니5:10-12와 벨사살5:13-16과 다니엘5:17-28의 연설로 진행된다. 다니엘은 자신의 연설에서 다음과 같이 네 가지를 달성한다.

1. 그는 벨사살의 보상 제안을 거부한다.5:17
2. 그는 느부갓네살의 경험을 떠올리는데, 느부갓네살에게 가장 높으신 하나님이 우주적이며 도전을 받지 않는 통치로 왕권을 부여했지만, 그는 오만하여 가장 높으신 하나님이 인간 나라를 지배한다는 사실을 배우게 됐다.5:18-21
3. 그는 하나님을 불명예스럽게 하면서 신성모독의 행동을 하는 벨사살과 대면한다.5:22-23
4. 마지막으로 그는 벽의 손글씨를 해석한다.5:24-28

다니엘이 고위직에 등용되고5:29 메대 사람 다리우스가 바빌로니아를 정복한5:31 그날 밤 벨사살이 죽으면서, 이야기는 빠르게 끝난다. 다니엘의 해몽이 진리라는 것이 확인된다.

느부갓네살이 눈을 하늘로 돌린 날, 그의 이성이 돌아왔고, 그의 통치는 회복됐다.4:36 그때 느부갓네살은 민족과 언어가 다른 뭇 백성과 그가 하늘의 왕에 대해 배운 것을 나눴다. 벨사살은 이 모두를 알지만, 하나님을 불명예스럽게 하는 방식을 고집한다. 이 이야기의 결론에 하나님에 대한 메시지는 없다. 이 이야기는 심지어 성스러운 것이 더럽혀질 때도 신실함과 희망을 요구하면서 유대 공동체에 설득력 있게 말하기 때문에, 교훈을 덧붙일 필요는 없다. 하나님은 심판의 말씀을 알리고, 자신의 방식으로 압제자를 무너뜨린다.

제안된 대로, 다니엘서가 팔레스타인에 있든지 디아스포라에 있든지 이스라엘의 "지혜자"가 작성했다면, 벨사살의 몰락과 같은 이야기는 설득력 있게 유대의 신실한 자들에게 격려가 될 것이다.[다니엘서: 연대와 저작권, 303쪽] 동시에 이야기는 나라에 대한 소책자의 메시지에 기여한다. 벨사살의 실패와 죽음 뒤에 오는 침묵은 **그는 교만한 이를 낮추신다**4:37라는 느부갓네살의 말을 되풀이한다.

개요

주석적 해설

벨사살의 연회 5:1-9

5:1-4 먹고 마시기와 심한 신성모독의 행위

벨사살의 이름은 "벨이 왕을 보호하게 하소서"를 의미하는데, 그는 독자에게 생애 마지막 날에 소개된다. 벨사살은 나보니도스의 아들이고, 자기 통치의 상당 기간 아버지가 없을 동안 섭정이나 부왕으로 섬긴다.[나보니도스, 312쪽] 본문은 **느부갓네살**을 벨사살의 **아버지**로 언급하는데,5:2 저자가 생물학적인 혈통을 생각하고 있는지는 의심스럽다.5:11, 13, 18, 22 하지만 나보니도스는 느부갓네살의 가족에 속하지 않았고 쿠데타를 통해 왕의 자리를 차지했으므로, 여기서 아버지는 왕조의 선임자를 의미함이 틀림없다. 느부갓네살과 나보니도스 사이에 세 명의 다른 왕들이 있었다. **아버지**라는 단어는 생물학적인 의미 이외의 의미로 사용된다.왕하2:12, 엘리사는 엘리야를 "아버지"라고 부른다 어떤 이는 나보니도스가 느부갓네살의 딸과 한 결혼을 통해 느부갓네살은 실제로 문자 그대로의 의미에서 벨사살의 아버지할아버지라고 제안했다. 어쨌든 바빌로니아가 고레스에게 항복할 때, 벨사살은 지휘하고 있고, 명백히 거기서 자신의 죽음을 맞이한다.[**페르시아 왕 고 레스/메대 왕 다리우스 301쪽**]

이 장의 기사가 역사적으로 사실인지에 대한 질문은 아마도 만족스럽게 대답할 수 없을 것이다. 이야기가 역사와 관계가 있다는 사실은 분명하다. 하지만 무슨 관계인가? 밀러드 린드Millard Lind가 사적인 서신교환에서 제안한 대로, 정치 풍자만화가 사건과 관련되는 방식으로 이 이야기들이 역사와 관련된다는 가능성을 생각하기를 원할 수도 있다. 정치 풍자만화는 종종 역사를 모르는 자들이 이해할 수 없는 방식으로 구체적인 상황에 호소한다. 자주는 아니더라도 풍자만화가는 역사의 특징을 과장한다. 풍자만화가는 역사가처럼 역사를 제시하려는 의도가 없다. 하지만 풍자만화가는 믿을 수 있게 하려면 역사에 불충실할 수는 없다. 기사의 "역사성"을 세우는 것은 분명히 하찮은 것은 아니다. 하지만 성서 본문은 청중을 신앙 가운데 양육하고 교훈하고 바로잡는다. 세부 내용을 열심히 기록하려 할 때, 이 사건의 전반적인 메시지를 쉽게 놓칠 수 있다. 곧 신성모독과 정치적인 오만을 걷어내고 책임을 지고 있는 자들에게 내리는 하나님의 징벌을 보여주려는 것이다.

사태가 바빌로니아에서 순조롭게 진행되지 않는다. 메대-페르시아의 침략에 직면하여 백성의 사기는 떨어졌다. 벨사살의 연회는 주의를 돌리려는 전술이다. 연회에서 침략의 위협은 일시적으로 잊힐 수 있으며, 불운에 대한 불길한 의식은 무뎌질 수 있다. 축하하든 절망감에 사로잡히든 사람들은 종종 술에 의지한다. "내일 우리는 죽기 때문에 먹고 마시고 즐기자"라는 정신이 대중을 사로잡는 것 같다.사22:13; 전9:7-12; 눅12:19-20, 참조

벨사살이 연회를 마련하고 포도주를 마실 때 천 명의 손님들을 이끌며 주도한다.에1:3-4; 5:1-2, 참조 포도주의 영향을 받아, 그는 **왕과 귀한 손님과 왕비들과 후궁들이 모두 그것으로 술을 마시게 할 참**으로 느부갓네살 왕이 **예루살렘 성전에서** 빼앗아 온 성스러운 그릇들을 가져오도록 하는 이상한 명령을 내린다.5:2 성스러운 기구들의 운명은 예루살렘 당시 논의됐다. 어떤 예언자들은 느부갓네살이 예루살렘 성전에서 빼앗아 온 기구들이왕하24:13; 25:13-17; 대하36:7, 10, 18-19 곧 되돌아갔을 것이라고 알린다.렘27:16; 28:3 예레미야는 돌아오기를 바라는 데는 동의하지만,28:6 이 예언자들이 거짓말을 하고 있다고 했다. 그는 분명한 용어로 심지어 구체적으로 물품들을 언급하여, 여전히 예루살렘에 남겨졌던 소중한 기구들과 예배의 상징물이 바빌로니아로 옮겨질 것이라고 예고한다.27:19-22 예레미야가 옳았다. 그리고 이제 벨사살은 자신이 생각하기에 정복자의 특권이라고 여기는 것을 행사한다.

유대인들이 주전 538년 고국으로 돌아가도록 허락되었을 때, 고레스는 이 기구들을 예루살렘에 가져가도록 유대인들에게 주었다. 에스라서에, 기구들의 목록이 있다. 30개의 금 대야, 천 개의 은 대야, 29개의 칼, 30개의 금 그릇, 410개의 은 그릇과 다른 천개의 그릇들이 있으며, 모두 5,400의 금 그릇과 은 그릇이다.스1:9-11 이 보고는 벨사살의 연회에 참석한 자들 모두에게 사용할 충분한 그릇들이 있다는 것을 분명히 한다.

벨사살의 신성모독은 두 가지다. 첫째, 비유대인들은 연회에서 성스러운 그릇들로 포도주를 마신다. 둘째 그들은 **금과 은과 동과 철과 나무와 돌로 된 신들을 찬양하는 데** 그릇들을 사용한다.5:4 나중에 다니엘은 이런 행동에 대해 벨사살을 비난할 때, 그들의 신들이 **보거나 듣거나 알지도 못하는** 신들이라고 덧붙인다.5:23 벨사살의 신성모독의 행동은 가장 높으신 하나님과 바빌로니아 사람들의 신들 사이의 대항을 위한 무대를 마련하는데, 이는 엘리야 예언자와 바알 예언자들의 대항을 떠올리게 한다.왕상18:20-40

유대 예언자들은 그들의 이웃의 무능한 신들을 조롱했다. 이사야는 특히 바빌로니아의 신들, 벨과 느보를 이스라엘의 하나님과 대조시킨다. 벨과 느보는 소들에 의해 옮겨진다. 땅에 놓일 때, 그들은 움직일 수 없다. 백성이 그들에게 부르짖으면, 그들은 응답할 수 없다. 그들은 곤경에서 구원할 수 없다. 대조적으로 살아계신 하나님은 자기 백성을 옮기고, 그들의 부르짖음을 듣고 그들을 구원한다.사46:1-13

이 대항에서 아이러니가 있다. 공식적인 바빌로니아 연대기에서는 나보니도스가 보호를 위해 바빌로니아 성읍에 나라의 신들을 모았다고 보고한다.ANET: 306, 315 이처럼 많은 신들이 이 참석하여 큰 연회에서 찬양받는다. 분명히 매우 많은 신들이 한 장소에 있으므로, 성읍은 안전할 것이다! 분명히 벨사살의 이름은 벨의 보호하는 능력을 단언하는데, 그는 긴 삶을 누릴 것이다. 하지만 그렇지 않았다!

5:5-9 신비스러운 글과 실패와 두려움

4:31에서처럼, 갑자기 살아계신 하나님이 개입한다. **사람의 손이 나타나더니, 촛대 앞에 있는 왕궁 석고 벽 위에다가 글을 쓰기 시작하였다. 왕은 그 손가락이 글을 쓰는 것을 보고 있었다.** 독자는 즉시 무엇이 기록됐는지 듣지 못한다. 이야기를 훌륭하게 전개해가는 방식으로, 긴장감이 조성된다. 마침에 다니엘이 정신을 번쩍 들게 하는 벨사살과 대화하는 마지막에, 글과 그 글의 해석을 제시한다.5:24-28

왕의 탁자는 큰 연회장의 남측에 있는 왕좌가 있는 방 가까이에 있었을 것이다. 등잔대는 그 왕좌가 있는 방을 비추고 있다. 등잔불에서 왕은 손이 왕좌 가까이의 석고 벽에 글을 쓰고 있는 것을 보고서 창백해진다. 그는 떨며 주저앉기 직전인데, 이는 큰 공포에 사로잡힌 자에 대한 묘사다.

이전 이야기의 위기의 순간과 마찬가지로,2:2; 4:7 벨사살은 무슨 일인지 **주술가들과 점성술가들과 점성가들**에게 설명하라고 한다.5:7 최선을 다하도록 독려하려고, 벨사살은 자기에게 가장 중요한 보상을 약속한다. **자색 옷**은 왕의 위엄을 의미한다. 모르드개는 페르시아 왕 아하수에로에게 자주 색 옷을 받았다.에8:15 **금 목걸이**는 높은 사회적 지위를 가리킨다. **이 나라에서 셋째 가는 통치자**는 정확하게 이 상황을 반영한다. 벨사살은 없지만 인정받는 통치자인 나보니도스의 다음이다. 신비한 글을 누가 해석하든지 벨사살 다음의 지위, 따라서 권위 계통에서 셋째가 되는 지위를 얻을 것이다.

여느 때처럼 지혜자들은 도움이 되지 않는다. 그들은 하나님에게서 온 손 글씨를 읽거나 해석할 수 없다.5:8, 24 벨사살은 두려워하여, 충격의 깊은 상태에 빠진다. 누구도 그에게 그가 본 것을 설명할 수 없다!

왕의 어머니의 조언 5:10–12

왕의 어머니는 연회에 참석한 자들에게서 벨사살의 이상한 행동을 듣고서, 명백히 초대 절차는 따르지 않고 그에게 달려간다.에5:2 일반적으로 그는 벨사살의 아내가 아니라 왕의 어머니라고들 동의한다. 그러나 어떤 이는 그가 나보니도스의 어머니이며, 따라서 벨사살의 할머니라고 믿는다. 왕의 어머니는 네 **아버지** 느부갓네살에 대해 벨사살에게 말한다.5:11 벨사살의 아버지는 나보니도스이므로, 네 **아버지**는 벨사살이 바빌로니아 왕들 혈통의 구성원이고 바빌로니아 왕들 가운데 가장 인상적인 왕이 느부갓네살이었다는 점에서 일리가 있다.위의 5:2 해설을 보라 왕의 어머니는 먼 과거의 사건에 대해 명확한 기억을 갖고 있으므로 옛 사람인 것 같다. 느부갓네살은 23년 이전에 죽었으므로 죽은 지 오래됐다.

즉각 왕의 어머니는 벨사살을 위로하고, 다니엘을 데려오라고 제안한다. 지금쯤 다니엘은 대략 75세. 벨사살이 권력에 오르고 나보니도스는 없으므로, 다니엘은 분명히 정치적 고문관으로서 방치됐고, 거의 잊혀졌다. 왕의 어머니는 무엇보다 느부갓네살이 다니엘에 대해 그에게는 **거룩한 신들의 영**이 있다는 사실을 배운 것을 떠올린다.4:9, 18 또한 느부갓네살이 다니엘을 **마술사들과 주술가들과 점성술가들과 점성가들의 우두머리**로 삼았다는 사실을 기억한다.5:11; 2:48 다니엘의 자격을 인용하는 왕의 어머니의 연설은 벨사살이 되풀이할 것이다.5:14

명철과 총명과 지혜라는 세 가지 특징은 다니엘의 삶에 하나님이 함께 한다는 것과 연결된다.5:11 지혜자들 가운데 우두머리로 임명되는 데 기여한 것은 **탁월한 정신과 지식과 꿈을 해몽하는 총명이 있어서, 수수께끼도 풀었고, 어려운 문제도 해결했다**는 것이다.5:12 마지막으로 왕의 어머니는 느부갓네살왕궁 환관장을 통해이 다니엘의 이름을 벨드사살로 바꿨다고 지적한다.1:7 왕의 어머니는 벨사살에게 그가 다니엘을 부르면, 다니엘은 실제로 벽 위의 글씨를 해석할 것이라고 확신을 준다.[**수수께끼**, 316쪽]

벨사살이 다니엘의 도움을 구하다 5:13-16

흔들린 통치자는 왕의 어머니의 제안을 따를 준비가 되어 있다. 벨사살의 술로 말미암은 오만함은 없어졌다. 또한 그는 다니엘이 섬기도록 요구할 때 왕의 특권을 행사하지 않는다. 대신에, 그는 자신의 공포와 좌절을 극복하도록 도와달라고 호소하면서, 매우 자제하며 다니엘에게 접근한다. 벨사살은 다니엘의 배경과 정신과 능력을 인용하여, 다니엘과 친밀한 관계를 세우려 한다. 다니엘을 유다 포로로 묘사할 때, 왕은 왕의 어머니가 제공하는 정보를 넘어선다. 이렇게 하는 효과로 장면의 기묘함을 부각시키게 된다. 하나님을 두려워하는 이스라엘 사람이 이스라엘의 하나님을 증언하고자 이교도 왕 앞에 나타날 것이다. 이런 신원 확인은 왕의 권력의 희생자가 자신을 사로잡은 자를 위해 문제를 풀어주는, 이 이상한 역사적 사건을 독자들에게 떠올리게 한다.창41장; 왕하5장, 참조

다니엘과 그의 업적을 찬양하는 식으로 확인하여, 왕은 다니엘의 도움을 얻고자 한다. 이전에 왕의 어머니가 제시하기도 한, 다니엘의 자격에 대해 왕이 반복하는 것은 히브리의 이야기 전달 방식의 특징이다.5:11-12, 14 이 반복은 또한 다니엘이 글을 해석하러 나오기도 전에 이야기에서 다니엘을 부각시키는 역할을 한다. 연설로, 다니엘의 재능5:10-12, 13-16과 벨사살의 소름끼치는 악한 행동5:17-28 모두에 주목한다.

다음으로 벨사살은 지혜자들이 글을 해석할 수 없기 때문에 그들에게 실망하고 좌절했다는 사실을 다니엘에게 말한다.5:15 그리고 직접적인 요청이나 명령을 하지 않고, 그는 다니엘에게 도움을 구한다. 마지막으로 벨사살은 다니엘이 만약 그럴듯한 설명을 한다면 그에게 많은 보상을 약속한다.5:16 보상은 지혜자들에게 제안한 것과 동일하다.5:7 벨사살은 대가가 적절하다면 어떤 것도 얻을 수 있다고 생각한 듯하다.

다니엘의 정신 차리게 하는 반응 5:17-28

5:17 다니엘이 보상을 거부하다

본문에서 언급하지는 않지만, 다니엘은 여러 가지 이유에서 벨사살의 선물을 거부했을 것이다. 첫째, 다니엘은 벨사살의 의무에 매이고 싶지 않다. 둘째, 다니엘은 해석이 개인적인 이익과 연결되는 것처럼 보이고 싶지 않다. 셋째, 다니엘은 개인적인 이득보다는 하나님의 영광을 위해서 하나님의 은사를 사용한다. 다니엘은 벨사살에게 선물을 거두고 **내리실 상급은 다른 사람에게 주시기** 바란다고 말한다.행8:20, 참조

5:18-21 다니엘이 느부갓네살의 영광을 떠올리다

하나님이 보낸 손 글씨5:24를 이해시키려고, 다니엘은 해석을 위한 맥락을 제공해야 한다. 맥락은 두 가지, 즉 역사적 배경과 벨사살의 오만한 행동을 포함한다.

역사적 배경에서, 다니엘은 간략하게 4장에서 발견된 자료를 열거하고 하나님의 조치를 지적하면서, 느부갓네살 왕의 경험을 회고한다. 하나님은 느부갓네살에게 **나라와 큰 권세와 영광과 위엄**을 주었다.5:18 하나님은 또한 그에게 큰 영토를 주었다.5:19 하지만 전형적인 독재자로서, 느부갓네살은 자기가 마음이 내킬 때, 책임감 없이 기뻐하는 사람에게 좋은 대로 행했다. 그는 교만하게 행했으며, 신으로 행동하려고 했다. 하지만 다니엘에 지적하듯, 그에게 권력을 준 하나님이 또한 그를 낮출 수 있었다.4:37 다니엘은 다음과 같은 느부갓네살의 굴욕의 단계를 떠 올린다. (1) 왕 위에서 쫓겨나고, (2) 영광이 빼앗기며, (3) 사회에서 쫓겨나고, (4) 자기 정신을 잃고, (5) 짐승과 마찬가지로 바깥에서 살고 먹었다.

가장 높으신 하나님이 인간의 나라를 다스리시고, 하나님의 뜻에 맞는 사람을 그 자리에 세우시는 줄을 깨닫게 될 때, 느부갓네살의 운명은 바뀌었다.5:21; 4:17, 25, 32, 참조 이처럼 다니엘은 느부갓네살의 굴욕과 회복을 회고하고, 느부갓네살을 **왕의 아버지**, 왕의 전임자로 확인한다.5:18; 위의 5:2 해설을 보라 이런 대면에 벨사살은 변명의 여지가 없다. 그는 그의 "아버지"에게서 배웠을지 모르지만, 자기 앞의 다른 사람들과 마찬가지로, 그는 그렇게 하지 않았다. 이삭이 자기 아버지의 속임수 수법을 반복하고창12:10-20; 20:1-18; 26:6-11 여호야김이 요시야에게서 배우지 못한 것렘22:13-17, 특히 15절을 참조하라.

5:22-23 다니엘이 벨사살을 고발하다

다니엘은 벨사살에게 세 가지 면에서 교만한 행동을 고발한다. 첫째, 벨사살은 느부갓

네살의 굴욕에서 배우지 못했다. 대신에, 그는 자신을 높였다. 둘째, 그는 자신과 함께 연회에 참석한 자들이 예루살렘 성전에서 가져온 성스러운 그릇들을 포도주를 마시고, 금과 은과 놋쇠와 쇠와 나무와 돌로 된 우상들을 찬양하는 데 사용하면서, 그 성스러운 그릇들을 더럽혔다. 셋째, 벨사살은 **임금님의 호흡과 모든 길을 주장하시는** 하나님에게는 영광을 돌리기를 거부했다.5:23 연설은 주로 고발이며,5:18-23 심판에 대한 공표는 간략하다.5:24-28 이런 형식은 주로 고발과 공표라는 두 부분에서 예언자의 심판 메시지와 상응한다.암4:1-3; 미2:1-5; 렘7:13-15. 참조 고발은 심판에 대한 이유를 제시한다.

벨사살과 대면하는 것을 두려워하지 않는 다니엘은 본보기가 된다. 이런 정치가들에게 악용되도록 하지 않고서, 하나님의 뜻과 방식을 이해하며 왕을 대담하게 만난다. 다니엘이 이전에 느부갓네살과 맞섰듯이,4:27 이제 그는 벨사살의 교만과 성전 기구들을 더럽힘과 우상 숭배를 폭로한다. 느부갓네살이 예루살렘에서 기구들을 가져왔을지라도, 시간이 지나면서 그는 기구들이 가리키는 하나님에게 영광을 돌리고 존중하게 됐다. 벨사살은 이것을 알지만, 그와 신하들이 술에 취해 무기력하고 감각도 없는 우상을 섬기는 데 그 기구들을 사용하면서 뻔뻔스럽게 하늘의 주님을 더럽힌다. 다니엘은 종교적 기구들을 연회에 사용하고 **금과 은과 동과 철과 나무와 돌로 만든 신들을** 찬양하는 악을 부각시킨다.5:2-4 다니엘이 느부갓네살에 대해 한 긴 논평5:18-21은 왕의 어머니가 이 왕에 대해 언급한 것을 되풀이한다.5:11 반복은 강조점을 강화하는 기법이다.

다니엘이 대면할 때에 실제로 신랄함이 있다. 사실상 다니엘은 벨사살에게 "당신은 하나도 배운 게 없다!"라고 말한다. 느부갓네살은 강력한 제국의 우두머리로서의 오만함과 큰 성읍을 건축한 자로서의 자부심이 광기에 가까웠다. 그러나 이 깨달음은 오래가지 못했다. 벨사살은 강력한 제국에서의 정치적 권력과 연결된 자부심과 오만함을 다시 보여주었다. 하나님은 느부갓네살의 삶에 개입했듯이, 정치가들과 그들의 신들의 무력함과는 대조되게 자신의 권능을 보이고자 다시 개입할 것이다.

다니엘은 벨사살에게 그의 삶과 운명이 하나님의 손에 있다고 상기시킨다. 다니엘은 벨사살이 단순히 기계 장치가 아니라 자신의 행동에 책임을 진다는 사실을 분명히 한다. 벨사살의 오만한 행동으로 말미암아 그는 몰락하게 될 것이다. **벨사살 임금님은 이 모든 일을 아시면서도, 마음을 겸손하게 낮추지 않으시고, 하늘의 임금님이시요 주님이신 분을 거역하시고, 스스로를 높이시며, 하나님의 성전에 있던 그릇들을 가져 오게 하셔서, 임금님과 귀한 손님과 왕비들과 후궁들이 그것으로 술을 마시게 하셨습니다. 그리고 임금님은 보거나 듣거나 알지도 못하는, 금과 은과 동과 쇠와 나무와 돌로 만든 신들은 찬**

양하시면서도, 임금님의 호흡과 모든 길을 주장하시는 하나님께는, 영광을 돌리지 않으
셨습니다.5:22-23

정치가들은 자신들의 오만한 방식에 대해 거듭 도전을 받을지라도, 결코 배우지 못하
는 것 같다. 이전 예언자 전통에서, 다니엘은 강력하고 필요한 증언을 가져온다. 이 증언
은 통치권에 전하고 폭로하는 증언이다.

하나님은 오만함을 심판한다. 다니엘의 연설은 하나님의 통치권을 염두에 두지 않는
방식으로 기능할 수 있는 어떤 통치권에 대해서도 비판하는 역할을 한다. 밀러드 린드의
말에서, "제국의 정치적인 오만함은 정치적인 광기다."개인적인 서신교환

왕의 어머니는 벨사살에게 다니엘과 그의 은사에 대해 상기시켜야 한다. 다니엘은 벨
사살에게 가장 높으신 하나님의 통치권에 대해 배우는 느부갓네살의 경험에 상기시켜야
한다. 이런 상기시키는 조언은 신실함과 영적인 통찰력이 한 세대도 못가서 곧 잃을 수
있다는 사실을 우리에게 경고하며 보여준다.

5:24-28 다니엘이 글씨를 해석하다

저자는 공포에 질린 왕의 육체 상태, 왕의 어머니의 개입과 조언, 벨사살이 다니엘과
그의 은사에 대한 왕의 어머니의 설명을 반복함, 벨사살의 해석에 대한 직접적 요청을 묘
사하여 긴장감을 조성하고 있다. 다니엘이 보상을 거부하고, 느부갓네살의 이야기를 다
시 말하고, 벨사살의 죄를 상세히 열거하면서, 길게 벨사살에게 반응함으로써 긴장감을
더하고 있다. 이 지점까지 이야기의 각 부분은 전체에 기여하지만 벨사살을 공포로 몰아
넣는 질문은 응답되지 않는다. 이제 그 신비가 드러날 것이다.

첫째, 다니엘은 벨사살에게 하늘의 하나님이 손을 보냈다고 말한다.5:24 이 하나님은
살아계시고 행동할 수 있다. 그분의 사역은 보호를 위해 성읍으로 끌려오는, 금과 은과
동과 철과 나무와 돌로 만든 신들과는 명백하게 대조된다. 큰 연회장에서 우상들은 놓인
그대로 있다. 우상들은 볼 수도 들을 수도 반응할 수도 없다.

그 다음에 다니엘은 벽에 쓰인 신비스러운 말을 다음과 같이 읽는다.

메네 메네 데겔과 바르신5:25

하나님은 이 말에서 무엇을 선포했는가? 이 의미를 설명하고자 많은 이론들이 제시됐
다. 하지만 의미는 단순히 단어 자체에 있지 않다. 오히려 의미는 단어들의 언어유희에서

오는 이차적 의미들에서 발견된다.

많은 주석가들은 단어들이 무게와 화폐를 가리킨다고 믿는다. 균형감을 위해 한 달란트는 대략 사람이 나를 수 있는 것으로, 약 **34kg**보다 조금 더 된다. 아람어 단어 **메네**는 므나 또는 미나를 의미하며, 약 **0.6kg**이 되는데, 결국은 화폐 이름이다. **데겔**은 세겔의 아람어 형태이며, 14g도 되지 않는데, 역시 낮은 가치의 화폐 이름이다. **바르신**은 한 미나를 "나누는 사람들"을 가리키는 복수로, 두 개의 반 미나를 의미할 것이다. 북아메리카 화폐 단위에서, 이것은 "반 달러, 반 달러, 한 센트, 두 쿼터"로 읽을 수 있다. 그러므로 이것은 느부갓네살 후의 왕들의 혈통을 가리킬 수 있다. 에윌므로닥과 네리글리살은 각각 한 미나의 가치가 있고, 라바쉬–마르둑은 한 세겔의 가치가 있을 뿐이고, 벨사살과 그의 아버지 나보니도스는 각각 반 미나의 가치가 있다.NOAB: 1136, OT

무게와 화폐를 가리키는 단어들은 역시 비슷한 소리를 지닌 동사로 읽을 수도 있다. 이런 단어의 언어유희는 '사케드/소케드' *saqed/soqed*, 렘1:11–12, "살구나무 가지/지켜 봄"와 '카이츠/케츠' *qayiṣ/qeṣ*, 암8:1–2, "여름 과일/끝"에서처럼 예언서에서도 발견된다. 언어유희 형태로, **메네**는 **계산했다**를 의미하는 동사를 떠올리게 한다.영어 명사 pound와 동사 pound, 참조; Goldengay: 116 **데겔**은 **무게를 달았다**를 의미하는 동사를 암시한다. **바르신**은 **나누었다**를 의미하는 동사와 관련이 있다. 다니엘은 해석에서, 동사의 완료 형태를 사용하며, 따라서 하나님의 조치는 이미 완성됐다는 의미를 전달한다.

다니엘은 **계산했다**라는 동사에 근거하여, 하나님이 궁극적으로 역사를 통제한다는 일반적인 주제를 되풀이한다. 곧 하나님은 세우고, 하나님은 내린다. 하나님의 시계에서 벨사살의 나라의 날들은 **계산됐고**, 하나님은 **끝나게 하셨다**. 다니엘은 **무게를 달았다**라는 동사에 근거하여, 하나님은 벨사살의 행위를 평가했고, 진지하지 못했다는 것을 발견했다. 다니엘은 **나누었다**라는 동사에 근거하여, 벨사살이 나라가 메대 사람들과 페르시아 사람들 사이의 분열로 끝나고 있다고 알린다. 또 다시 언어유희로 **바르신**은 페르시아를 가리킬 수도 있다.

해석이 확증되다 5:29–31

5:29 다니엘이 보상받고 등용되다

명백하게 다니엘의 해석은 벨사살에게 일리가 있다. 해석이 그에게 어떤 희망을 주지 않을지라도, 그는 다니엘에게 약속된 보상을 진행한다. 다니엘 이전에 거절한 것을 고려할 때,5:17 다니엘이 어떤 거절했다는 기록도 없이 받아들였다는 사실은 놀랍다.

5:30 벨사살이 살해당하다

느부갓네살은 자신의 교만을 회개하고 회복됐다.4:1-37 그러나 벨사살은 회개하지 않는다. 그는 개인적인 성찰이나 자신의 방식을 바꾸려 한다는 기미도 보이지 않는다. 벨사살은 다니엘을 만날 때, 다니엘에 대한 왕의 어머니의 진술을 따라 했을 뿐이다. 그는 느부갓네살의 경험에 대해 전혀 인정하지도 않고, 다니엘의 고발에 직면하여 변호하지도 않는다. 그리고 신비스러운 말에 드러난 임박한 심판에도 그는 자비를 구하거나, 은혜의 시간을 구하지도 않는다. 벨사살은 손이 나타났을 때 공포에 휩싸여 떨었다. 하지만 글이 자신에게 개인적으로 의미한다는 무시무시한 함의를 듣고서는, 벨사살은 이전과 같이 계속할 뿐이다. 그는 벨의 보호를 믿고, 금과 은과 동과 철과 나무와 돌로 만든 신들의 효험을 믿는 것 같다.

그 날 밤 벨사살은 살해당한다. 나라에 대한 말로 된 메시지는 전혀 없다. 사건 자체가 충분히 명확하게 말한다. 구체적으로 지적되지는 않을지라도, 일반적으로 벨사살의 죽음은 메대-페르시아 사람들이 바빌로니아를 점령하는 사건과 동시에 일어난다고 여겨진다. 군주의 죽음과 더불어, 신-바빌로니아 제국은 끝이 난다. 바빌로니아의 몰락은 예언자들이 예고했었다.사13:17-19; 21:1-10; 렘51:24-58 이사야 21:9에서, 감시자는 "바빌로니아가 함락되었다! 바빌로니아가 함락되었다! 조각한 신상들이 모두 땅에 떨어져서 박살났다!"라고 말한다.

키루스 실린더Cyrus Cylinder에 따르면, "어떤 전투도 하지 않고 마르둑 때문에 고레스는 바빌로니아를 아끼고 재난을 피하면서 자신의 성읍 바빌로니아에 들어갈 수 있었다. 그는 마르둑을 섬기지 않았던 왕 나보니도스를 자신의 손에 넣었다."ANET: 315-316 나보니도스는 자신과 벨사살의 공동 통치에서 최고의 위치에 있었다. 다른 기록들이 있는데, 바빌로니아 연대기는 더 자세하고 다소 다양한 기사를 제공한다. 나보니도스는 메대의 구티움의 총독인 구바루/우그바루그리스어: 고비라스의 통치를 받는 메대-페르시아 군대를 환영한 후 바빌로니아에 돌아올 때 체포됐다. 신들은 곧 그들의 성스러운 성읍으로 돌려보내졌다.ANET: 306; Goldingay: 107, 참조 어떤 보고에서는 침략자들이 강바닥을 통해 성읍에 들어갈 수 있도록 유프라테스 강의 흐름을 바꾸었다고 한다.

5:31 메대 사람 다리우스가 나라를 받다

영어 성서에서는 이 지점에서 장 구분이 된 것은 유감스럽다. 나라를 인계받는 것과 통치자의 나이에 대한 31절의 역사적인 언급은 히브리 성서처럼 왕의 첫 통치 행위와 연결되어야 한다.6:1 이 메대 사람 다리우스는 메대-페르시아 군대를 바빌로니아에 이끌고 올 때 약 62세였던 구바루고비라스였을 가능성이 높다. 고레스 밑에서, 그는 8개월 후 죽을 때까지 바빌로니아와 메소포타미아를 공동으로 통치했다. 어떤 이는 메대 사람 다리우스가 고레스에 대한 왕 위의 이름이며, 전설에 따르면 그의 할아버지는 메대 사람이었다고 생각한다. 어쨌든, 이 시점에서 메대 사람이 바빌로니아를 통치한 것은 메대가 바빌로니아를 정복할 것이라는 예언사13:17-19에서처럼과 세계의 네 제국, 곧 앗시리아나 바빌로니아, 메대, 페르시아, 그리스가 이어질 것이라는 고대 생각과도 들어맞는다.[고레스, 301쪽].

성서적 맥락에서의 본문

하나님의 손

벨사살의 잔치의 이야기를 들을 때마다, 청중들은 **왕궁 석고 벽 위에다가 글을 쓰기 시작한 사람의 손**에 매료된다.5:5 다니엘이 글의 의미를 해석할 때, 그는 벨사살에게 **임금님의 호흡과 모든 길을 주장하시는 하나님께는, 영광을 돌리지 않으셨습니다. 그러므로 하나님이 손을 보내셔서, 이 글자를 쓰게 하신 것입니다**라고 말한다.5:23-24

다니엘서에는 하나님의 손에 대한 언급이 자주 나온다. 그런 까닭에 느부갓네살은 가장 높으신 분을 다음과 같이 찬양한다. **하늘의 군대와 이 땅의 모든 거민에게 뜻대로 하시지만, 아무도 그가 하시는 일을 막지 못하고.**4:35 8:25의 악한 왕은 **사람이 손을 대지 않아도, 그는 끝내 망할 것이다.** 이는 하나님의 손이 작용할 것이라는 것을 의미한다. 다니엘은 중재 기도에서, 이스라엘이 이집트에서 구원받은 것은 하나님의 **강한 손** 때문이라고 한다.9:15; 신4:34; 5:15; 7:19, 참조 자기 백성을 이집트의 바로의 손에서 구원한 하나님은 신실한 자들을 위해 오만한 제국 및 지도자들과 계속 대면한다.

"하나님의 손"은 하나님의 권능을 상징한다. "권능"을 나타내는 "손"이라는 히브리어 관용어구는 영어 번역에서 항상 분명하지는 않더라도 출애굽기에 자주 나온다.3:20; 13:3, 9, 14; 14:31; 18:10 하나님은 자기 백성을 구원하고 보호하며 행악자들을 심판하고자 자신의 권능을 사용한다. 이사야는 이 사상을 다음과 같은 아름다운 말들로 표현한다.

내가 너와 함께 있으니, 두려워하지 말아라.
내가 너의 하나님이니, 떨지 말아라.

내가 너를 강하게 하겠다. 내가 너를 도와주고,

내 승리의 오른팔로 너를 붙들어 주겠다. 사41:10

예수는 자신을 따르는 자들을 돌보는 것과 관련하여, 다음과 같이 비슷한 사상을 표현한다. "그들을 나에게 주신 내 아버지는 만유보다도 더 크시다. 아무도 아버지의 손에서 그들을 빼앗아 가지 못한다."요10:29

신약에서 가장 자주 언급하는 것은 하나님의 "오른편"이다. 오른손은 큰 권능과 영광의 자리로 간주됐다. 본문 대부분은 예수의 승천 및 높임과 관련되고, 다음의 시편 110:1을 반영한다.

주님께서 내 주님께 말씀하시기를

"내가 너의 원수들을 너의 발판이 되게 하기까지,

너는 내 오른쪽에 앉아 있어라" 하셨습니다.

예수는 권능과 영광의 자리에 올랐다. 오순절에, 베드로는 "이 예수를 하나님께서 살리셨습니다. 우리는 모두 이 일의 증인입니다. 하나님께서는 이 예수를 높이 올리셔서, 자기의 오른쪽에 앉히셨습니다. 그는 아버지로부터 약속하신 성령을 받아서 우리에게 부어 주셨습니다. 여러분은 지금 이 일을 보기도 하고 듣기도 하고 있는 것입니다."행 2:32-33라고 말한다.

스데반은 순교할 때, 하나님의 영광을 보고, 예수가 하나님의 오른편에 서 있는 것을 본다.행7:55-56 바울은 신자들에게 "위에 있는 것들을 추구하십시오. 거기에는, 그리스도께서 하나님의 오른쪽에 앉아 계십니다."골3:1라고 가르친다. 히브리서에서, 예수 그리스도에 대해 다음과 같이 말한다. "그는 죄를 깨끗하게 하시고서 높은 곳에 계신 존엄하신 분의 오른쪽에 앉으셨습니다."히1:3 히브리서 저자는 대제사장으로서의 부활하고 승천한 그리스도의 사역을 다음과 같이 개관한다. "우리에게는 이와 같은 대제사장이 한 분 계시다는 것입니다. 그는 하늘에서 지엄하신 분의 보좌 오른쪽에 앉으셨습니다."8:1 "그리스도께서는 죄를 사하시려고, 단 한 번의 영원히 유효한 제사를 드리신 뒤에 하나님 오른쪽에 앉으셨습니다."10:12

하나님의 손이 나타나 벨사살이 보도록 심판의 메시지를 쓴다. 심지어 "거룩한 신들의 영"이 거주하는 이가 해석한 메시지에도,5:11, 14 벨사살은 바꾸려거나 자신의 호흡을 쥐고 있는 하나님의 자비를 구하려하지도 않는다. 그 날 밤 벨사살은 죽음을 맞이한다.

이 이야기를 들은 자들에게 훈계의 말씀이 없으므로, 아마도 사도 베드로의 메시지는 **나라와 언어가 다른 뭇 백성**이 들을 필요가 있는 것을 다음과 같이 요약한다.

> 모두가 서로서로 겸손의 옷을 입으십시오.
> 하나님께서는 교만한 자를 물리치시고,
> 겸손한 사람에게 은혜를 베푸십니다.
> 그러므로 여러분은 하나님의 능력의 손 아래로 자기를 낮추십시오.
> 때가 되면, 하나님께서 여러분을 높이실 것입니다.벧전5:5-6

교회생활에서의 본문

대대에 이를 가르침

다니엘과 벨사살의 이야기는 어떻게 영적 통찰력을 잊을 수 있는지를 잘 보여준다. 느부갓네살이 가장 높으신 하나님에 대해 배운 것은, 명백하게 **전국에 사는, 민족과 언어가 다른 뭇 백성에게** 내린 조서4:1; 4:2-3, 34-37, 참조와 아마도 왕의 연대기에6:1, 참조에 기록됐을지라도 빠르게 상실된 것 같다. 벨사살은 "가장 높으신 하나님이 인간의 나라를 다스리시고, 하나님의 뜻에 맞는 사람을 그 자리에 세우신다."5:21라는 느부갓네살의 배움이 함축하는 바를 인식하지 못한 것 같다. 따라서 벨사살은 겸손히 행하지도 하나님에게 영광을 돌리지도 않는다. 대신에, 그는 자신을 높이고, 하늘의 주님의 성전에서 가져온 성스러운 기구들을 더럽힌다. 손 글씨가 벽 위에 나타났을 때, 공포에 휩싸인 젊은 공동 통치자는 어찌할 바를 모른다.

다니엘을 기억하고 벨사살에게 그에 대해 말하러 연회장에 온 이는 왕의 어머니다. 왕의 어머니는 이 다니엘을 **거룩한 신들의 영을 받았기** 때문에 느부갓네살이 지혜자들 가운데 우두머리로 삼았다고 덧붙인다. 그 다음에 다니엘은 벨사살에게 느부갓네살의 고통스러운 경험과 그 경험의 의미를 상기시킨다.

하나님의 명령과 계명을 가르치는 것은 하나님의 백성이 항상 신중하게 여겼다.신6:1-3 구약에서 가르침은 주로 가정을 중심으로 했다. 신앙의 중심 이슈는 아이들에게 부지런히 가르쳐야 한다. 부모들은 가정에서나 여행할 때나, 잠자거나 일어날 때 중심 이슈에 대해 말해야 한다.신6:4-9 중심적인 종교 절기, 유월절은 예루살렘에서 준수됐지만, 또한 가정에서도 준수됐다. 명백히 다니엘과 그의 친구들의 바빌로니아에서의 신실함은 포로로 끌려오기 전 고국의 삶에 뿌리를 뒀다.

교회에서의 가르침은 이스라엘의 가르침과 연결된다. 이스라엘에서와 마찬가지로, 부모들은 자녀를 "주님의 훈련과 훈계로" 양육해야 한다.엡6:4 하지만 교회는 상당한 차이점이 있으며, 민족 집단이 아니다. 교회에 들어가고 참여하는 것은 피나 배경에 달려 있지 않다. 출생은 보통 생물학적인 가족에 속하는 것을 보증한다. 그러나 위로부터의 새로운 출생은 회개와 예수 그리스도에 대한 신앙을 통해 새로운 가족, 곧 하나님의 가족에 속한다는 것을 의미한다. 바울은 명백하게 자신의 생물학적인 가족을 위해 져야 하는 책임감을 강조하지만,딤전5:8 하나님의 새로운 가족이 최우선의 자리를 차지해야 한다.막3:32-35; 눅14:26 침례는 이 새로운 가족에 속한다는 것을 상징하고, 교통은 가족을 함께 묶는 그리스도에 근거한 새 언약을 기념한다.

복음서는 회중을 **위해** 작성됐으며, 신약 서신서 대부분은 회중에게 전달됐다. 이것은 기독교 가르침이 회중에게서 부모와 자녀에게로 가는 길을 간다는 사실을 암시한다. 회중에서의 강력한 가르침은 강력한 가족을 향해 가고, 흔히들 말하는 대로 다른 방향은 아니다.

회중은 **대대에** 이를 신앙을 유지하는 데 필수적이다.단4:3, 34 회중은 예배하고자 만날 때, 하나님의 위대한 행위를 회고한다.딤전2:3-7 회중은 도덕적 이슈를 공개적으로 다뤄야 하며, 배반과 타락에 대해 번민해야 한다.딤전1:6; 3:6; 4:3; 6:9; 딤후2:17-18; 4:3-4, 10 아이와 젊은이들을 위한 기독교 교육 가운데 가장 효과적인 유형은 제자도에 모범이 되는 신자를 관찰하고, 회중을 관찰하는 것이다. 구성원들은 논의, 증언, 설교, 기도, 지원자 선발, 지도자의 감독, 고통을 돌봄, 돈 사랑을 처리하는 것, 박해에 직면함, 거짓인 모든 것을 폭로하는 일에 참여한다.

사람들이 돌보고 돕고 목적을 가진 집단의 일부가 되기를 바람에 따라, 이런 활동은 가르칠 뿐만 복음을 전한다. 사람들이 그리스도의 사랑으로 함께 할 때 삶이 어떨지에 대한 실제적인 증거는, 숨겨질 수 없는 산 위에 세워진 성읍이다.마5:14 이런 신앙 공동체는 전 세계에서의 하나님의 조치를 위한 도약판이다. 하나님은 교회를 위해 그리고 교회를 통해 자신의 일을 행하고 있다.엡1:19-23; 2:9-10

간접적으로 벨사살의 이야기는 교회에 중대한 경고를 제시한다. 교회가 하나님, 하나님의 일과 방식을 아는 지식을 가르치지 못한다면, 금방 잊힐 수 있으며, 게다가 큰 위험에 빠질 수 있다. 교회가 가르치지 못하게 된다면, 교회는 사회와 사회의 권력 구조에 예언적 증언으로 직면할 수 없거나 이런 증언이 야기하는 반대를 견딜 수 없을 것이다.

살아계신 하나님: 사자 굴에서의 구출

사전검토

사자 굴에 있는 다니엘 이야기는 왕궁 음모에 대한 고전적인 기사다. 이 이야기는 사드락과 메삭과 아벳느고의 불타는 화덕에서의 이야기3장와 비교된다. 두 이야기는 다니엘과 그의 세 친구들이 신앙을 부인하지 않고 기꺼이 죽으려 한다는 점에서 순교 이야기다. 하나님에 대한 신실함에서, 다니엘과 그의 친구들은 어떤 희생이 따르더라도 하나님의 방식에 대해 자신들이 이해한 대로 따르기로 결심한다. 그들은 "사람에게 복종하는 것보다, 하나님께 복종"한다.행5:29

3장과 6장의 이야기가 비슷하다고 해도, 또한 많은 차이점이 있다. 두 기사에는 음모가 있다. 사드락과 메삭과 아벳느고의 경우, 음모 가담자들은 지혜자들 가운데 글과 언어에 전문가들인 동료들이다. 그들은 셋이 자신들보다 유능하기 때문에 질투한다.1:7, 20 6장에서 음모 가담자들은 다니엘의 정치적 능력과 성공을 질투하는 동료 정치인들이다.

두 경우, 음모 가담자들은 신앙의 순간에 부딪히는 반대에 초점을 둔다. 지혜자들은 느부갓네살에게 **그들은 임금님께 경의를 표하지 않으며, 임금님의 신들을 섬기지도 않고, 임금님이 세우신 그 신상에게 절을 하지도 않습니다**라고 말한다.3:12 정치인들은 다니엘이라는 자는 그가 믿는 신의 법을 문제삼지 않고는, 고발할 근거를 찾을 수 없다라

고 말한다.6:5

　　두 경우 음모 가담자들은 신실한 자가 불순종한다고 사형을 당한다고 하더라도 순종할 수 없는 명령에 초점을 둔다. 사드락과 메삭과 아벳느고에게, 시험은 국가의 우상 숭배에 대해 공적으로 반대하는 것과 관련된다. 다니엘에게, 시험은 신실함에 대한 개인적인 표현, 기도와 관련된다.

　　다니엘의 이 이야기는 새로운 제국의 시작에 일어난다. 다리우스는 나라를 인계받았다.5:31 그의 첫 행위는 행정관들의 조직을 세우는 것인데, 다니엘은 최고위직 세 명 가운데 하나다. 3장과 마찬가지로, 이 이야기는 동일한 접속사, **그 다음에**RSV; 아람어 '베다인' [be'dayin]; 또는 접두사 없이 '에다인' ['edayin]를 주로 사용하며 전개된다. 영어 번역본은 단조로움을 없애려고 다른 접속사들에 의존한다. 이 접속사를 15회 사용한다는 사실은, 5장에서처럼 두세 인물의 연설을 통해서보다는 이야기가 해설자를 통해 전개된다는 것을 의미한다. 이 기사는 아래에서 보여주듯이, 행동이 많다. 다니엘 6장의 아람어에서, 5:31이 6:1로 여겨지기 때문에, 절의 수는 하나가 더 많다. RSV는 이런 예로 사용된다.

　　6:3 그 다음에 다니엘은 출중하게 됐다.

　　6:4 그 다음에 정승들과 지방장관들이 찾았다

　　6:5 그 다음에 이 사람들이 말했다

　　6:6 그 다음에 이 정성들과 지방장관들이 합의하였다

　　6:11 그 다음에 이 사람들은 합의하였다

　　6:12 그 다음에 그들은 왕에게 가까이 와서 말했다

　　6:13 그 다음에 그들은 왕 앞에서 대답했다

　　6:14 그 다음에 왕은 … 몹시 괴로워했다

　　6:15 그 다음에 이 사람들은 합의하였다.

　　6:16 그 다음에 왕은 명령하고 다니엘을 끌어왔다

　　6:18 그 다음에 왕은 자기 왕궁에 갔다

　　6:19 그 다음에 동이 틀 때에 왕은 일어났다

　　6:21 그 다음에 다니엘이 왕에게 말했다

　　6:23 그 다음에 왕은 매우 기뻐했다.

　　6:25 그 다음에 다리우스 왕은 썼다.

면밀히 검토하면 이야기는 또한 다음과 같이 신중하게 계획된 구조를 지닌다.

이야기는 다니엘의 번영으로 시작하고 마무리한다.6:3, 28

이야기는 다리우스가 철회할 수 없는 명령을 제정하는 것으로 진행된다.6:6-10

이야기는 다리우스가 첫 명령을 대신하는 새로운 명령을 제정하는 것으로 절정
에 이른다.6:25-27

이 이야기에는 두 가지 주요 대조가 있다. 첫째, 두 법, 곧 **신의 법**6:5과 **메대와 페르시아의 법**6:8, 12, 15 사이의 대조가 있다. 둘째, 두 구원자, 다리우스 왕6:14과 하나님6:20, 27 사이의 대조가 있다. 이야기는 메대와 페르시아 사람들의 법이 깨질 수 있으며, 땅의 어떤 왕도 아니며 하나님만이 구원할 수 있다는 사실을 신실한 자들에게 확신시킨다.

이야기의 중심에는 다리우스와 다니엘의 대화가 있다. 첫 대화에서, 고통스러워하는 왕은 다니엘이 구원받는 것을 보고 싶어 한다.6:16-18 하지만 그는 선고를 내리고 다니엘의 죽음을 기다리며 자기 왕궁으로 간다. 다니엘에게 한 그의 마지막 말은 약간의 희망을 보인다. **그대가 늘 섬기는 그대의 하나님이 그대를 구하여 주시기를 비오.**6:16 다리우스는 다니엘의 히브리 이름을 사용하는데, 이는 아마도 정복당한 사람들과 그들의 종교에 대한 연민을 반영하는 것 같다. 느부갓네살이 지어준 벨드사살이라는 이름은 더 이상 나오지 않는다. 둘째 대화에서, 이른 아침에 왕은 다니엘이 안전한 것을 발견하고, **나의 하나님이 천사를 보내셔서** …6:19-23라는 그의 설명을 듣는다.

이야기 전반에서 다니엘은 음모 가담자들과 분명한 대조를 이룬다. 음모 가담자들은 질투한다. 일찍부터 그들은 다니엘을 불신할 방법을 찾는다. 그들은 음모를 꾸미고 왕을 조종한다. 그들의 이중성은 다니엘은 죽이고 왕의 권력을 향상시킬 명령을 제안할 때 분명하게 드러난다. 그들은 진리, 제국의 안녕, 왕, 메대-페르시아 법을 거의 신경 쓰지 않는다. 그들의 불타는 열정은 다니엘을 처리하는 것이다. 다른 한편, 다니엘은 건전한 정신을 가지고 있다. 다니엘은 훌륭한 행정가이며, 가장 소사한 세부사항에도 신중하다.6:3-4 다니엘은 하나님 앞에서 흠이 없고, 왕에게 어떤 해도 끼치지 않았다.6:22

다니엘서에서의 다른 이야기와 마찬가지로, 왕은 긍정적인 관점에서 제시되지 않는다. 느부갓네살은 변덕스러우며 예측할 수 없고, 폭언하며 미쳐 날뛰고, 교만하며 겸손해져야만 하는 자로 간주된다. 다리우스는 위대하고자 하는 열망, 심지어 신성에 대한 열망을 가진 자로 소개된다.6:7 하지만 다리우스는 역시 우둔하고, 쉽게 아첨에 영향을

받으며, 자신의 행동의 장기적 결과를 볼 수 없다고 소개된다. 기껏해야 통치자의 가장 위대함도 여전히 인간적이며, 신성에는 한참 모자란다. 이런 통찰력을 보이는 이야기들로 말미암아, 쫓겨난 이스라엘 사람들이 자신들의 상태에 대한 관점을 유지할 수 있다. 그들은 왕들이 보기만큼 강력하거나 지속되거나 통찰력이 있지 않다고 보았다. 하나님은 자신의 목적을 성취하려고 그들을 사용할 수 있거나, 그들을 겸손하게 하거나, 그들을 무시할 수 있다.

개요

주석적 해설

다리우스가 자기 왕국을 정비하다 6:1-5

6:1-3 다니엘의 새 지위

다리우스의 정체는 다니엘서에서 문제가 된다. 그는 어떻게 페르시아 연대기에 들어 맞는가? 가능한 대답은 다리우스가 또 다른 이름, 즉 고레스에 대한 왕위의 이름이라는 것이다. 다리우스가 고레스 아래에서 공동으로 메소포타미아를 다스린 구바루고비라스 라는 것이 더욱 가능성이 높다. 기록상으로 구바루는 8개월 후 죽기 전까지 총독을 임명 했다는 것을 보여준다.ANET: 306[고레스, 301쪽] 각 총독이 한 지방을 다스리는데, 어떤 이는 총독의 숫자에 대해 의문을 제기했다. 약 50년 후 아하수에로주전 486~465년가 다 스릴 때 지방의 숫자가 127개였던 것으로 보고됐다.에1:1; 8:9, 참조 우리 이야기 시대에 더 가까운, 그리스 역사가 헤로도토스와 비문에 따르면, 총독의 관할구의 숫자는 20과 29 사이였고, 이 관할구는 다시 여러 지역으로 나뉘었다. 이런 숫자들이 다른 행정 체계에서 는 달라진다는 사실은 특히 놀랍지 않다. 성서의 논평은 일반적으로 페르시아 제국의 조 직에 대해 다른 자료에서 알려진 내용을 반영한다.5:1-4에서의 역사적 사실성에 대한 해설을 보 라

다리우스는 성공적인 정복의 결과를 누린다. 지속적으로 지배를 유지하려고, 그는 적 절한 행정 구조를 시행하고 책임을 지는 자리에 자기 사람들을 임명해야 했다. 그의 계획 은 **정승**6:2이라고 불리는 관료의 세 사람을 임명하는 것이었다. 그 아래 관료, 40명의 **지 방장관**6:1은 세 정승 각각에 대해 책임을 맡도록 했다.

다리우스는 다니엘을 세 정승 가운데 하나로 임명한다.6:2 아마도 왕은 다니엘의 명성 과 능력에 주목했을 것이다. 다니엘은 유대의 포로 출신이고 바빌로니아 사람이 아니기 때문에, 다리우스는 그의 충성에 대해 합리적으로 확신했을 수 있다.

페르시아 제국은 서쪽 이집트에서 동쪽 인더스 강까지 확장된다.또는 "인도에서부터 에티 오피아에 이르기까지," 에8:9 **전체 나라**를 조직하는 것이 주요 일이다.단6:3 정승과 지방장관 들의 일은 **왕에게 피해를 끼치는 일이 없도록** 감시하는 것이다.6:2 왕은 반란을 통해 영 토를 잃고 싶지도 않고, 부정을 통해 세금을 잃고 싶지도 않는다. 훌륭한 행정을 통해 제 국은 결합될 수 있으며, 왕은 과로하지 않을 것이다.

다니엘은 두 가지 면에서 탁월했다. 인격 면에서 **훌륭한 정신이 그에게 있었다.** 그의 행정에서 **다니엘이 임무에 충실하여, 아무런 실책이나 허물이 없었기 때문이다.**6:4 훌륭

한 정신은 그의 생애에 하나님이 분명히 함께 하기 때문이다. 그는 "큰 그림"을 파악할 수 있을 뿐만 아니라, 작은 세부 내용의 의미도 볼 수 있다. 그러므로 잘못 관리하거나 소홀히 해서 잘못된 행정을 한 사례가 전혀 없다. 다니엘의 능력 때문에 다리우스는 그를 온 나라를 다스릴,6:3 자신의 믿을 만한 사람으로 임명하기로 결심한다.

6:4-5 다니엘의 약점

다른 정승들과 지방장관들이 어떻게 다니엘의 임박한 임명에 대해 통지를 받았는지는 언급하지 않는다. 정보 누설로 말미암아 다니엘의 임박한 임명을 좌절시키려는 일치된 노력이 촉진된다. 그러나 그들이 실제로 원한 것은 다니엘을 완전히 제거하는 것이다.

정승들과 지방장관들이 다니엘의 삶을 볼 때, 그가 이스라엘의 하나님에게 얼마나 강렬하게 헌신하는지를 주목한다. 다니엘은 바빌로니아 제국 시대에 하나님을 신실하게 섬기고 있었으며, 정복자의 신들을 무시하면서 지금도 동일한 일을 계속 하고 있다. 다니엘이 모호하게 "종교적"이라면, 비판할 근거가 거의 없을 것이다. 다니엘은 하나님에 대해 헌신할 때, 그가 섬기는 왕이나 제국보다 더 충성한다는 것을 분명히 보여준다. 경쟁자들은 다니엘이 제거된다면, 그것은 그의 신앙, 즉 **신의 법**6:5과 관련될 것이다.

다니엘을 제거하려는 공모 6:6-9

페르시아 통치의 중요한 특징은 **메대와 페르시아의 고치지 못하는 법**6:8이다. 느부갓네살과 다리우스는 확실한 통치자일지라도, 메대와 페르시아 사람들은 법의 사람이 된다는 점에 자부심을 느낀다. 느부갓네살은 자신이 원하는 대로 한다. 따라서 **민족과 언어가 다른 뭇 백성들이 그 앞에서 떨면서 무서워하였으며, 부친께서는 마음대로 사람을 죽이기도 하고, 마음대로 사람을 살리기도 하고, 마음대로 사람을 높이기도 하고, 마음대로 사람을 낮추기도 하셨습니다.**5:19 그러므로 다리우스는 고치지 못하는 법에 너무 매여서,6:8 다니엘을 구하려 할 때, 해질 때까지 괴로워한다.6:14 **법**은 너무나 중요해서 다리우스가 무시하지 못한다. 이 장에서 **법**을 가리키는 아람어 단어는 '다트' *dat*, 9, 13, 15이며, 1973년 아람어 비문에서 발견됐다. 루기아 지방현대 터키 지역의 페르시아 총독은 새로운 제의 설립을 승인했다. 그의 명령아람어: '다트'의 조항들은 항상 적용되는 것이었다.

음모 가담자들이 다니엘의 신앙과 관련하여 그의 약점을 발견한 것과 그들이 다리우스 앞에 제안하러 나타난 것 사이에 밝혀진 것을, 이야기는 드러내지 않는다. 명백히 그들은 **하나님의 법**새번역, "신의 법"-역주과 **메대와 페르시아의 고치지 못하는 법** 사이에 잠재적인 갈등을 본다. 그들은 하나님의 법과 왕의 법 모두 절대적인 순종을 요구하기 때문에, 다니엘이 자기 하나님을 부인하거나 자신의 생명을 잃지 않을 수 없는 방식으로 다니엘을 함정에 빠뜨리기를 원한다.

다니엘의 기도 생활이 실마리를 제공한다. 그들의 계획은 삼십 일 동안 왕 이외에 어떤 사람이나 신에게도 기도하는 자는 사형에 처하도록 하는 법이 제정되도록 하는 것이다. 표면상으로 이 법은 백성이 왕과 제국에 충성을 표현하는 단순한 방식이다. 메대와 페르시아의 법은 고칠 수 없으므로, 법이 다니엘의 생명에 가할 해악에 대해 어떤 것도 할 수 없을 것이다. 그의 죽음은 명확하다! 정승들과 지방장관들이 왕에게 왔을 때, 그들의 궁극적인 목적에 대한 암시는 없다.

6:6-7 다리우스의 허영에 호소

정승과 지방장관들은 공모했고, 음모 가담자들로서 왕에게 온다.6:6, 11, 15 아람어 '하르기수' *hargisu*는 여러 방식으로 번역됐다. KJV는 모였다 또는 여백에 **격앙되어 왔다**로 번역하고, RSV는 **합의를 이루고 왔다**로 번역하고, JB는 **한 몸이 되어 왔다**로 번역하고, NRSV는 **음모를 꾸미고 왔다**로 번역하였다. 시편 2:1-2과 64:2에서 동일한 어근 '라가쉬' *rgš*에서 온 히브리어 단어는 "은밀한 계획"이나 "은밀한 조언"KJV과 "계획"을 암시하려고, "조언하다" '야사드' [*yasad*] 또는 "은밀한 조언으로"관련 명사 '소드' [*sod*]와 함께 사용된다. "소요"나 "격앙"보다는 이 의미를 사용하는 것이 더 낫다. **음모 가담자**가 좋은 선택이다. 즉 그들은 음모를 꾸미고서 온다.

음모 가담자들은 끈질겼다.6:6, 11, 15 그들의 제안은 왕이 쉽게 받아들인다. 첫째, 이 제안은 왕과 그의 제국에게 큰 존경과 더불어 충성을 의미한다. 둘째, 왕은 제안을 높이 존중한다고 본다. 셋째, "그들이 내게서 얼마나 큰 권력을 보는가!"라고 숙고할 때, 이 제안은 왕의 허용을 방조한다. 넷째, 이 제안은 왕에게 신성을 부여하는데, 이는 이전이나 이후나 왕들에게 이질적인 개념이 아니다. 그리고 다섯째, 이 제안은 그들이 만장일치한 제안이라고 제시된다. 음모 가담자들은 왕에게 그들의 제안이 중요하다는 인상을 심어주려고, 순응하지 않는 자들에게 무거운 형벌을 제안한다. 곧 사자 굴에서 죽음을 맞이한다는 것이다.

우리는 사형 형태에서의 중대한 변화에 주목한다. 바빌로니아 사람들은 **불타는 화덕**을 사용하지만, 페르시아 사람들은 사자를 사용한다. 이것은 페르시아의 조로아스터교의 영향을 반영한다. 조로아스터교는 북서 이란에 주전 628-551년경에 살았던 조로아스터에서 그 이름이 유래했다. 주요 경전은 아베스타로 알려졌고, 주도적인 신은 아후라 마즈다였다. 아후라는 "군주"를 의미하고 마즈다는 "현명한"을 의미한다. 이 종교에서 불은 신성한 것으로 간주됐고, 사형과 같은 목적에 사용될 수 없었다.

6:8-9 다리우스의 기도 법

다리우스는 정승들과 지방장관들의 제안을 법을 너무 신속하게 제정하여, 우둔하게 보이게 됐다. 정승들과 지방장관들의 아첨에 속아, 그는 자신의 위대함과 권력, 신성을 주장할 기회만을 생각한다.빌2:6, 참조 그는 제국이나 자신의 신하들의 안녕을 위한 행동의 함의를 고려할 시간을 가지지 않는다. 좋은 법은 변화가 필요하지 않을 것이다. 그러나 바꿀 수 없는 나쁜 법은 파괴적인 결과를 가져올 수 있다. 다리우스는 자신의 명령의 결과를 예견할 수 없다. 이로 말미암아 명백히 명령에서 주장하는 신성의 역할에 의문이 제기된다. 왕은 법을 작성하고 자기 이름으로 공표한다. 그는 삼십 일 동안 자기 이외에 누구에게도 기도하는 것을 금한다. 이것은 그에게는 주요 문제가 아니다! 어느 누구도 자기 신을 거부하거나 자기 방식을 변경할 필요가 없다. 단순히 짧은 기간에 왕 이외에 누구에게도 기도하지 않는 것이다. 하지만 소위 작은 상황이 실제로 큰 상황이 될 수 있다.

다니엘이 자기 하나님에게 기도하다 6:10

명령이 발효된 후, 다니엘은 음모 가담자들이 기대하는 대로 자신의 기도 실천을 전혀 바꾸지 않는다. 해설자는 무미건조하게 다니엘의 실천을 기록한다. 이런 접근은 다니엘이 주저하지도 않았고 심지어 내적으로 갈등하지도 않는다는 사실을 암시한다. 포로기 이후 회당이 생기면서 개인 기도는 중요해졌다. 점차로 경건한 유대인의 표시는 기도의 사람이어야 한다는 것이다. 다니엘은 진실, 현명한 판단, 상황을 마무리하는 능력이 기도와 연결된다고 잘 인식한다. 왕의 금지와 징벌로서 사형이라는 현실에 직면하더라도 다니엘은 집에서 계속 기도한다. 여기서 그는 "사람에게 복종하는 것보다, 하나님께 복종하는"행5:27-32 베드로와 사도들의 선구자다.

다니엘은 포로로 끌려간 자들에게 보낸 예레미야의 조언 편지를 따른다.

> 너희를 두고 계획하고 있는 일들은 오직 나만이 알고 있다.
> 내가 너희를 두고 계획하고 있는 일들은 재앙이 아니라 번영이다.
> 너희에게 미래에 대한 희망을 주려는 것이다. 나 주의 말이다.

너희가 나를 부르고, 나에게 와서 기도하면,

내가 너희의 호소를 들어주겠다.

너희가 나를 찾으면,

나를 만날 것이다.

너희가 온전한 마음으로 나를 찾기만 하면,

내가 너희를 만나 주겠다. 나 주의 말이다.렘29:11-14

다니엘의 집에 기도하는 데 방해받지 않을 장소로 **다락방**이 있다. 엘리사왕하4:10, 평평한 지붕에 세워진 "지붕 방"와 마찬가지로 엘리야에게도 다락방이 있었다.왕상17:19 초대 교회에서 제자들은 다락방에서 기도에 전념했다.행1:13 옥상에서 베드로는 복음을 이방인들에게 전할 환상을 받았다.행10:9

방은 **예루살렘 쪽으로** 창문이 열려 있었다. 기도하려고 예루살렘을 향하는 것은 예루살렘과 성전이 폐허가 되었을 때 바빌로니아에서 시작됐을 것이다. 이것은 다음과 같은 솔로몬의 봉헌하면서 드린 기도를 기념하는 데서 기인했을 것이다.

주님께서 선택하신 이 도성과, 내가 주님의 이름을 기리려고 지은 이 성전을 바라보며, 그들이 주님께 기도하거든, 주님께서는 하늘에서 그들의 기도와 간구를 들으시고, 그들의 사정을 살펴보아 주십시오.대하6:34-35

창문은 열려 있다. 다니엘은 자기 기도를 숨기려 하지 않는다. 그는 쉽게 목격된다. 열린 창문 앞에 다니엘은 **무릎을 꿇는다**. 이스라엘 사람들은 관습적으로 공적인 기도를 위해 서고, 개인적인 기도를 위해 무릎을 꿇는다는 증거가 있다.느8:5-6; 눅22:41, 참조; 하지만 대하6:13; 시95:6을 보라 무릎을 꿇는다는 것은 또한 열렬함과 겸손과 복종을 의미한다. 다니엘은 하루에 새벽과 정오와 저녁에 **세 번씩** 기도한다.단6:10 이것은 다음의 시편 55:16-17과도 조화를 이룬다.

나는 오직 하나님께 부르짖을 것이니,

주님께서 나를 건져 주실 것이다.

저녁에도 아침에도 한낮에도,

내가 탄식하면서 신음할 것이니,

내가 울부짖는 소리를 주님께서 들으실 것이다.

다니엘은 기도 시간에6:10-11 **자비를 구하고,**NRSV 자신의 **하나님 앞에 호소하고 청
원하면서**RSV 하나님에게 **찬양**NRSV과 **감사**RSV를 드린다. 다니엘의 기도는 균형이 잡
혀 있다. 다니엘의 기도는 자신의 생애에 하나님이 행했고, 행하고 있으며, 앞으로 행할
것에 대한 감사를 포함한다. 또한 그가 살고 섬긴 국가렘29:7, 참조와 동료 이스라엘 사람
들단9:4-19, 참조과 특히 이런 위기의 상황에 자신에 대한 중재도 포함한다.렘29:7, 참조 정
승으로서 막중한 책임을 지면서도 그는 기도할 시간을 가진다. 다니엘은 과거와 마찬가
지로 계속 기도한다. 그는 은밀히 기도하려 창문을 닫지도 않고 가리개를 내리지도 않는
다. 다니엘은 기도를 통해, 다리우스의 최종 권위와 그의 "고칠 수 없는" 법을 부인하면
서, 하나님에 대한 충성과 신뢰를 선언한다. 다니엘은 자신의 신앙을 위해 죽을 준비가
되어 있다.

다니엘이 치욕을 당하다 6:11-18

6:11-14 다니엘이 왕 앞에서 고발당하다

명령이 발효된 후, 음모 가담자들은 다니엘의 집을 감시하기 시작했다. 만족스럽게도
그들은 다니엘이 자기 하나님에게 기도하는 것을 발견한다.6:11 오늘날 다니엘의 행동은
시민 불복종이라고 불릴 것이다.

즉시 음모 가담자들은 왕에게 간다. 그들은 다니엘이 명령을 어겼다고 보고한다. 음
모 가담자들이 아니라 왕이 일어날 일에 대해 책임을 지도록, 그들은 **임금님이 금령에 도
장을 찍으시지 않으셨습니까?**라고 묻는다. 왕은 놀라운 소식을 인식하지 못하고서, 쉽
게 자기 명령을 인정한다. **그 일은 고칠 수 없다. 그것은 메대와 페르시아의 법을 따라 확
정된 것이다.**6:12 음모 가담자들의 질문과 왕의 주장은 이야기에서 이전 진술을 강화한
다.6:7-8 메대-페르시아 법을 고칠 수 없다는 주장은 15절에서 세 번째로 나온다. 이런
반복으로, 저자는 두 가지를 성취한다. 첫째, 이 법이 다리우스의 나중 명령과 모순되는
데서도 본문은 소위 바꿀 수 없는 통치 법이 얼마나 취약한가를 드러낸다.6:26-27 철갑의
법에도 통치권은 자부하는 만큼 항구적이지는 않다. 둘째, 역설적인 방식으로 이야기는
다리우스의 모든 영토에서 **모든 백성은 반드시 다니엘이 섬기는 하나님을 공경하고, 두
려워하여야 한다.**6:26라는 절정에 달하며 아마도 고칠 수 없는! 명령을 가리키고 있는 것
같다.

그 다음에 그들은 소식을 전한다. 음모 가담자들은 다니엘에 대해 조롱과 경멸과 증오의 감정을 갖고 있다. 그들이 다니엘을 **유다에서 잡혀 온** 자라고 소개하는 것도 반 유대 감정을 반영하는 것 같다. 그들의 보고는 다니엘의 반역 행위로 절정에 이른다. 다니엘은 왕과 그의 명령을 무시하고, 자기 하나님에게 하루에 세 번식 기도했다고 보고한다. 음모 가담자들은 다니엘이 외국인으로서, 더 이상 신뢰할 수 없다고 암시한다. 나아가서 그들은 다니엘이 외국 하나님에게 기도하는 것은 왕 자신에 맞서는 반역에 해당하는 정치적 행위라는 사실을 내포한다.

이야기는 왕이 왜 음모를 꾸민 자들의 보고에 **괴로워**하는지를 말하지 않는다. 정승들과 지방장관들이 다니엘을 몰락에 빠뜨릴 수 있기 때문에 그는 괴로워하는가? 다니엘이 자기 명령을 무시했기 때문인가? 그가 예견하지 못했으며, 쉽게 자신이나 다니엘을 구출할 수 없는 상황으로 빠져들기 때문에 자신에게 괴로워하는가? 그는 자신의 법에 대해 괴로워하는가? 왕은 다니엘을 지도자로서나 개인적인 친구로서 가치를 두기 때문에 **다니엘을 구원하려고 마음을 쓰며** 결심하는가? 무슨 이유에서든 왕은 이제 자신의 법이 나쁜 법이라는 사실을 명백하게 이해한다. 법이 유지되도록 한다면, 매우 유능한 행정가를 부당하게 잃게 될 것이다. 법이 무시된다면, 메대-페르시아 법의 고칠 수 없다는 성스러운 원리를 잃게 될 것이며, 이는 법과 질서의 심각한 손상시키는 길을 열어주게 된다. 아마도 왕은 위의 모든 이유 때문에 괴로워할 것이다. 예루살렘 성서*Jerusalem Bible*는 "그는 해결책을 찾으려고 해가 지기 까지 자신의 머리를 쥐어짰다"라고 말한다.6:14 다니엘은 덫에 걸렸고 왕도 마찬가지다.

6:15-18 다니엘이 사자에게 던져지다

다리우스는 개인적인 괴로움으로 압박을 당한다. 하지만 날이 지나면서, 또 다른 데서 압박이 온다. 음모 가담자들은 왕이 사형을 집행하려는 어떤 조치도 취하지 않는 것을 보고서, 왕에게 온다. 세 번째로 그들의 공모에 대해 언급한다.6:6, 11, 15 다시 음모 가담자들은 자신들의 실제 목적, 곧 다니엘을 제거하려는 목적은 드러내지 않는다. 대신에, 그들은 대단한 애국주의자이며, 왕에게 충성하고 메대-페르시아 법과 질서에 헌신하는 자들로 온다. 그들은 메대와 페르시아의 적절하게 제정된 법은 바꿀 수 없다고 열렬하게 말한다. 애국주의는 종종 악당들의 도피처다. 애국주의는 종종 국내 문제나 국제적인 재난에서 주의를 돌리는 데 사용된다.

왕은 선고를 위해 다니엘에게 나오라고 소환한다. 다리우스의 행위와 사드락과 메삭과 아벳느고의 사건에서 느부갓네살의 행위 사이에는 분명한 대조를 이룬다. 두 사례에서 권위와 신성에 대한 질문이 중요하다. 느부갓네살은 격노했고3:13 **어느 신이 너희를 내 손에서 구해 낼 수 있겠느냐?**3:15라고 모독적으로 질문했다. 그러나 다리우스는 슬퍼하고 괴로워한다. 그는 다니엘에게 **그대가 늘 섬기는 그대의 하나님이 그대를 구하여 주시기를 비오!**6:16라고 말한다. 이것이 희망의 표현인지, 다니엘에게 격려의 최종적인 말을 하려는 시도인지는 명확하지 않다. 이것은 다니엘의 하나님에게 구원해달라고 기도하는 것인가? 그렇다면 이것은 사도 바울의 "소원 기도"와 비슷하다.살전3:11-13; 5:23-24; 살후2:16-17; 3:5, 16 아니면 이것은 다니엘의 하나님이 구원할 것이라는 신앙을 진술한 것인가?

이야기가 진행되면서, 기도와 같은 왕의 진술은 이 장의 절정을 미리 보여주는데, 그 절정에서 왕은 구원하는 하나님에 대해 고백하고, 모두에게 이 하나님을 섬기라고 명령한다.6:26-27 왕의 의도가 무엇이든지, 이 말과 더불어 다니엘은 사자에게 던져진다. 돌이 굴 입구에 놓인다. 입구를 봉인하는 데 사용한 재료에, 그들은 왕의 도장과 귀인들의 도장을 표시하여 다니엘에 대해 어떤 것도 바꿀 수 없도록 한다.6:17 메대와 페르시아의 고칠 수 없는 법은 다니엘의 영원한 하나님의 법과 교차했다. 하나님은 조치를 취할 것인가, 아니면 메대와 페르시아의 법이 우세할 것인가?

왕은 다니엘의 생명을 잃을까 두려워하고, 자신이 행한 일에 화내고, 고칠 수 없는 법에 좌절하면서, **궁전으로 돌아간다. 먹지도 마시지도 않으면서**, 그 날 밤은 이전 밤과 달랐다. 그는 진정할 수 없다. **기분전환을 가져올 수 없었으며**새번역, "즐거운 일은 아무것도 하지 못하게 하였다"-역주 **뜬 눈으로 지새웠다.**6:18, RSV 번역본들은 무엇을 그에게 가져올 수 없는지에 대해 일치하지 않는다. 아람어 단어 '다반' *dawan*은 **기분전환**,RSV **음식**,NRSV **먹고 즐기기**,NIV **악기**,Davidson: 149; 삼상16:23, 참조 **첩**,JB **여자**REB와 같이 다양하게 번역된다.

다니엘이 구원받다 6:19-24

6:19-22 새벽의 대화

잠 못 드는 밤은 천천히 간다. 날이 밝아오자, 왕은 다니엘을 위한 자신의 기도가 응답받았고, 다니엘의 구원을 위한 희망이 실현됐는지 보려고 사자 굴에 서둘러 간다. 큰 고통으로 왕은 굴에 다가가자 **살아 계신 하나님의 종 다니엘은 들으시오, 그대가 늘 섬기는 그대의 하나님이 그대를 사자들로부터 구해 주셨소?**6:20라고 외친다. 이 질문은 이것이 의미하는 바에서 주목할 만하다. 이 질문은 밤새 깊은 생각을 하고 새로운 통찰력을 얻는 것을 반영한다. 다리우스는 다니엘과 그의 하나님의 관계를 이해하기 시작한다. 다니엘은 종이다. 개인적인 바람과 열망보다는 하나님의 뜻이 다니엘의 삶을 인도한다.

다리우스가 다니엘의 하나님이 쇠와 나무와 돌로 만든 신들과는 다르다는 것을 인식하게 된 것은 중요하다. 다니엘의 하나님은 **살아 계신 하나님**이다. 하나님에 대한 이런 명칭은 "하나님이 죽은 것이 아니라 살았다는 사실뿐만 아니라, 심판과 축복을 내리는 데 관여하면서, 활동적이며 강력하고, 놀라우며 위대하다는 사실"을 암시한다고 한 학자는 말한다.Goldingay: 133 다리우스 역시 다니엘이 어떤 희생을 치르고서도 자신의 하나님을 섬기려는 흔들리지 않는 헌신을 인정한다. 왕은 **그대가 늘 섬기는 그대의 하나님이 그대를 사자들로부터 구해 주셨소?**라는 질문으로 자신의 새로운 통찰력을 시험한다.

다리우스가 다니엘의 목소리를 들을 때, 자신의 새로운 통찰력이 확증된다. 다니엘이 왕에게 하는 대답, **임금님의 만수무강을 빕니다**는 정중하다.6:21 이것은 포로로 끌려온 자가 왕에게 이런 식으로 인사하는 다니엘서에서 유일한 예다. 하지만 다니엘의 대답에는 정중함 이상이 있다. 왕은 다니엘의 하나님을 살아 계신 하나님이라고 불렀다. 다니엘의 대답에서, 그는 다리우스에게 장수를 소원하면서 그의 왕권을 단언한다. 이와 같이 다니엘은 하늘의 왕, 살아 계신 하나님과 비교할 때, 지상의 왕들의 제한된 권력과 짧은 인생에 간접적으로 주목하게 한다. 하나님이 **천사를 보내셔서 사자들의 입을 막으셨다**고 다니엘이 언급하는 것6:22은 천사들이 전능한 하나님을 섬기고,히1:14 천사들의 역할을 보호하는 것마26:53이라는 개념과 일치한다. 다니엘의 대답은 다음의 시편 91:9-13에 대한 해설이다.

> 네가 주님을 네 피난처로 삼았으니,
> 가장 높으신 분을 너의 거처로 삼았으니,
> 네게는 어떤 불행도 찾아오지 않을 것이다.
> 네 장막에는, 어떤 재앙도 가까이하지 못할 것이다
> 그가 천사들에게 명하셔서
> 네가 가는 길마다 너를 지키게 하실 것이니,

다니엘의 대답은 두 가지를 강조한다. 첫째, 하나님 앞에 자신이 죄가 없다법적 용어는 것과 둘째, 그가 왕에게 어떤 **죄도** 짓지 않았다는 것이다.6:22 다니엘은 메대와 페르시아의 법을 어겼다. 하지만 제국의 법이 하나님의 법과 충돌할 때, 신실한 자는 깨끗한 양심으로 제국의 법을 어길 것이다. 따라서 다니엘은 자신을 하나님과 다리우스 왕 앞에 죄가 없다고 본다. 6:23에서 해설자는 다니엘이 **자기 하나님을 신뢰하였기 때문에** 하나님이 개입했다고 덧붙인다.

다니엘은 대답에서 음모 가담자들의 계획을 검토하도록 한다. 음모 가담자들은 다니엘에게 강제로 하나님을 부인하도록 하거나 왕에게 충성하지 못하는 것으로 보이도록 하고 싶었다. 하나님에게 먼저 충성을 다함으로써, 다니엘은 하나님 앞에 죄가 없으며, 왕에게나 제국에 해를 끼치려 하지 않았다. 다니엘이 이야기에서 핵심 인물이지만, 그는 왕에게 하는 대답을 제외하고 전체 이야기에서 침묵한다. 이 대답은 구약 이야기출6:6와 시시30:1-3에서 제시된 하나님의 행동의 핵심 특징인, 하나님의 구원이라는 주제를 정확하게 가리킨다. 이것은 왕의 나중 명령의 주제며,단6:26-27 하나님의 구원에 대한 언급은 다시 12:1-3에도 반복된다. 다니엘의 이 연설은 이야기의 중요성을 알리려고 해석자가 의도한 것인가?

6:23 구덩이에서 풀려나다

왕은 크게 안도하고 다니엘을 풀어주라고 명령한다. 사드락과 메삭과 아벳느고의 경우와 마찬가지로,그들에게서 불에 탄 냄새도 나지 않았다. 3:27 다니엘에게도 **아무런 상처도 찾아볼 수 없었다.** 다니엘도 아니고 왕도 아니고 저자가 **그가 자기 하나님을 신뢰하였기 때문에**라는 이유를 제시한다. 신약에 따르면, 하나님의 사람들이 "사자의 입을 막고," "불의 위력을 꺾"은 것은 믿음을 통해서다.히11:33-34 죽음에서의 하나님의 개입과 놀라운 구출은 다니엘서 안에서 부활 주제를 가리킨다.12:1-3; 히11:19, 35, 참조

6:24 음모를 꾸민 자들의 운명

다니엘이 풀리자마자, 왕은 음모 가담자와 그들의 자녀들과 아내를 사자 굴에 던지도록 명령한다. 사자의 입은 더 이상 닫히지 않았다. 구덩이 바닥에 닫기도 전에, 그들의 몸은 부서졌다. 기독교 감수성에 거슬리기는 하지만, 보복 및 죄와 징벌에서의 가족 연대라는 이런 특징은 모세 법과 일치한다.아래 성서적 맥락에서의 본문을 보라 전체 이야기는 다음과 같이 시편 57:4, 6의 자세한 실례가 된다. "내가 사람을 잡아먹는 사자들 한가운데 누워 있어 보니. … 그들이 내 앞에 함정을 파 놓았지만, 오히려 그들이 그 함정에 빠져 들고 말았습니다." 포터스Porteous: 87는 다소 장난스럽게 이 절들이 "창의적인 저자에게 6장의 이야기를 거의 말하고 있다"고 논평한다.

새로운 명령 6:25-27

다니엘이 구출되고 음모 가담자들이 죽자, 다리우스는 조치를 취한다. 그는 옛 기도법을 철회할 뿐만 아니라, 새로운 명령으로 대체한다. 편지로, 그는 **전국에 사는 민족과 언어가 다른 뭇 백성**에게 이 조치를 공표한다. 명령은 이스라엘의 하나님이 단순히 묵인되어서는 안 되고, 모든 백성은 **다니엘이 섬기는 하나님을 공경하고, 두려워하여야 한다**고 진술한다.6:26 비 이스라엘 사람들이 이스라엘의 하나님을 인정한다는 주제는 나라들을 향한 소책자의 주요 메시지다.단2-7장 하지만 이 주제는 구약 전통의 다른 곳에서도 나온다.출18:11; 겔36:20-21, 36에서처럼

그 다음에 다리우스는 다음과 같이 새로운 명령에 대한 이유를 자세히 설명한다.

1. 다니엘의 하나님은 **살아 계신 하나님**이다.
2. 하나님의 **나라**와 **권세**는 **무궁하다.**
3. 하나님은 구원하고 구출한다.
4. 하나님은 **하늘과 땅에서 표적과 기적**을 행한다.

다리우스는 이 모두를 다니엘을 **사자의 입에서** 구원하는 사건을 통해 깨닫게 된다.

다니엘이 기적적으로 사자에게서 구원받는다는 사실은 역시 다리우스의 이교 신들이 무능함을 보여준다. 느부갓네살과 마찬가지로, 다리우스는 인간의 권능과 영속성에 대한 주장은 하나님의 통치와 권능 앞에, 하나님의 영원한 법 앞에, 하나님의 영속적인 임재 앞에 굴복한다는 사실을 보게 된다. 그러나 다리우스의 새로운 명령은 이전 명령만큼이나 잘못 지시된 것이다. 왜냐하면 사람들에게 법으로 하나님을 의지하거나 경배하도록 할 수 없기 때문이다.

이전 이야기에서와 마찬가지로, 이 이야기에서 위대함과 권력과 권위를 주장하는 사람은, 신실한 자들이 증언하는 하나님이 맞선다. 이 증언의 결과로, 강력한 지도자들은 다니엘의 하나님의 권능과 직접 대면하게 된다. 오히려 이교 왕들의 대면으로 말미암아 땅의 뭇 백성들이 살아 계신 하나님 앞에 **공경하고, 두려워하게** 된다. 온 세상이 살아 계신 하나님에 대해 들어야만 한다. 나라들을 향한 소책자는 이 하나님에 대한 진리를 효과적으로 **민족과 언어가 다른 뭇 백성**에게 전달한다.4:1; 3:29; 6:25, 참조

다니엘이 하늘의 하나님에게 드리는 찬양2:20-23과 느부갓네살의 증언2:47; 3:29; 4:3, 34, 35, 37과 다리우스의 편지에서, 하나님의 통치, 하나님의 권능, 하나님의 영원한 속성,

하나님의 세계적인 관심, 자기 백성을 위해 행동하는 하나님의 능력은 명백하게 제시될 뿐만 아니라, 극적으로 잘 드러난다! 다니엘서는 머뭇거리고 낙담하는 백성에게 그들의 힘을 새롭게 하도록 돕고 희망을 주면서 백성에게 호소한다. 나라들을 향한 소책자 전반에 이 두 가지 메시지가 있다. 한 차원에서, 소책자는 하나님의 백성에게 호소한다. 반면 두 번째 더 놀라운 방식으로 소책자는 다니엘의 하나님에 대해 나라들에게 호소한다.

살아 계신 하나님의 **권세는 무궁하다.**6:26 이것은 이야기에서 종말론적인 언급일 뿐이지만, 필요한 언급이다. 당시의 시련은 하나님의 궁극적인 승리에 비추어 봐야만 한다.

다니엘의 또 한 번의 성공 6:28

이야기는 다니엘이 정승으로서 성공적으로 섬긴 것으로 시작한다. 다니엘은 다리우스 왕에게 또 다시 등용될 시점에 있다. 등용되는 대신에 다니엘은 함정에 빠지고 불명예스럽게 된다. 이야기는 다니엘이 책임을 지는 자리로 회복되는 것으로 끝난다. 다니엘은 계속 메대 왕 다리우스와 페르시아 왕 고레스를 섬긴다.[**고레스**, 301쪽] 이 마무리하는 단락은 신앙의 사람들이 생존하고 이겨낼 수 있다는 사실을 지적한다. 시편 2편의 통치자와 마찬가지로, 다니엘은 모함을 당하고 불명예스럽게 된다. 하지만 살아 계신 하나님이 역사한다. 음모 가담자들이 망하고, 그들의 악한 계획의 대상은 회복된다. 시편은 다음과 같이 마무리한다.

> 그러므로 이제, 왕들아, 지혜롭게 행동하여라.
> 세상의 통치자들아, 경고하는 이 말을 받아들여라
> 두려운 마음으로 주님을 섬기고, …
> 주님께로 피신하는 사람은 모두 복을 받을 것이다.시2:10-12

다니엘이 주전 597년또는 주전 604년? 첫 포로로 바빌로니아에 끌려갔다면, 그는 이제 노인이다. 다리우스와 고레스가 주전 539년에 바빌로니아를 차지했기 때문이다. 이어질 이 장의 환상들은 이전에 일어났다. 7장의 환상은 벨사살의 첫 해주전 554년? 549년? 545년? 벨사살이 아버지와 공동정치를 시작한 시기가 명확하지 않다에 받았다. 8장의 환상은 벨사살의 셋째 해에 받았다.

성서적 맥락에서의 본문

보응

십계명 가운데 한 계명은 거짓 증언하는 것을 금하는데, 여기에는 음모 가담자들이 다니엘에게 계획한 함정도 포함할 것이다.출20:16; 23:1; 레19:16, 참조 모세 법의 복수법은 "목숨으로, 눈에는 눈으로, 이에는 이로, 손에는 손으로"신19:21라고 규정한다.

> 남에게 죄를 뒤집어 씌우려는 나쁜 증인이 나타나면, 소송을 하는 양쪽은 주님 앞에 나아와, 그 당시의 제사장들과 재판관 앞에 서서 재판을 받아야 합니다. 재판관들은 자세히 조사한 뒤에, 그 증인이 그 이웃에게 거짓 증언을 한 것이 판명되거든, 그 증인이 그 이웃을 해치려고 마음 먹었던 대로 그 이웃에게 갚아 주어야 합니다. 그래서 당신들 가운데서 그런 악의 뿌리를 뽑아야 합니다.신19:16-19

음모 가담자들과 그들의 아내와 자녀의 운명은 죄와 징벌에서의 가족 연대에 대한 구약 이해와 일치한다. 가족이 범법자와 멸망한다는 사실은 당시 받아들여지는 관습이었다. 이것은 고라민16장와 아간수7장과 사울의 집삼하21:1-9과 하만9:13, 25에 대한 구약 이야기에서도 잘 드러난다. 죄는 전체 사회, 특히 가족에 영향을 미친다고 여겨졌다. 아간의 사례에서 다른 가족 구성원은 분명히 아간이 장막 아래 금지된 전리품을 숨겼다는 사실을 알고서도 알리지 않으면서 방조자가 됐다. 다니엘을 모함한 음모 가담자들의 운명은 가족이 범법자와 같이 고통을 당한다는 죄의 연대라는 이런 고대 관점을 보여주는 사례다.

하지만 자신의 아버지의 죽음과 관련하여 아마쟈왕하14:1-6는 다음과 같은 공동의 죄라는 고대 신념을 수정하는 다른 모세 규칙을 따랐다.

> 자식이 지은 죄 때문에 부모를 죽일 수 없고, 부모의 죄 때문에 자식을 죽일 수 없습니다. 사람은 저마다 자기가 지은 죄 때문에만 죽임을 당할 것입니다.신24:16; 렘31:29-30; 겔18장, 참조

음모 가담자들에게 가해질 징벌은 이스라엘이 구원받을 때 압제자는 하나님의 심판으로 멸망당할 것이라는 이사야의 예언과 일치한다.

너에게 화를 낸 모든 자들이

수치를 당하며 당황할 것이다.

너와 다투는 자들이

아무것도 아닌 자들처럼 되어서 멸망할 것이다. 사41:11

다음과 같은 다양한 잠언들이 하나님의 정당한 처벌에서의 이런 음모 가담자들의 운명에 대해 말한다.

함정을 파는 사람은 자기가 그 속에 빠지고,

돌을 굴리는 사람은 자기가 그 밑에 깔린다. 잠26:27

정직한 사람을 나쁜 길로 유인하는 사람은

자기가 판 함정에 빠지지만, 잠28:10

거짓 증인은 벌을 피할 수 없고,

거짓말을 하는 사람도 벌을 피할 길이 없다. 잠19:5

남에게 준 고통이 그에게로 돌아가고,

남에게 휘두른 폭력도 그의 정수리로 돌아간다. 시7:14-16

예수는 자신을 따르는 자들에게 "눈에는 눈"이라는 보응보다 더 높은 길을 가르친다. "악한 사람에게 맞서지 말아라 …. 너희 원수를 사랑하고, 너희를 박해하는 사람을 위하여 기도하여라." 마5:38-48 바울은 자신들의 손으로 복수하려는 신자들에게 경고한다. "그 일은 하나님의 진노하심에 맡기십시오. … 네 원수가 주리거든 먹을 것을 주고 …. 악에게 지지 말고, 선으로 악을 이기십시오." 롬12:19-21; 신32:35; 잠25:21-22, 참조 바울은 통치 당국이 "나쁜 일을 하는 자에게 하나님의 진노를 집행하는 사람" 롬13:4으로 행한다는 사실을 인지한다. 다니엘 6:24에서 통치권을 가진 다리우스 왕은 음모 가담자들이 다니엘에게 계획한 동일한 징벌을 당해야 한다는 명령을 내린다. 하지만 이야기는 다니엘이 자신의 적에게 내린 선고를 요구했다고 하지 않는데, 이 점을 주목하는 것이 좋겠다.

다니엘과 예수

다니엘이 사자 굴에 던져지게 된 사건을 다룬 기사에서, 어떤 해석가는 다니엘과 예수 사이의 병행을 보았다. 둘은 음모의 희생자였으며, 잘못을 범하지 않았다. 둘은 체포되기 전 기도했고, 자신들을 놓아주려 했지만 결국 그들의 법을 존중한 방식을 찾는 통치자와 마주했다. 둘은 봉해진 돌이 있는 "무덤에 매장됐다." 두 사례에서 하나님은 자신을 신뢰하는 자들에게 개입하고 그들을 옹호했다. 다니엘은 자기 하나님을 신뢰했다.6:23 예수는 자신의 성부 하나님을 신뢰했다.벧전2:21-24

이런 병행이 흥미로울지라도, 유사점은 훨씬 못 미친다. 예수는 죽었다가 부활했다. 다니엘의 사례에서, 그는 천사가 사자의 입을 막았다고 말했다. 예수의 생애, 죽음, 부활, 승천에서는 역사의 분기점이 있다. 예수를 통해 하나님은 사탄과 죄와 죽음을 이기는 승리를 가져온다. 예수 그리스도의 원형으로서 다니엘에 과도하게 매혹되기보다는, 주로 다니엘의 신실한 순종에 초점을 두는 것이 낫겠다. 다니엘은 여러 면에서 예수가 다른 이들에게 "나를 따르라"요1:43; 12:26; 21:19, 22라고 부른 제자도의 모습을 잘 보여준다.

살아계신 하나님

다니엘의 이야기에, **다니엘의 하나님**,6:26 **사드락과 메삭과 아벳느고의** 하나님,3:29 충성스러운 이스라엘 사람들의 하나님11:32에 대해 여러 이름이 나온다. 하나님은 **하늘의 하나님**,2:18-19, 37, 44 **모든 신 가운데서 으뜸가는 신이시요, 모든 왕 가운데서 으뜸가는 군주**2:47다. 하나님은 **가장 높으신 하나님**3:26; 4:2; 5:18, 21이지만 가장 자주 단순히 **가장 높으신 분**4:17, 24-25, 32, 34; 7:18, 22, 25, 27로 불린다. 하나님은 **하늘의 왕**4:37이며 **옛적부터 계신 분**7:13이다. 다니엘이 사자 굴에서 구출되는 이야기에서, 이름들 가운데 가장 중요한 이름, **살아계신 하나님**6:26이 나온다.

살아계신 하나님은 구약과 신약에서 가장 중요한 이름이다. "살아계신 하나님"은 법이 주어질 때 불 가운데 산에서 말씀한 분이다.신5:26 "살아계신 하나님"은 이스라엘이 요단 강을 건넌 후 이스라엘 앞에서 부족들을 몰아내어 자신이 함께 함을 증명했다.수3:10 이스라엘이 골리앗과 맞설 때, 다윗은 "저 할례도 받지 않은 블레셋 녀석이 무엇이기에, 살아 계시는 하나님을 섬기는 군인들을 이렇게 모욕하는 것입니까?"라고 묻는다.삼상17:26

예언자 예레미야에 따르면,10:10

오직 주님만이 참되신 하나님이시오,

주님만이 살아 계시는 하나님이시며, 영원한 임금이십니다.

이 이름은 거짓 신들과 우상을 조롱하는 예레미야의 시에 나온다. 이 시는 우상을 만들고 장식하는 작업을 묘사한다. 살아계신 하나님과 대조적으로, 우상들은 "논에 세운 허수아비"10:5와 같다. 우상들은 움직이거나 걸을 수 없다. 우상들은 말할 수 없다. 그것들은 악이나 선을 행할 수 없다. 그것들의 가르침은 "어리석고 미련"하다.10:8 이사야 역시 우상 숭배를 조롱한다. 이사야는 자기 백성을 이끈 창조주 하나님사42:5과 지친 짐승들에게 무거운 짐이 되고 스스로나 자기를 숭배하는 자들을 구원할 수 없는 바빌로니아 신들사46:1-8을 대조시킨다.

살아계신 하나님이라는 이름은 단순히 "하나님이 죽지 않고 살아계시다"는 것 이상을 의미한다. 살아계신 하나님은 행동하고, 무슨 일이 일어나는지 알고 있으며 강력하다.단5:23 이 하나님은 사람과 민족들의 문제를 통제하고, 세우기도 하고 무너뜨리기도 한다. 이 하나님은 심판하고 축복한다. 사람들이 오만할 때, 살아계신 하나님은 그들을 겸손하게 할 수 있다. 사람들이 자신들의 힘을 과장하고 하나님의 통치에 도전한다면, 하나님은 개입하고 그들을 겸손하게 할 수 있다. 사람들이 당황하고 곤경에 처할 때, 하나님은 피난처와 힘이 된다. 다리우스는 자신의 신들과 대조적으로 **살아계신 하나님**이 영원히 통치한다는 사실을 알고 선언한다. 이 하나님은 표적과 기적을 행하면서 구출하고 구원한다.

신약에서 "살아계신 하나님"이라는 이름은 두드러진 자리를 차지한다. 시몬 베드로는 "선생님은 살아 계신 하나님의 아들 그리스도십니다."라고 고백한다.마16:16

루스드라에서, 바울과 바나바는 헤르메스와 제우스 신이라고 여겨졌다. 당황하여 바울은 다음과 같이 외친다.

> 여러분, 어찌하여 이런 일들을 하십니까? 우리도 여러분과 똑같은 성정을 가진 사람입니다. 우리가 여러분에게 복음을 전하는 것은, 여러분이 이런 헛된 일을 버리고, 하늘과 땅과 바다와 그 안에 있는 모든 것을 만드신, 살아 계신 하나님께로 돌아오게 하려는 것입니다.행14:15

교회는 "살아 계신 하나님의 성전"이다.고후6:16 "살아 계신 하나님의 교회"는 "진리의 기둥과 터"다.딤전3:15 교회는 유대인들과 이방인들로 구성되는데, 이들은 함께 "살아 계신 하나님의 자녀"라고 불린다.롬9:26

살아계신 하나님은 "믿는 사람의 구주"다.딤전4:10 그리스도의 피는 "우리들의 양심을

깨끗하게 해서, 우리로 하여금 죽은 행실에서 떠나서 살아 계신 하나님을 섬기게" 할 것이다.히9:14

데살로니가 신자들은 "우상을 버리고 하나님께로 돌아와서 살아 계시고 참되신 하나님을 섬"겼다.살전1:9 신자들은 "믿지 않는 악한 마음을 품고서, 살아 계신 하나님을 떠나는 사람이 아무도 없도록" 조심해야 한다.히3:12 "살아 계신 하나님의 징벌하시는 손에 떨어지는 것은 무서운 일"이기 때문이다.10:31 신자들의 순례는 살아계신 하나님의 성을 찾는 것이다.12:22 도중에 "살아 계신 하나님의 도장"이 "우리 하나님의 종들"을 보호한다.계7:2-3

다리우스는 **민족과 언어가 다른 뭇 백성에게** 다니엘의 하나님, 곧 **살아 계신 하나님이 영원히 다스리신다. 그 나라는 멸망하지 않으며, 그의 권세 무궁하다**라고 한다. **다니엘의 하나님**은 역사의 중심인물이다. 과거와 현재와 미래가 그분의 손에 있다.단6:25-27

다니엘 2:20-23이 표현했든지 왕4:3, 34-35, 37; 6:26-27이 표현했든지 다니엘서의 시들은 하나님의 위대함을 강조한다. 살아계신 하나님의 통제를 받지 않는 왕이 없다. 낯선 땅에 추방되었다는 사실로 말미암아, 이스라엘의 마음에 자신들의 하나님의 권능에 대해 의문을 제기하게 됐다.11:32 이스라엘의 시험에서, 그들은 재확신이 필요했다. 다리우스의 편지는 이스라엘의 하나님에 대한 절정의 계시를 알린다. 곧 이 하나님은 살아계신 하나님이다! 이 하나님은 살아계시므로, 그분은 신비를 드러내고, 오만한 통치자들을 겸손하게 하며, 신실한 자들을 구원할 수 있다. 가장 높으신 하나님은 살아계신 하나님이다.

교회생활에서의 본문

순교자 이야기

사자 굴의 다니엘 이야기와 사드락과 메삭과 아벳느고의 이야기3장는 순교자 이야기와 같다. 신자들은 자신들의 신앙을 거부하지 않고 죽을 준비가 되어 있다. 신실한 사람들은 순종한다면 하나님에 대한 경배를 위협하는 국가의 요구에 맞선다. 사드락과 메삭과 아벳느고의 경우, 왕은 그들에게 신상을 경배하도록 요구한다. 다니엘의 경우, 왕은 삼십 일 동안 하나님에게 기도하지 말라고 그에게 요구한다. 사드락과 메삭과 아벳느고는 **불타는 화덕**에 던져졌고, 다니엘은 사자 굴에 던져졌다.

이 이야기는 기적적인 구출에 초점을 두지 않는다. 대신에, 사람들이 무슨 위협을 당하든지 받아들일 준비가 되어 있으면서도 자신들의 신앙을 거부하지 말라는 데 초점을 둔다. 구원받게 될 때, 하나님의 개입이 아니라, 하나님에 대해 알게 되는 것에 대해 초점을 둔다.

너무 자주 이 이야기들은 특히 아이들에게 잘못 다뤄졌다. 사자 굴의 다니엘 이야기를 들려준 후, 이야기를 전하는 자는 "이제 얘들아, 너희가 다니엘처럼 기도한다면 하나님께서 너희도 안전하게 지켜주실 거야!"라고 말할 것이다. 구원하는 하나님의 능력은 의심의 여지가 없다. 다니엘뿐만 아니라, 사드락과 메삭과 아벳느고는 하나님이 항상 능력이 있다는 사실을 알고 있다.3:17; 6:20 그러나 세 젊은이는 다음과 같이 적절한 태도를 보인다. 하나님이 구원하면 좋은 일이다! 하나님이 구원하지 않는다면 그것도 좋다! 무슨 일이 일어나든지 우리는 신실할 것이다.3:17-18

이 이야기를 오늘날 들려줄 때, 교회는 하나님과의 관계가 너희가 이것을 하면 하나님께서 저것을 해주실 것이라는 승리와 상업 거래로 축소되지 않도록 조심해야만 한다. 이것은 "너희가 믿음이 있으면 치유될 것이다."라고 어떤 이가 말하는 건강과 관련된 문제에서 특히 사실이다. 하나님이 개입할 때, 그 때는 우리의 목적이 아니라, 하나님의 목적을 성취하고자 함이다. 하나님은 모세에게 "은혜를 베풀고 싶은 사람에게 은혜를 베풀고, 불쌍히 여기고 싶은 사람을 불쌍히 여긴다."출33:19라고 말한다. 이와 관련하여 사도 바울은 "그러므로 그것은 사람의 의지나 노력에 달려 있는 것이 아니라, 하나님의 자비에 달려 있습니다."롬9:16라고 말한다.

교회의 초기, "헤롯 왕이 손을 뻗쳐서, 교회에 속한 몇몇 사람을 해하였다. 그는 먼저 요한과 형제간인 야고보를 칼로 죽였다."행12:1-2 헤롯은 이것이 유대인들을 기쁘게 했다는 사실을 알았을 때, 베드로를 체포하여 투옥시켰다. 하지만 하나님이 개입했다. 다니엘과 마찬가지로, 베드로는 "주님께서 주님의 천사를 보내셔서, 헤롯의 손에서 … 나를 건져 주셨다."12:11라고 말한다. 야고보와 베드로는 믿음의 사람들이었다. 하지만 하나는 죽고 다른 하는 살았다. 히브리서 저자는 "믿음으로" "칼날을 피하"기도 하고 "칼에 맞아 죽기도" 한 자들에 대해 썼다.히11:34, 37

순교자 이야기는 항상 박해받는 자들에게 힘의 근원이 됐다. 유대인 어머니의 일곱 아들의 순교를 다룬 생생한 내용이 마카비2서에 나온다. 어머니는 아들들에게 하나씩 고문으로 죽음을 맞이할 때, 단호하라고 격려한다.마카비2서 7장 순교자 이야기는 기독교 교회의 광범위한 역사와 또한 16세기의 아나뱁티스트에서 중요했다. 아나뱁티스트들은 다니엘과 마찬가지로 자신들이 두 나라, 곧 하나님의 나라와 사탄의 나라 사이의 갈등에 끼어 있다고 보았다. 그들은 또한 이것이 피비린내 하는 전투라고 보았다. 성도의 죽음은 승리와 박해자들에 맞서는 증언으로 간주됐다. 그들은 상황이 역전되고, 박해자들이 심판받고, 예수 그리스도의 기대되는 승리가 온전해질 날을 고대했다.Bright

아나뱁티스트들이 자신들의 신앙을 위해 기꺼이 죽으려는 그 중심에는 십자가가 있다. 아나뱁티스트들은 자신들이 예수가 마신 잔을 받아들여야만 하고 그분이 받은 그 침례를 받아야 한다고 믿는다.막10:38-39 그들에게 침례는 종종 죽음을 의미했다. 그들은 바울이 침례를 죽는 것이라고 언급한 사실을 안다.롬6:3-5 콘라드 그레벨Conrad Grebel은 1524년 9월 5일 토마스 민처Thomas Müntzer에게 다음과 같은 편지를 썼다. "참된 그리스도인은 늑대 사이에 있는 양, 도살당할 양이다. 그들은 번민과 고난, 박해와 고통과 죽음으로 침례 받고 불로 시련을 겪어야 하며, 육적인 것이 아니라 영적인 것을 죽임으로써 영원한 안식의 아버지 나라에 도달해야만 한다. 그들은 세상의 칼도 사용하지 않으며 전쟁에도 관여하지 않는다."*Sources*: 290

이 주제에 관한 메노 시몬스Menno Simons의 훌륭한 글은 1554년 『성도의 십자가』에 있다. 소책자는 다음의 여섯 항목을 포함한다.

1. 박해자들은 누구인가
2. 그들은 왜 성도를 박해하는가
3. 성서의 모범구약, 신약, 다니엘과 화덕의 세 친구들
4. 박해자들의 변명
5. 십자가를 지는 축복
6. 십자가를 지는 자들을 위한 약속Menno Simons: 579-622

순교라는 주제는 수많은 아나뱁티스트 찬송에 발견된다. 좋은 예는 아우스분트1564에서 발견된 요르크 와그너Jorg Wagner, 1527의 찬송, "그리스도를 따를 자"이다.

그리스도의 종들은 죽기까지 그분을 따른다,
그리고 그들의 몸, 생명과 목숨을 바친다.
십자가와 고문대와 장작더미 위에서
금이 단련되고 정화되듯이,
그들은 불의 시험을 견딘다.*The Mennonite Hymnal*: 344

틸레만 얀스 판 브라흐트Thieleman Jansz van Braght는 순교자 이야기의 놀라운 모음집을 만들었는데, 긴 제목과 더불어 1660년 네덜란드어로 처음 출판됐으며, 이제는 『순교자의 거울』Martyrs Mirror로 알려졌다. 이 책 서문에서 저자는 참된 그리스도인의 세 가지 특징을 소개한다. 참된 그리스도인은 (1) "침례자의 사고방식을 지녔으며," (2) 무방비이거나 무저항이며 (3) 예수를 위해 고문과 죽음을 당할 준비가 되어 있다. 저자는 예수 시대부터 중세 시대까지 순교자들의 이야기를 편찬했다. 그 다음에 그는 1524-1660년의 아나뱁티스트들의 순교 이야기를 기록했다. 다니엘 3장과 6장의 이야기들은 아나뱁티스트 순교자들에게 영감을 주었다고 종종 언급된다.Braght: 1-1157; 색인을 보라

아나뱁티스트들은 순교가 처음부터 하나님의 사람들의 운명이었다고 믿는다. 하나님의 사람들은 아벨 시대부터 고난을 겪었다. 그들에게 십자가는 모든 역사의 중심에 있는 사건이었으며, 하나님의 사람들이 행동해야 할 방식을 안내하는 원리였다.

고난은 종말론적으로 여겨졌다. 고난은 하나님과 사탄 사이의 갈등이라는 드라마의 일부였다. 사탄, 곧 용과 짐승과 거짓 예언자들의 힘이 신실한 자들의 무방비한 무리를 치러 풀려났다. 고난과 죽음 가운데, 신자들은 하나님이 상황을 바로 잡을 역사에서의 최종적인 행위를 고대했다. 박해자들은 "눈이 있는 사람은 다 그를 보는" 대로 심판받을 것이다. "그를 찌른 사람들도 볼 것이다. 땅 위의 모든 족속이 그분 때문에 가슴을 칠 것이다. 꼭 그렇게 될 것입니다. 아멘."계1:7

순교의 개념은 무저항의 근본을 이룬다. 신자들의 침례라는 개념은 주님을 죽기까지 따른다는 사상을 포함한다. 침례를 받아들인 자는 죽음을 예상해야 한다. 요한일서 5:8은 종종 침례에 관한 본문으로서의 역할을 했다. 성령과 물과 피라는 세 증인이 있다. 이 본문에서 16세기 그리스도인들은 침례 받는 자는 성령으로 새로운 생명을 얻었다고 인식했다. 물은 죄를 씻어내는 용서와 새로운 삶의 방식을 강조한다. 침례는 십자가를 포함하므로, 피는 "죽도록" 그리스도에게 신실함을 가리켰다.마26:38; 계2:10

침례는 기꺼이 고난당한다는 것을 내포했다. 이것이 스위스 형제회가 내어맡김Gelassenheit이라는 용어로 의미했던 것인데, 그들은 이 용어를 하나님에게 맡김, 늑대 가운데 어린 양으로서의 예수를 기꺼이 따르겠다는 각오,눅10:3 기꺼이 원수를 사랑하고 박해자를 위해 기도하겠다는 각오마5:44-48로 이해했다. 이처럼 기꺼이 순교자가 되며 무저항을 실천하겠다는 것은 그들에게 동전의 양면이다. 그들은 고난을 당할 준비가 되어 있었으며, 복수와 칼 사용하기를 거부했다.

고통을 당하는 사람들에게, 성서와 그리스도인의 순교자 이야기들은 항상 힘의 원천

이었다. 신앙과 타협하기보다는 죽을 준비가 되어 있는 신자들의 실제 모범은, 훈계로서 든지 원리의 선언으로서든지 명제보다 강하다. 이런 살고 있거나 죽어가는 모범이 있어, 더 많은 사람들이 "다니엘과 같은 인물이 감히 될" 수 있으며, "성도들이 단번에 받은 그 믿음"유1:3에 확고히 설 수 있다.

다니엘 7:1-28

하나님과 천사와 그분의 백성의 통치: 다니엘의 꿈

사전검토

의심의 여지없이, 7장은 다니엘서에서 가장 중요한 부분이다. 7장은 아람어로 된 나라들을 향한 소책자를 마무리하고 동시에 환상또는 꿈과 더불어 이어질 환상들을 미리 준비한다는 점에서 핵심이 되는 부분이다. 1-6장의 이야기들은 다니엘과 그의 친구들과 관련된다. 7장에서 시작하는 환상들은 다니엘이 노년에 받았다고 보고한다.

나라들을 향한 소책자는 민족과 언어가 다른 뭇 백성에게 호소한다.3:29; 4:1; 6:25; 7:14 이 소책자는 당시 위대한 지도자들이 하나님과의 경험에서 알린 이스라엘의 하나님에 대한 진리를 제시한다. 이스라엘의 하나님은 **모든 신 가운데서 으뜸가는 신이시요, 모든 왕 가운데서 으뜸가는 군주이시며 비밀을 드러내는 분이시다.**2:47 이와 같이 **자기를 믿는 사람을 구원할 수 있는 신은 다시 없을 것이다.**3:29 **과연 그가 하시는 일은 모두 참되며, 그의 모든 길은 공의로우니, 그는 교만한 이를 낮추신다.**4:37 **그분은 살아 계신 하나님이시며 … 구원하기도 하시고 건져내기도 하시며, 하늘과 땅에서 표적과 기적을 행하시는 분이시다.**6:26-27

많은 면에서 나라들을 향한 소책자는 은혜를 제시한다. 증언들은 이 하나님을 알고 존중하도록 민족과 언어가 다른 뭇 백성에게 보내는 초청장이다.

소책자는 세상 백성에게 하나님이 누구인지와 하나님이 무엇을 행하는지를 말한다. 동시에 성도들을 격려하고, 포로의 시기와 큰 박해의 시기에 그들에게 희망을 주면서, 그들에게 호소하고 있다.

7장은 또한 8-12장에서 발견되는 환상들과 주제에 대한 적절한 도입이 된다. 각 환상에서 하늘의 전령은 이해를 돕는다. 7장에서 이 인물은 하늘의 궁전에 있는 천사다.7:16 두 연속 환상에서, 대천사 가브리엘이 이해를 돕는다.8:16; 9:22 마지막 환상에서 천상의 존재가브리엘은 다니엘이 이해하도록 돕는다.10:10-14

각 환상은 하나님의 백성을 압제할 무시무시한 왕이 올 것에 대해 말한다.7:24-25; 8:23-24; 9:27; 11:29-45 이것은 넷째 짐승에 대한 의미나 진리다.7:19 이 악한 왕의 활동은 각 환상에서 발전된다. 각 환상은 하나님의 백성이 제한된 시간 동안 심각하게 압제당할 것이라는 사실을 가리킨다.7:25; 8:14; 9:27; 12:7 각 환상은 이 오만한 왕의 끝을 예견한다.7:11; 8:25; 9:27; 11:45 7장에 이어질 환상에서, 하나님이 세상에 은혜를 베풀지만, 세상의 왕들이 거부한다. 그러나 광포한 국제적인 문제 가운데, 신실한 자들, 곧 현명한 자들이 이끄는 거룩하고 평화로운 삶을 사는 하나님의 백성이요 은혜의 백성이 있다.11:33

도입의 언급에 이어,7:1 꿈이나 환상이 시작된다. 해석은 전체 꿈의 일부이거나 전체 꿈 내에 있다. 꿈은 하늘과 땅, 무시무시한 것과 고상한 것, 폭력과 평온, 인간의 혼돈과 신적인 질서 사이를 오간다.

환상은 바다에서 나오는 사악한 네 짐승으로 시작한다.7:2-8 넷째 짐승의 맹렬한 기괴한 행동을 보고한 후, 장면은 갑작스럽게 하늘, 곧 **옛적부터 계신 분**의 옥좌가 있는 방으로 이동하는데, 거기는 아름다움과 평화와 질서가 만연하며, 심판이 시작되려 한다.7:9-10, RSV, NRSV

갑작스럽게 장면이 다시 땅으로 이동한다. 하나님의 명령은 신속하게 시행된다. 넷째 짐승이 살해된다. 생명은 무한한 기간 살려두지만, 통치 권력은 다른 셋에게서 **빼앗긴다**.7:11-12

땅의 왕들에게 내린 하늘의 선고를 시행하면서, 꿈은 다시 하늘의 궁전으로 돌아온다. **인자 같은 이**라는 신비스러운 인물이 **옛적부터 계신 분** 앞에 나온다.7:13, RSV, NRSV 그에게는 영원하며 난공불락의 나라에서 다스릴 영광스럽고 우주적인 통치권이 주어진다.

꿈에서 다니엘은 해석을 위해 천사에게 묻는다.7:15-16 다니엘은 다음과 같은 일반적인 설명을 듣는다. **이 큰 짐승 네 마리는 앞으로 땅에서 일어날 네 왕이다. 그러나 가장 높으신 분의 성도들이 나라를 얻을 것이며, 영원히 영원히 영원히 그것을 누릴 것이**

다.7:17-18

다니엘은 이 간략한 설명에 만족하지 못하고, 넷째 짐승에 대한 정보를 요청하고 그에 대한 정보를 받는다.7:19-23 짐승은 곧 멸망하고, 다시 **나라와 권세와 온 천하 열국의 위력이 가장 높으신 분의 거룩한 백성에게로 돌아갈 것이다. 그의 나라는 영원한 나라다. 권세를 가진 모든 통치자가 그를 섬기며 복종할 것이다.**7:24-27 이 장은 꿈이 끝났다는 것과 다니엘의 반응을 가리키는 추신으로 마무리한다.7:28

느부갓네살의 굴욕의 이야기에서 **가장 높으신 분이 인간의 나라를 지배하신다**는 주제가 세 번 나온다.4:17, 25, 32 마찬가지로 7장은 **가장 높으신 분의 성도들이 나라를 얻을 것이며**라는 주제를 반복한다.7:18, 22, 27

너무 자주 해석자는 넷째 짐승과 그 짐승의 행동의 의미에 과도하게 집중했다. 그러나 하늘의 수행자의 해석은 **옛적부터 계신 분**과 **인자**인간**와 같은 이**와 이 인물7:14과 **가장 높으신 분의 성도들**7:18, 21과 결국 **가장 높으신 분의 거룩한 백성**7:27에게 주어진 우주적인 통치와 나라에 초점을 둔다. 하나님이 통치하고 폭군은 멸망당한다. 자신들의 권력을 행사하는 이 세상의 나라에서 온 혼돈이 최종적이지 않다. 역사의 짐승들에게 하늘의 심판이 내린다. 그들을 멸망당하지만 신실한 성도는 가장 높으신 분만이 줄 수 있는 통치권과 영토를 얻는다.

이보다 희망에 대한 어떤 더 큰 메시지도 포로로 끌려 온 백성이나 고통스러운 박해를 견디는 백성이나 폭력과 유혈과 부패 가운데 살아가는 오늘날의 신실한 자들에게 줄 수 없다!

개요

7장의 구조는 다음과 같이 네 가지 구성 패턴을 따른다. 첫째, 도입.7:1 둘째, 꿈.7:2-14 셋째, 해몽.7:15-27 넷째, 추신.7:28 다시 이 각 섹션은 네 부분으로 되어 있으며, 다음과 같이 다른 개요도 가능하다.

1. 도입
   1.1 날짜7:1
   1.2 환상을 받음7:1
   1.3 받은 장소7:1
   1.4 환상을 기록하기로 결정7:1
2. 꿈
   2.1 땅 위에7:2-8
   2.2 하늘의 궁전에7:9-10
   2.3 땅 위에7:11-12
   2.4 하늘의 궁전7:13-14
3. 해몽
   3.1 다니엘의 요청7:15-16
   3.2 천사의 응답7:17-18
   3.3 다니엘의 요청7:19-22
   3.4 천사의 응답7:23-27
4. 추신
   4.1 끝남을 알림7:28
   4.2 다니엘의 생각7:28
   4.3 그의 육체적 상태7:28
   4.4 그의 일 사용7:28

이 외에도 네 바람,7:2 네 왕7:3, 17이나 네 나라7:23인 네 짐승들, 네 날개,7:6 네 머리7:6 가 있다. 네 개의 묶음은 히브리 문학에서 흔한 문학 장치다.2:36-43 해설을 보라

주석적 해설

도입 7:1

다니엘의 꿈은 벨사살 왕 첫 해에 꾸었다. 이 꿈은 연대상으로 4장과 5장에서 발견되는 이야기들 사이에 위치할 것이다. **바빌로니아 왕 벨사살**은 주전 539년에 죽었다. 그는 주전 554년 경 그의 셋째 해에 나보니도스가 책임지는 자리를 차지했다.ANET: 313[**나보니도스**, 312쪽]. 그러므로 다니엘은 주전 539년 페르시아 침략 15년 전에 이 꿈을 꾸었다. 벨사살 당시, 다니엘은 공무를 수행하는 자였다. 활동을 많이 하지 않던 이 시기에, 다니엘은 혼란스러운 환상을 보았다. 꿈은 너무 생생하고, 혼란스러웠고, 하나님이 주는 해몽에서도 규모와 중요성에서 너무 광범위하여 다니엘은 **그 꿈을 적었다.**7:1 다니엘서에 나오는 환상 가운데 이 환상에 대해서만 이렇게 언급한다. 환상을 기록하는 것은 꿈의 모든 세부 내용과 꿈의 일부이기도 한 꿈에 대한 해몽을 잃지 않도록 하기 위해서다. 이어지는 내용은 다니엘이 **보았던** 것이다.7:2 이것은 거듭 나오는 주제다. **내가 보았다**7:2, 7, 13/**바라보았다.**7:4, 6, 9, 11, 13, 21

다니엘의 꿈 묘사 7:2-14

7:2-8 네 큰 짐승들땅 위

다니엘이 어느 날 밤 잠 잘 때, 자신이 큰 바닷가로 이끌려가는 꿈을 꾼다. 아마도 지중해가 내다보이는 절벽 위에 서 있었을 것이며, 이는 자신의 어린 시절 익숙한 장면이었을 것이다. 밤을 언급하는 것은 신비와 두려움의 느낌을 준다.

그가 바다를 내라볼 때, **하늘로부터 바람이 큰 바다에 불어 닥쳤다.** 하늘로부터의 바람은 다니엘서에서 세 번 나온다.7:2; 8:8; 11:4; 계7:1, 참조 여기서 바람은 네 짐승과 관계가 있으며, 나중에 **숫염소**다른 왕; 8:8 및 **용감한 왕**11:3-4과 관계가 있다. 하늘로부터의 네 바람은 종종 나침반의 네 방향, 남과 북과 동과 서를 가리킨다. 의미는 이것보다 더 깊을 수 있다. 하늘로부터의 네 바람은 땅의 왕들과 관계되어 나오므로, 이 용어는 또한 신적인 조치를 암시한다. **가장 높으신 분이 인간의 나라를 다스리신다는 것과, 누구든지 그의 뜻에 맞는 사람에게 나라를 주시므로,**4:25 **하늘로부터 네 바람**은 하나님이 온 땅을 통치

하는 우주적 지배권의 표징이다.

하늘로부터 네 바람은 **큰 바다에 불어 닥쳤다.** 상황은 소용돌이가 물을 동요시키는 것이다. 바다는 광대하고 들썩이며, 위험하고 통제할 수 없는 것을 상징한다. 이 꿈에서 바다는 인간, 땅에 있는 것들을 대표한다.7:17 예레미야가 잔인하고 무자비한 침략자들을 바다의 큰 소리에 비유하듯,렘6:23 이사야는 나라들의 동요를 강력한 물들의 큰 소리에 비유한다.사17:12-13; 57:20-21, 참조

하늘로부터의 바람이 물에 불어 닥치듯이, **큰 짐승 네 마리**는 "태고적 혼돈의 현현"ABD, 2:32인 **바다에서** 올라온다. 짐승과 새가 나라들을 상징하는 것이 특이한 것은 아니다.겔17:3-10; 19:2에서처럼 이스라엘 지파들은 짐승으로 상징된다. 유다는 사자, 잇사갈은 나귀, 납달리는 사슴, 베냐민은 이리로 상징된다.창49장; 이전 소련은 곰으로, 미국은 독수리로 상징된다. 참조 이스라엘 사람들에게 바다는 혼돈의 괴물들, 곧 라합과 용과 리워야단의 고향이다.사27:1; 51:9; 시74:13-14; 89:9-10; 계13:1, 참조 이 짐승들은 무섭고 무시무시하다. 나중에 해석자는 바다에서 나온 **네 짐승들**은 땅에서 일어날 **네 왕**이다.7:17 이처럼 일반적인 방식으로 네 짐승들은 느부갓네살의 꿈에 네 나라와 비슷하다.2:1-49; 2:36-43 해설을 보라

네 나라의 주제는 명백히 다니엘서에서 익숙하다. 짐승들이 나라를 상징한다는 사실은 또한 에녹1서 85-90장에 발견되는 개념이다. 하지만 두 책이 어떻게 관련이 있는지는 논란의 여지가 있다. 아마도 에녹1서는 다니엘서에 의존하는 듯하다. 어떤 이는 짐승에 대한 묘사를 바빌로니아의 짐승 조각과 비교하기를 원했지만, 둘은 사소한 특징만을 공유할 뿐이다.

첫 짐승은 **독수리 날개**를 가진 **사자**와 같다. 사자는 짐승의 왕이며, 독수리는 새의 왕이다. 사자는 위엄을 상징하고 독수리는 권능을 상징한다. 사자와 독수리의 조합은 이 왕이 큰 영역과 힘을 가진다는 사실을 가리킨다. 예언자 에스겔은 바빌로니아를 독수리에 비유한다.겔17:3-14

다니엘이 살펴보는 동안 그 날개들이 뽑혔다. **그 짐승은 몸을 일으키더니, 사람처럼 발을 땅에 디디고 섰는데, 사람의 마음까지 지니고 있었다.**7:4 첫 짐승은 느부갓네살과 신-바빌로니아 제국을 가리킨다는 사실에 일반적으로 동의한다. 느부갓네살의 나라는 그가 하늘에 눈을 들 때까지는 그에게서 **빼앗겼다.**4:32 그 다음에 느부갓네살은 인간으로서의 마음가짐을 재개했고, 그의 마음과 나라는 회복됐다.4:36 느부갓네살이 금으로된 머리였듯이,2:38 다니엘의 꿈에서 첫 짐승은 역시 느부갓네살을 상징한다.

둘째 짐승은 곰과 같았는데, 뒷발로 서 있었다. 그 짐승은 갈빗대 세 개를 물고 있었는

데, 누군가가 그에게 이렇게 말하였다. "일어나서 고기를 많이 먹어라."7:5 다니엘 7:16
에서 꿈 해석자는 짐승이 어느 왕들을 상징하는지를 가리키지 않는다. 하늘의 해석자가
다니엘에게 "이 짐승은 저 왕을 나타낸다."라고 말한다면, 하나님의 백성의 얼마나 많은
시간과 정력을 절약하겠는가. 아마도 하나님의 지혜에서 다니엘의 꿈이 수세기에 걸쳐
적용되고 다시 적용되도록 왕들을 명명하지 않았을 것이다. 계속해서 하늘로부터의 바
람은 역사의 사건들을 뒤흔든다. 왕들과 나라들이 일어난다. 그들은 오만함과 권력과 교
만으로 심지어 하늘에도 도전하고는 결국 굴욕과 패배로 무너진다. 그러는 동안 하나님
은 자신의 **성도들**천사과 **백성들**을 통해 자신의 목적을 성취한다.7:18, 27; 8:13, 24, 참조

　7장의 왕들은 2장에서 언급된 동일한 나라들을 나타낼 것이다. 2장과 마찬가지로, 이
나라들은 연속으로 나오는지 동시에 나오는지는 명확하지 않다. 돌이 모든 나라를 동시
에 가루로 만들었듯이,2:35 네 짐승에게 내리는 심판은 동시에 일어난다.7:11-12 역사적
으로 어떤 짐승들이 어떤 나라를 나타내는지 확인하려고 시도할 때, 독단적이기보다는
가설적으로 할 지혜가 필요하다.

　가설적으로 둘째 짐승 곰은 바빌로니아를 파괴할 것이라고 예언된 메대를 나타낸다.
렘51:11; 사13:17-19; 21:2 확대하면 우리는 이것이 메대-페르시아 제국을 상징한다고 간주
할 수 있다. 고레스 자신은 메대의 손자전설에 따르면여서 일부 페르시아 사람이고 일부는
메대 사람이다. 그는 주전 559년 자신의 외할아버지인 메대의 마지막 왕의 봉신으로서
페르시아 통치를 시작했다. 그는 반란을 일으켰고, 주전 550년 메대를 점령했다. 그 다
음에 주전 539년 바빌로니아가 메대 사람 구바루다리우스?가 이끄는 그의 군대 앞에서 바
빌로니아가 멸망했고, 메대-페르시아 제국의 일부가 됐다.5:31; 6:8[고레스, 301쪽] 갈빗
대나 엄니 세 개는 상징적으로 바빌로니아 사람과 메대 사람과 페르시아 사람 또는 개별
왕들을 가리킬 수 있다. 곰은 뒷발로 서 있었는데, 아마도 이것은 메대가 고레스의 지휘
아래 페르시아에 정복된 후, 그들이 메대-페르시아 제국에서 페르시아 사람들보다 덜
중요한 역할을 했다는 것을 의미한다. 결국 메대에 대한 언급을 없애고 페르시아 제국을
언급하는 경향이 있다. 일어나서 고기를 많이 먹어라라는 명령은 메대-페르시아 제국의
팽창을 가리키는데, 메대-페르시아 제국은 결국 오늘날 이집트, 이스라엘, 요르단, 시리
아, 터키, 러시아, 이라크, 파키스탄, 아프가니스탄에서 발견된 영토를 포함했다.

　셋째 짐승은 **표범처럼 생겼으나, 등에는 새의 날개가 네 개나 있었고, 머리도 네 개나
달려 있었으며, 아주 권위가 있어 보였다.**7:6 넷이 지배적인 것을 주목하라. 네 바람과 네
짐승과 이제 네 날개와 네 머리다. 가장 그럴듯한 해석은 네 날개와 네 머리에서 네 방향

으로 뻗어가는 제국 곧 페르시아 제국을 보는 것이다. 그것에 **통치권에 주어진다.**새번역, "권위가 있어 보였다"-역주 이것은 하나님이 인간 통치자를 지배한다는 이 장의 주제를 강조한다.7:17, 25, 32 어떤 이는 표범을 네 왕의 지배를 받는 페르시아 제국을 가리키는 표징으로 해석한다. 이 네 왕은 모두 아케메니드 왕조라 불리는 페르시아 통치 가문의 일부인 고레스1:1와 아하수에로스4:6, Xerxes I와 아닥사스다4:7와 페르시아 사람 다리우스느12:22다. 이 통치자들은 페르시아 제국을 서쪽의 이집트와 터키에서 동쪽의 인더스 계곡까지 확장했다. 그들은 고레스가 권력을 치자한 주전 559년부터 알렉산더 대왕이 주전 330년 다리우스 3세를 무너뜨릴 때까지의 2세기 이상 동안 역사적으로 중요했다.

일반적인 해석은 표범을 알렉산더 대왕의 놀라운 경력과 동일시하지만, 그리스인들은 넷째 짐승에 더 적합한 것 같다.[**알렉산더 대왕**, 290쪽] 주전 336년에 젊은 왕이 거기 거주하는 그리스인들을 해방하고자 소아시아를 침략했다. 그는 주전 333년 잇소스에서 다리우스를 만나 무너뜨렸고 그 다음에 신속히 동쪽으로 진격했다. 그는 두로, 시돈, 가자, 다마스쿠스를 차지했다. 알렉산더는 주전 323년 바빌로니아에서 젊은 나이에 죽었다. 그의 제국은 그의 네 장군 사이에 나뉘었다. 다니엘서에 특히 중요한 것은 이 두 장군 가운데 두 장군에 대한 계승자들이다. 곧 프톨레마이오스 왕조가 이집트를 지배했고, 주전 200년까지 팔레스타인을 통제했으며, 셀레우코스 왕조는 시리아에서 동쪽까지의 영토를 장악했고, 주전 200년 직후부터 유대인이 주전 142년 정치적으로 독립할 때까지 팔레스타인을 지배했다. 그러므로 표범은 **네 날개**로 상징되는 번개 같은 속도로 자기 제국을 세우는 알렉산더 대왕을 암시할 수 있다. 알렉산더가 불시에 죽은 후, 그의 제국은 아마도 **네 머리**인 네 지도자, 카산드로스와 리시마쿠스와 셀레우코스와 프톨레마이오스 사이에서 나뉘었다.

용과 같은 **넷째 짐승**은 상세하게 묘사된다. 다니엘은 다시 밤이라고 언급한다.7:2, 7 어둠은 넷째 짐승의 출현으로 야기되는 두려움과 전조를 강조한다. 넷째 짐승에 대한 묘사는 다음과 같이 세 가지로 구성된다. **무섭게 생겼으며, 힘이 아주 세었다.**7:7 짐승 세계에는 이 짐승이 비유될 수 있는 어떤 피조물도 없다. 어떤 알려진 짐승도 이 짐승만큼 악하고 파괴적이며 무자비하지 않다. 이 짐승은 어떤 종류의 건설적인 일에도 참여하지 않는다. 모든 활동은 군사적 활동으로 수행되며, 큰 강철 이는 자신의 길에 있는 모든 것을 씹고 파괴한다. 씹지 못하고 작은 조각으로 뱉어내는 것은 무엇이든지, 단순히 파괴하는 즐거움에서 발로 짓밟는다.

이 넷째 짐승은 **앞에서 말한 짐승들과는 다르고**7:7 아마도 그리스인들과 특히 셀레우코스 왕조를 상징하는 것 같다. 사자와 곰과 표범으로 상징되는 왕들의 행동은 방어할 수 없을지 모르지만, 그들의 행동은 이해되고 설명된다. 넷째 짐승은 그렇지 않다. 넷째 짐승의 악은 너무 광범위하고, 그 악행은 너무 만연하여 그것과 비교할 게 전혀 없다. 보통 짐승은 두 뿔이 있다. 이것은 열 개의 뿔이 있다. 다시 말해서 공격하고, 찌르고 죽이고 파괴하는 능력은 이전에 알려진 어떤 것보다도 다섯 배 더 강하다.

이 열 개의 뿔 가운데, 악이 증폭되며 열한 번째 뿔이 나온다. 이 작은 뿔은 자라서 **뿌리째 뽑힌** 세 뿔을 대체하여,7:8 여덟 뿔이 남게 된다. 나오는 뿔은 요한계시록 17:11의 "여덟째" 뿔과 같이 악을 상징한다. 묵시문학에서 숫자는 중요하다.[**묵시문학**, 295쪽] 일곱은 충만함이나 완벽함이다. 여섯은 일곱에서 하나가 부족하므로, 완전함을 달성하지 못하거나 부족한 것을 암시한다. 그렇다면 여섯은 악으로 여겨진다. 이처럼 666은 복합적인 악이다.계13:18, 아마도 네로를 가리킬 것이다 마찬가지로 여덟은 완벽함보다 하나가 많다.7+1 이것은 선이나 악이 넘치는 것을 의미한다. 요한계시록 21:8에서, 여덟 종류의 악한 행동을 하는 자들은 불의 호수에 놓인다. 이처럼 여덟 뿔은 다니엘 7장의 끔찍하고 악한 짐승에 적합하다. 이 마지막 뿔은 인간과 같은 눈과 **거만하게 떠드는** 입을 가졌다. 그 눈으로 뿔은 전체주의 국가의 비밀경찰과 마찬가지로 구석구석을 살핀다. 이 뿔은 표현할 수 없을 정도로 거만하게 허풍떨고 자랑하며, 거짓말하고 위협한다. 그리고 이 뿔은 요한계시록 13:1-10에서 발견되는 짐승에 대한 모델이다.

이 용과 같은 짐승은 명백하게 확인되지는 않는다. 어떤 이는 이 짐승이 다니엘 당시 악한 정치 조직이나 인물을 나타낸다고 믿는다. 가장 그럴듯한 해석은 이 짐승이 그리스인들을 나타내며, 열 뿔은 알렉산더 대왕을 잇는 열 명의 통치자, 특히 셀레우코스 왕조 혈통이며, 지배적인 뿔은 유대인들의 압제자, 안티오쿠스 4세 에피파네스를 대변한다는 것이다. 이처럼 네 짐승의 환상은 네 나라, 곧 바빌로니아앗시리아를 대체하며와 메대와 페르시아와 그리스가 근동을 지배했다는 널리 퍼진 신념을 반영한다.ABD, 2:30

다른 해석자들은 넷째 짐승이 종말에 대두할 로마제국이나 인물, 그리스도의 대적자를 나타낸다고 믿는다.[**그리스도의 대적자**, 292쪽] 어떤 이는 이 짐승이 역사에 등장하는 특히 악마 같은 정치 지도자의 징표라고 생각한다. 이 지도자들은 적뿐만 아니라 자기 백성과 사회 구조를 파괴하면서, 무자비하고 종종 거대한 영토를 지배하는 큰 권력을 얻는다. 그 다음에 그들은 낮춰진다. 최근 예는 히틀러, 이디 아민 또는 사담 후세인을 포함할 것이다.7:11-12 해설을 보라

이런 각 견해를 열렬히 지지하는 자들이 있다. 어떤 입장도 문제가 되는 세부 사항이

없지 않다. 넷째 짐승에 대한 확인은 종종 사상 체계를 세우거나 해석자의 편견을 지지하는 시도를 반영한다. 본문 자체는 넷째 짐승이 어떤 왕을 상징했는지를 단순하게 말하지 않는다. 표범이 알렉산더 대왕의 제국을 의미하고, 넷째 짐승이 알렉산더나 그리스인들의 제국에 이어 대두하는 다른 제국을 나타내고, 매우 악한 왕이 나타나기 전에 열 왕이 있다면, 긴 기간은 다니엘 시대부터나 알렉산더 대왕 시대부터인 것을 의미한다.

가장 그럴듯한 것은 꿈이 넷째 짐승으로 알렉산더와 그리스인들을 가리키고 거만하게 떠드는 뿔은 안티오쿠스 4세 에피파네스주전 175-164년를 가리킨다는 것이다. 안티오쿠스는 이집트를 정복했고, 그 다음에 세 통치자 아래 두었으며, 따라서 **먼저 나온 뿔** 셋을 뽑았다.7:8 그는 살인과 폭력을 통해 권력에 올랐고, 역사에서 유대인들에 대한 첫 조직적인 살상을 이끌었다.에3장과 9장이 시도한 것을 보고하지만 이처럼 안티오쿠스는 **거룩한 이들**천사과 그들이 대표하는 의로운 백성들을 지치게 하고 압도하는 왕에 대한 묘사에 들어맞는다.7:21, 25, 27 안티오쿠스의 목표는 세상을 공통 언어그리스어와 공통 왕자신과 공통 종교로 통일시키는 것이다.

안티오쿠스의 무시무시한 행동에 대한 기사는 마카비1서와 마카비2서에 발견된다. 그의 군대는 "언약서"를 소유했거나 모세 법을 지키는 자들을 죽였다.마카비1서 1:57 그들은 성전 제단에 돼지를 제물로 바쳤고,마카비1서 1:47, 54; 단9:27, 참조 제단을 제우스 숭배를 위한 제단으로 변경했다.마카비2서 6:2 그의 신하들은 할례 받은 아기들을 어머니의 목에서 떼어 던졌고, 벽에서 던져 죽이기 전에 성읍 주변을 행진시켰다.마카비1서 1:60-61; 마카비2서 6:10 안티오쿠스 4세 에피파네스는 거만하게 떠드는 입이 될 수 있다.7:23-27 해설을 보라 [**안티오쿠스 4세 에피파네스**, 293쪽]

넷째 짐승이 **크게** 떠들지만,RSV 장면은 땅에서 하늘로, 하늘의 궁전으로 갑작스럽게 이동한다. 언제나처럼 인류의 바다에서 격노하는 왕들이 아니라, 하늘의 왕과 구분이 하는 일에 초점을 둔다.

7:9-10 옛적부터 계신 분하늘 궁전에

인류의 바다는 파멸과 군대를 통해 자신들을 위치를 지키는 짐승 같은 지도자들로 말미암아 황폐하게 된다. 인류를 위한 실제 희망은 다른 곳, **옛적부터 계신 분**과 **인자와 같은 이**, **인간과 같은 이**7:13가 있는 하늘의 옥좌가 있는 방에 있다. 2-8절의 광경과 소리는 9-10절과 놀랍도록 대조를 이룬다. 그 분은 땅에서의 공포와 폭력과 소요의 밤에서 아름다움과 평화와 질서가 있는 찬란한 하늘의 빛으로 이동한다.

꿈에서 다니엘은 하늘을 바라본다. 그가 바라볼 때, 옥좌는 하늘의 궁전의 회의를 위해 놓였다.용1:6, 참조 다니엘의 시선은 나이든 인물, **옛적부터 계신 분**에 고정된다.NRSV, RSV; 7:13, 22 이 용어에 대해 KJV, RSV, NRSV에서는 신을 가리키지만, 어떤 현대 번역본은 다르다. JB는 이것을 **나이 많은 이**로 번역한다. 우리는 이분이 하나님이라고 추정할 수 있다. 거룩한 이름 여호와주님 또는 아도나이주님은 9장의 다니엘의 기도에서처럼 여기서는 사용되지 않는다. 나이든 이는 재판관으로서 **자신의 옥좌를 차지했고**7:9; 왕상22:19-22; 사6:1-9, 참조 심판의 **옥좌**에서 그의 하늘의 궁전의 다른 이들에 둘러싸였다. 구약에서 이런 결정과 심판에 참여하는 다른 이들은 **거룩한** 이들, 천사들이다.4:9-18과 아래 해설을 보라 신약에서 신자들은 이제 교회와 나중에 하나님 나라 성취라는 더 광범위한 토대에서 이 역할을 나눈다.마18:18; 19:28; 눅22:30; 고전4:8; 6:3; 계20:4, 참조

어떤 이는 다니엘서의 **옛적부터 계신 분**과 우가릿의 신들 가운데 엘에 대한 가나안 신화 사이의 비슷한 점을 지적했다. 1920년대 말에 고고학자들은 고대 페니키아에서 주전 14세기의 문헌을 발견했다. 이 평탄에서 발견된 신들에 대한 이야기에서, 몇 이야기들은 오래된 신인 엘 "세월의 아버지"를 묘사한다. 머리카락과 수염이 하얀, 이 최고의 신 엘은 크게 존중받는다. "구름을 타는 자" 바알은 그의 아들이다. 이야기에서 "바다" 얌은 다니엘의 환상에서 짐승과 다르지 않게 저항하며 바알을 내쫓으려 한다. 그러나 바알은 공격자 얌을 죽이고, 왕권을 이어받을 자로서, 엘의 허락을 받아 자신을 위한 성전-궁전을 짓는다. 여기서 바알은 땅의 왕으로서 자리를 차지한다. 하지만 중대한 차이점이 다음과 같이 있다. 다니엘 7장에서 혼돈의 징표는 다른 신들이 아니라, 인간 왕들에게서 오며, 해결책 전투가 아니라 궁정 장면을 통해 제시된다.7:9, 22, 26; ABD, 2:32

다시 이 이야기는 바빌로니아 신화 **에누마 엘리쉬**와 연결되는데, 이 신화 역시 옛 바다에서 나온 괴물들의 반란, 몸이 갈라져 하늘과 땅을 형성하는 거대한 괴물의 파멸, 파괴자에게 하늘과 땅을 통치할 왕의 자리가 주어지는 것에 대해 말한다. 다니엘서에 발견되는 반란과 아버지 같은 신의 주제는 고대 근동 세계의 맥락에서 낯설지 않다. 이 신화들과 다니엘서를 직접적으로 연결시키려 하면 문제가 생기겠지만, 이런 신화는 환상에 대한 배경을 제공할 수도 있다.

다니엘서에서 **옛적부터 계신 분**에 대한 묘사는 매우 상징적이다. 누군가의 자리를 차지한다는 것은 심판이 시작된다는 것을 의미한다. 그의 **옷은 눈과 같이 희고, 머리카락은 양 털과 같이 깨끗하였다**는 것은 하늘의 정결함과 위엄을 암시한다. 변화 산에서 예수의 옷은 "새하얗게 빛났다."막9:2-8 부활한 아침 무덤가의 천사는 "옷은 눈과 같이 희

었다."마28:3

불이 하나님의 임재에 동반된다. **옥좌에서는 불꽃이 일고, 옥좌의 바퀴에서는 불길이 치솟았으며.**7:9 하나님은 불타는 덤불에서 모세를 만났다.출3:2 시내 산에서 율법을 줄 때, 여호와가 "불 가운데서 그 곳으로 내려오셨"다.19:16-25 구약과 신약에서 모두, "하나님은 삼키는 불"이다.신4:24: 히12:29 불은 금속을 정련하는 데 사용되므로,말3:2-3 화염은 심판을 암시한다. 하나님은 깨끗이 하고 정화하려고 행동한다. 첫 단계는 심판이다. 네 짐승에게 내리는 심판이 시작된다. 옛적부터 계신 분이 앉은 옥좌는 에스겔 1장에서처럼 전차를 본떠 만들어졌다. 이것은 포로로 끌려온 이스라엘 사람들에게 위로가 된다. 하나님은 유대인들이 흩어져 있는 온 땅을 감독하고 심판할 준비가 되어 있다. 이 옥좌에서 **불꽃이 일었다.** 넷째 짐승을 태우는 것이 바로 이 불이다.7:11

다니엘은 옥좌가 있는 방이 **수천**이 수종들고 있고, **수만**, 곧 **하늘 군대**8:10가 명령을 따를 준비를 하고 서 있으면서 왕성한 활동이 이뤄지는 곳이라는 사실을 목격한다. 히브리 시에서 수천은 천과 병행하여 종종 나온다. 그러므로 개념은 정확하게 1억 명이 그를 수종들고 있다는 것이 아니라 단순히 큰 숫자일 뿐이다. 이런 병행은 다음과 같이 시편 91:7에서도 발견된다. "네 왼쪽에서 천 명이 넘어지고, 네 오른쪽에서 만 명이 쓰러져도."또한 신32:30[RSV]: 삼상18:7: 미6:7

성서에 따르면, 하늘은 기록들을 보관하고, 책은 이에 대한 생생한 은유가 된다. **심판이 시작되는데, 책들이 펴져 있었다.**7:10c 이 책들의 특성은 언급마다 다르다. 한 기록은 시간의 시작부터 생명책시139:16: 계13:8: 17:8에 정해진 대로 사람들의 운명에 대한 정보를 포함한다. 이것은 신정 공동체의 구성원 등록부와 비슷하다.출32:32-33: 시69:28: 사4:3: 단12:1: 말3:16 또 다른 기록은 선하고 악한 사람들, 순종하고 불순종하는 사람들의 행동에 대한 법적 기록을 포함한다.느13:14과 함께 5:19: 사65:6: 시51:1: 109:14 다니엘서에서 이 책들에 대해 세 번 언급한다.7:10: 10:21: 12:1 진리의 책10:21은 하나님이 명령한 것을 기록한 것 같은 반면, 7:10은 명령된 것과 행위의 기록 모두를 가리킬 수 있으며, 12:1은 의로운 자들의 등록부다. 신실한 자들은 어떤 감사도 필요 없이 하늘이 정확한 책들을 보관한다는 신뢰에서 희망과 힘을 얻는다. 신실한 자들에게는 이 책들이 하나님의 심판에서의 조치에 대한 적절한 근거를 제공한다. 책들이 펼쳐졌는데, 이는 재판관이 결정을 내리기 전 사건에 대한 모든 관련 자료들을 읽었다는 것을 보여준다. **심판 내려진 대로,**7:22: 호4-5장, 주님의 이스라엘 고발, 참조새번역, "권리를 찾아 주셔서"-역주 평결이 다른 곳에 기록된다. 환상은 자세한 내용을 다루지 않는다. 재판이 시작되지만, 그 다음에 환상은 땅으로 돌아간다. 이어질 조치는 평결이 모아졌고, 선고가 내렸다는 것을 가리킨다. 다음 장면에서 선고가 수행된다. 하나님의 심판이 더 자세히 설명된다.7:22, 26

7:11-12 짐승들이 심판받다짱 위

다니엘이 하늘의 궁전에서의 조치에 주목하지만, 이 주목은 넷째 짐승의 마지막 뿔의 큰 거만한 말들로 딴 데로 돌려진다. 아마도 이 말들은 재판관에게 하는 자기변호일 것이다. 짐승의 권력과 위치를 고려하면, 짐승은 변호사의 필요성을 느끼지 못한다.

다니엘이 내다볼 때, **넷째 짐승이 살해되고, 그 시체가 뭉그러져서, 타는 불에 던져졌다.** 명백히 하늘의 궁전의 선고는 넷째 짐승에게 내리는 사형이다. 선고를 수행하는 데 인간의 대행을 전혀 언급하지 않는다. 다니엘서의 다른 곳에서 천사들이 하나님의 선고를 이행하는 것과 영적인 전쟁에 참여한다.4:14, 17; 6:22; 7:21-22; 10:20-21; 12:1 하나님이 신속하게 행동한다. 삼키는 불이 그에게서 흘러나온다.7:10 히브리서 저자는 "하나님께서는 천사들을 바람으로 삼으시고, 시중꾼들을 불꽃으로 삼으신다."1:7[시104:4]에서라고 말한다. "짐짓 죄를 짓고" 있는 자들은 "무서운 심판과 반역자들을 삼킬 맹렬한 불"에 직면해야 한다.히10:27 짐승의 몸은 태워져야 하는데, 이는 극도의 악과 최종적인 굴욕의 징표다.레20:14; 21:9; 수7:25

선고가 또한 다른 세 짐승에게 이행된다. **그들의 권세를 빼앗겼다.**7:12 하나님의 권세를 주고, 그것을 빼앗아 간다. 2장에서 전체 신상이 파괴되는데, 여기서는 마찬가지로 동시에 역사에서의 하나님의 심판을 대변하는 꿈에서 모든 네 짐승의 권세가 빼앗긴다. 권력의 절정이 한 제국에서 다른 제국으로 넘어갈 때, 나라들의 백성은 남아 있다. **그 생명은 얼마 동안 연장되었다.** 하나님은 백성을 통해 자신이 원하는 대로 목적을 성취하도록, 백성들은 무한히 지속된다. 이 짐승들이 바빌로니아, 메대-페르시아, 그리스 제국을 나타낸다면, 이사야가 다음과 같이 예견한 대로, 하나님은 그들의 백성이 권세를 행사하지는 않으면서 생존하도록 허용한다.

> 내가 뭇 민족을 손짓하여 부르고,
> 뭇 백성에게 신호를 보낼 터이니,
> 그들이 네 아들을 안고 오며,
> 네 딸을 업고 올 것이다.
> 왕들이 네 아버지처럼 될 것이며,

왕비들이 네 어머니처럼 될 것이다.

그들이 얼굴을 땅에 대고 네게 엎드릴 것이며,

네 발의 먼지를 닦아 줄 것이다.

그 때에 너는, 내가 주인 줄을 알 것이다.

나를 믿고 기다리는 사람은 수치를 당하지 않는다.사49:22-23

이 신탁은 다음과 같이 다니엘 7:26-27에서 성취된다. **나라와 권세와 온 천하 열국의 위력이 가장 높으신 분의 거룩한 백성에게로 돌아갈 것이다.**

거만하게 말하는 뿔이 있는 넷째 짐승은 다양하게 안티오쿠스 4세 에피파네스, 로마와 동일시되고, 나중에는 이슬람, 교황, 공산주의, 자본주의, 유럽 경제 공동체와 그리스도의 대적자와 동일시됐다. 이 짐승들은 구체적으로 확인되지 않으므로, 큰 악의 상황이 일어나 번성하고 선고가 내려지면서, 환상은 수 세기에 걸쳐 적용되고 다시 적용될 수 있다. 이런 양상이 때때로 이곳저곳에서 하나님의 백성에게 일어난다. 다니엘의 환상은 비인간적인 압제 가운데서도 하나님의 통치를 분명히 한다. 다니엘의 환상은 지속적으로 확신과 희망의 원천이 된다.

7:13-14 인자와 같은 이하늘의 궁전에

짐승에 대한 심판이 이행되면서, 장면은 다시 갑작스럽게 변하여 하늘의 궁전으로 되돌아간다. 장면은 **내가 밤에 이러한 환상을 보고 있을 때**라는 행으로 소개된다. 이 표현은 세 번 나온다. 첫째, 환상의 처음7:2과 둘째, 무시무시한 넷째 짐승이 나타날 때7:7와 셋째, 가장 중요한 장면으로 인자와 같은 이가 올 때이다.7:13, RSV; NRSV: 인간 시만이 이 장면의 숭고한 특성을 전달할 수 있다.

다시 분명한 대조가 있다. 짐승들은 하나님에 맞서 반란을 일으킨 인간 제국을 대표한다. 이제 **하늘 구름을 타고** 오며, 지배 인물에 적합한 사람과 같은 이가 나타난다. 출애굽기에서 "주님의 영광이 구름 속에 나타났다."출16:10 율법을 줄 때, 하나님은 모세에게 "내가 짙은 구름 속에서 너에게 나타날 것이니"출19:9라고 말씀한다. 신약에서 예수가 변화될 때, "구름이 일어나서 그 세 사람을 휩쌌다. 그들이 구름 속으로 들어가니, 제자들은 두려움에 사로잡혔다. 그리고 구름 속에서 소리가 났다. '이는 내 아들이요, 내가 택한 자다. 너희는 그의 말을 들어라.'"눅9:34-35 승천할 때, 예수는 "들려 올라가시니, 구름에 싸여서 보이지 않게 되었다."행1:9 구름은 "인자" 또는 예수 그리스도의 오심과 연관된다.마24:30; 막14:62; 행1:11; 살전4:16-17; 계1:7; 아래 성서적 맥락에서의 본문을 보라

인자 같은 이가 온다.RSV; 인간과 같은 이, NRSV 해석자가 분명히 하듯이, 이 인물은 인간이지만 그들의 행동에서7:3-8, 19-21 짐승과 같고 악마와 같은 왕들과는 대조적으로 7:17 인간과 같다. 그러나 느부갓네살은 인간의 위엄과 마음을 회복했다.7:4; 4:36해설을 보라 인간의 모습으로 구름 가운데 오는 이는 전통적으로 후대 해석에서 메시아로 확인되지만, 저자와 첫 독자들에게는 이스라엘 사람들의 수호천사인 대천사 **미가엘**일 수 있다.10:13, 21; 12:1, 참조 요한계시록 14:14에서, "인자 같은 분," "구름 위에 앉아 있는 분"은 다니엘 7장과 마찬가지로 천사다.ABD, 2:32, 35 마찬가지로 가브리엘은 인간의 형상이지만 천사의 광채로 나타나며,단8:15-16; 9:21; 10:5-6 에스겔서에서 하나님은 인간으로 나타난다.1:26

이 장면은 네 짐승들에게 평결이 내려지고 선고가 이행된 후에 발생한다. 옛적부터 계신 분은 옥좌 위에 있다. 그 다음에 인자와 같은 이인간는 왕권을 받을 목적으로 **그 앞에 섰다.** 인자와 같은 이에게는 하나님의 통치권인 영원한 권세와 같은 통치권이 주어진다.7:14; 4:3, 참조 여기에 역사는 짐승들의 괴롭히고 공포로 몰아넣는 통치 이상이라는 확신이 있다. 절대적인 권위를 행사하는 짐승들이 허영은 하늘에 가로막힌다. 작은 뿔의 거만함, 탐심, 파괴, 큰 입은 쇠약해지고 침묵한다. 이제 인간의 모습과 같은 이에게 하늘은 하나님이 지배되도록 한 대로 하나님의 세계를 지배하면서, 참된 하늘의 권위가 땅에서 행사되도록 허락한다. **민족과 언어가 다른 뭇 백성이 그를 경배하게 하셨다.** 통치권은 땅의 나라가 아니라 하늘에 속한다.

이것은 **민족과 언어가 다른 뭇 백성**이라는 용어가 일곱 번째로 나오는 곳이다.3:4, 7, 29; 4:1; 5:19; 6:25; 7:14 민족과 언어가 다른 뭇 백성은 느부갓네살 앞에 떨지만,5:19 느부갓네살은 가장 높으신 하나님만이 지속되는 통치권을 가진다는 사실을 깨닫는다.4:1-3 다리우스도 다니엘의 하나님만이 영속적인 통치권을 가진다는 사실을 깨닫는다.6:26 이제 민족과 언어가 다른 뭇 백성은 이 통치권이 이 인간과 같은 인물에게 주어질 것이며, 그는 이어 나올 모든 제국을 다스릴 통치권을 행사할 것이라는 사실을 깨닫는다.

그러므로 인자와 같은 이는 다니엘서에서 결코 왕이나 메시아로 불리지 않지만, 그에게는 왕의 권세와 특권이 주어지며, 온 민족은 그를 섬길 것이다.7:14 이 통치권을 소유한 자는 하늘에 맞서 배반한 왕들의 손에서 고통당하는 하나님의 백성을 위한 옥좌에 오른 하늘의 보호자다.ABD, 6:138 메시지는 의로운 자들이 구원받을 것이며, 온 민족이 그들도 섬길 것이라는 것이다.7:27 이 인물에게 주어진 통치권은 **우주적이다. 민족과 언어가**

다른 뭇 백성이 그를 경배하게 하셨다. 또한 이 통치권은 영원하다. **옮겨 가지 않을 것이며, 강력하다. 멸망하지 않을 것이다.**7:14 다니엘서에 대한 후대 유대 해석자와 기독교 해석자가 하늘의 구름을 타고 오는 이 인물에게서 메시아적인 특성을 인식한 것은 이해할 만하다.아래 성서적 맥락에서의 본문을 보라

꿈 해몽 7:15-27

꿈과 그 꿈의 해몽은 함께 극적인 환상 전체를 구성한다. 환상은 땅 위에서의 장면, 하늘에서의 장면, 다니엘의 감정, 천사와의 대화, 꿈 해몽을 포함한다.

7:15-16 다니엘의 상태와 요청

느부갓네살이 꿈에서 깨났을 때, 그의 마음이 괴로워 꿈의 의미를 알기 원한다.2:1, 3 다니엘의 꿈이 진행되어가자, 그 역시 괴로워하고 놀란다. 다니엘은 자신의 꿈에서 천사를 보고, 진리, 곧 꿈의 의미를 알고자 **천사들 가운데 하나에게 가까이 갔다.** 천사는 확인되지 않지만, 다른 곳에서 이해를 돕고 **사람 모습**을 할 수도 있는 대천사 가브리엘일 수 있다.8:15-16; 9:21 그러므로 **지난번에 환상에서 본 가브리엘**9:21이 8장의 환상뿐만 아니라 이 환상을 언급할 수도 있다. 천사는 다니엘의 요청에 간단하게 대답한다.

7:17-18 일반적인 해몽

천사의 대답은 두 부분으로 나뉜다. 환상은 땅 위의 짐승들과 하늘의 궁전 사이를 오간다. 간략한 해몽은 먼저 짐승들을 언급하고, 그 다음에 하늘의 궁전의 조치를 언급한다.

네 짐승에 대한 해몽은 간단하다. **이 큰 짐승 네 마리는 앞으로 땅에서 일어날 네 왕이다.**7:17 그러나 하늘의 궁정에서의 조치에 대한 해몽은 이상한 방향으로 전개된다. 하늘의 궁전에서 권세와 영광과 나라는 인자와 같은 이에게 주어져, 언어와 민족이 다른 뭇 백성은 그를 섬겨야 한다. 그러나 해몽에서 **가장 높으신 분의 성도들이 나라를 얻을 것이며, 영원히 영원히 영원히 그것을 누릴 것이다.**7:18; 7:21, 27, 참조

다가올 나라는 세상을 통치하려는 짐승들의 시도에서 짐승들이 쥐고 있는 왕권과 권력을 빼앗는다. 한 왕권만이 있으며, 이 왕권은 하늘의 통제를 받는다. 이 왕권은 구름 타고 온 인간과 같은 인물에게 주어진다. 해몽에서 나라를 받은 자들은 복수다. **가장 높으신 분의 성도들**아람어 '카디신' [qadisin], 7:18, 22, 25, 27; 히브리어: '케도심' [qedosim], 참조이 나라를 받고 소유한다.

다니엘서 다른 곳에서 **거룩한 이들/감시자들**은 하늘의 존재, 천사를 가리킨다.4:9-18; 8:13 해설을 참조하라; 10-12장; 단8장에 대한 교회 생활에서의 본문을 보라; 신33:2-3; 시89:6-8; 슥14:5, 참조 거룩한 이들의 임무는 하나님의 메시지를 전달하고, 주님과 동행하며 그분의 지시대로 행동하고 이스라엘을 보호하는 것이다. 저자가 **거룩한 이들의 백성**7:27; 8:24이나 **거룩한 백성**12:7을 가리킬 때, 백성 '암' ['am]이라는 단어는 **거룩한**이라는 단어 형태에 덧붙여진다. KJV와 RSV에서, **거룩한 이들**이라는 용어는 7장에서 **성도**로 번역된다. 이스라엘 역사 초기 거룩한 백성이라는 개념은 이스라엘 사람들에게 적용됐다. 주님은 "이제 너희가 정말로 나의 말을 듣고, 내가 세워 준 언약을 지키면, 너희는 모든 민족 가운데서 나의 보물이 될 것이다. 온 세상이 다 나의 것이다. 그러므로 너희는 내가 선택한 백성이 되고, 너희의 나라는 나를 섬기는 제사장 나라가 되고, 너희는 거룩한 민족이 될 것이다. 너는 이 말을 이스라엘 자손에게 일러주어라."라고 말씀한다.출19:5-6; 단12:7, 참조

여기서 **거룩한 이들**은 미가엘이 이끄는 천사들일 것이다. 이 천사들은 **거룩한 이들의 백성**을 위해 그리고 그들과 함께 하나님의 선물을 통해 **나라를 얻을 것이며, 누릴 것이다.** 나라를 얻을 때, 군사 정책이나 인간 군사의 힘을 통한 지배를 언급하지 않는다. 옛적부터 계신 분이 그들에게 심판을 내릴 때, 거만한 뿔과의 전쟁은 성공적이다.7:21; 11:20-21; 12:1 거룩한 이들의 백성은 무저항주의이며, 나라를 얻게 된다.7:27 이것은 마카비1서 2:42-48의 전사가 된 하시딤 사람들 '하시딤' [hasidim] 또는 거룩한 이들과는 대조가 된다. 그들은 법을 위해 기꺼이 자신들을 바치지만, 이방인들과 왕들의 손에서 율법을 구하고자 군대를 조직한다.

7:19-22 다니엘이 넷째 짐승에 대해 묻다

다니엘의 꿈에, 악한 왕들은 짐승들로 표현된다. 거룩한 이들의 나라는 인간과 같은 인물로 표현된다. 오늘날 많은 이들과 마찬가지로, 다니엘은 넷째 짐승에 매료된다. 그는 그 짐승이 누구인지와 무엇을 의미하는지에 대해 알기를 원한다. **넷째 짐승**에 대한 진리를 알고자 애쓸 때, 그는 옛적부터 계신 분과 인자인간와 같은 이에 집중하지 못한다. 그는 추가 정보를 요구하고, 7-14절에 기록된 자료 상당부분을 반복하지만, 또한 이전에 언급되지 않은 세부 내용과 행동을 추가한다.

다니엘이 자신이 본 것을 반복할 때, 넷째 짐승의 **놋쇠 발톱**에 대한 묘사를 추가한다.7:19 그는 또한 한 뿔이 다른 뿔들보다 더 큰 것 같다는 관찰을 제시하는데,7:20 이는 어떤 해석자들에게는 열한 뿔이 알렉산더 대왕으로 시작하는 일련의 그리스 통치자들

이라기보다는 동시대의 열한 국가를 나타낸다고 믿도록 하는 표현이다. 안티오쿠스 4세 에피파네스가 실제로 알렉산더 대왕 이후 통치자들 가운데 열한 번째 왕이라는 사실은 역사적으로 확립하기가 어렵다. 그러나 많은 이들은 이렇게 악을 인격화한 것은 안티오 쿠스를 가리킨다고 믿는다.

다니엘은 질문을 계속해 가면서, 다음과 같이 많은 새로운 정보를 준다.

1. 뿔은 **성도들에 맞서서 전쟁을 일으키고**,계13:7, 참조
2. 뿔은 **그들을 이겼으나**
3. **옛적부터 계신 분이 오셔서, 가장 높으신 분의 성도들의 권리를 찾아 주실 때** 까지 이것은 계속된다.
4. **마침내 성도들이 나라를 되찾았**을 때가 왔다.

이전에 넷째 짐승을 잡아먹고, 으스러뜨리며, 짓밟아 버리는 모습으로 묘사했다. 이제 넷째 짐승의 분노의 대상은 명백해진다. 즉 가장 높으신 분의 거룩한 이들이다.7:21; 8:10, 하늘 군대. 참조 이 짐승은 땅 위에서 전쟁하는 방식과 비슷한 갈등으로 하늘과 하늘의 명령 에 도전한다. 이와 같이 이 장면은 안티오쿠스가 어떻게 신실한 유대인들에게서 그들의 언어와 거룩한 책들과 성전을 빼앗으려고 하는지에 대한 마카비1서의 보고와 일치한다. 일정 기간 안티오쿠스는 **백성을 파멸시킬** 수 있지만,단8:24 하나님이 개입할 것이다.

옛적부터 계신 분은 재판관으로서 하늘의 궁전에 앉고, 책들이 펼쳐져 있다. 이제야 재 판관이 짐승을 통치할 때 **거룩한 이들**7:22과 그들이 보호하는 **백성**7:27을 위해 통치한다 는 사실을 깨닫게 된다. 네 짐승들에게 내려진 선고가 이행되면서, **성도들이 나라를 되 찾았다.** 14절에서 **인자인간와 같은 이**에게 나라가 주어진다. 이제 다니엘은 의로운 자들 이 **나라와 권세**7:27를 얻는다는 사실을 분명히 한다. 환상에서 옛적부터 계신 분이 거만 함을 무너뜨리지만, 나라를 **가장 높으신 분의 성도들**에게 나라를 주는 것에 대해 설명이 없다. 9:18에서 우리는 다니엘에 자기 백성에게 **자비를** 베풀어 달라고 주님께 호소하 는 것을 듣는다.

절대적인 힘과 권세와 나라를 가진 짐승들과 다르게 **인자와 같은 이**는 하나님 아래에 서 섬긴다. 그는 나라를 얻고 다시 그 나라를 **거룩한 백성과** 공유한다.7:27 짐승이 **성도들** 7:21과 **가장 높으신 분의 성도들**7:27, RSV을 지배한다는 사실이 그 짐승의 몰락으로 이어 진다. 그러나 의로운 백성에게 땅의 패배에도 불구하고 승리가 주어진다. 그들에게 "마

음이 가난한" 사람, 싸우기를 거부한 "온유한" 사람은 나라를 얻게 된다.마5:3-12, 44 이 장면은 다음과 같은 바울의 관찰을 미리 보여준다.

> 여러분도 그분 안에서 충만함을 받았습니다. 그리스도는 모든 통치와 권세의 머리이십니다. … 그리고 모든 통치자들과 권력자들의 무장을 해제시키고, 그들을 그리스도의 개선 행진에 포로로 내세우셔서, 뭇 사람의 구경거리로 삼으셨습니다.골2:10, 15

7:23-27 자세한 해몽

천사는 다니엘의 요청에 반응하여, 넷째 짐승에 대한 추가 정보를 약간 제공하고, 이전 정보 일부를 반복한다. 여기서 넷째 짐승의 열한 번째 뿔에 초점을 둔다. 뿔의 기원은 이전 정복과는 종류가 아니라 강도와 규모에서 다른 전 세계적인 정복으로 거슬러 올라간다. 이것은 알렉산더가 죽을 때 나뉘는 광범위한 제국을 가리킬 수 있다. 이 나뉨에서 뿔 열개7:7나 열 왕이 일어날 것이다.2:42의 열 발가락과 같이 이것은 어림수인 것 같다. 여기서 열한 번째가 나올 것이다. 이것은 살인과 폭력이라는 면에서 다를 것이다. 그는 **세 왕을 무너뜨릴 것이다.**7:20, 24; 7:8 해설을 보라 역사적으로도 상징적으로도 다른 신원 확인이 가능하겠지만, 이 왕은 안티오쿠스 4세 에피파네스로 가장 잘 확인되는 것 같다. **거만하게 떠드는 입**7:8, 11, 20은 다음과 같이 세 가지를 짓는다.

1. **그가 가장 높으신 분께 대항하여 말한다.**7:25 즉 그는 이스라엘의 하나님을 신성모독한다.8:11 해설을 참조하라

2. **가장 높으신 분의 성도들을 괴롭히며.** 안티오쿠스는 가장 높으신 분의 성도들을 박해했다. 그는 예루살렘과 성전을 약탈하고, 포로로 끌고 갔으며, 예루살렘에 자기 군대를 위한 요새를 두었고, 신실한 자들을 숨도록 몰아댔다.마카비 1서 1:20-40

3. **정해진 때와 법을 바꾸려고 할 것이다.** 안티오쿠스는 또한 유대의 종교 관습, 거룩한 날들과 제물을 방해했다. 때를 바꾼다는 것은 인간 역사가 인간이 아니라 하나님의 손에서 펼쳐진다는 유대 사상을 반영한다.단2:21 안티오쿠스는 이스라엘을 포함하여 다른 나라들을 굴복시키고 자기 방식을 강요하여, 하나님의 목적과 엇갈렸다. 지지하는 증거는 없지만, 안티오쿠스는 정기적인 종교

절기를 위한 날짜를 정하는 데 혼란을 일으키고자, 364일의 양력을 360일의 음력으로 바꾸려고 했을 수 있다. 안티오쿠스는 분명히 이런 의식을 공격했다. "그는 그들에게 그 땅에게는 낯선 관습을 따르고, 성소에서의 번제와 희생 제물과 부어드리는 제물을 금지하고, 안식일과 절기를 더럽히도록 지시하여 … 그들이 율법을 잊고 모든 명령을 바꾸도록 했다."마카비1서 2:44-49

마카비서는 안티오쿠스가 어떻게 모세 법을 근절하려고 시도했는지를 묘사한다. 불행하게도 신실한 자들이 볼 때, 많은 유대인들은 그리스의 생활 방식을 채택할 준비가 되어 있고 기꺼이 채택했다. 많은 이들이 유대 종교 관습을 안티오쿠스가 장려한 관습에 굴복할 준비가 되어 있었다. "그들은 이방인의 풍습에 따라 예루살렘에 연무장演武場을 지었고, 할례의 표시를 제거했으며, 거룩한 언약을 포기했다. 그들은 이방인들에게 합류했고, 자신들을 악한 일을 하는 데 넘겨주었다."마카비1서 1:14-15 "하지만 이스라엘의 많은 이들이 확고히 했으며 … 거룩한 언약을 더럽히기보다는 죽기로 선택했고, 그들은 정말로 죽었다."마카비1서 1:62-63

안티오쿠스의 악행의 절정은 "황폐케 하는 신성모독"마카비1서 1:54이었다.[흉측한 우상, 290쪽] 이것은 다니엘서에서 네 번 언급된다.8:13; 9:27; 11:31; 12:11; 막13:14; 마24:15, 참조 안티오쿠스는 자신을 "에피파네스"라고 불렀는데, 이는 "현현한 신"을 의미한다. 그는 자신의 얼굴 특징이 올림포스의 제우스를 닮았다고 생각하고, 점차로 자신의 동전에 자신을 태양 신 헬리오스와 같이 광선의 관이 있는 제우스의 전통적인 모습으로 묘사했다. 예루살렘 성전 제단 위에, 그는 아마도 숭배될 운석과 더불어 제우스를 위한 제단을 세웠다.Goldstein, 1976:145-152 이로 말미암아 성전에는 참된 예배자들이 없어졌고, 이스라엘의 이해에 따르면, 하나님 자신도 명백히 떠났다.겔11:22-23에서처럼

천사의 해몽에 따르면, 짐승 같은 왕이 **한 때와 두 때와 반 때**까지 성도들을 지배할 것이다.7:25; 8:14; 9:27; 12:7, 11, 12, 참조 4장과 여기 7장과 12:7에서 때는 일 년을 가리키는 것 같다. 그러므로 일 년과 이 년과 반 년을 더하면 약 삼 년 반이 된다.

때 '이단' ['iddan]라는 단어는 무한한 기간이나 계절을 가리킬 수도 있다. 일곱은 완전함의 수로 간주되므로, 중간에 제지되거나 반으로 잘린다는 것은 극도의 악을 가리킨다. 그러므로 세 때 반이라는 것은 강렬한 악의 제한된 기간을 나타낸다. 게다가 이것은 역시 갑작스럽게 막힌 때의 확장된 시기를 가리키는 관용구를 나타낸다. 그러므로 "한 시기, 두 배의 시기, 네 배의 시기"로 일곱 시기영원까지 계속되다가 갑작스럽게 반으로 잘린다.

권력을 잡고 찬탈한 뿔이 하나님의 때와 하나님의 방식으로 잘린다. 요한계시록 13:5-8 은 다니엘 7장에서 왔으며, 42개월이나 삼 개월 반에 대해 말한다. 요한계시록에서 42개 월은 역시 하나님의 승리의 개입 전에 공포와 악의 시기를 나타낸다.

다니엘 7:1은 벨사살의 첫 해 바빌로니아에서 다니엘이 이 환상을 보았다고 주장한다. 사건들은 많은 해 동안 예루살렘에서 발생한다. 천사는 짐승 같은 왕의 파멸은 짧을 것 이라고 분명히 한다. 역사가 보여주듯이, 이것은 실제로 사실이다. 주전 167년 11-12월 에 성전이 더럽혀진 시기마카비1서 1:54와 주전 164년 12월에 다시 봉헌 한 시기 사이의 시 간은 삼 년과 열흘이었다. 이전에 아폴로니우스가 안티오쿠스를 위해 예루살렘을 점령 하고 시리아 사람들이 신성모독적인 행동을 범했을 시기를 시작함으로써마카비1서 1:29- 35; 마카비2서 5:24-26 삼 년 반의 기간에 이를 수 있다.단7:25 그러나 이런 시도의 가치나 필 요성은 논란의 여지가 있다.

천사는 하늘에서의 장면을 자세히 설명한다.7:26; 7:10, 참조 환상에서 짐승은 이미 멸망 하기 시작했다. 해몽에서 이 조치는 앞으로 이행될 것이다. 하나님의 백성이 하늘의 재판 관의 명령에 따라, 안티오쿠스의 손에 제한된 시기에 넘겨졌지만,7:25 그의 권세는 빼앗 기고 완전히 멸망당할 것이다.

그 다음에 환상의 절정에 이른다. 하늘은 **가장 높으신 분의 거룩한 백성에게** 행한 다.7:27 그들에게는 **나라와 권세**가 주어진다. **그의 나라는 영원한 나라다. 권세를 가진 모든 통치자가 그를 섬기며 복종할 것이다.**

천사는 의로운 자들에게 주어질 나라의 특성을 설명하지 않는다. 주전 164년 말 성전 의 재봉헌과 안티오쿠스의 죽음과 더불어, 압제의 정치 체계가 사라지는 것은 아니다.

그러나 성도들의 통치에는 영원한 차원이 있다. 이것은 훌륭하게 요한계시록 22:1-5 에 묘사되는데, 이때 하나님의 종은 그분과 어린 양을 섬기고, "그들은 영원무궁 하도록 다스릴 것입니다."아래 성서적 맥락에서의 본문을 보라

추신 7:28

하나님의 메시지를 받는다는 것은 강렬한 경험이다. 다니엘의 환상은 신비스럽다. 공 포와 고요함, 절망과 낙심을 위한 근본 목적이 있다. 다니엘이 환상에 대한 자신의 반응 을 보고하여 자기 독자들을 격려한다. 다니엘이 그 의미를 거의 이해하지 못한다면, 그의 독자들도 역시 당황하고 해석하고 환상의 많은 요소들을 확인하기에 어렵다는 것을 알 게 될 것이다. 하지만 환상의 전반에서 고통의 시기 가운데, 하나님은 자기 백성을 위해

강력하게 임재하며 역사한다. 이런 통찰력의 의미를 파악한다는 것은 환상의 각 세부 내용을 설명하려고 하는 것보다 훨씬 가치가 있다.

추신에서 다니엘은 다음과 같이 네 항목을 포함한다.

1. 다니엘은 환상의 끝을 표시한다.
2. 그는 자신의 내적 마음이 두렵고 혼란스러우며 당황스럽다고 묘사한다.
3. 그는 자신의 육체적 상태를 지적하는데, 환상이 자신을 약하고 창백하게 버려두었다는 것이다.
4. 그는 자신의 생각을 언급한다. 그가 본 것과 들은 것은 그의 마음을 다시 뒤집는다. 그는 환상을 온전히 이해하게 될 것을 희망하면서, 어떤 것도 잃지 않도록 각 세부 내용을 조사한다.

성서적 맥락에서의 본문

인자

히브리어 구절 '벤-아담' ben-'adam 문자 그대로 "인자"는 인간을 의미한다. 이 용어히브리어 성서와 RSV에서는 시편 8:4히2:6; 시144:3, '벤-에노쉬' [ben-'enoš], 참조과 80:17히브리어로, 80:18과 146:3에 나오는데, 항상 의미는 50회 이상 사용된 에스겔서와 비슷하다.2:1에서처럼 "인자"는 단순히 인간이자, 아담의 후손, "죽을 존재"로 에스겔을 지칭한다. 이 구절은 에스겔을 통해 그리고 그에게 말하기를 선택한 하나님의 강함과 위엄과 비교하여 예언자의 제한된 중요성을 암시한다.

구약에서 이 구절이 나오는 가장 중요한 곳은 아람어'바르 에나스' [bar 'enas]로 되어 있는 다니엘 7:13이다. RSV는 아람어를 문자 그대로 따르고, 독자가 이것을 예수의 말씀과 연결시키도록 돕는다.

> 인자 같은NRSV: 인간 같은 이가 오는데,
> 하늘 구름을 타고 와서,
> 옛적부터 계신 분에게로 나아가,
> 그 앞에 섰다.

다른 이스라엘 사람들이 다니엘 7장의 환상을 보고서, 후대 유대 해석과 기독교 해석이기는 하지만, **인자와 같은 이**RSV 또는 **인간과 같은 이**NRSV가 메시아를 가리킨다고 생각했는지는 의심스럽다. 원 청중들은 이 구절이 이스라엘을 책임지는 대천사 미가엘이 인간의 모습으로 출현한 것을 가리킨다고 생각했을 것이다.10:21; 12:1 미가엘과 그가 동행하는 **거룩한 이**들, 천사는 땅에 거주하는 의롭고 신실한 이스라엘 사람, 그들의 백성을 위한 나라를 소유한다. 민족들이 그들을 섬길 것이다. 이것은 다음의 쿰란의 『전쟁문서』1QM 17장과 비슷하다.

> 이 날은 하나님이 악의 나라의 군주를 패배시키고 무너뜨리기로 지정한 날이며,
> 그분은 미가엘 나라의 위엄 있는 천사의 힘으로 자신의 구속받은 자들 무리에 영
> 원한 도움을 보낼 것이다. … 평화와 축복이 하나님의 무리에 함께 할 것이다. 그
> 분은 신들 가운데 미가엘 나라를 세우고, 모든 육체 가운데 이스라엘의 영토를
> 세울 것이다.Vermes: 122

다니엘서 본문은 하늘의 인물을 언급한다. 이전에 어떤 해석자는 이 인물이 원형의 사람에 대한 신화와 연결됐다고 생각했지만, 존재한다고 하더라도 기껏해야 희박하게 관련이 있다. 이 인물은 고통을 통과하는 신실한 공동체의 천사와 같은 대표자로서 이해돼야 한다는 것이 더욱 그럴 듯하다. 아마도 "인자"라는 용어가 대중적으로 메시아 사상과 연결되지 않았고 따라서 이 용어를 통해 메시아에 대한 기대를 재구성할 수 있으므로, 예수는 이 용어를 사용했을 것이다.막2:10; 28; 8:31, 38; 9:9, 12, 31; 10:33, 45; 13:26; 14:21, 41, 62; 그리고 병행 본문, 참조 그렇다면 예수는 이 표현을 사용할 때 독특한 선택권을 사용했는데, 그러나 이 표현을 사용하여 그가 하나님의 아들 됨과 메시아 됨을 보호했을 것이다.

어떤 이는 예수가 자신의 인간성을 강조하고, 자신의 사역을 수행하는 데 아버지 하나님을 의존함을 강조하고자 "인자"라는 용어를 사용했다고 생각한다. 이 경우, 예수는 다니엘의 하늘의 인물보다는 에스겔의 "힘없는 인간"을 가리키는 표현에 의존했다. 하지만 예수가 자신의 인간성그리고 다른 것은 아닌을 단순히 의미하려고 이 명칭을 사용했다는 사실은, 구름 타고 오는 다니엘의 인물에게 주어진 권세 때문에라도 문제가 있으며 논란의 여지가 있다.7:13 다니엘의 하늘의 인물은 명백히 마가가 "거룩한 천사"를 거느리고 고귀한 통치자이자 재판관으로서 "큰 권능과 영광에 싸여" 구름 타고 오는 인자를 언급하는 배경이 된다.8:38; 13:26-27; 14:62; 요5:25-29; 살전4:16-17; 계1:7, 13-17; Gardner: 149, 383, 참조

다른 이들은 현명하게 복음서에서 "인자"는 존경의 칭호이며, 이 칭호로 예수는 자신에 대해 다니엘 7:13의 인간과 같은 인물에게 허락된, 하늘이 허락한 권위와 지배의 지위를 주장했다고 결론 내렸다. 예수는 인자로서, 죄를 용서하고 안식일의 주인이 되는 권위를 주장했다.막2:10, 28 예수는 인자가 고난당하고, 자기 목숨을 많은 이들을 위한 몸값으로 주고 다시 살아나야 한다고 말했다.8:31; 10:45 이것은 거룩한 이들과 그들의 백성들의 고난에 대한 다니엘의 환상7:21, 27과 다른 이들을 의로 인도하는 것을 포함하는 부활에 대한 첫 명백한 성서에서의 언급12:2-3과 연관이 있을 수 있다.

다니엘 7:13의 **인자와 같은 이**에서 복음서의 "인자"메시아 칭호로 발전한 흐름을 추적하기는 어렵다. 이를 시도하려면 위경인 에녹1서와 외경인 에스드라2서에스라4서와 같은 후대 유대 책들에 대한 연구가 필요하다. 에녹1서는 히브리어와 아람어로 된, 많은 시기와 저자들을 대변하는 복합적인 저작으로, 아마도 주전 2세기에서 주후 1세기 사이에 기록됐을 것이다.Charlesworth, 1:5-8 환상과 묵시를 제시할 때 다니엘서와 매우 비슷하다. 이책은 천사와 우주, 의의 승리, 천문학적인 자료, 이스라엘의 미래, 보상과 징벌, 마지막 심판을 다루는 108장을 포함한다. "기름부음 받은 이," "의로운 이," "선택받은 이," "인자"와 같은 여러 칭호들이 메시아를 가리킨다."인자"에 대해: 에녹1서 46:2-4; 48:2; 62:7, 9, 14; 63:11; 69:26-27; 70:1; 71:1

에녹1서는 "눈부시며 위엄을 갖추고, 모든 권세를 소유하고, 모든 인간과 영적인 존재에 심판을 내리면서 영광의 보좌에 앉은 선재先在하는 하늘의 존재로서" 메시아이자 인자인 이를 묘사한다.E. Isaac in Charlesworth, 1:9; ABD, 2:35, 참조 이 구원자에 대한 묘사는 다니엘 7장과 다른 구약 본문에서 유래한다.시2편; 사11, 42, 49, 52-53장과 같이

최소한 에녹서의 일부는 명백히 예수와 초대 교회 당시 알려졌다. 유다 1:14-15은 에녹을 언급하고, 많은 신약 구절들은 이런 묵시적 형상들이 떠돈다는 사실을 보여주며, 에녹서와 비슷한 내용들이 있다.Charles, 2:180-181 그러나 쿰란 두루마리에, 에녹서에서 온 대부분의 장들은 나오는데 "인자" 본문은 없어졌다. 그러므로 "인자" 부분은 이 유대책에 기독교인이 추가한 것으로 볼 가능성도 열어놓아야 한다. 그래서 예수가 "인자"라는 칭호를 에녹서에서 취했을 수 있지만 분명하지는 않다. 예수는 이 칭호를 직접적으로 다니엘서에서 취했을 가능성이 더 높다.Bruce, 1969:26-30 예수는 그렇게 하여, 영원한 나라에 대한 주장을 뒷받침했다.7:14 기독교 시대에, 신자들은 다니엘 7:13의 **인자와 같은 이**에 대한 환상은 예수에게서 가장 바람직하게 성취되고 있었다고 이해했다. 그들은 교회를 새롭고 회복된 이스라엘로 간주했다.갈6:16

에스드라2서에서 13장은 한 사람이 바다에서 나와 구름을 타고 나는 환상을 제시한다. "사람모습의 인물과 같은 것"13:3이라는 구절은 다니엘 7:13을 반영한다. 이는 메시아로, 하나님이 "내 아들"이라고 부르며, 드러날 마지막 날까지 숨겨졌고 선재한다.7:28, 참조 그는 악한 민족을 꾸짖고 멸망시키고, 이스라엘의 "잃어버린" 열 지파, 평화로운 군중을 모을 것이다. 이 책의 핵심은 마가복음보다 나중이며 회당과 교회가 갈라선 후, 주전 1세기 가까이에 유대 저자에게서 왔다. 그리스도인들은 나중에 1–2장과 15–16장을 추가하여, 이 책을 사용했다. 어느 정도 비슷하게 동일 시기의 위경 바룩2서에서는 하나님이 영광스러운 모습을 한 "내 기름부은 이"에 대해 말하는데, 이는 오실 왕에 대한 구약 본문과는 이질적인 하늘의 인물이다. 하지만 이 책은 "다니엘 7장의 중심인물을 메시아로 보며, 그의 법적 기능을 상정한다."ABD, 6:141; "Son of Man," 6:137–150, 참조

신약에서 나사렛 예수를 제시할 때, 다니엘 7장의 이 환상에 토대를 둔다. 예수의 출생을 알릴 때, 가브리엘은 마리아에게 "그의 나라는 무궁할 것이다."라고 말한다.눅1:33 예수는 "이 일을 위하여 보내심"을 받았다고 하면서, "하나님 나라의 복음"을 전하는 사역을 시작한다.눅4:43 예수는 인간의 모양으로 온 자라고 고백된다.롬8:3; 빌2:7 그는 구름 가운데 하늘로 승천하고,행1:9 인자로 권능과 영광 가운데 구름 타고 돌아올 것이다.눅21:27 예수는 승천하기 전, "나는 하늘과 땅의 모든 권세를 받았다."마28:18라고 말한다. 예수는 하나님의 통치를 시작하는데, 여기에는 "모든 민족"의 제자들을 포함한다.마28:19

다니엘의 환상에서, **옛적부터 계신 분**과 인자와 같은 이RSV 또는 인간과 같은 이NRSV 사이의 관계는 신약에서 특히 요한복음에서 성부 하나님과 성자 하나님을 묘사하는 것과 비슷하다. "아버지께서 모든 것을 자기 손에 맡기신 것."13:3 "아버지께서 내게 분부하신 그대로 내가 행한다는 것."14:31 "아버지께서 가지신 것은 다 나의 것이다."16:15 "아버지께서는 친히 너희를 사랑하신다. 그것은, 너희가 나를 사랑하였고, 또 내가 하나님께로부터 온 것을 믿었기 때문이다. 나는 아버지에게서 나와서 세상에 왔다. 나는 세상을 떠나서 아버지께로 간다."16:27–28 "아버지, 창세 전에 내가 아버지와 함께 누리던 그 영광으로, 나를 아버지 앞에서 영광되게 하여 주십시오."17:5

다니엘 7장에서 예상된 대로, 예수는 땅 위에서 하나님 나라를 시작했다. 이것은 신약 서신에 선포된다.고전15:21–25; 골1:11–14; 살전2:12; 딤후4:1; 히12:22–29; 벧후1:10–11에서처럼 많은 면에서, 다니엘의 환상은 예수의 승천을 미리 보여준다.히1:2–3, 8; 9:24–28; 12:22–29, 참조

신약에서,RSV "인자"라는 칭호는 94회 나온다. 이 칭호는 압제자가 예수의 말을 반복하고요12:34 스데반행7:56이 사용할 때와 히브리서2:6가 시편 8:4를 인용하고, 요한이 다

니엘 7장과 10장을 상기시키는 용어로 영화롭게 된 그리스도를 묘사할계1:13; Gardner: 149, 참조 때를 제외하고, 항상 예수 자신이 사용했다.

"인자"라는 칭호로 말미암아 신자는 예수의 독특성을 이해하는 데 도움을 받는다. 이 칭호는 예수가 하나님의 아들 됨을 입증한다. 요한복음에서, 요한은 "하늘에서 내려온 이 곧 인자 밖에는 하늘로 올라간 이가 없"으며, 인자는 하나님의 "독생자"라고 했다.요 3:13-17 여기서 명백하게 인자는 하늘에서 온 하나님의 아들이다. 그는 땅 위에서 인간이다. 요한복음 1:14에서 분명히 하듯이, 예수의 오심은 하나님의 은혜와 진리를 드러내고, 인간을 하나님에게 화목하게 하는 것이다.

"인자"라는 칭호는 예수가 메시아임을 입증한다. 예수는 다른 사람들이 말하는 "메시아"라는 칭호를 받아들였다.마16:16-20; 막14:61-62; 10:47, 참조 하지만 예수는 이 칭호를 자신을 위해 사용하지 않았다는 사실이 중요하다. 아마도 많은 이스라엘 사람들이 메시아에 대해 기대하는 것에 수반되는 군사적이며 정치적인 연관성을 피하기 위해서였을 것이다. 예수는 하나님이 자신에게 의도한 메시아를 소통할 때, "인자"라는 칭호가 더 유용하다고 보았다. 예수와 교회가 다니엘 7:13에서 가져온 것은 특히 적절했는데, 인자는 지속적으로 인류를 황폐하게 하는 정치와 군사 차원의 거만한 짐승들과는 직접적으로 대조가 되기 때문이다.막1:13, 참조

그리스도인들에게 "인자"라는 칭호는 **인자와 같은 이와 가장 높으신 분의 거룩한 백성**단7:13, 27 사이의 연관성을 떠올리게 하는 방식으로 예수와 교회를 동일시한다. 마태복음 16:13-20에서, 예수는 자기 제자들에게 "사람들이 인자를 누구라고 하느냐?"라고 묻는다. 다양한 대답이 있은 후, 베드로는 "선생님은 살아 계신 하나님의 아들 그리스도십니다."라고 대답한다. 이 고백 위에, 예수는 "내 교회를 세우겠다."고 선언한다. 어떻게 해석되든, 하나님 나라에 대한 열쇠로서, 하나님은 인자에게 땅에서의 죄를 용서할 권한을 주었다.막2:10; 마9:6 예수는 회개와 믿음으로 오는 자들에게 용서를 선언할 특권을 자신을 따르는 자들과 나눈다.마9:8; 16:19; 18:18; 요20:21-23; Gardner: 153-154

"인자"는 예수의 전 세계의 통치권을 의미한다. 예수가 재판을 받을 때, 대제사장은 "그대는 찬양을 받으실 분의 아들 그리스도요?"라고 묻는다. 예수는 "내가 바로 그이요. 당신들은 인자가 전능하신 분의 오른쪽에 앉아 있는 것과, 하늘의 구름을 타고 오는 것을 보게 될 것이오."막14:61-62라고 대답한다. 그 다음에 예수가 승천하기 전, "나는 하늘과 땅의 모든 권세를 받았다."마28:18; 행1:8, 참조라고 자신의 전 세계의 통치권을 주장한다.

"인자"라를 칭호는 변호자로서의 예수의 사역을 입증한다. 사도행전에서, 스데반이 이 칭호를 사용할 때, 이 칭호는 특별한 의미를 지닌다. 예수는 "누구든지 사람들 앞에서 나를 시인하면, 인자도 하나님의 천사들 앞에서 그 사람을 시인할 것이다. 그러나 사람들 앞에서 나를 부인하는 사람은, 하나님의 천사들 앞에서 부인당할 것이다."눅12:8-9라고 말했다. 스데반이 돌에 맞을 때, 그는 하늘을 보고 "하나님의 영광이 보이고, 예수께서 하나님의 오른쪽에 서 계신 것이 보였다."행7:55-56라고 외친다. 스데반은 대제사장과 공의회 앞에서 예수를 인정했다. 이제는 스데반이 인자에게서 인정을 받는다. 인자는 자신을 하나님의 오른편에 있는 스데반의 변호자로 드러낸다.요일2:1, 참조

"인자"라는 칭호는 예수가 온 백성의 재판관이라는 사실을 의미한다. 마태복음 13:41-53에서, 예수는 "인자가 천사들을 보낼 터인데, 그들은 죄짓게 하는 모든 일들과 불법을 행하는 모든 사람들을 자기 나라에서 모조리 끌어 모아다가, 불 아궁이에 쳐 넣을 것이다. 그러면 그들은 거기서 울며 이를 갈 것이다."라고 말한다. 다니엘 12:3에서 끌어내어, 예수는 "그 때에 의인들은 그들의 아버지의 나라에서 해와 같이 빛날 것이다."라고 덧붙인다. 예수는 하나님의 아들일지라도, 온 인류와 하나가 됐고, 따라서 재판관이 되는 자격을 갖췄다. 바울은 아테네에서의 설교에서 예수 그리스도의 이 절정의 사역을 다음과 같이 강조한다. "하나님께서는 … 이제는 어디에서나 모든 사람에게 회개하라고 명하십니다. 그것은, 하나님께서 세계를 정의로 심판하실 날을 정해 놓으셨기 때문입니다. 하나님께서는 자기가 정하신 사람을 내세워서 심판하실 터인데, 그를 죽은 사람들 가운데서 살리심으로, 모든 사람에게 확신을 주셨습니다."행17:30-31; 롬2:16; 계20:11-15, 참조

옥좌의 환상

다니엘의 꿈에서, 그는 하늘을 보고, 하나님의 옥좌를 볼 특권이 주어진 것 같다.7:1-28 성서에 기록된 대로, 비슷한 경험이 여럿 있다.

첫 번째 이런 기사는 아론, 나답, 아비후, 이스라엘의 일곱 장로와 더불어 모세에 대한 기사다. "그들이 이스라엘의 하나님을 보니, 그 발 아래에는 청옥을 깔아 놓은 것 같으며, 그 맑기가 하늘과 꼭 같았다. … 그들이 하나님을 뵈며 먹고 마셨다."출24:9-11

유다 왕 여호사밧과 이스라엘 왕 아합이 이믈라의 아들 미가야 예언자에게 시리아와 맞설 전투에 나가는 것에 대해 물었을 때, 미가야는 "그러므로 이제는 주님의 말씀을 들으십시오. 내가 보니, 주님께서 보좌에 앉으시고, 그 좌우 옆에는, 하늘의 모든 군대가 둘

러 서 있는데, …"왕상22:1-40라고 말했다.

예언자 이사야가 주님을 섬기라는 소명을 받았을 때, 그는 "웃시야 왕이 죽던 해에, 나는 높이 들린 보좌에 앉아 계시는 주님을 뵈었는데, 그의 옷자락이 성전에 가득 차 있었다."라고 보고했다. 그 다음에 스랍들에 대한 묘사와 거룩한 하나님 앞에 이사야가 죄를 고백하는 장면이 이어진다. 여러 면에서 이사야의 소명사6:1-9은 다니엘이 목소리와 만져지는 것을 경험하는 사건과 비슷하다.10:9-10

에스겔도 옥좌를 보았다. 그의 묘사는 다른 이들의 기사와 비슷했다. 그는 이사야와 마찬가지로 살아있는 피조물을 보았다. 옥좌는 청옥과 같은 모습이었다. 옥좌 위에는 "사람의 형상과 같"은 것이 있었다. 옥좌는 바퀴가 달린 병거와 같았으며, 옥좌에서 불이 나왔다.겔1:5, 13, 18, 26 다니엘의 환상은 땅과 하늘의 옥좌 사이를 오갔다. 다니엘 역시 불타며 병거와 같은 옥좌를 보았다.7:9-10 게다가 천사는 다니엘이 하늘과 땅에서 본 것을 해석했다.

신약에서, 기독교 첫 순교자로 알려진 스데반은 화가 난 폭력적인 군중들 가운데 있었다. "스데반이 성령이 충만하여 하늘을 쳐다보니, 하나님의 영광이 보이고, 예수께서 하나님의 오른쪽에 서 계신 것이 보였다. 그래서 그는 '보십시오, 하늘이 열려 있고, 하나님의 오른쪽에 인자가 서 계신 것이 보입니다' 하고 말하였다. 사람들은 귀를 막고, 큰 소리를 지르고서, 일제히 스데반에게 달려들"었다.행7:54-60 사도 바울은 명백하게 하나님의 옥좌에 대한 환상을 보았다. 그는 자신이 "셋째 하늘에까지 이끌려 올라갔습니다. … 이 사람이 낙원에 이끌려 올라가서, 말로 표현할 수도 없고 사람이 말해서도 안 되는 말씀을 들었습니다."고후12:1-4라고 기록했다.

가장 길고 자세한 환상은 요한계시록의 요한의 환상이다.4:1-5:14 그는 하나님의 옥좌, 24장로의 옥좌, 네 생물, 옥좌 주변의 쉴 새 없는 활동을 묘사한다. 옥좌 위에 앉은 이와 어린 양에 초점을 둔다. 이사야의 환상에서와 마찬가지로, 요한은 하나님의 거룩함을 단언한다. 요한계시록에 창조에 대한 찬양4:11과 구속에 대한 찬양5:9-10이라는 두 가지 찬양이 기록되어 있다. 옥좌에 대한 환상의 절정에서, 하늘 군대는 일곱 가지 축복으로 어린 양을 찬양하고, 그 다음에 하늘과 땅과 땅 아래의 전체 창조 세계가 긍정하며 반응한다.

이 보좌에 대한 환상은 단순히 인간의 호기심을 충족시키기보다는 더 깊은 목적을 가지고 있다. 환상은 어려움 가운데 신앙을 지지하고 희망을 주며, 순종하며 섬기도록 격려한다.

초점은 옥좌에 둔다. 하나님은 심지어 땅의 옥좌가 비었거나웃시야 왕이 죽을 때와 같이, 사

6:1 땅의 옥좌를 폭군이 차지했을 때도 하늘의 옥좌 위에 있다. 이런 점에서 하늘의 옥좌는 땅의 옥좌와 다르다. 왜냐하면 옥좌에 있는 분은 폭군이 아니기 때문이다. **그가 하시는 일은 모두 참되며, 그의 모든 길은 공의로우니.**단4:37 게다가 옥좌에 대한 환상은 땅의 현실 배후나 그 너머에 실재가 있다는 요점을 지적한다. 하늘의 옥좌는 하나님의 영광이 차지한다. 신약에서, 옥좌에 있는 하나님에게 인자,행7:56 예수 그리스도,히1:3, 8 "땅 위의 왕들의 지배자,"계1:5; 3:21 "죽임을 당한 어린 양,"5:6, 12-13; 7:10, 17이 합류한다. 이처럼 하늘의 옥좌는 "하나님과 어린 양의 보좌"22:3로 불릴 수도 있다.

옥좌 앞에서 하나님을 예배한다. 그러나 우리는 하늘도 창조와 모든 인류, 곧 **민족과 언어가 다른 뭇 백성**단7:14에게 관심을 가진다는 사실을 깨닫는다. 다니엘서에는 하나님의 백성이 민족들을 다스릴 것이라는 종말론적인 기대에 대한 명백한 진술이 있다. 하나님이 승인했으므로, 그분의 백성은 모든 **권세**를 다스리게 될 것이며,7:27 이 나라는 **다른 백성에게 넘어가지 않을 것이다.**2:44 이와 같이 하나님의 백성은 전 세계를 베풀어질 하나님의 축복의 중재자가 된다. 창12:3; 사19:23-25; 슥14장, 참조

그리스도인들은 하나님이 보이는 온 민족에 대한 관심을, 예수 그리스도와 교회에서 찾을 수 있다고 믿는다.눅10:1-16; 마28:18-20; 엡2:11-22 그리스도를 통한 구원은 "모든 종족과 언어와 백성과 민족" 가운데서 성도들을 속량하여, 성도들을 "나라가 되게 하시고, 제사장으로 삼으셨습니다, 그래서 그들은 땅을 다스릴 것입니다."계5:9-10 관심은 **뭇 백성이 그를 경배하게 하는** 데 있다.단7:14, 27

옥좌에 대한 환상은 역사가 하나님의 손에 있으며, 성도들에 대한 시련과 박해는 일시적이고, 하나님은 자기 백성을 알고 돌본다는 사실을 분명히 한다.

교회생활에서의 본문

평화로운 나라

안티오쿠스 4세 에피파네스의 행위가 다니엘서의 환상과 마카비1서와 2서의 초점이라면, 이 자료들은 하나님의 통치를 깨닫기 위한 두 가지 독특한 접근을 반영한다. 다니엘서에서 고통당하는 의로운 이들은 심지어 죽기까지 하나님에게 계속 충성한다. 그들은 기다리며 하늘의 하나님이 압제자를 다루게 하도록 하는 것을 선호하면서, 문제를 직접 해결하려고 하지 않는다. 반면에 마카비 가문은 무력을 사용했다. 그들도 죽을 준비가 되어 있었다. 그들은 하나냐와 아사랴와 미사엘이 화염에서 구원받고 다니엘이 사자

집에서 구원받은 사실을 기억했다.마카비1서 2:59-60 하지만 하나님이 행동하기를 기다리기보다는, 그들은 "너희 백성에게 행한 악한 일을 보복"하고 "이방인들에게 온전히 되갚아주려고" 군사적인 무력을 행사하는 방법을 택했다.마카비1서 2:67-68 다니엘의 환상에서, 나라와 권세는 하나님이 허락한다.7:26 나라와 권세는 백성이 장악하는 것이 아니라 받는 것이다.

신약에서 인자에게 허락된 나라는 예수를 따르는 성도들에게 주어진다는 사실은 명백하다. 신자들은 영원하고 흔들릴 수 없는 나라를 얻는다.히12:28 나라의 시민, 성도는 이제 나라가 온전히 임할 때와 "사람들은 인자가 큰 권능과 영광을 띠고 구름을 타고 오는 것을 볼"눅21:27 때가 어떨 것인지 미리 경험한다.

성도에게 주어진 나라는 세속의 정치적인 나라가 아니다. 너무나 자주 정치의 주요 전략은 거짓말과 폭력이다. 비밀 거래를 숨기고 진리를 왜곡하며, 분명한 사실을 부인하고 거짓 의견과 관점을 "사려고" 사람들을 조종하는 것과 같은, 정부와 정치가들의 지나친 거짓말이 종종 드러난다. 공적인 인물과 정치가들의 거짓말은 오늘날 나라들의 부패의 중심에 있다. 이것은 다니엘 2장과 7장에 묘사된 "하나님에 맞서는 제국의 패권과 반란"과 같다.Aukerman: 106 동시에 정치가들은 마치 국내 문제나 국제 문제를 해결하는 궁극적인 수단이 폭력인 것처럼 "백성들을 마구 내리누르고" 종종 "독재자"로 행동한다.막10:42-45 이 역시 교회와 국가 사이의 긴장일 일부다.

거짓, 폭력, 조작, 진리 왜곡이 교회의 삶에 파고들 때, 항상 비극이 일어난다. 교회의 머리이신 예수 그리스도의 의도는 진리다. 하나님을 사랑하고, 이웃과 자신을 사랑하며, 원수를 사랑하라는 예수의 말씀과 방식은 기준이 된다.막12:29-31; 마5:43-48, 참조

교회는 그리스도의 몸이다.엡1:23 교회는 유대인들과 이방인들로 구성되며엡2:11-22 하나님의 새 이스라엘이다.갈6:16 "성도"나 "거룩한 이들"이라는 칭호는 교회의 구성원들에게 적용된다. 이 이름은 과거 하나님의 백성과의 연속성뿐만 아니라 삶의 방식을 가리킨다. 신자는 "거룩한 제사장," "거룩한 민족," "하나님의 소유된 백성"이다.벧전2:5, 9 신자들은 "암흑의 권세에서 건져내셔서, 자기의 사랑하는 아들의 나라로 옮기셨습니다."골1:13

예수는 "두려워하지 말아라. 적은 무리여, 너희 아버지께서 그의 나라를 너희에게 주시기를 기뻐하신다."눅12:32라고 다니엘의 말씀을 반복한다. 그 다음에 예수는 삶의 방식, 우선순위, 주인의 돌아옴에 대한 준비에 관하여 연속으로 훈계했다. 누가복음 21:8-36에서, 예수는 역시 하나님의 나라가 온전히 임하게 되는 임박한 상황에서, 예루살렘의

파멸부터 세상의 종말까지 이어지는 정치적 소요 가운데, 하나님 나라의 방식으로 살아감에 대해 묘사한다.21:31

하나님의 나라의 삶은 군사적인 것이 아니다. 종교적 근본주의자들힌두교도이든, 무슬림이든 그리스도인이든이 종종 세속적인 정치 규칙을 채택하며 자신들의 경전을 엄격하게 해석하고, 자신들만이 옳다고 생각하며 다른 자들을 압제하고, 자신들의 틀에 모두를 맞추려고 하는 것은 이상하다. 그렇게 할 때, 그들은 다니엘서의 짐승들과 같이 된다! 성도들의 통치계3:21; 5:9-10는 그리스도를 통한 구원을 신뢰하면서, 이상한 방법, 곧 십자가의 방법으로 행사된다. 악은 십자가에게 도전받고 극복된다.벧전2:19-25; 골2:13-15

로마는 지방 통치자와 군대를 통해, 예수와 초대 교회 당시 신실한 자들을 압제했다. 16세기 아나뱁티스트들은 군주와 주교의 칼에 고통당했다. 하지만 수세기가 지나면서, 그리스도인들은 예수를 통해 하나님이 세속 제국을 궁극적인 몰락키시고 자신의 통치를 세우기 시작했다는 사실을 깨달았다.

> 그 나라를 오게 하여 주시며,
>
> 그 뜻을 하늘에서 이루심 같이,
>
> 땅에서도 이루어 주십시오.마6:10

3부
성서를 읽고 환상을 받기

다니엘 8:1–12:13히브리어

사전검토

히브리어로의 전환과 관심

이 지점에서 다니엘서는 히브리어로 돌아간다. 다니엘서의 도입인 1장은 히브리어로 되어 있는 반면, 나라들을 향한 소책자2:4b-7:28는 아람어로 되어 있다. 이런 배열에 대해 다양한 이유가 제시되어 왔다. 어떤 학자들은 전체 책이 원래 아람어로 되어 있고 첫 장과 마지막 부분은 히브리 정경으로 더 받아들여질 수 있도록 히브리어로 번역됐다고 믿는다. 이 언어들에 익숙한 사람들은 어순과 대명사 사용과 단순성에서 히브리어가 고전 히브리 산문의 특징이 아니므로 아람어를 말하는 사람이었다고 제안한다.

다른 이유는 내용과 연결될 수도 있다. 나라들을 향한 소책자는 전 세계의 청중, **민족과 언어가 다른 뭇 백성**에게 상업 언어로 전달된다. 소책자는 히브리인들의 하나님, 곧 하나님은 누구이고 무엇을 행하는가에 대한 것이다. 따라서 다니엘는 유대인과 비유대인 모두에게 호소한다. 종종 있는 사례이듯이, 성서의 말씀은 다른 방식으로 다른 백성에게 그들의 필요에 따라 호소한다. 성서 본문은 구원으로 인도하는 확신의 말씀으로 한 사람에게 말할 수 있다. 동일한 본문이 성화로 인도하는 통찰력의 말씀으로 다른 사람에게 말할 수도 있다. 유명한 세계지도자들을 통해, 이 소책자는 **살아계신 하나님**의 세계를 알리며,6:26 따라서 세계에 은혜를 베푼다. 동시에 포로 생활을 하거나 심각한 시험을 당하는 유대인들에게 이 소책자는 희망을 고취시키고, 그들의 하나님에 대해 신실하도록 격려한다.

이어질 환상에서 보편적인 선언에서 유대 백성에 대한 구체적인 관심의 영역으로 초점을 옮겨간다. 즉 **영광스러운 땅** 팔레스타인,8:9; 11:16, 41 하나님의 **거룩한 산** 예루살렘,9:16 하나님의 **성소/성전**,8:11; 9:17; 11:31 **언약**,9:4; 11:28-32 하나님의 백성, 이스라엘 9:7, 15, 20에게로 옮겨간다.

나머지 다섯 장8-12장은 세 환상을 포함한다. 각각은 다니엘의 첫 환상단7장에서 이미 발견된 주제를 더욱 발전시킨다. 다니엘의 둘째 환상은 해석과 더불어 숫양과 숫염소에 대한 환상이다.단8장 묵상렘25:11-12; 29:10-14에 관한과 긴 고백의 기도에 이어, 한 천사가 다니엘에게 셋째 환상에서 일흔 이레의 기간에 대한 메시지를 전한다.단9장 넷째 환상은 무시무시한 왕의 대두와 몰락 및 신실한 자들의 구원으로 이어질 폭력과 전쟁의 때를 드러낸다.단10-12장

7-12장의 네 환상에서, 우리가 네 환상에 대해 비슷한 주제 문제를 전제한다면, 공포스러운 분위기가 발전하면서 이 무시무시한 왕의 윤곽이 분명해진다.

1. 폭력적이고 거만하고 무례한 왕, 아마도 안티오쿠스 4세 에피파네스의 대두.주전 175-164년[안티오쿠스 4세 에피파네스, 293쪽]

> 다른 작은 뿔 하나가 그 뿔들 사이에서 돋아났다. … 입이 있어서 거만하게 떠들었다.7:8
>
> 그 가운데의 하나에서 또 다른 뿔 하나가 작게 돋기 시작하였으나 … 크게 뻗어 나갔다.8:9-11
>
> 한 통치자의 군대가 침략해 들어와서.9:26
>
> 뒤를 이어 어떤 비열한 사람이 왕이 될 것이다 …. 요새지역을 공격할 음모를 계획할 것인데.11:21, 24

2. 이 왕은 하나님의 백성을 압제할 것이다.

> 새로 돋은 그 뿔이 성도들에 맞서서 전쟁을 일으키고, 그들을 이겼으나, … 가장 높으신 분의 성도들을 괴롭히며.7:21, 25
>
> 그는 강한 사람과 거룩한 백성을 파멸시킬 것이다.8:24
>
> 예순두 이레가 지난 다음에, 기름을 부어서 세운 왕이 부당하게 살해되고,9:26
>
> 얼마 동안은, 그 지혜 있는 지도자들 가운데 얼마가 칼에 쓰러지고, 화형을 당하고, 사로잡히고, 약탈을 당할 것이다.11:33

3. 이 왕은 유대의 예배를 저지할 것이다.

> 정해진 때와 법을 바꾸려고 할 것이다.7:25
>
> 작은 뿔이 그분에게 매일 드리는 제사마저 없애 버리고, 그분의 성전도 파괴하였다.

… 진리는 땅에 떨어졌다.8:11-12

그 통치자는 희생제사와 예물드리는 일을 금할 것이다.9:27

그의 군대가 … 흉측한 파괴자의 우상을 그 곳에 세울 것이다.11:31

4. 이 왕은 말할 수 없는 신성모독의 행위를 저지를 것이다.성전에서의 이방 숭배: 마카비1서 1:54; 마카비2서 6:2-5, 참조

언제까지나 계속해서, 매일 드리는 제사가 폐지되고, 파멸을 불러올 반역이 자행되고.8:13

그 대신에 성전의 가장 높은 곳에 흉측한 우상을 세울 것인데,9:27

그의 군대가 … 흉측한 파괴자의 우상을 그 곳에 세울 것이다.11:31

혐오감을 주는 흉측한 것이 세워질 때부터.12:11

5. 포악한 신성모독의 때는 갑자기 끝날 것이다.

성도들은 한 때와 두 때와 반 때까지 그의 권세 아래에 놓일 것이다.7:25

밤낮 이천삼백 일이 지나야 성소가 깨끗하게 될 것이다.8:14

한 이레의 반이 지날 때에, 그 통치자는 희생제사와 예물드리는 일을 금할 것이다.9:27

하나님의 진노가 끝날 때까지는, 그가 형통할 것이다.11:36

한 때와 두 때와 반 때가 지나야 한다.12:7

천이백구십 일이 지나갈 것이다.12:11

천삼백삼십오 일이 지나가기까지, 기다리면서 참는 사람은 복이 있을 것이다.12:12

6. 하나님은 왕을 제거한다.끝에 대한 언급은 종말론적인 의미에서의 시간의 끝이 아니라 이 왕의 끝을 주로 가리킨다.

심판이 내려서, 그는 권세를 빼앗기고, 멸망하여 없어질 것이다.7:26

그 환상은 세상 끝에 관한 것임을 알아라. 그가 나에게 말할 때에, 나는 얼굴을 땅에 대고 깊이 잠이 들었다. 그러나 그는 나를 어루만지면서 일으켜 세웠다.8:17, 19

아직 멀었으니, 너는 환상의 비밀을 잘 간직해 두어라.8:26

그것을 거기에 세운 사람이 하나님이 정하신 끝 날을 맞이할 때까지,9:27

하나님께서 정하신 때가 오지 않았으므로.11:27

하나님이 정하신 그 끝 날이 올 때까지, 이런 일이 계속될 것이다.11:35

마지막 때가 올 무렵에, 남쪽 왕이 그를 공격할 것이다.11:40

그의 끝이 이를 것이니, 그를 도와줄 사람이 없을 것이다.11:45

너는 마지막 때까지 이 말씀을 은밀히 간직하고, 이 책을 봉하여 두어라.12:4, 9

7. 신실한 자들은 하나님의 영원한 나라에서 자신들의 자리로 회복된다.

나라와 권세와 온 천하 열국의 위력이 가장 높으신 분의 거룩한 백성에게로 돌아갈
것이다. 그의 나라는 영원한 나라다.7:27; 2:44, 참조

하나님께서 너의 백성과 거룩한 도성에 일흔 이레의 기한을 정하셨다. 이 기간이 지
나가야, 반역이 그치고, 죄가 끝나고, 속죄가 이루어지고, 하나님이 영원한 의를
세우시고, 환상에서 보이신 것과 예언의 말씀을 이루시고, 가장 거룩한 곳에 기
름을 부으며, 거룩하게 구별하실 것이다.9:24

그 때에 그 책에 기록된 너의 백성은 모두 피하게 될 것이다. … 땅 속 티끌 가운데
서 잠자는 사람 가운데서도, 많은 사람이 깨어날 것이다. 그들 가운데서, 어떤 사
람은 영원한 생명을 얻을 것이며, … 지혜 있는 사람은 하늘의 밝은 빛처럼 빛날
것이요, 많은 사람을 옳은 길로 인도한 사람은 별처럼 영원히 빛날 것이다.12:1-3

주어진 환상과 봉해진 환상

각 환상에서 다니엘은 하늘의 존재를 만난다. 7장에서 다니엘의 환상은 하늘의 궁전
에 서 있는 한 천사가 해석한다.7:10, 16 8장에서 숫양과 숫염소의 환상은 가브리엘이 해
석한다. 9장에서 다니엘이 묵상하고 기도한 후, 가브리엘은 다시 일흔 이레의 기한을
알리는 것 같다. 10-12장에서 여러 하늘의 존재가 나타난다. 즉 **모시 옷을 입은 한 사
람**,10:5 **사람처럼 생긴 이**,10:16, 18가 나오고, 환상의 마지막에 **다른 두 사람**이 모시 옷을
입은 사람과 함께 서 있었다.12:5 하늘의 존재는 환상들의 신적인 기원과 또한 진실과 신
뢰성을 입증한다.8:26 게다가 하늘의 존재는 다니엘에게 힘과 용기를 준다.10:18; 11:1

이 환상은 다니엘 생애의 말에 해당하는 날짜가 주어진다. 7장의 환상은 벨사살의 첫
해인 주전 554년경에 적합할 것이다.7:1; ANET: 313 8장의 환상은 2년 후 벨사살의 삼 년
이 되는 해에 주어진다.8:1 9장의 환상은 주전 539-538년 메대 왕 다리우스고레스 밑에서
다스렸을 것이다.9:1의 통치 첫 해에 주어진다. 다니엘 10-12장의 넷째 환상은 주전 536년

고레스의 셋째 해에 주어진다.10:1 이 환상들의 의미는 많은 날해 후에 분명해질 것이다. 숫양과 숫염소의 환상에서8:1-22 난폭한 왕이 알렉산더 대왕이 죽은 지 많은 해가 지나고 올 것이라고 여기는 것이 안전하다. 9장에서 난폭한 왕이 일흔 번째 이레에 나타나기 전에, 페르시아 통치자와 일부 그리스도 통치의 시기인 예순두 이레69 × 7 = 483년가 지나갈 것이다.9:25

다니엘은 그 때까지 환상을 봉하라고 지시 받는다.8:26; 12:4, 9 환상이 주전 6세기에 주어졌다면, 무시무시한 왕의 날 때까지 봉해져야만 한다. 환상이 안티오쿠스 4세 에피파네스주전 175-164년의 생애의 절정에서 열린다면, 환상의 의미는 명백해질 것이다. 다른 한편, 이 자료들이 안티오쿠스 아래 유대인들이 고난당할 때 기록됐고 고대 인물 다니엘이 기록한 것으로 여겨진다면, 그 결과는 동일하다.[다니엘서: 연대와 저작권, 303쪽] 어떤 경우든, 고난당하는 신실한 자들에게 전하는 메시지는 하늘의 궁전이 통제하고 있다는 사실이다. 하나님은 자기 백성에 신실하다. 악의 세력과 압제가 최고 수준의 공포와 박해에 도달하더라도, 오래 지속되지는 않는다. 신실한 자들은 고통을 면제 받는 것은 아니다. 하지만 가장 심각한 압제와 가장 악마와 같은 통치권도 예상되거나 설명될 수 없는 방식으로 **하나님이 정하신 끝 날을 맞이할**9:27 **끝 날의 정한 때에**8:19 무너진다.

다니엘의 환상들이 마카비 가문 시대에 기록됐다면, 환상들은 신실한 자들이 안티오쿠스의 난폭한 행위에 맞서고, 그리스의 방식과 종교를 채택한 배교자 유대인들에 맞서는 대안적 방법으로 제시한다. 마가키 가문은 기도와 폭력의 방법을 택했다.마카비1서. 3:43-44[**마카비**, 309쪽] 다니엘과 부분적으로 마카비2서이 대변하는 현명한 자들은 기도와 평화의 방법을 택했으며, 어떤 이는 하나님이 자기 백성을 구원하기를 기다리면서 순교했다.마카비1서 1:63; 2:29-38; 마카비2서 6:11, 참조 이처럼 유대 공동체는 그리스 문화에 반응하여 최소한 세 가지 방식으로 나뉘었다.

다니엘의 환상들은 기도의 중요성과 더불어 위기의 시기에 하나님의 통치권을 강조한다. 하나님은 폭군의 거만, 허위, 폭력, 파괴, 반종교, 박해를 무력화하는 분이다. 하나님은 또한 신실한 자들에게 힘을 주고, 회복하고, 정화하고, 명철을 허락하는 분이다.

다니엘 8:1-27

다니엘의 숫양과 염소에 대한 환상

사전검토

다니엘의 숫양과 염소에 대한 환상의 구조는 7장과 비슷하다. 둘 다 도입과 추신이 있다. 도입은 환상의 날짜를 알려준다. 추신은 환상이 다니엘에게 육체적으로나 감정적으로 미친 영향을 묘사한다.

숫양과 염소에 대한 환상은 환상 자체와 그 환상의 해석이라는 두 부분으로 나뉘는데, 환상과 그 환상의 해석 모두가 환상을 구성한다. 다니엘은 환상을 받고서, 그 다음에 더 깨어 있는 상태로 환상의 의미를 받은 것은 아니다. 오히려 해석은 환상의 일부다.

환상과 꿈은 그 특성상 일관성이 없고 상징적이다. 누구도 꿈을 논리적으로나 연속적으로나 일관되게 설명하기가 어렵다. 이는 왜 해석이 환상과 동일하게 일관성이 없는 특성을 지니는지를 설명하는 데 도움이 된다. 엄밀한 의미에서의 환상의 모든 세부 내용이 해석되는 것은 아니다. 동시에 해석은 환상에서 기대되지 않는 정보를 제공한다. 이처럼 두 부분은 전반적인 의미를 분별하도록 함께 묶여야만 한다. 환상의 특징은 모든 세부 내용에 대해 정확하고 문자 그대로의 해석을 하려는 어떤 시도에 대해서도 경고한다.

숫양이 나오고, 그 다음에 숫염소가 나오며, 다툼이 있다. 숫염소의 뿔은 부러지고, 그 대신 네 뿔이 나온다. 뿔 가운데 하나에서 하나님에 맞서고 격렬하게 하나님의 백성에 맞서는 작은 뿔이 나온다. 상황은 너무나 악화되어 심지어 하늘의 관찰자도 걱정한다. 그들은 "이것이 얼마나 오래 갈 수 있을까?"라고 궁금해 한다. 이 질문에 대해 비밀스러운 대답이 주어진다. 다니엘은 그가 본 것 때문에 당황해 한다. 그 다음에 천사 가브리엘이 다니엘에게 나타나 그가 본 것과 분노가 어떻게 끝날지를 이해하도록 돕는다.8:19; 11:36 가브리엘은 숫양을 페르시아 제국이라고 하고 숫염소를 그리스로 확인한다. 가브리엘은 알렉산더 대왕의 제국이 네 부분으로 나뉘며, 이 넷 가운데 하나님의 백성을 압제할 왕이 나올 것이라고 간략하게 설명한다. 하지만 이 거만한 왕도 무너질 것이다. 가브리엘은 결국 이 사건들은 미래에 일어날 것이라고 강조한다. 다니엘은 공포에 휩싸이고, 이 환상에 당황스러워 한다. 그는 환상을 이해하지 못했다고 인정한다.

개요

주석적 해설

도입 8:1

다니엘의 넷째 짐승에 대한 환상7:1-28은 벨사살의 첫 해에 받았다고 한다.7:1 여기서 보고된 환상은 셋째 해에 받는다. 벨사살은 주전 539년까지 약 15년 동안 책임을 지는 자리에 있었다.5:30 그는 주전 554년 취임했으므로 이 환상은 주전 552년경에 받았을 것이다. 여기 도입에서 7장의 이전 환상에 대한 언급과 더불어, 두 환상이 내용에서 관련이 있다는 암시가 있다. 이 관계에 다소 일반화된 도식적인 도표에 대해서는 성서적 맥락에서의 본문 바로 앞의 해설을 보라.

환상 8:2-14

8:2 수산에서

이 환상과 10장에서 시작하는 환상은 지리적 배경에서 주어졌다는 점에서 독특하다. 다니엘은 실제로 바빌로니아 성읍에 있지만, 이 환상에서 그는 자신이 **수산 성**에 있는 것을 본다. 미래 행동은 예루살렘에서 일어날 것이다. 수산은 페르시아 만 북쪽 **엘람 지방**현대 이란의 후지스탄 지방의 자그로스 산맥 기슭에 있었다. 이것은 환상이므로, 실제로 수산이 주전 646년에 파괴됐다는 사실은 문제가 되지 않는다. 수산 성은 주전 521년 페르시아의 다리우스 왕이 페르시아 제국의 주요 수도이자 왕의 겨울 거주지로 재건하기로 선택했을 때까지 잔존했다.ABD, 6:242-245 다니엘은 그의 세상의 정치적 행동의 중심지인 바빌로니아에 있다. 후대 페르시아 수도에서의 그의 환상을 받은 위치는 환상의 메시지가 현재 이외에 한 시점을 위한 것이라는 것을 암시한다. 안티오쿠스 4세 에피파네스의 할아버지 안티오쿠스 대제는 벨 성전을 약탈하는 동안 주전 187년 살해당했다.

게다가 바빌로니아의 동쪽으로 약 320km 위치한 이 성읍의 잔해가 아카드의 차우르Chaour나 **을래**Ulai 강이라 불리는 운하를 따라 있다. 문학적으로 강가의 환상은 전형 장면type scene이다.나일 강 가에, 창41:1; "그발 강 가에," 또한 운하, 겔1:1 우발 강이라는 단어는 아불 입구, 70인역처럼이어야 할 것이다. 따라서 **JB**는 **환상 속에서 보니, 나는 을래 강 입구에 서 있었다.**8:2라고 읽는다. 나중에 을래 입구의 언덕 사이에서 외치는 인간 모습을 한 이가 다니엘에게 합류했다.8:15-16, JB 해설

8:3-4 들이받는 숫양

다니엘은 환상에서 각 수컷이 정치적 권력의 지도자를 대표하는 양과 염소를 보았다. 첫째, 숫양이 시야에 들어온다. 가브리엘의 해석에서, 숫양은 메대-페르시아 제국을 대변한다.8:20 두 뿔 가운데 하나가 더 높은데, **그 긴 것이 나중에 나온 것이다.** 이것은 페르시아의 더 광범위한 영향과 페르시아가 메대를 이겼다는 사실을 나타낸다. 장면은 뒷발로 서 있는 곰의 장면과 비슷하다.7:5 곰이 갈빗대 세 개를 물었듯이, 숫양은 세 방향, 곧

서와 북과 남으로 들이받았다. 페르시아 통치를 주전 559년에 시작한 고레스는 9년 후 주전 550년에 메대를 정복했고, 그 다음에 주전 539년 바빌로니아를 정복했다. 메대-페르시아 제국은 오늘날 터키, 이집트, 이스라엘, 요르단, 시리아, 러시아, 이라크, 파키스탄, 아프가니스탄에서 발견된 영토를 장악했다. 아프가니스탄은 동쪽 방향에서 명백히 환상에서는 보이지 않는다.

에스겔 34장에서 숫양의 상징은 지도력목자 및 아마도 이스라엘을 압제한 민족들과 연관되는 것 같다.NOAB: 1104, OT 여기서 숫양은 강력한 군사력을 대변한다. 모든 짐승들, 다른 민족들도 메대-페르시아 통치자 앞에서 엎드린다. 그들의 지배와 **권력**새번역, "손"-역주에서 피할 방법이 없다. 그들은 **자기 마음대로 하며** 누구에게도 책임을 지지 않는다. 그들은 거만하고 교만하여 스스로를 과장했다.8:4, RSV; **강해졌다.** NRSV

8:5-8 두루 다니는 숫염소

서쪽에서 숫염소가 온다. 숫염소는 더 공격적이고 보통 숫양보다 강하다. 나중에 가브리엘도 이 동물의 신원을 확인한다.8:21 숫염소는 그리스 왕, 알렉산더 대왕이며, 그는 알려진 세계 상당 부분을 정복하면서 **땅에 두루 다닌다. 발이 땅에 닿지 않았다**는 것은 알렉산더가 주전 333년 잇소스에서 다리우스를 만나 패배시킨 후, 주전 334년과 죽는 시기 323년 사이에 그리스에서 줄곧 인도까지 나라마다 정복했던 속도를 표시한다.[**알렉산더**, 290쪽]. 알렉산더 대왕과 메대-페르시아 통치자 사이의 이런 갈등은 6절과 7절에 묘사된다. 아마도 알렉산더의 빠른 정복은 다니엘의 첫 환상에서의 표범의 **네 날개**로 상징되는 것 같다.7:6 하지만 **사납고 무섭게 생겼으며, 힘이 아주 센** 넷째 짐승7:7은 이 **숫염소**와 비슷하며, 그리스인들을 상징하는 것 같다.

숫양과 마찬가지로, 염소는 자신을 매우 크게 하였다.RSV; 매우 강해지고, NRSV **힘이 세어졌을 때에, 그 큰 뿔이 부러졌다.**8:8 역사를 통해 우리는 두 가지 상황이 알렉산더의 극적인 동쪽 정복에 맞았다는 사실을 안다. 첫째, 갠지스 강에서 그의 군대가 반란을 일으켰다. 둘째, 그는 33세의 젊은 나이에 열병으로 뜻하지 않게 죽었다.주전 356-323년 그가 죽은 후, 제국은 그의 네 장군들, 카산드로스와 리시마쿠스와 셀레우코스와 프톨레마이오스 사이에서 나뉘었다. 이처럼 **뿔 넷이 하늘 사방으로 뻗는**다는 것은 일반적인 방식으로 알렉산더의 제국이 분열된다는 것을 반영한다.넷에 대해 7:2의 해설을 보라 **네 머리**는 그의 제국의 분열을 의미한다.[**셀레우코스 왕조**, 317쪽. **프톨레마이오스 왕조**, 315쪽]

8:9-12 악한 작은 뿔의 출현

9절과 10절 사이에 긴 기간이 지나간다. 이전 환상에서, 연속적으로 열 명의 왕들이 큰 일들을 말하는 작은 뿔이 대두하기 전에 나온다.7:8 이 시기는 알렉산더 대왕의 죽음주전 323년과 안티오쿠스 4세 에피파네스주전 175년의 출현 사이의 시간에 해당한다. 여기서 프톨레마이오스 왕조와 셀레우코스 왕조 사이의 갈등에 대한 세부 내용은 간과된다. 이 내용들은 다니엘의 마지막 환상에서 다뤄질 것이다.11장

작은 뿔안티오쿠스은 시리아에 통치권을 둔 셀레우코스 왕조 혈통에서 나온다. 안티오쿠스는 자신의 생애 중간에주전 169년 남쪽으로는 이집트를 향하고,마카비1서 1:16-19; 마카비2서 5:1-10; 단11:15-17, 참조 동쪽으로는 파키스탄을 향하고,마카비1서 3:27-37 **아름다운 땅**팔레스타인단8:9; 마카비1서 1:20-35; 마카비2서 5:1-26; 단11:41, 참조; **아름다운**에 관해, 겔20:6, 15; 렘3:19, 참조새번역, "영광스러운 땅"-역주을 향하는 군사 원정대를 이끈다.

왕이 강해지자, 새로운 방향으로 **하늘 군대**를 침략하고 지배하려고 시도한다.단8:10 악한 왕에 대한 이 묘사는 이사야가 바빌로니아 왕을 비판한 것을 반영한다.사14:13-14 하늘 군대host of heaven는 종종 하늘의 군대를 가리킨다. 이 환상에서, 이것은 유대 백성을 대표하는 군대의 천사들을 가리킨다. 이 왕은 **군대와 별 가운데서 몇을 땅에 떨어뜨리고 짓밟는다.** 왕이 이스라엘 사람들을 보호하는 천사를 공격한 것은 그가 땅에서의 유대인들을 짓밟는 방식과 일치한다.8:24; 7:21 하늘의 사건과 땅의 사건 사이에 상응한다. 유대인들의 패배는 그들의 수호하는 천사들의 패배이기도 하다.

마치 하늘 군대를 주관하시는 분만큼이나 강해진 듯하더니, 이 뿔/왕은 거만하게 행동했다.8:11 이 주관하시는 분은 왕들이 나라들을 다스리듯이 하늘 군대를 다스리는 이스라엘의 하나님이다. 안티오쿠스는 땅의 정복에 만족하지 못하고, 군대를 주관하시는 분이요 우주와 하늘 군대와 온 인류의 통치자인 하나님과 대결한다. 왕이 하나님에게 내미는 도전은 하나님의 성전에서 하나님의 백성이 드리는 하나님에 대한 예배를 공격하는 데 중점을 둔다. 그는 **매일 드리는 제사마저 없애 버리고, 그분의 성전도 파괴하였다.** 매일 드리는 제사는 출애굽기 29:38-42에 묘사됐으며, 여기서는 희생제사의 전체 의식을 가리킬 것이다.

기록은 안티오쿠스가 예루살렘 성전에 대한 권한을 가졌으며, 그 권한을 행사할 때 하나님에게만 속한 것을 찬탈했다는 것을 보여준다. 안티오쿠스는 자신을 신격화하며, 자신에 대해 에피파네스, 곧 "신이 현현하다"라고 신적인 영광을 주장함으로써 하나님에 맞서 거만하게 행동했다. 그는 예루살렘을 제우스를 위해 개명했는데, 자신을 올림포

스의 제우스의 현현이라고 주장했던 것 같다.7:8, 11, 20; 11:36; 마카비1서 1:10; 마카비2서 4:7; 5:21; 6:2. 참조 그러나 그의 적은 그가 잔인한 폭군이었다고 주목했고, 그를 에피마네스, 즉 "완전히 미친"이라고 불렀다.Polybius 26.1a.1 이 반항적인 작은 뿔은 신이라고 주장하며 자신들의 군대를 하나님과 하나님의 군대와 하나님의 백성에게 겨누는 세계 통치자들에 속한다.단7:21; 8:24; 사14:12-15; 겔28; 38:14-16; 시2:1-3[**안티오쿠스 4세 에피파네스, 293쪽**]

이처럼 성전은 이스라엘 사람들에게 무용지물이 됐다. 하나님의 백성이 성전의 문에 들어가는 대신, 다른 "군대"가 거룩한 구역을 차지했다. 안티오쿠스는 성전 근처에 군대를 주둔시켰다. 이 이방인들은 예루살렘 성읍뿐만 아니라 성전 자체에 자유롭게 드나들었다. 그들은 성전을 그리스-가나안 예배 유물과 관습을 위한 성소로 바꾸었다. 주전 586년이나 주후 70년의 파괴 개념은 아니지만, 이처럼 성전은 무너졌다. 성전은 이방 예배로 더럽혀졌고, 참된 예배자들이 없어졌으며, 이스라엘의 하나님을 예배하는 장소로는 무용지물이 됐다.

그 뿔은 **진리를 땅에 떨어뜨렸다.**단8:12; 사59:14-15, 참조새번역, "진리는 땅에 떨어졌다."-역주 진리는 토라, 히브리 성서를 의미할 것이다. 안티오쿠스는 유대의 성서에서 모든 권위를 빼앗으려 했다. 토라 두루마리는 압류됐으며, 찢기고 불태워졌다. 왕은 언약서를 소유했거나 율법을 지킨 누구든 사형에 처했다.마카비1서 1:56-57

뿔은 **하는 일마다 형통했으며**단8:12 **왕성하고 성공했다.**JB 왕이 점차 극단적이 되고, 힘이 커지자, 자신을 신으로 간주했다.위를 보라

8:13-14 염려하는 천사들

다니엘서에 따르면, 땅의 사건들은 궁극적으로 하늘이 통제한다. 사건들은 또한 하늘에서 목격된다. 두 거룩한 이들천사; 4:13-17; 7:17-27 해설을 보라은 안티오쿠스 4세 에피파네스가 행한 하나님의 백성에 대한 난폭한 압제를 목격하고 이 문제에 대해 논의한다. 한 천사가 **환상 속에서 본 이 일들이 언제까지나 계속될까? 언제까지나 계속해서, 매일 드리는 제사가 폐지되고, 파멸을 불러올 반역이 자행되고, 성소를 빼앗기고, 백성이 짓밟힐까?**라고 묻는다. 고통 가운데 있는 백성에게 오래된 질문 "언제까지나?"는 이해할 만하다.시13:1-2; 사6:11; 합1:1; 계6:10에서처럼 그 다음에 다른 천사가 **밤낮 이천삼백 일이 지나야 성소가 깨끗하게 될 것이다**라고 대답한다.

천사의 질문에는 **파멸을 불러올 반역**이라는 난해한 구절이 있다.8:13 이것은 이방 종

교가 성전에 침투하는 것을 가리킨다. 안티오쿠스 4세 에피파네스가 승인한 관료들이 주전 167년 예루살렘 성전에 제우스 제단을 세운다.마카비1서 1:54; 마카비2서 6:2-5[**흉측한 우상**, 290쪽] 천사는 "신실한 자들을 섬뜩하게 하고 예배자의 하나님 자신의 성전을 비우는 이 가증스러운 것이 언제까지나 지속될 것인가?"라고 알고 싶어 한다.12:5-6 해설도 보라

대답도 동일하게 난해하다. 정기적인 번제는 아침과 저녁 희생제사로 구성되므로, 2,300이라는 숫자는 둘로 나뉠 수 있다. 따라서 둘로 나뉜 것은 성전이 회복될 때까지 삼 년 반과 멀지 않은 1,150일이 될 것이다. 7:25에서처럼거기 해설을 보라 기간은 강력한 악의 짧은 시간을 나타낸다. 이 문단은 요한계시록 11:2에 대한 배경도 제공하는데, 거기서 성읍은 42개월 동안 짓밟힐 것이다. 마찬가지로 예수는 예루살렘이 파괴된 후주후 70년 성전이 "이방 사람들의 때가 차기까지, 이방 사람들에게 짓밟힐 것이다."눅21:24라고 예고한다. 숫자가 2,300일을 의미한다면, 이것은 거의 7년이 되고, 다니엘 9:27의 7년을 가리킬 수 있다.

다니엘의 환상에서, 기간은 상징적인 의미를 지니는 경향이 있다. 기간들은 기간의 길이가 정확한 것으로 여겨져서는 안 된다. 제우스 제단이 세워져 진 3년 10일 후마카비1서 1:54; 4:52-53와 아폴로니우스가 안티오쿠스를 위해 예루살렘을 점령한 지 삼 년 반 후단 7:25, 참조; 9:27; 12:7; 12:11-12, 날짜 조금 뒤로 재조정한다 예루살렘 성전의 재봉헌이 이뤄졌다.

환상이 해석되다 8:15-26

8:15-17a 가브리엘이 나타나다

환상이 이어지면서, 다니엘은 당황한다. 그는 완전히 깬 것 같지만 여전히 환상에서 을래 강변에 있다. 환상은 예루살렘과 신실한 백성과 성전에 초점을 둔다. 거기서 인간 모습의 인물, "한 왕성한 젊은 사람"이 나타난다. 그 다음에 **을래 강의 두 언덕 사이에서**,JB, 해설 다니엘은 사람의 목소리를 듣는다. 그 목소리는 인간의 말을 하는 하늘의 존재에서 오는데, 아마도 하나님의 음성일 것이다.4:31, 하늘로부터 내려오는 말소리가 들렸다, 참조 그 목소리를 **가브리엘아, 이 사람에게 그 환상을 알려 주어라**라고 한다.

정경상으로 이곳이 성서에서 천사가 이름으로 처음 언급되는 곳이다. 구약 가운데 다니엘서에서만 천사들이 이름으로 불린다. "사탄"은 대상21:1; 욥1-2장; 슥3:1-2에서 "고발자"를 의미할 것이다 가브리엘이라는 이름은 "하나님의 강력한 사람"이나 "하나님은 나의 힘이다"를 의미한다. 대천사 가브리엘은 환상에서 한 사람으로 나오는데, 이는 그를 **사람 가브**

리엘9:21로 부르는 다음 장을 기대하게 한다. 다니엘서에서 가브리엘은 주로 계시자다. 누가복음에서 가브리엘은 요한의 출생1:11-20과 마리아에게 예수의 출생1:26-38을 알린다. 그는 하나님 앞에 선다.1:19 이처럼 그는 "두려워하지 말아라. 네 간구를 주님께서 들어 주셨다."눅1:13라고 사가랴에게 말할 수 있다. 마리아에게 가브리엘은 "두려워하지 말아라. … 그대는 하나님의 은혜를 입었다."1:30라고 말한다. 가브리엘은 하나님의 목적을 전하는 자이면서 계시하는 자다.

가브리엘은 다니엘이 환상을 이해하도록 돕고자 다니엘에게 가까이 온다. 히브리적 사고에서, 하나님의 전령이 있을 때, 하나님 역시 온전히 임한다.창16:7-13; 출23:20 하나님의 임재에 직면하자 다니엘은 두려움이 엄습하여, 얼굴을 땅에 대고 엎드린다. 이것은 에스겔의 경험과 비슷하다.1:28 **얼굴을 땅에 대는** 것은 극도의 존경의 표시다.

8:17b-22 끝의 시간

가브리엘은 **이 사람아, 그 환상은 세상 끝에 관한 것임을 알아라**라고 말한다. 여기는 세 번째로 알다 '빈' [bin]를 가리키는 어근이 "분별하다"라는 의미로 나오는 곳이다. 다니엘은 **알기를** 원한다.8:15 그리고 가브리엘은 다니엘에게 환상이 세상의 끝에 관한 것이라는 사실을 이해하도록 요청함으로써 환상의 해석을 시작한다.

무엇의 끝인가라는 문제가 대두된다. 시간의 끝인가? 아마도 아닐 것이다. 가브리엘의 용어는 맥락에서 보아야만 한다. 천사들은 **언제까지나 계속해서, … 성소를 빼앗기고, 백성이 짓밟힐까?**라고 묻는다.8:13 가브리엘은 **분노가 마지막 때에**8:19를 언급하고, **아직 멀었으니라**고 마무리한다.8:26 아마도 **분노**의 때는 하나님의 백성의 죄 때문에 그들에게 내린 하나님의 심판을 가리킬 것이다. 때로 하나님은 이 분노를 집행하려고 믿지 않는 왕들을 자기 종으로 사용한다.8:19; 9:16; 11:36; 마카비1서 1:64; 3:8; 마카비2서 5:17, 20; 6:12-16; 7:38; 8:5; 렘25:9; 27:6; 롬1:18; 13:4, 참조 **끝의 시간**은 하나님이 안티오쿠스 4세 에피파네스를 치는 심판으로 개입할 때, 작은 뿔이 하나님에 맞서 꾀한 반란의 끝이다. 다니엘에게 그 시간은 멀리 있다. 2세기 독자는 그 시간이 지금이기를 원한다!

가브리엘의 도입하는 말 후에, 다니엘은 **황홀경**새번역, "깊은 잠"-역주에 빠진다. 이것은 하늘에서 보낸 환상 경험이 동반되는 혼수와 같은 상태. 마지막 환상에서 다니엘은 이것을 다시 경험할 것이다.10:9-10; 창15:12, 아브라함의 깊은 잠; 고후12:2-4, 참조 두 경우 가브리엘은 다니엘을 어루만지고 일으켜 세운다.겔1:28-2:2, 참조 어루만지는 것은 그를 깨워 힘을 주는 것이다.

가브리엘은 해석을 이어간다. 3-8절과 관련하여 이미 많은 정보를 조사했다. 추가되는 정보가 보충된다. 알렉산더 제국의 분열에 대해, 가브리엘은 이어지는 나라들에서는 알렉산더의 제국의 힘과 통치권이 부족하다는 사실을 목격한다.8:22 가브리엘은 알렉산더와 안티오쿠스 에피파네스 사이에 왕들이 이어지는 것을 악 위에 악을 쌓는 것으로 본다.

8:23-26 무시무시한 왕

그들의 죄악이 극도에 이를 때에, 악이 이전에 지나간 모든 왕들보다 능가하는 한 왕이 일어날 것이다. 마찬가지로 바울은 자신이 이방인들에게 복음을 선포하지 못하도록 방해하는 자들은 "자기들의 죄의 분량을 채웁니다. 마침내 하나님의 진노가 그들에게 이르렀습니다."라고 기록한다.살전2:16

가브리엘은 이 무시무시한 왕의 특징을 다음과 같이 열거한다.

1. **뻔뻔스런 임금**.8:23 안티오쿠스 4세 에피파네스는 자신이 제우스의 표면상의 특징을 지녔다고 생각하며, 예루살렘 성전에 세워진 제우스를 위한 성소에서 신상은 안티오쿠스의 얼굴에 제우스의 몸을 가졌다고 보고된다. 이것은 안티오쿠스가 에피파네스"신이 현현하다"라는 이름을 채용한 것과 일치한다.

2. **수수께끼를 이해한 이**8:23, RSV 히브리어 '이도트'idot, "수수께끼"에 대한 번역으로 **흉계에 능숙한 임금**8:23, 새번역, NRSV이 가능하지만, 이는 묘사에 부정적인 의미를 더한다. 대부분 구약에서는 '이다'idah가 "수수께끼"나 "불가해한 질문"으로 사용된다.왕상10:1에서처럼 솔로몬은 어려운 상황을 해결할 수 있었다.왕상3:16-28

추가되는 인물에 대한 묘사는 이 폭군이 악의적이며 현혹시킨다는 점을 보여준다.8:25 하지만 이 사람이 어려운 사건을 해결하는 데 영리하고 심지어 현명하다는 의미에서, **수수께끼를 이해한 이**라는 번역이 선호된다.단5:12, 참조[**수수께끼**, 316쪽] 아마도 이 왕은 마술과 같이 "다른 세력"과의 접촉으로 자신의 탁월한 능력을 향상시키려 노력했을 것이다.

3. **그는 힘이 점점 세어질 터인데, … 그가 놀라운 힘으로 파괴하고, 하는 일마다 형통하며, 강한 사람과 거룩한 백성을 파멸시킬 것이다**.8:24 이것은 표면상의 번영이지만 끔찍한 대가를 치른 것에 대해 묘사한다. 그는 자신에게 방해가 되는 번영과 사람들을 파멸시킨다. 이것은 느부갓네살과 다르지 않게 무자비한 폭군에 대한 묘사다.5:19, 참조

4. **그는 음흉하여서 매사에 속이는 데 능숙하고**.8:25 안티오쿠스는 아첨, 파렴치한 모

욕, 계략, 허위, 배신, 기습, 무자비함을 포함하는 음흉함으로 유명했다.11:21, 23, 24, 27, 32 마카비서는 언행이 불일치하는 그의 배반마카비1서 1:29-32과 대제사장을 조종하는 것마카비2서 4:7-29을 기록한다.

5. 마음이 방자하여서.8:25 **더욱 강력해진** 숫양8:4, NRSV/RSV 및 숫염소8:8와 마찬가지로, 작은 뿔은 강해진다.8:11 가브리엘은 책임감이 없는 거만함에 대한 비난을 반복한다. 안티오쿠스는 특히 유대인을 폭력의 대상으로 삼았다. 사람을 많이 죽였다는 것은 보통 유대인들에게 적용된다.12:2 해설을 보라

6. 그는 만왕의 왕을 대적할 것이다.8:25 만왕의 왕은 최고의 지도자, 하나님을 가리킨다. 거만하고 반항하며 폭력적인 안티오쿠스는 자신을 신격화하고 이스라엘의 하나님에 도전한다. 그는 성전을 더럽히고, 토라를 없애고, 이스라엘의 하나님에 대한 예배를 금지하고, 제우스 숭배로 예루살렘 성전을 더럽히고, 신실한 자들을 압제하고 죽임으로써 경멸한다는 것을 표현한다. 이 반항은 그의 힘이 세어지는 데서 절정에 이른다. 하지만 그의 힘은 더 큰 힘에게는 상대가 되지 않을 것이다. 가브리엘은 반란의 종결을 알린다. 하나님이 개입할 시점이 왔다. 해석에서 주요 공간은 힘이 세어진 작은 뿔에 대한 묘사가 차지한다. 해석자는 메대와 페르시아 왕들을 강조하지 않고, 숫염소 곧 그리스 제국의 영토 침공 후에 일어난 일을 강조한다. 연속적으로 나오는 통치자들 가운데, 구체적으로 한 통치자가 각광을 받는다.[**안티오쿠스 4세 에피파네스**, 293쪽]

두 가지를 주목해야 한다. 첫째, 하나님은 자신의 때와 자신의 방법으로 조치를 취할 것이다. 하나님이 어떻게 안티오쿠스를 물리칠지는 말하지 않는다. 알렉산더 대왕의 뿔이 부러지듯이,8:8 안티오쿠스도 부러질 것이다. 명백히 표현하지는 않을지라도, 하나님의 조치에 대한 묘사는 느부갓네살의 꿈에서의 돌을 떠올리게 한다.2:34, 45 사람의 손으로 하지 않은 산에서 떠낸 돌이 강력한 나라들을 산산조각 낸다.

둘째, 사람의 손으로 하지 않는다는 것은 다니엘서의 무저항의 주제를 다시 강조하는 것이다. 가브리엘의 메시지는 마카비 가문이 안티오쿠스에 폭력적이며 군사적인 저항이 신실함의 적절한 표현은 아니라는 사실을 암시한다.[**마카비**, 309쪽] 하나님은 자기 백성을 위해 조치를 취할 것이다.

가브리엘은 해석의 신뢰성을 단언함으로써 해석을 마무리한다. **밤낮**의 환상은 참되다.8:14 분노의 때는 오래가지 않을 것이다.8:19 여기서는 해석이 없고 확신만이 있다. 천사의 말은 주로 시간에는 관심을 두지 않는다. 환상은 교활한 폭군의 무시무시한 조치들을 강조했으며, 사람이 손을 대지 않더라도 그의 힘은 꺾일 것이라고 강조했다. 다니엘

은 환상을 봉해야 한다. 이것은 환상이 먼 미래를 가리키기 때문에 다니엘은 환상을 비밀로 간직해야 한다는 것을 의미한다. 환상은 다니엘이나 당시 사람들의 시대와는 관련이 없다. 즉각적으로 적용되지 않는다.

추신: 다니엘의 반응 8:27

작은 뿔이 강하게 되고 하나님을 대상으로 한 예배에 도전한다는 환상이 다니엘을 너무나 압도하여 그는 여러 날 동안 아파 잠자리에 있다. 나중에 다니엘은 벨사살의 통치를 위해 일하러 돌아오는데, 따라서 다니엘은 바빌로니아를 떠나지 않았다는 사실을 보여준다. 다니엘은 환상 속에서만 수산 성에 있었다. 심지어 가브리엘이 설명할 때도, 다니엘은 여전히 환상을 **이해**하지 못한다.8:15-17, 27 환상은 수세기 후에 분명해진다. 환상은 안티오쿠스가 권력을 얻게 될 날에 풀릴 것이다. 그때 안티오쿠스는 성전을 더럽히고 성도들을 압제할 것이다.[**안티오쿠스 4세 에피파네스**, 293쪽]

8장의 환상은 상징에 크게 의존한 세 환상을 마무리한다.단2, 7장, 참조 이어지는 환상들에는 천사와 해석이 있지만, 금속2장이나 동물7-8장과 같은 상징에 의존하지 않을 것이다. 이 주석에서 따르는 해석 패턴은 이 환상들이 말하자면 해석에 대해서는 서로의 내부에 자리 잡는다고 주장한다. 신상에 대한 환상은 바빌로니아 제국부터 그리스 제국까지의 시기에 하나님의 전 세계적 통치가 이어지는2장 기간까지 걸친다. 일반적으로 다니엘 2장과 조화를 이룬다고 여겨지는 다니엘 7장의 환상은, 사자로 묘사되는 바빌로니아 제국으로 시작하지만, 아마도 안티오쿠스 4세 에피파네스를 묘사한 것으로 보이는, **무시무시하고 매우 강한** 넷째 짐승에 집중한다. 마지막 짐승과 다른 짐승들의 거만함이 다른 제국에도 분출할 것이라는 이해와 더불어, 이것은 도표로 표현될 것이다.

셋째 환상8장은 첫째 환상의 메대-페르시아와 그리스를 더 자세하게 묘사하는데, 안티오쿠스 에피파네스가 모든 폭군의 대표자가 되며, 궁극적으로 그리스도의 대적자 인물이 되는 거만한 적대자에게 주로 주목한다.

도표는 금속과 동물의 상징과 제국을 일치시킨다. 그렇게 하는 것은 단순화하는 것이지만 아마도 처음에는 도움이 될 것이다. 상징은 단순한 동일시 이상을 가리킨다. 첫 두 환상은 하나님의 개입2장이나 심판에서의 판결7장의 성격을 상세히 설명한다. 셋째 환상은 **사람이 손을 대지 않아도, 그는 끝내 망할 것이다**8:25라는 설명을 제외하고 사람의 나라를 멸망시킬 방식에 대해 침묵한다. 첫 두 환상은 하나님 나라를 세우는 것으로 끝나지만 셋째 환상은 그렇지 않다.

제국	다니엘 2장	다니엘 7장	다니엘 8장
바벨론	금으로 된 머리	사자	-
메대	은으로 된 가슴	곰	-
페르시아	놋쇠로 된 넓적다리	표범	숫양
그리스 통치자들 적대자	쇠와 진흙으로 된 다리 발 -	용 같은 넷째 짐승 뿔 작은 뿔 (안티오쿠스 4세 에피파네스)	숫염소 뿔 작은 뿔
신 대행자 결과	산이 된 돌 땅의 나라는 무너지고 하나님 나라는 세워지다	인자와 같은 이와 천사 짐승은 멸망하고 천사와 백성에게 통치권이 주어지다	사람의 손으로 아니한 작은 뿔은 부러지다

(덜 그럴듯한 대안으로 네 제국을 바빌로니아, 메대-페르시아, 그리스, 로마 제국으로 간주하는 것이다. 나중에 다니엘은 로마를 **한 장군**과 **깃딤**[새번역, "서쪽 해안"-역주][11:18, 30]이라고 부른다.)

성서적 맥락에서의 본문

다가올 고난

황폐하게 하는 가증한 것[새번역, "흉측한 우상"-역주]은 네 번 언급된다.[8:13; 9:27; 11:31; 12:11] 이것은 안티오쿠스 4세 에피파네스가 예루살렘 성전의 번제단 위에 세운 제우스 제단이다. 유대인의 이해에 따르면, 이 신성모독 행위로 말미암아 성전에는 참된 예배자와 하나님 자신이 없어졌다.[**흉측한 우상**, 290쪽] 이 구절은 주전 100년 경 기록된 마카비1서 1:54-59에 나오며, 공관복음서에는 마태복음 24:15, 마가복음 13:14, 누가복음 21:20에 나온다. "가증한 것"이라는 단어가 없이 바울은 데살로니가후서 2:3-4에서 황폐화하는 신성모독의 동일한 유형을 예언하고, 요한계시록 13:12은 황제숭배가 강요되는 것에 대해 말한다.

한 제자가 성전을 보고, "얼마나 굉장한 돌입니까! 얼마나 굉장한 건물들입니까!"라고 하는 반응에 대해, 예수는 "너는 이 큰 건물들을 보고 있느냐? 여기에 돌 하나도 돌 위에 남지 않고 다 무너질 것이다."[막13:1-2]라고 대답한다.

나중에 베드로와 야고보와 요한과 안드레는 예수에게 개인적으로 "이런 일이 언제 일어나겠습니까? 또 이런 일들이 이루어지려고 할 때에는, 무슨 징조가 있겠습니까?"라고 묻는다.막13:1-4 이에 대한 대답으로, 예수는 자신의 승천과 재림 사이의 간격에 대해 상세히 말하고, 다음의 세 가지 개별 문제를 다룬다. (1) 예루살렘 파괴, (2) 유대교 내부와 외부의 당국에 의한 새 공동체 박해, (3) 현 세대의 끝을 바라보며 새 공동체의 지속되는 생명. 예수의 강화는 내용과 양식에서 다니엘의 묵시 자료와 닮았으며, 그 자료에 상당히 의존한다. 또한 마가복음 13장과 마태복음 24장과 누가복음 21장의 자료는 모든 인간 활동이 숙고되고 있으며 앞으로 숙고될 기준인 수난 기사와 종말론적이며 묵시적인 사건을 소개한다는 사실을 주목하라. 예수의 죽음은 죄와 죽음에 맞선 전쟁에서의 마지막 전투다. 그러나 우리는 공관복음의 묵시가 왜 다니엘 12:2-3에서처럼 부활을 언급하지 않는지 궁금하다.

예수의 말씀에서 예수가 자신의 승천과 재림 사이의 시간이 길게 아니면 짧게 구상하는지 구별하기는 어렵다. "마지막 날"은 예수의 승천과 재림 사이의 기간을 의미한다.행 2:16-17; 히1:2 성육신과 십자가에 못 박힘, 부활과 승천은 모든 시간과 영원에 영향을 미치는 하나님의 위대한 구원 행위의 중심을 구성한다. 승천과 재림 사이의 간격, 하나님 나라가 온전히 임하게 될 때는 하나님의 손에 있다.막13:32 지연된다면, 사람들에게 회개하고 신앙에 이르도록 하려는 의도된 것이다.벤후3:8-9, 참조

징표는 인자의 재림이 가까워졌다는 사실을 알리겠지만,막13:5-23, 29 갑작스럽고 예기치 못하게 올 것이다.13:33, 35 심지어 하나님의 아들도 언제인지 알지 못한다.13:32 누구도 주님이 언제 돌아올지 모르기 때문에, 제자들은 할당된 임무를 수행하면서 경계하고 준비하도록 경고 받는다.13:33-37 징표들은 예수가 돌아올 정확한 시간을 예견할 수 있도록 주어진 것이 아니다. 대신 징표들은 모든 세대와 전 세계에 걸쳐 신자들이 준비하지 못하고 쉽게 흐트러지더라도 계속해서 돌아와 지속적으로 "경계"하고 주의하도록 주어진다.

마태복음 24:15과 마가복음 막13:14에서, "황폐하게 하는 가증스러운 물건"에 대한 언급은 예수가 예루살렘의 멸망을 논의 할 때 나온다. 누가는 "예루살렘이 군대에게 포위 당하는 것을 보거든, 그 도성의 파멸이 가까이 온 줄 알아라."눅21:20라고 더 구체적으로 표현한다. "거룩한 곳즉, 성전에 서 있는" 이 가증스러운 물건에 대해 언급할 때, 마태는 다니엘 8:13; 9:27; 11:31; 12:11와 연결시키려 하면서 더욱 명백하게 언급한다. 예언의 특성에서 주어진 시간의 성취가 예언의 전부는 아닐 수 있다.

따라서 **황폐하게 하는 가증한 것**8:13에 대한 해설은 정확하게 안티오쿠스 4세 에피파

네스의 조치를 묘사하는 것일 수 있다. 이방인들이 성전을 더럽히고 이상한 숭배를 도입한다는 이 재앙은 나중 사건들과 로마의 조치에서 반복되는 원형이 된다. 한 예는 주후 39-40년에 유대의 예배 장소를 황제 숭배를 위한 성소로 바꾸고, 예루살렘 성전에 제우스로서의 황제 신상을 세우도록 하는 칼리굴라의 법령,나중에 폐기됨이다.아마도 살후2:4에 반영되는 것 같다 다른 예는 주후 70년 디도와 로마인들에 의한 성전 파괴,막13장에서 예견됨 주후 130년 경 하드리아누스의 주피터에 경의를 표하는 성전 건설, 황제 숭배 강요하려는 시도,계13:8, 12; 19:20 등이 있다. 마찬가지로 악의 화신으로서 무시무시한 왕은 안티오쿠스 4세 에피파네스를 묘사하며, 이 묘사는 역사의 다른 폭군들에게도 적합하다. 궁극적으로는 그리스도의 대적자라고 물리는 인물을 특징짓는다.[그리스도의 대적자, 292쪽]

예수 당시와 이전 세기에 정복한 나라가 패배한 나라의 신들을 쫓아내고 정복자의 신들로 대체하여 그들에 대한 통치권을 주장하는 것은 흔한 관행이었다.고레스는 성전과 지역 예배를 회복하는 데 관심을 보였지만, 스1장 안티오쿠스 4세 에피파네스의 조치를 염두에 두면, 예수는 로마 점령과 유대 저항의 결과를 예감했다. 로마 왕제의 독수리 군기가 성전 지역에 놓일 시기가 올 것이다. 주후 66-70년의 전쟁에서든지 주후 130-135년의 반란에서든지 마가복음 13:14-20과 병행 본문에서의 예수의 말씀은 극적으로 성취됐다. 고고학적인 발굴에서는 로마인들이 가한 파괴에 대한 극적인 증거를 제시한다. "읽는 사람은 깨달아라"마24:15라는 메모는 새로운 공동체에게 안티오쿠스 4세 에피파네스 당시 신실한 자들이 직면한 공포를 떠올리게 하며, 비슷한 도전이 곧 그들에게 닥칠 것이라고 경고한다. 예수는 다가올 고난을 묘사하는 데 다니엘 12:1에 의존했다.

무슨 일이 일어나든 예수의 새로운 공동체는 계속 세대의 끝, 주님의 재림을 바라본다. 그리스도가 자신의 재림을 묘사한 내용 역시 다니엘서에서 온다. "그 때에 사람들이, 인자가 큰 권능과 영광에 싸여 구름을 타고 오는 것을 볼 것이다."막13:26; 단7:13-14, 참조

교회생활에서의 본문

천사, 섬기는 종

8장은 가브리엘 천사를 소개하는데, 그는 다니엘 9장에 나온다. 가브리엘은 7장에서 다니엘이 말한 하늘의 전령이었을 수 있다. 미가엘 천사는 10장과 12장에서 거론된다.

구약에서 천사는 중요한 역할을 감당한다. 천사의 출현은 하나님의 영광과 자비로운 임재를 상징한다. "모세의 축복"은 시내 산에서 율법이 주어졌을 때, 주님은 "수많은 천

사들"이 함께 했다고 보고한다.신33:2 스데반은 자신을 비판하는 자들이 "천사들이 전하여 준 율법을 받기만 하고, 지키지는 않았습니다."행7:38, 53라고 말한다. 바울 역시 율법은 "천사들을 통하여, 한 중개자의 손으로 제정되었습니다."갈3:19; 히2:2, 참조라고 했다. 예언자 스가랴14:5는 주님이 "모든 천군을 거느리시고" 승리가운데 올 것을 기대했다.

다니엘 7-9장에서처럼, 천사는 하나님의 전령이다. 천사는 하나님의 백성을 섬기도록 보내어진 하나님의 종이었다.히1:7 천사는 롯에게 소돔을 떠나라고 재촉했다.창19장 한 천사는 하갈을 섬겼다.창16장 주님의 천사가 불타는 덤불 가운데 모세에게 나타났는데,출3:2, 4; 행7:30, 35 이는 때로 하나님 자신이 주님의 천사로 나타날 수 있다는 사실을 보여준다.창16:7, 13; 출14:19, 24, 참조 한 천사는 엘리야가 로뎀 나무 아래 낙담하여 앉았을 때, 그를 "만졌고" 음식을 주었다.왕상19:4-8; 단8:18, 참조 한 천사는 사자 굴에서의 다니엘과 불타는 화덕에서의 세 친구들을 보호했다.6:22; 3:28 예를 들어 에녹1서와 같이 중간기 문헌에서, 천사에 대해 많이 언급한다. 이름들과 계층적 지위가 언급된다. 선한 천사와 악한 천사, 그리고 악한 천사의 운명에 대해 읽을 수 있다. 악한 천사들은 변장하여 다닌다.토빗서 5-6장

예수가 태어났을 때, 수많은 천사와 더불어 주님의 천사는 예수의 탄생을 목자들에게 알렸다.눅2:8-15 천사들은 광야에서 예수를 섬겼고,마4:11 예수가 배반당할 밤에 기도할 때 섬겼다.눅22:43 사도행전에서 말하는 대로 교회의 설립과 확장에 대한 누가의 이야기는 천사들의 이야기로 가득하다. 주님의 한 천사는 사도들을 풀어주려고 감옥 문을 열었고,행5:19 에티오피아 관원을 만나도록 빌립에게 예루살렘과 버려진 가사다른 곳에 재건됨 사이의 길로 내려가도록 지시했다.8:26-39 천사들은 고넬료가 회심하도록 하는 사건에 관여했다.10:3, 7, 22; 11:13 주님의 천사는 베드로가 감옥에서 도망하도록 할 수 있었다.12:7-11

헤롯 아그립바 1세의 죽음은 사도행전12:22-23에 따르면 주님의 천사가 개입하였기 때문이다. 이 폭군은 "신"이라고 갈채를 받았고 "벌레에게 먹혀서" 죽음을 맞이했는데, 두 가지에서 안티오쿠스 에피파네스와 상당히 비슷하게 여겨진다. 안티오쿠스는 죽을 때, 자기 이름 에피파네스, "신이 현현하다"를 자신의 의도하지 않은 방식으로 성취했다. "잠시 이전에 초인간적으로 거만하게 자신이 바다의 파도에 명령할 수 있다고 생각했던 자는, … 하나님의 능력을 모두에게 **현현하도록** 하면서, 땅에 떨어졌고 들것으로 옮겨졌다. 그래서 이 경건하지 못한 사람의 몸은 벌레로 가득했다."마카비2서 9:8-9, 굵은 글씨는 추가됨 헤롯과 안티오쿠스는 무너졌으나 **사람의 손으로** 되지 않았다.단8:25

다니엘의 환상에서, 대천사 미가엘은 이스라엘을 옹호하고,10:21 불과 같은 심판이 직접적으로 하나님에게 그리스인들에게 내린다.7:10-11; 히1:7, 참조 파괴하는 천사는 하나님의 심판을 수행하도록 보내졌을 것이다.출12:23; 삼하24:16; 사37:36 한 천사가 희망과 구원의 메시지를 전하려고 바다의 큰 폭풍 가운데 바울에게 나타났다.행27:23-24 성서에 따르면, 천사에게 교회와 나라와 개인을 맡겼다.계1-3장; 신32:8; 단10:13, 20-21; 12:1; 마18:10

천사들은 메시지를 전하고 하나님을 섬기고 오늘날 교회를 보살피는가? 어떤 사람들은 천사의 주제가 크리스마스와 연결된 산타 클로즈와 마찬가지로 다뤄져야 한다고 제안한다. 그러나 칼 바르트와 같은 신학자들과 빌리 그래햄과 같은 복음전도자들은 천사의 실제 존재를 믿는다. 현대에, 사람들은 과학적인 설명에 너무 전념하여 천사들의 사역이 자연 현상의 탓으로 잘못 돌릴 수도 있다. 예상치 못한 통찰력이나 보호의 순간이나 깊은 위로의 때는 하나님의 이 전령들의 사역일 수 있겠는가?

이를 넘어, 교회는 천사들에게 할당된 많은 임무를 이행하는 책임을 가졌다. 히브리어 '말아크'[mal'ak]나 그리스어 '앙겔로스'[angelos]로 동일한 단어는 문맥에 따라 천사, 하나님의 전령, 또는 대행자로 번역될 수 있다. 신자들은 평화와 구원을 알리고, "하나님의 통치하신다"는 사실을 알리면서 전령이자 자비의 천사가 되어야 한다.사52:7; 롬10:14-17; 단4:3; 6:26; 7:9 신자들은 롯과 느부갓네살과 벨사살에게 전하는 것처럼, 경고와 임박한 심판이라는 예언적 말씀을 전해야 하지만, 하나님의 심판을 행해서는 안 된다. 복수는 주님의 것이다.롬12:19; 신32:35 신자들은 구원의 복음을 선포하고, 사람들에게 회개하도록 요청해야 한다. 신자들은 위로하고 보호하며, 곤경에 처한 자들을 강하게 해야 한다. 아마도 신자들은 스데반과 같이 되려고 염원할 수 있다. 스데반이 위기의 상황에 믿음에 대해 증언했을 때, 공의회에 앉아있던 모두는 "그 얼굴이 천사의 얼굴 같았다."행6:15는 점을 보았다.

다니엘 9:1-27

예레미야 예언의 의미

사전검토

성서의 한 본문이 다른 부분을 해석할 때, 우리는 기쁘다. 하지만 9장에서 가브리엘은 원 본문보다 더 당혹케 하는 칠십 년에 대한 예레미야 예언을 다니엘에게 해석해준다.렘 25:12; 단9:2

벨사살 통치의 삼년 되는 해에서주전 546년; 단8:1 다리우스의 첫 해주전 539-538년; 9:1까지 시간상으로 7년이나 8년이 차이가 나지만, 8장과 9장은 한 단위를 형성한다. 두 장은 비슷한 구조로 되어 있다. 두 장에서, 가브리엘은 무시무시한 왕의 다가올 난폭함을 지적한다. 8장은 다니엘의 환상을 통한 세계 역사에 대한 개관을 기록하고, 이 환상에 대한 가브리엘의 해석이 이어진다. 9장에서 다니엘의 기도는 이스라엘의 신실하지 못함이 하나님의 신실함과 대조되는 거룩한 역사를 개관한다. 다니엘의 기도에 이어, 천사 가브리엘은 다니엘이 기도 전에 묵상하던 칠십 년에 대한 주님의 말씀을 예레미야 예언자에게 해석하려고 환상에 나온다.9:2

다니엘의 기도는 삽입된 장면과 같다.9:4-19 우리는 이 장의 의미를 훼손하지 않고 4b절에서 20절로 즉시 옮겨갈 수 있다. 그러나 독자는 다니엘의 기도를 포함할 때 매우 풍요롭게 된다. 다니엘의 기도는 하나님이 반응하는 회개의 기도이며, 솔로몬이 예상했던 탄원의 유형을 드러낸다.왕상8:46-53 또한 이 기도는 다니엘이 하루에 세 번 예루살렘을 향해 창문을 열고 무릎 꿇고 기도할 때 했을 기도에 대한 통찰을 제공한다.6:10-11

다니엘의 기도에서 주님LORD이라는 단어는 NRSV에서 8회 작은 크기의 대문자로 인쇄된다. 이것은 다니엘이 이스라엘 사람들에게만 알렸고 거의 발언되지 않는 하나님을 가리키는 거룩한 이름을 사용한다는 것을 의미한다. 이것은 여호와주님라는 이름이 다니엘서에 나오는 유일한 본문이다.9:2, 4, 8, 10, 13, 14[2회], 20 다니엘의 기도에 이 이름을 사용한다는 사실은 다니엘이 이스라엘의 하나님과 갖는 특별한 관계를 반영한다. 여기서도 마찬가지로, **아도나이**주님가 하나님의 이름, **여호와**를 가리키는 대용어로 8회 사용되고, 다니엘서의 다른 곳에서는 한 번만 사용된다.1:2; 9:3, 4, 7, 8, 9, 15, 16, 17, 19[3회]; 왕[1:10]이나 천사[10:16-19; 12:8]를 아도니, 내 주로 부름, 참조

개요

주석적 해설

도입 9:1-2

9:1 날짜

다리우스가 왕이 된 첫 해는 아마도 고레스 밑에서 8개월 동안 메소포타미아를 통치한 고비라스/고바루이거나 고레스 자신이었던 메대 사람 다리우스를 가리킨다.5:30; 6:1, 28 해설을 보라 고레스는 포로들에게 예루살렘으로 돌아가라는 법령을 발포했다.대하36:23 첫 해는 주전 539-538년이 될 것이다.[고레스, 301쪽]

9:2 성서에 대한 묵상

다니엘은 예레미야서와 같은 유대 성서를 공부했다. 여기서 처음으로 이 책이 **책들**다 시 말해, 거룩한 책들이나 성서를 가리킨다. 다니엘은 구체적으로 예언자 예레미야에 대한 주님의 말씀을 언급한다.9:2 다른 환상은 다니엘의 행동에 의존하지 않고 주어진다. 하지만 기도 후에 오는 환상은 다니엘의 성서 연구로 유발된다. 다니엘은 다음의 본문을 묵상하고 있는 것 같다.

> 이 땅은 깡그리 끔찍한 폐허가 되고, 이 땅에 살던 민족은 칠십 년 동안 바빌로니아 왕을 섬길 것이다. 이렇게 칠십 년이란 기한이 다 차면, 내가 바빌로니아 왕과 그 민족과 바빌로니아 땅의 죄를 벌하며, 그 곳을 영원한 황무지로 만들어 버리겠다. 나 주의 말이다.주전 605년: 렘25:11-12
> 나 주가 분명히 말한다. 너희가 바빌로니아에서 칠십 년을 다 채우고 나면, 내가 너희를 돌아보아, 너희를 이 곳으로 다시 데리고 오기로 한 나의 은혜로운 약속을 너희에게 그대로 이루어 주겠다. 너희를 두고 계획하고 있는 일들은 오직 나만이 알고 있다. 내가 너희를 두고 계획하고 있는 일들은 재앙이 아니라 번영이다. 너희에게 미래에 대한 희망을 주려는 것이다. 나 주의 말이다. 너희가 나를 부르고, 나에게 와서 기도하면, 내가 너희의 호소를 들어주겠다. 너희가 나를 찾으면, 나를 만날 것이다. 너희가 온전한 마음으로 나를 찾기만 하면, 내가 너희를 만나 주겠다. 나 주의 말이다.주전 594년: 렘29:10-14a

다니엘은 공부하면서 당혹스러워하고 그 다음에는 기도하게 된다. 당혹스러움은 예레미야의 칠십 년 예언 때문이다.슼1:12, 참조 바빌로니아의 패배로, 다니엘은 예레미야 예언의 칠십 년의 의미를 궁금해 한다. 예레미야는 이스라엘이 칠십 년 동안 포로 생활을 할 것이라고 말하지 않고 그들은 바빌로니아를 칠십 년 동안 섬길 것이며, 그 후에 하나님이 바빌로니아 사람들의 죄악에 대해 그들과 그들의 땅을 징벌할 것이라고 말했다.렘 25:11-12 "바빌로니아에서 칠십 년을 다 채우고 나면"렘29:10 그리고 이스라엘 땅이 안식년 동안 쉬게 됐을 때대하26:21; 레25:1-7; 26:34-35; 마카비1서 6:49, 52. 참조 하나님이 이스라엘을 돌아볼 것이다. 바빌로니아의 통치가 끝이 나므로, 다니엘은 자기 백성에게 이것이 무엇을 의미할지 알기를 원한다. 느부갓네살은 주전 605년에 권력을 차지했고, 이제 주전 539-538년이다.

대략 인간의 일생에 해당하는 칠십 년이 지나갔다. 또한 칠십이라는 숫자는 10을 일곱 배한 결과인데, 이는 숫자들에서 의미를 보는 이들에게 "완결"을 암시한다는 사실을 주목해야 한다. 예레미야는 칠십 년을 정확하게 칠십 년보다는 완결된 기간을 가리키려고 의도했던 것 같다.

70을 정확하게 계산하면, 우리는 어떤 날짜가 계산에 사용돼야 하는지 궁금하다. 이른 멸망에서, 니느웨는 메대와 바빌로니아에게 주전 612년 망했다. 느부갓네살의 첫 해주전 605-604년 예레미야는 "이 민족들"이 70년 동안 느부갓네살을 섬길 것이라고 예언했다. 렘25장 유다는 주전 604년 바빌로니아에 굴복했을 것이다. 주전 594년 시드기야의 사년되는 해에, 예레미야29:10는 다시 이스라엘이 바빌로니아를 70년 동안 섬길 것이라고 예언했다.[유다의 왕들, 307쪽] 예루살렘의 멸망은 주전 597년부터첫 주요 추방 또는 주전 587/586년부터성전이 파괴되고 둘째 주요 추방 계산될 수 있다.

다른 멸망에서, 우리는 주전 539년바빌로니아의 멸망이나 주전 538년고레스의 포로 생활에서 돌아가라는 법령이나 주전 520-516년성전 재건을 사용할 수 있다. 성전 파괴와 나라에 대한 핵심 상징인, 성전 재건슼1:12 사이에 70년이 있다.[연표, 299쪽] 주전 594년 예언부터 주전 538년까지 56년이다. 가장 큰 규모의 포로 기간은 주전 587/586년부터 주전 538년까지 약 48년이었다.대하36:20-23, 70을 어림수로 여김 니느웨의 멸망주전 612년에서 바빌로니아의 멸망주전 539년까지는 73년이다. 느부갓네살이 이집트를 멸망시킨 해주전 605년에서 돌아가라는 법령주전 538년까지는 거의 70년이다. 예레미야가 "바빌로니아에서 칠십 년"29:10a을 언급하므로, 바빌로니아가 주변 나라들을 지배한 기간에 대해 불명확하게 언급한 것으로 이해하는 것이 최선이겠다. 이것은 다니엘의 생애와 같이 생애에 대한 것이며,시90:10; 스3:12; 학2:3 분명히 주전 594년 거짓 예언자 하나냐의 2년에 대한 예언보다

다니엘의 중재 기도 9:3-19

9:3-4a 기도 준비

이스라엘의 미래에 대한 질문은 다니엘에게 매우 중요하다. 예레미야는 회복을 이룰 기도의 중요성을 지적했다. 솔로몬도 포로로 끌려가는 사건에서 회개와 탄원의 기도로 용서와 회복이 야기될 것이라고 인식했다.왕상8:46-52 따라서 다니엘은 기도를 위해 활발하게 준비한다.

기도는 예레미야의 다른 부분에서 온 것으로 보이는 어휘와 개념으로 가득하다. 이 기도로 판단할 때, 다니엘은 성서에 깊이 빠져있다. 신명기와 같은 다른 성서와 예레미야의 연관성, 솔로몬의 기도왕상8:23-53와 같은 기도와의 연관성, 또는 포로기 이후 기도스9:6-15; 느1:5-11; 9:5-37와의 연관성에 대해 이 기도를 조사하는 것은 좋은 훈련이 될 것이다.

다니엘은 **주 하나님께 돌렸다**9:3 내 얼굴을 주 하나님께 돌렸다RSV새번역 "기도를 드리면서"-역주라고 보고한다. 이것은 다니엘이 포로들은 "주님께서 그들의 조상에게 주신 땅을 바라보면서 기도"왕상8:48; 단6:10, 참조해야 한다는 솔로몬의 기도에 따라, 하나님의 성읍, 예루살렘 방향으로 향한다는 것을 의미한다. 다니엘의 기도와 탄원은 금식과 베옷과 재로 뒷받침된다. 다니엘의 기도는 참회의 기도다. 따라서 스스로를 비하하는 이런 상징이 기도에 앞서는 것은 적절하다. 음식도 개인의 외모도 기도에 집중하는 데 방해돼서는 안 된다.

구조와 내용에서 다니엘의 기도와 에스라 9:6-15과 느헤미야 1:5-11, 9:6-37이 비슷하다는 사실은, 제2성전기와 대두하는 회당에 흔한 참회 기도의 유형이라는 것을 시사한다.

9:4b-14 "돌이켜 회개하면" 왕상8:47-48

다니엘의 기도는 하나님이 위대하고 두렵다고 인정하며 시작한다.9:4 하나님이 의로우며 의로움 '체다카' [ṣedaqah]을 가져다준다고 자주 묘사된다.9:7, 14, 16, 24 이것은 다른 성서에, 시119:137뿐만 아니라 예레미야의 글렘12:1, 참조: "언제나 주님이 옳으셨습니다.['차디크,' ṣadiq]"에서 반영됐을 것이다. 하나님의 의로움은 의롭지 않은 다니엘의 백성과는 크게 대조된다.9:18 다니엘은 하나님의 성품을 열거한다. 그는 긍휼 '라하밈' [raḥamim], 복수과 용서

'셀리호트'[selihot], 복수; 9:9의 성품을 소개한다. 긍휼에 대한 지적은 예레미야의 위로의 책의 한 섹션과 연결된다.30:1-31:40 하나님은 "깊이 감동하고, 긍휼'라하밈'[rahamim], "자궁"과 연결되는 단어"이 일어난다." 고집 센 아들 에브라임이 회개할 때, 어머니와 같은 하나님의 애정이 일어난다.렘31:20

기도의 시작에서 다니엘은 하나님이 용서한다는 사실을 인정한다. 기도의 마지막에서 그는 자기 백성을 용서하라고 하나님에게 호소한다. 게다가 하나님은 **언약**을 지키고, **인자**를 베푼다 '베리트'[berit]와 '헤세드'[hesed]; 9:4라고 묘사한다. 주로 청원이지만, 기도는 하나님을 찬양하는 내용이 풍부하다.느1:5-6, 참조 우리는 다니엘이 무릎을 꿇고 이 놀라운 하나님을 인정할 때 그의 손을 하늘을 향해 든다고 상상할 수 있다.

그러나 그 때 우리가 그릴 수 있듯이, 다니엘은 다양한 용어를 사용하여 이스라엘의 죄를 열거할 때 자신의 얼굴을 땅을 향하여 떨어뜨린다. 반복적으로 그는 **우리가 죄를 지었다**'하타'[hata]; 9:5, 8, 11, 15c라고 고백하고, **죄**를 가리키는 관련 명사를 사용한다.9:16, 20, 24 이 어근의 어떤 형태는 구약에서 600회 이상 발견되며, 따라서 악에 대해 말하는 흔한 방식이다. 이 형태는 또한 투석하는 자가 표적을 놓치지 않고 '하타'[hata] 대상을 맞추는 것에 사용된다.삿20:16 두 번 다니엘은 부정하게 행하는 악 '라사'[rasa']; 9:5, 15c을 고백한다. 이 단어는 선을 행하는 것의 반대를 의미한다. 시편에서 이 단어는 종종 악행이나 불의하게 행하는 것을 묘사한다. 역시 두 번 여기 목록은 반란 '마라드'[marad]의 악을 포함한다.9:5, 9 권위에 도전하는 고전적인 예는 이스라엘이 가데스바네아에 있는 땅으로 이주하기를 거부하는 것이다.신1:25-26 역시 두 번 다니엘은 본질적으로 고집스러움과 방종인 죄악 '아본'['awon]을 지적한다.9:13, 16 이스라엘이 **떠나 사는** 것 '수르'[sur]과 올바른 길에서 내리는 것에 대해 두 번 언급한다.9:5, 11

다니엘은 실패가 거듭되는 것을 계속 지적한다. 이스라엘은 하나님과 예언자들에게 순종'사마'[sama'], 듣다하지 않았다.9:6, 10, 11, 14 이런 용어는 예레미야의 특징인데, 예레미야는 "순종하다/듣다"라는 단어 형태를 184회 사용했다. "너희는 듣지 않았다"라는 고발은 예레미야서에서 30회 발견된다. 이 모든 악을 넘어, 사람들이 하나님의 진**리나 성실함**을 이해하지 못한다.9:13, RSV/NRSV 이처럼 다니엘은 악을 열거하고 모든 종류의 죄를 철저히 헤아린다. 포로로 끌려가게 된 이스라엘의 죄악을 고려하고, 솔로몬의 기도를 기억할 때, 다니엘의 고백과 회개의 기도는 그가 성서를 신중하게 대한다는 사실을 가리킨다. 솔로몬의 기도는 다니엘의 중재 기도에 대한 개요와 용어를 제공한다.

이 백성이 주님께 죄를 지어서, 주님께서 진노하셔서 그들을 원수에게 넘겨 주시게 될 때에, 멀든지 가깝든지, 백성이 원수의 땅으로 사로잡혀 가더라도, 그들이 사로잡혀 간 그 땅에서라도, 마음을 돌이켜 **회개하고**, 그들을 사로잡아 간 사람의 땅에서 주님께 자복하여 이르기를 '우리가 죄를 지었고, 우리가 악행을 저질렀으며, 우리가 반역하였습니다.' 하고 기도하거든, 또 그들이 사로잡혀 간 원수의 땅에서라도, 마음을 다하고 정성을 다하여 주님께 **회개하고**, 주님께서 그들의 조상에게 주신 땅을 … 바라보면서 **기도하거든**, 주님께서는, 주님께서 계시는 곳인 하늘에서, 그들의 기도와 **간구**를 들으시고, 그들의 사정을 살펴 보아 주십시오. 주님께 죄를 지은 주님의 백성을 용서하여 주십시오. … 종의 간구와 주님의 백성 이스라엘의 간구를 살펴보시고, 부르짖을 때마다 응답해 주십시오.왕상 8:46-52, 굵은 글씨는 추가됨

다니엘은 왕과 지도자들의 죄를 부각시킨다.9:6, 8 아마도 다니엘은 탐욕스럽고 자랑하며 가난한 자들을 무시한다고 고발당한 왕들, 특히 여호야김을 호출하는 것을 생각하고 있을 것이다.렘22:13-17; 22:11-23:6, 참조 왕들과 목자들은 사회 나머지와 더불어 악한 상황을 유발한 자들로 간주된다.렘23장; 겔34장; 느9:32-33, 참조 다니엘은 관료로서 통치하는 자들에 대해 큰 책임감을 느낀다.

기도는 전반적으로 하나님의 성품과 그분의 백성의 상태 사이에 심각한 대조가 있음을 강조한다. 다니엘의 회개 기도의 중심이 되는 호소는 하나님의 **의로움**과 백성의 **수치**9:7-8 사이의 대조, 하나님의 긍휼과 용서 그리고 백성이 하나님에 맞서는 방식9:9 사이의 대조에 모아진다. 다니엘의 기도에 토대를 이루는 것은, 의로움과 긍휼과 용서에 드러난 하나님의 은혜를 다니엘이 인정한다는 것이다. 기도 마지막에 다다를 때, 다니엘은 **우리가 이렇게 주님께 간구하는 것은, 우리가 잘나서가 아니고, 주님께서 자비하시기 때문입니다**9:18라고 구체적으로 말한다.

다니엘의 회개는 그의 모든 친족, 유다와 예루살렘에 남아 있는 자들, 멀리 끌려온 자들을 포함한다. 모두가 배반의 죄를 지었으며, 수치 가운데 그들의 얼굴은 자신들의 죄를 드러낸다. 그들은 부도덕한 행위로 잡힌 사람들처럼 보인다.

다니엘은 기도에서, 하나님을 부르는 것에서 백성을 직접적으로 부르는 것으로 전환한다.9:12-14 어떤 이는 이것을 다니엘이 왜 재앙이 그들에게 임했는지를 설명하는 "기도 설교"로 본다. 먼 땅에서 포로 생활을 한다는 것은 놀라운 사실이 아니었어야 한다. 오래

전에 율법을 어긴 것에 대해 **벌과 저주**가 모세 율법, 오경에 제시됐다.9:11 이스라엘 백성은 불순종에 대해 일곱 배의 징벌을 약속한 제사장의 가르침에 익숙하다.네 번 반복됨: 레 26:18, 21, 24, 27 백성은 역시 신명기 27-30장의 축복과 저주에 익숙하다.

다니엘은 이 기도 설교에서, 하나님의 자율을 강조한다. 하나님은 거듭 경고했지만,9:12 순종하는 반응이 없었다. 그러므로 예루살렘과 성전이 무시무시하게 파괴된 사건은 하나님의 정의로운 행위로 간주되어야 한다.9:13-14 하나님은 현재의 재앙에 이르게 된 모든 저주를 기록된 대로 활성화했다.9:13 이것은 성서에 대한 유대 해석과 기독교 해석에 중요한 구절이다. 성서는 신중하게 취급되어야만 한다. 예레미야 예언자에게 전한 주님의 말씀에 대해 묵상하는 다니엘의 회개 기도의 양식을 주목하라.9:2 이 양식은 다니엘 자신이 성서를 공부했고, 그것을 신중하게 따랐다는 사실을 가리킨다.

다른 이들은 백성에게 전하는 다니엘의 직접적인 연설을 "회개에의 호소"로 본다. 이것은 구약에 종종 나오는 정형화된 연설 양식이다.왕하17:13; 렘3:12-13; 느1:8-9, 참조 주로 다음과 같이 네 부분으로 되어 있다.

1. 고발: 온 이스라엘이 주님께 순종하지 않고, 주님의 율법을 어기고 벗어났으므로.9:11
2. 훈계: 우리는 주 우리 하나님께 은혜를 구하려 하지 않습니다.9:13
3. 위협: 주님께서 재앙을 간직해 두셨다가.9:14
4. 약속: 주 우리 하나님이 하시는 모든 일은 의로우신데.9:14

포로 생활과 당시 흉측한 우상에게 올 고통9:27은 동일한 이유에서 찾을 수 있다. 즉 **우리가 말씀에 순종하지 않은 까닭입니다.**9:14 나중에 안티오쿠스 4세 에피파네스의 시대에 제2성전이 서지만, 이스라엘의 하나님을 예배하는 데 기여하는 모든 것은 빼앗겼다. 성소는 제우스 제단으로 더럽혀졌다.마카비2서 6:1-2 불순종으로 재앙이 이어진다. 다니엘은 하나님이 신실하고 긍휼과 용서를 베푼다고 믿기 때문에 기도한다. 다니엘은 하나님이 의롭기 때문에 의로움이 하나님에게 속한다고 고백한다. 다니엘은 또한 하나님은 긍휼의 하나님이며 언약을 지키는 하나님이므로 회개의 기도가 하나님과의 관계를 회복할 것이라는 옛 가르침을 믿는다.9:4

9:15-19 "그리고 간구하거든"왕상8:47, 49

무엇이 재앙을 되돌릴 것인가? 새로운 형태의 경건이 아니다. 더 많은 희생제물이나 군대의 개입도 아니다. 부족했던 것과 변화를 야기하는 데 필요한 것은 회개다. 다니엘은 자기 동료들에게 말하는 것에서 주 **우리 하나님**9:15이라고 하나님에게 말하는 것으로 전환한다. 다니엘은 출애굽 당시 하나님의 행위에 의지한다. 이집트에서의 구원은 이스라엘의 신앙을 형성하는 큰 사건이었다. 출애굽을 언급하는 것은 하나님의 은혜를 강조하고, 이 은혜로운 조치에 대해 순종의 반응을 장려하려는 의도였다.출20:2; 신6:21-25, 참조 여기서 하나님의 은혜는 죄를 고백하고 긍휼을 호소하는 배경이 된다.

다니엘은 회개하며, **우리가 죄를 짓고, 악한 일을 저질렀습니다**라고 고백한다. 그는 하나님의 분노를 **주님의 성 예루살렘**과 성전이 있었던 **주님의 거룩한 산**에서 돌이키도록 하나님의 의로운 조치에 근거하여 간구한다. 다니엘은 백성을 위해, 예루살렘과 백성에게 일어난 일들이 **우리의 죄와 우리 조상의 죄악** 때문이라고 인정한다.9:16 그들은 하나님의 진노 아래 있다.8:19; 11:36 해설을 주목하라

이제라는 표현은 기도에서 탄원으로 전환한다는 것을 가리킨다.9:17 기도의 전반부는 청원을 포함하지 않았다. 다니엘은 하나님의 위대함과 이스라엘의 죄의 끔찍함을 고백했다.9:4-14 이제야 그는 청원한다. 기도의 전반부는 주로 하나님의 의로움을 지적하는 것으로 둘러싸인다.9:7, 14 반면에 후반부는 여전히 하나님의 의로움을 지적하지만 출애굽에서의 하나님의 활동으로 시작한다. 다니엘은 이집트에서 구속한 분에 맞서 지은 백성의 죄를 고백하고, 죄에 따르는 재앙을 인식한다. 다니엘은 다음을 기도한다.

1. 하나님의 진노가 예루살렘과 거룩한 산에서 돌이킬 것.9:16
2. 하나님이 얼굴을 황폐한 성소에 비출 것.9:17
3. 하나님이 큰 긍휼에 근거하여 응답할 것.9:18

다니엘은 청원할 때, 느헤미야와 마찬가지로1:6 솔로몬 기도의 용어를 사용한다. "종의 간구와 주님의 백성 이스라엘의 간구를 살펴보시고, 부르짖을 때마다 응답해 주십시오."왕상8:52

다니엘은 하나님이 왜 자신의 청원에 반응하도록 움직여야 하는지 여러 이유를 역설한다.

1. 하나님의 백성은 그들의 이웃의 멸시를 경험하고 있다.9:16

2. 하나님의 명성이 위협을 받고 있으므로, 구원의 새로운 조치가 필요한 것은 하나님의 이름을 위해서다.9:17, 19

3. 예루살렘 성읍과 그 백성은 하나님의 이름을 지닌다.9:18-19

4. 하나님의 긍휼은 이스라엘의 실패를 대처하기에 충분히 광대하다.9:18

다니엘은 법률가가 하듯이, 자연스럽게 주장하며 요청한다. 그의 기도는 강렬하고 열정적이지만 또한 사려 깊다.

회개 기도는 예레미야가 권한 것과 같으며, 솔로몬의 기도와 같다. 예레미야3:22b-25는 자기 백성에게 회개 기도의 모범을 제시하는데, 다음과 같이 다니엘의 기도와 닮은 점이 있다. 즉 수치와 사태의 혼동을 인정하고, "우리가 죄를 지었다"고 솔직하게 진술하며, 이전 세대로 거슬러 올라가는 악을 인식하고, 순종하지 않았다는 어휘가 나오며, 구원과 긍휼은 하나님에게 와야만 한다는 선언이 나온다. 한편 다니엘의 기도에 나오는 어떤 표현은 솔로몬의 기도에 영향을 받은 것 같다.왕상8:23-53, 특히 48-53절 "주님의 눈을 여시고, … 주님의 백성을 … 들으시고, … 이집트에서 … 이끌어내시며." 이처럼 다니엘의 기도는 다른 구약의 회개 기도의 모범을 따르는 것 같다. 다시 다니엘의 기도는 다른 이들을 위한 모범이 된다.

다니엘이 출애굽을 언급하는 것은, 현재의 재앙이 너무나 커서 하나님의 **강한 손**이 드러나9:15, 19 출애굽 규모의 다른 구원의 조치가 필요하다는 사실을 암시한다. 주님이 자기 백성을 이집트에서 구원하여 영광을 드러냈듯이, 이제 나**의 하나님, 만민이 주님께서 하나님이심을 알아야 하니**9:17, 19 하나님이 행동해야 한다.

다니엘은 **우리가 황폐해진 것과 주님의 이름을 빛내던 이 도성의 고통을 굽어보아 주십시오**9:17라고 기도한다. 이것은 제사장의 축복의 일부를 떠올리게 한다.민6:25 다니엘 당시 성전은 주전 586년 파괴되어, 황폐해졌다. 성전은 하나님의 축복의 도구로 간주됐으나, 성전 자체가 축복을 필요로 한다. 다니엘은 주님의 영광을 위해 그리하여 하나님이 자신의 땅에서 낯선 자가 되지 않도록 성전 회복을 기도한다.렘14:7-8, 참조 이 기도는 또한 성전이 더럽혀지고 황폐해진, 안티오쿠스 4세 에피파네스 당시에 대한 함의를 지닌다.

다니엘의 기도는 다음과 같이 명령형으로 된 일련의 요청으로 절정에 이른다.9:19

주님, 들어 주십시오.

주님, 용서하여 주십시오.

주님께서 들어 주시고, 이루어 주십시오.

성서에서 이렇게 긴급한 기도는 많지 않다. 죄로 고통당하고 무자비한 압제로 괴로움을 당하는 다니엘의 백성을 구원해 달라고 하나님에게 간청한다. 하나님은 지체 없이 하나님의 명예를 위해 행동해야 하며,9:17, 19 주님의 이름을 지닌 성읍과 백성에게 구원을 베풀어야 한다.

주님의 이름을 위해 행동한다는 것은 하나님이 자신의 불순종하는 백성을 징벌하여 전 세계에 자신의 의로움과 공의를 보였으므로, 이제 세계에 자기 백성을 회복하여 **인자**9:4와 **자비**와 **용서**9:9를 드러내야 한다는 것을 암시한다. 회복의 조치로, 하나님은 자신을 더 온전히 드러낼 것이다. 다니엘에게 현재의 위기는 하나님의 이름을 지닌 자들에게는 수치다. 현재의 위기는 또한 하나님 자신의 이름에 수치다. 그러므로 다니엘은 하나님이 자기 백성과 성읍을 하나님 자신의 명성을 위해 회복해 달라고 기도한다.겔20:9, 14, 22; 36:20-22, 참조

다니엘은 하나님이 이미 인간 문제에 개입할 시기와 방식을 정했다는 사실을 안다.7:22, 25-27; 8:25, 참조 그렇다면 다니엘은 왜 기도하는가? 그의 기도는 몇 가지 이유를 제시한다. 기도를 통해 다니엘은 모세와 마찬가지로 자신의 번민을 표현하고, 하나님의 백성이 심각하게 죄를 범했을지라도 그들에게 자비를 베풀라고 부르짖는다.출32:31-32 하나님이 이런 진실한 지도자를 듣는다. 기도에서 공식적이며 사리에 맞게 하나님의 자비에 호소한다. 하나님 자신의 것을 파괴하지 않을 하나님의 자율과 의지를 인정한다. 기도 가운데 희망이 있다. 과거 행했던 하나님의 신실함은 현재의 위기에서도 행할 것이라는 확신을 준다. 재앙의 영향이 결코 제거되지 않지만, 하나님은 언약을 지키는 하나님이므로, 하나님과의 관계는 회복될 수 있다.9:4

하늘의 반응: 환상 9:20-27

다니엘의 긴 기도는 보통 독자들에게 처음 질문에서 주의를 분산시킬 수도 있다. 하지만 다니엘의 절박함이 예레미야 예언의 칠십 년을 어떻게 해석해야 하는가9:2 하는 질문을 강화한다. 이것은 학문적이기보다는 절박한 문제다. 이제 대답이 나온다.

9:20-23 가브리엘의 도착

다니엘이 **아뢰어 기도하면서, 자백하고, 간구할** 때에, 어떤 이는 7장의 환상7:16, 참조을 제안하지만 아마도 8장8:16, 참조의 이전 환상과 마찬가지로 천사 가브리엘이 환상에 나타난다. 다니엘은 무한정 기도해 왔다. 천사는 **저녁 제사를 드릴 때** 나타난다.9:21 시간에 대한 언급은 신실한 유대인들이 성전이 파괴되기 전 성전의 예배를 기억한다는 사실을 떠올리게 한다. 가브리엘은 **급히 날아왔다.** 이것은 천사가 스랍사6:2이나 그룹출25:20과 같은 하늘의 피조물과 같이 날개를 가졌다는 사실을 암시하는 첫 본문이다. 장면은 그림과 유물과 조각상에서 고대 근동의 묘사와 일치한다.

가브리엘은 사람처럼 나타나고9:21 사람처럼 말한다. 다른 성서 본문으로 판단할 때, 가브리엘은 중요한 전령 천사다.8:16-17; 눅1:19, 참조 실제로 히브리어 단어 '말라크' *mal'ak* 와 그리스어 '앙겔로스' *angelos*는 "전령" 또는 "천사"로 번역될 수 있다.단8장을 위한 성서적 맥락에서의 본문을 보라 주전 1세기와 주후 1세기의 유대 문헌에, 에녹1서은 천사들의 계층을 열거하고 많은 악마적 인물을 거명한다. 가브리엘은 **다니엘아, 내가 이제 너에게 지혜와 통찰력을 주려고 한다. 네가 간구하자 마자, 곧 응답이 있었다. 그 응답을 이제 내가 너에게 알려 주려고 왔다. 네가 크게 사랑을 받고 있기 때문이다. 그러므로 그 말씀을 잘 생각하고, 그 환상의 뜻을 깨닫도록 하여라.**9:22-23라고 말한다.

가브리엘의 출현은 다니엘의 기도가 전달되어, 응답될 것이라는 사실을 가리킨다. 그러나 응답은 직접적으로 기도와 관련이 없다. 다니엘은 기도 이전에 예레미야서25:11-12; 29:10-14에 대해 묵상할 때, 칠십 년과 그 칠십 년이 자기 백성의 현재 상황과의 관계를 궁금해 했다. 가브리엘이 나타날 때, 그는 **지혜와 통찰력**을 주려 한다. **통찰력**은 하나님에게서 오는 선물이며, 끊임없이 부지런함을 요구한다. 통찰력은 인물을 포함하며 지적 능력 이상이다. 통찰력은 도덕적 삶에 의해 뒷받침되거나 조화를 이루는, 간파하는 능력이다. 다니엘이 심지어 기도하기 전에 자신을 낮추고 있을 때, 하나님은 다니엘을 위한 **말씀**을 준비했었다.9:23 가브리엘이 이것을 전할 것이다.

이 말씀은 예루살렘의 회복과 재건을 계산 지점으로 언급하지만,9:25 달리 백성이 포로 생활에서 돌아오는 것과 연관되지 않는다. 대신에, 말씀은 칠십 년에 대한 예레미야의 원래 영감된 말씀에 새로운 의미를 부여한다. 이 계시는 **네가 크게 사랑을 받고 있기 때문**에 다니엘에게 왔다. 다니엘은 다른 종들과 마찬가지로 하나님이 존중한다.사42:1, 참조 따라서 하나님은 환상의 형태로 새로운 계시 말씀을 준다. 다니엘은 이어질 일들에 대해 신중하게 주목하도록 지시받는다. 다니엘의 기도에 대한 응답은 돌아옴과 회복을 당연시하며, 다가올 더 심각한 문제에 대해 신중한 통찰력을 준다.

9:24-27 가브리엘의 칠십 년에 대한 해석
일곱 배의 질책 9:24

가브리엘은 칠십 년에 대한 다니엘의 문제에 간단한 해결책을 제공한다. 예레미야 29:10는 "바빌로니아에서 칠십 년을 다 채우고 나면" 주님이 이스라엘을 예루살렘에 회복할 것이라고 약속한다. 하지만 이 "칠십 년"은 해석될 필요가 있다. 가브리엘에 따르면, **일흔 이레의 기한을 정하셨다.**히브리어: 칠십의 일곱 예레미야서에서 이것은 해를 가리키므로, 다니엘 9:24의 더 흔한 해석은 **일흔 이레의 해**RSV가 의미가 통한다. 예레미야의 "칠십 년"은 칠주의 칠십 배를 계산하는 해, 또는 490년이 된다. 490년에 대한 설명은 레위기26:18, 21, 24, 27에서 오는데, 레위기 본문에서는 불순종과 불충성에 대한 "일곱 배의" 징벌로 위협한다. 땅은 지켜지지 않는 안식년을 보상할 필요가 있다.단9:2 해설을 보라 불순종과 불충성으로 말미암은 포로 생활과 고통의 칠십 년은 레위기에서 약속한 대로 일곱 배로 늘어날 것이다.[**일흔 이레**, 318쪽]

가브리엘에 따르면, 490년은 다니엘의 백성과 거룩한 성읍을 위한 여섯 축복에서 절정에 이를 것이다. 이어지는 진술은 7장에서처럼 전 세계와 관련되지 않는다. 대신에, 응답은 "주님의 성, … 주님의 거룩한 산, … 주님의 백성"9:16을 위한 다니엘의 기도와 관련된다. 하나님은 세속적 역사와 거룩한 역사에서 궁극적으로 통제하지만, 가브리엘이 분명히 하듯이, 여기서 하나님은 특별히 예루살렘과 성전과 신실한 유대인에게 관심을 가진다. 여섯 축복 가운데 셋은 죄를 다룬다. (1) **반역이 그치고,** (2) **죄가 끝나고,** (3) **속죄가 이루어**진다. 셋은 회복을 다룬다. (1) **하나님이 영원한 의를 세우시고,** (2) **환상에서 보이신 것과 예언의 말씀을 이루시고,** (3) **가장 거룩한 곳에 기름을 붓**는다.

처음 세 축복은 다니엘이 자신의 기도에서 **우리가 죄를 짓고 잘못을 저질렀습니다**9:5라고 한 고백과 주님, 용서하여 주십시오9:19라는 탄원에 대한 직접적인 응답인 것 같다. 여기에서, 가브리엘의 말은 이사야의 말씀, "예루살렘이 … 이제 복역 기간이 끝나고"와 비슷하다. 그러나 하나님에게서 온 이 말씀은 다니엘의 기도 처음에 주어졌다.9:23 메시지는 미래 어느 시점을 가리킨다. 다니엘의 기도에 빨리 응답하여, 천사는 이미 정해진 축복에 대해 말한다. 실제로 가브리엘이 전하는 말씀은 일흔 이레의 확장된 기간은 이스라엘 사람들의 죄악을 **속죄**해야 한다는 사실을 제외하고 과거 사건들을 다루지 않는다. 대신에, 메시지는 다가올 일에 대해 밝혀준다. 하나님은 이스라엘의 과거 불충실과 다니엘의 중재 기도에 반응하여 미래 사건의 결과를 결정한다. 이런 하나님의 은혜로운 행위는 **흉측한 우상** 아래 겪게 될 박해와 고통에 백성들이 대비하도록 한다.단9:27

하나님의 신실함은 느부갓네살의 불타는 화덕에서 사드락과 메삭과 아벳느고를 구출하고 사자 굴에서 다니엘을 구출하는 데서 입증됐다. 가브리엘에게 한 말씀에서 하나님의 구원은 **죄가 끝나고, … 속죄가 이루어지고, … 영원한 의를 세우실 것이다.**9:24 "속죄하다"라는 동사 '키페르' [kipper]는 "덮다, 깨끗이 하다, 또는 취소하다"라는 의미를 지닌다. 용서에 대해 종결하는 것으로 생각하는 것은 벗어난 것은 아닐 것이다. 다니엘 시대부터 안티오쿠스 아래 위기의 시대까지, 사람들이 회개하며 살아계신 하나님을 의지하고9:5 하나님을 용서하고 의로운 분으로 경험할 때, 하나님은 구원을 약속했다.

하지만 이것은 **우리가 잘나서가 아니고, 주님께서 자비하시기 때문입니다.**9:18 하나님의 이 은혜로운 행위는 고립되고 독립적인 개인들을 모은 것이 아닌, 신실한 공동체, **주님의 백성**9:19을 만들고 유지하도록 하기 위한 것이다. 여러 면에서, 다니엘 9:24은 의로운 하나님을 드러내는데,9:7, 14, 16 하나님은 자기 백성들 가운데 자신의 의로움을 확립하기를 원한다.

회복의 세 측면은 어느 정도 죄에 대한 첫 세 가지 언급과 병행을 이룬다. 범죄의 자리에 영원한 의로움이 온다. 하나님의 성품인 의로움9:14이 실현될 것이다. **환상에서 보이신 것과 예언의 말씀**을 봉인하는 것9:24은 8:2612:4, 9, 참조과 병행을 이룬다. 여기서 **예언자**는 다니엘이 아니라 예레미야를 가리킨다.단9:2 봉인한다는 것은 예레미야의 예언이 바로 앞의 시기에서는 모호할 것이라는 사실을 암시한다. 또한 봉인한다는 것은 확인하거나 진짜임을 입증한다는 것을 의미한다. 이처럼 예레미야의 예언은 성취되고 사실로 확인될 것이다.신18:21-22

가장 거룩한 곳에 기름을 부으며9:24라는 구절에서, 곳은 사물이나 사람으로 번역될 수 있다. **기름붓다**와 **거룩한 것**을 결합하여, 어떤 이는 이 절에서 나사렛 예수를 메시아로 예언하는 것을 본다. 이 해석이 고무적이라고 해도, 9:24-26이 예수 그리스도의 초림이나 재림을 가리킨다고 해석할 설득력 있는 주해적 이유가 없다.

가장 거룩한 곳에 기름을 붓는다는 것은, **성소와 주인이 짓밟히도록** 넘겨진 후8:13 성소를 **적절한 상태로** 회복시킨다는 것8:14을 가리킨다. 처음처럼출29:36; 30:26-31; 40:9-15 제단과 다른 거룩한 물건과 제사장을 다시 기름 부을 것이다. 안티오쿠스 4세 에피파네스가 더럽힌 후 다시 성별했다.마카비1서 4:36-59

24절의 약속은 8장의 약속을 요약하는데, 8장에서는 가브리엘의 환상이 다니엘의 시대에서부터 안티오쿠스의 무시무시한 시대를 기대한다. 본문 자체여기서 주어진 해석에서는 메시아적인 거룩한 이대안적 번역를 가리키지 않는다. 메시아적 해석을 주장하는 자들은 두 가지 사상의 계열을 따른다. 한 계열에 따르면, 메시아 예수는 예순 아홉 번째 이레의 마지막에 시야에 들어와서, 칠 년의 마지막 이레는 예수의 시대다.[일흔 이레, 318쪽] 이 마지막 이레는 예수의 세례로 시작한다. 삼년 반 후에, 예수의 죽음은 실제적으로 희생제사를 끝낸다.Payne

다른 계열인 세대주의자들 역시 메시야의 출현을 이어지는 간격과 함께 예순 아홉 번째 이레의 마지막에 둔다. 그들은 마지막 이레를 그리스도의 대적자가 한 이레 동안 언약을 맺을 종말로 여긴다.9:27 이런 해석은 일흔 번째 이레를 예순 아홉 번째 이레에서 긴 시간의 간격을 두며 분리시킨다. 이것은 일흔 이레의 명백히 끊어짐이 없는 연속과는 조화를 이루지 않는다. 게다가 예루살렘 재건에 대한 용어와 이 장에서 주님의 언약 이름, **여호와**를 사용하는 데서도 가리키듯이, 세대주의자들은 유대 사람들의 운명에 초점을 둔다. 메시아적인 해석은 또한 증거를 위해 9:26의 **기름 부음을 받은 이**새번역, "기름을 부어서 세운 왕"-역주라는 구절에 의지한다. 많은 이들이 "주님의 기름 부음 받은 이" 또는 "기름 부음을 받은 이" '마쉬아흐' [mašiah]와 같은 표현들은 구약 시대에 오실 메시아를 가리키는 전문적인 용어가 아니었다고 주장한다. 왕들이 기름 부음을 받았고삼상10:1; 시2:2 제사장들도 마찬가지였다.레4:3 오실 구원자를 가리키는 "메시야"라는 용어는 쿰란 공동체주전 2세기 경가 사용하고, 가장 빈번하게 예수와 신약 저자들이 사용한다.[그리스도의 대적자, 292쪽].

첫 일곱 이레 9:25a

가브리엘이 환상의 핵심에 오면서, 다시 **통찰**새번역, "알아야"-역주이라는 단어를 사용한다. 가브리엘은 인사할 때, **지혜와 통찰력을 주려고 한다**9:22라는 자신의 목적을 설명했다. 그 다음에 가브리엘은 다니엘에게 **그 말씀을 잘 생각하고, 그 환상의 뜻을 깨닫도록 하여라**9:23라고 격려한다. 이제 다니엘은 **깨달아 알아야 한다**라고 듣는다. 가브리엘의 메시지의 목적은 다니엘이 앞으로 일어날 일들을 알도록 하는 것이다. 가브리엘은 490년을 세 부분으로 나누어 계속해서 펼친다. 첫 부분은 일곱 이레, 49년이다. 이 시기는 예**루살렘을 보수하고 재건하라는 말씀이 내린 때로부터 기름을 부어서 세운 왕이 오기까지 확대된다.**9:25

가브리엘이 선언하고 9:24-27의 모든 정보를 포함할 **말씀**이 9:23에서 나온다. 또 다른 말씀이 9:25에 나오는데, 이는 첫 일곱 이레에 제한된다. 이 말씀은 예루살렘의 재건과 최종적으로 기름 부음 받은 이, 곧 군주의 오심을 선포한다. 여기서 히브리어 단어 '나기드' nagid는 정치적인 통치자일 수도 있는 지도자를 의미하지만,삼상9:16 이 단어는 또한 대제사장을 가리키는 데도 적절하다.렘20:1; 단11:22

기름을 부어서 세운 왕은 페르시아 왕 고레스인가?사45:1 대제사장과 같은 이스라엘 지도자인가? 다니엘 9:26에 언급된 파괴하는 인물인가? 스룹바벨이나 여호수아인가?주전 520년; 스3:2; 학개; 슥3-4장, 특히 4:14 의견의 일치가 있는 것은 아니지만, 스룹바벨과 여호수아 중에 하나가 더 가능성이 높다. 스룹바벨다윗 혈통의 유다 총독과 여호수아대제사장이 둘 다 기름 부음을 받았고, 성전 재건에서 활동했으며, 에스라서와 스가랴서에서 두드러지게 나왔다. 둘 가운데서도 대제사장 여호수아가 더 가능성이 높은데, 11:22가 비슷하게 대제사장 오니아스 3세를 언약의 왕이라고 부르기 때문이다. 본문은 **예루살렘을 재건하라**는 말씀과 **기름을 부어서 세운 왕**이 오기까지의 때 사이에 구체적인 사건들에 대한 실마리를 제공하지 않는다.[**일곱 이레**, 318쪽].

다음의 예순 두 이레 9:25b

그 다음에 **예순두 이레 동안 예루살렘이 재건되어서, 거리와 성곽이 완성될 것이나, 이 기간은 괴로운 기간일 것이다.** 다음의 434년의 기간에, 예루살렘은 재건되지만 어려운 시기를 겪을 것이다. 성읍에는 거리와 성곽을 갖게 된다. 여기서 히브리어 단어 '하루츠' ḥaruṣ는 도랑으로 번역돼야 한다. 따라서 예루살렘은 보호하는 성벽과 급수 시설을 갖추게 됐다. 434년의 기간은 8:5-12, 20-23에서 간략하게 개관됐다. 이 기간은 메대-페르시아 제국과 그리스 제국과 그리스의 왕들과 나라의 계승을 포함했다.

마지막 한 이레 9:26-27

예순 둘 이레의 마지막에, 환상은 마지막 한 이레에서 절정에 이른다. 마지막 이레의 사건은 8장의 대담하고 거만한 왕이 대두하는 것을 떠올리게 한다.

8장과 마찬가지로, 가브리엘의 환상은 안티오쿠스 4세 에피파네스와 그가 예루살렘의 백성과 성읍과 성전을 약탈하는 시대에 이른다. **기름을 부어서 세운 왕이 부당하게 살해되고, 아무도 그의 임무를 이어받지 못할 것이다**라는 표현은, 거의 분명하게 경건한 대제사장 오니아스 3세언약의 왕, 11:22을 가리키며, 주전 175년 안티오쿠스가 권력을 차지했을 때 그의 그리스화된 형제 야손으로 대체된다. 야손은 주전 172년 메넬라우스로 대체됐다. 주전 171년 메넬라우스는 오니아스를 죽이도록, 즉 "제거하도록 했다."마카비 2서 4:34[안티오쿠스 4세 에피파네스, 293쪽] 누구도 그의 자리를 차지하지 않을 것이다 REB나 부당하게TEV; 마카비2서 4:35, "부당한 살인," 참조와 같은 번역본에서도 보여주듯이, **아무것도 가지지 않게 될 것이다**새번역, "그의 임무를 이어받지 못할 것이다"-역주라는 표현은 모호하다.

앞으로 올 왕새번역, "기름을 부어서 세운 왕"-역주은 마무리한 이레에서 주요 인물이며, 의심의 여지없이 9:27의 황폐하게 하는 사람, 안티오쿠스 4세 에피파네스다. **통치자의 군대가 침략해 들어와서, 성읍과 성전을 파괴할 것이다.** 어떤 주석가는 통치자를 안티오쿠스라고 보기를 주저하는데, 그는 성읍과 성소를 완전히 제거하지는 않았기 때문이다. 주후 70년의 예루살렘에서 일어난 대로, 파괴하다가 문자 그대로 해체하는 것을 의미한다면 이것은 사실이다. 그러나 많은 형태의 파괴가 있다. 한 형태는 장소를 특히 예배자들에게 사용할 수 없게 만드는 것이다. 주전 169년 이집트를 치는 군대 원정대가 돌아오는 길에, 안티오쿠스는 유다에서의 반란을 두려워했다. 그는 격노하여 예루살렘을 단번에 점령하고, 성전을 약탈했으며, "많은 피를 흘렸다." "삼일 만에 팔만 명이 죽었고, 사만 명이 백병전을 치렀고, 죽은 만큼의 사람들이 노예로 팔렸다."마카비1서 1:20-24; 마카비2서 5:5-21

2년 후 주전 167년에, 안티오쿠스의 군대가 성전을 더럽혔고, 성전에 제우스 숭배를 도입하여 신실한 유대인들이 성전을 사용하지 못하도록 했다.마카비1서 1:54; 마카비2서 6:2 **통치자의 군대**는 당시 성읍을 약탈하고 성전 근처에 요새를 세운 장군 아폴로니우스를 가리킬 수 있다.마카비1서 1:29-40; 마카비2서 5:24-26, 참조 그는 22,000명의 군대를 이끌고 와서, 평화를 가장하고, 안식일에 군대에게 행진하도록 명령했다. 그들은 행진을 지켜보러 온 유대인들을 죽였고, 그 다음에 "성읍에 돌진하여" "많은 백성을 죽였다."마카비2서 5:24-26 "그는 성읍을 약탈하고, 불로 태웠으며 집과 주변 벽을 무너뜨렸다. 여자와 아이들은 포로로 끌고 갔으며, 가축을 빼앗았다."마카비1서 1:31-32 "예루살렘 거주자들은 도망쳤고" "낯선 이들," "배교자들," "죄악의 사람들"로 대체됐는데, 이들은 그리스 문화를 받아들인 사마리아 사람들과 이방인들과 더불어, 셀레우코스 왕조를 지지하는 유대인들을 의미한다.마카비1서 1:34-61 유다 마카비와 다른 이들은 더럽혀지지 않고 저항을 준비하고자 광야의 피난처를 발견했다.마카비1서 1:52, 62-63; 2:27-31; 마카비2서 5:27

이 본문에 대한 기독교 해석에서, **기름 부어서**와 같은 단어를 특히 주목했다. 다른 읽기와 함께, 어떤 이는 이 본문이 예수의 생애에 일어난 사건이나 심지어 종말을 가리킨다고 결론 내렸다. 그러나 주전 2세기의 사건에 대한 정보와 결합하여 이 본문에 대해 세밀히 주목하면, 여기서 주어진 해석에 이른다.[일흔 이레, 318쪽]

홍수에 침몰되듯 성읍이 종말을 맞을 것이다. 피할 수 없는 전쟁이 끝까지 계속되어, 성읍이 황폐하게 될 것이다. 안티오쿠스 4세 에피파네스가 죽을 때까지, 그의 통치는 전쟁과 황폐화가 특징이었다. 모든 폭군의 종말은 피할 수 없다. 강력한 홍수의 물과 같이, 제지할 수도 없고 방향을 바꿀 수도 없다.

침략하여 들어온 그 통치자는 뭇 백성과 더불어, 한 이레 동안의 굳은 언약을 맺을 것이다. 자신들의 종교와 의식을 포기하는 어떤 유대인들의 이야기가 마카비서에 나온다. "그때 왕이 자기 전체 나라에 모두가 한 백성이 되어야 하며, 모두가 그들의 특별한 풍습을 포기해야 한다고 발표했다. 모든 이방인들은 왕의 명령을 받아들였다. 심지어 이스라엘에서 온 많은 이들이 기꺼이 그의 종교를 채택했다. 그들은 우상에게 제사했고 안식일을 더럽혔다."마카비1서 1:41-43

이 마지막 이레까지 삼년 반 동안 통치자는 **희생제사와 예물드리는 일을 금할 것이다.** "왕은 예루살렘과 유다 성읍들에 전령을 통해 편지를 보냈다. 왕은 그들에게 그 땅에 생소한 풍습을 따르고, 성소에서의 번제와 희생제물과 술 제물을 금지하며, 안식일과 절기를 더럽히고, 성소와 제사장들을 도둑하며, 우상을 위한 제단과 구역과 성소를 짓도록 하고, 돼지와 부정한 동물들을 바치도록 하며, 그들의 아들들에게 할례를 행하지 말도록 지시하여 … 그들이 율법을 잊고 모든 규례를 바꾸도록 했다."마카비1서 1:44-49 관료들은 유대인들에게 돼지고기를 강제로 먹도록 했다.마카비2서 6-7장 절정의 조치는 아마도 운석을 숭배하도록 하여, 성전 자체에 제우스 제단을 세우는 것이었다.Goldstein, 1976:145-152 가브리엘은 **희생제사와 예물 대신에 흉측한 우상**이 있을 것이라고 알린다.

그 대신에라는 구절의 히브리어는 모호하다. REB는 **이 우상들의 결과로**라고 하며, RSV는 **우상들의 날개 위에**라고 한다. 어떤 이는 날개를 성전 꼭대기와 연결시키기를 원했다. 이 황폐함이 제단에 일어나므로, 우리는 이것이 뿔, 제단의 귀퉁이를 가리킨다고 여길 수 있다.Goldingay: 263 여기서 **흉측한 우상**이라는 용어는 **황폐하게 하는 범죄**8:13새번역, "파멸을 불러올 반역"-역주와 같은 난폭한 행위를 가리킨다.[흉측한 우상, 290쪽].

흉측한 우상은 하나님이 정한 때에 끝이 날 것이다. 이런 행위는 오래가지 못한다. 황폐하게 하는 자, 안티오쿠스는 끝이 날 것이다.8:14, 25, 참조 황폐하게 하는 신성모독주전 167년은 성전이 정화되고, 제단이 다시 봉헌되며 매일의 희생제사가 재개될 때까지 삼년 이상 지속됐다.주전 164년 12월; 마카비1서. 1:54; 4:52-58 "바다 위를 걸을" 수 있다고 생각했던 사람, 안티오쿠스는 비슷한 시기에 죽었다.주전 164년 말 그의 창자에 있던 고통과 벌레로 말미암아 페르시아 성전을 약탈하려는 시도에서 실패한 후 그는 무너졌다. 살았을 때는 "에피페네스"는 자신이 "신의 현현"이었다고 생각했다. 죽어서는, "하나님의 권능이 현현되게" 했다.마카비1서 6:1-16; 마카비2서 5:21; 9:1-29; 단8장을 위한 성서적 맥락에서의 본문을 보라 가브리엘의 말은 이사야의 예언을 떠올리게 한다. "너의 파멸이 공의로운 판결에 따라서 이미 결정되었다. 파멸이 이미 결정되었으니, 주님, 곧 만군의 주님께서 온 땅 안에서 심판을 강행하실 것이다."사10:22-23

가브리엘의 연설을 마칠 때, 더 이상의 언급도 하지 않는다. 오늘날의 독자는 다니엘과 마찬가지로 **그 환상의 뜻을 깨닫도록 하는** 도움을 얻지 못한다.9:23 연설은 친숙한 단어들로 가득하지만 환상 자체에서 우리는 정확한 의미를 분별하거나 구체적인 확인을 할 수는 없다. 사람들은 환상을 설명하는 데 사용된 다음과 같은 흔한 단어들에 대해 다양한 해석을 했다. 예언자, 거룩한 장소, 가장 거룩한 곳물건이나 사람에 기름 부음, 기름 부어 세워진 왕, 거리와 성곽,또는 도랑 홍수, 언약, 장소,또는 날개나 행렬 가증한 것,우상 황폐하게 하다, 정해진 종말, 그리고 황폐하게 하는 자. 최상의 해결의 열쇠는 포로기 후주전 520년; 에스라, 스가랴 성전 재건과 특히 주전 2세기의 사건들주전 169-164년; 마카비1서와 마카비2서을 환상과 연결시키는 데서 온다.

그러나 환상은 세상의 모든 지역에 있는 모든 세대에게 호소한다. 다니엘의 환상7-9장은 다음의 몇 가지 요점을 지적한다.

1. 하나님은 "세속" 역사와 "거룩한" 역사 모두에서 행한다.
2. 하나님은 자기 백성을 인식한다.
3. 하나님은 자기 백성을 파멸시킬 압제와 폭력의 파괴적인 힘에 맞서고 이긴다.
4. 하나님은 자신의 나라를 시작하고, 현재 자신의 백성들은 그분의 나라가 승리할 때 일어날 일들에 대해 미리 경험할 수 있다.
5. 회개와 탄원의 기도는 항상 적절하다.

성서적 맥락에서의 본문

용서와 회복

다니엘의 자기 백성을 위한 중재 기도는 구약의 훌륭한 기도에 속한다.9:4-19 다니엘은 하나님을 사랑한다. 하나님은 자기 백성을 사랑한다. 하나님은 자기 백성의 죄를 인정하고 그들의 용서와 회복을 바란다. 모든 세대의 성도와 마찬가지로, 다니엘은 이스라엘의 하나님이 약속을 지키고 의롭고 자비로우며 용서하는 인자의 하나님임을 안다. 이 하나님이 기도를 듣고 응답하며, 자기 백성의 필요를 알고 조치를 취할 수 있다.

예수의 삶과 죽음과 부활과 승천 후에 성령을 주고 교회를 세우면서, 신약의 기도는 새로운 틀에서뿐만 아니라 은혜의 새로운 세계에서 움직인다.

사도 바울은 자신의 세대의 동일한 사람들을 위해 중재한다. "내 마음의 간절한 소원과 내 동족을 위하여 하나님께 드리는 내 기도의 내용은, 그들이 구원을 얻는 일입니다. 나는 증언합니다. 그들은 하나님을 섬기는 데 열성이 있습니다. 그러나 그 열성은 올바른 지식에서 생긴 것이 아닙니다. 그들은 하나님의 의를 알지 못하고, 자기 자신들의 의를 세우려고 힘을 씀으로써, 하나님의 의에는 복종하지 않게 되었습니다."롬10:1-4 다니엘과 바울 모두 **회복은 우리가 잘나서가 아니고, 주님께서 자비하시기 때문**이라고 인정한다.단9:18 하지만 예수 그리스도의 오심 때문에 새롭게 이해하게 됐다.

바울에 따르면, 하나님은 예수 그리스도 안에서 명령과 규례가 가리키는 의로움의 수단을 소개했다. "그리스도는 율법의 끝마침이 되셔서, 모든 믿는 사람에게 의가 되어 주셨습니다."롬10:4 예수 그리스도의 복음은 "하나님의 능력"이며, "하나님의 의가 복음 속에 나타납니다."롬1:16 바울은 복음을 "하나님께서 예언자들을 통하여 성서에 미리 약속하신 것으로 그의 아들을 두고 하신 말씀입니다. 이 아들은, 육신으로는 다윗의 후손으로 태어나셨으며, 성령으로는 죽은 사람들 가운데서 부활하심으로 나타내신 권능으로 하나님의 아들로 확정되신 분이십니다. 그는 곧 우리 주 예수 그리스도이십니다." 바울은 "우리가 그 이름을 전하여 모든 민족이 믿고 순종하게 하려"고 예수 그리스도를 통하여 은혜와 사도의 직분을 받았다고 덧붙인다.롬1:1-5

다니엘에게 하나님의 능력은 **강한 손으로 주님의 백성을 이집트 땅에서 인도하여 내시는** 데서 입증된다.단9:15 바울에게 출애굽에 상응하는 것은 부활에서의 하나님의 능력이다. 바울은 사람들이 다음을 알도록 기도한다.

또한 믿는 사람들인 우리에게 강한 힘으로 활동하시는 하나님의 능력이 얼마나 엄청나게 큰지를, 여러분이 알기 바랍니다. 하나님께서는 이 능력을 그리스도 안에 발휘하셔서, 그분을 죽은 사람들 가운데서 살리시고, 하늘에서 자기의 오른쪽에 앉히셔서 모든 정권과 권세와 능력과 주권 위에, 그리고 이 세상뿐만 아니라 오는 세상에서 일컬을 모든 이름 위에 뛰어나게 하셨습니다. 하나님께서는 만물을 그리스도의 발 아래 굴복시키고, 그분을 만물 위에 교회의 머리로 삼으셨습니다. 교회는 그리스도의 몸이요, 만물 안에서 만물을 충만케 하시는 분의 충만함입니다.엡1:19–23

이것은 다니엘과 바울의 또 다른 차이점으로 이어진다. 다니엘은 자기 백성이 바빌로니아에서 돌아와 예루살렘과 성전을 회복하는 것이 하나님의 의로움과 긍휼과 능력을 입증하는 것이라고 기대한다. 그러나 바울은 이것을 훨씬 넘어선다. 교회 곧 새 "하나님의 백성"갈6:16은 십자가를 통해 하나의 새로운 공동체로 화해한 유대인과 이방인으로 구성된다. 동료 시민으로서, 그들은 새로운 나라, 새로운 가정, 새로운 거룩한 성전, 하나님이 성령 가운데 거주하는 장소가 된다. 이 모두는 예수 그리스도에 근거한다.엡2:19–22 게다가 "이제 교회를 통하여 하늘에 있는 통치자들과 권세자들에게 하나님의 갖가지 지혜를 알리시려는 것입니다. 이 일은, 하나님께서 우리 주 그리스도 예수 안에서 성취하신 영원한 뜻을 따른 것입니다."엡3:10–11

다니엘은 오 하나님 주님의 명성을 위해새번역. "만민이 주님께서 하나님이심을 알아야 하니"–역주 예루살렘 성소에 하나님의 얼굴을 비추도록 기도한다.단9:19 이 기도는 바울의 비전과 비교할 때, 규모에서 제한된다. 바울은 "그 이름을 전하여 모든 민족이 믿고 순종하게 하려"고 믿음의 순종을 야기하려 하면서, 관점에서는 전 세계적이다.롬1:5

마지막으로 다니엘은 주님께서 지난 날에 우리를 구하여 주셨으니, 이제 주님의 성 예루살렘 곧 주님의 거룩한 산으로부터 주님의 분노를 떠나게 해주십시오단9:16라고 기도한다. 이것을 넘어 다니엘은 갈 수 없는 것 같다. 하지만 이제 바울은 다음과 같이 기록한다.

우리도 나머지 사람들과 마찬가지로 날 때부터 진노의 자식이었습니다. 그러나 하나님은 자비가 넘치는 분이셔서, 우리를 사랑하신 그 크신 사랑으로 말미암아 범죄로 죽은 우리를 그리스도와 함께 살려 주셨습니다. 여러분은 은혜로 구원을 얻었습니다. 하나님께서 그리스도 예수 안에서 우리를 그분과 함께 살리시고, 하늘에 함께 앉게 하셨습니다. 그것은, 하나님께서 그리스도 예수 안에서 우리에게 자비로 베풀어주신 그 은혜가 얼마나 풍성한지를 장차 올 모든 세대에게 드러내 보이시기 위함입니다.엡2:3-7

다니엘과 바울 주변의 다양한 환경이 두 기도의 차이점을 설명한다. 그럼에도 둘은 하나님과 그분의 은혜와 용서, 기꺼이 회복하고자 하는 마음을 향한 공통의 방향을 공유한다.

가브리엘의 약속 경험하기

예수 안에서 신자들은 가브리엘이 **반역이 그치고, 죄가 끝나고, 속죄가 이루어지고, 하나님이 영원한 의를 세우시기를** 기대하는 구원을 경험한다.9:24 바울은 다음과 같이 기록한다.

여러분은 주 예수 그리스도의 이름과 우리 하나님의 성령으로 씻겨지고, 거룩하게 되고, 의롭게 되었습니다.고전6:11

이 모든 것은 하나님에게서 났습니다. 하나님께서는 그리스도를 내세우셔서, 우리를 자기와 화해하게 하시고, … 하나님께서 사람들의 죄과를 따지지 않으시고, … 세상을 그리스도 안에서 자기와 화해하게 하신 것입니다. 그러므로 우리는 그리스도의 사절입니다. … 우리는 그리스도를 대리하여 간청합니다. 여러분은 하나님과 화해하십시오. 하나님께서는 죄를 모르시는 분에게 우리 대신으로 죄를 씌우셨습니다. 그것은 우리가 그리스도 안에서 하나님의 의가 되게 하시려는 것입니다.고후5:18-21

그러나 이제는 율법과는 상관없이 하나님의 의가 나타났습니다. 그것은 … 예수 그리스도를 믿는 믿음을 통하여 오는 것인데, 모든 믿는 사람에게 미칩니다. 거기에는 아무 차별이 없습니다.롬3:21-22

그리스도인은 이제 가브리엘이 다니엘과 나눈 말씀에서 희미하게 보였던 것을 이제 그리스도 안에서 누린다. 주님의 **백성**과 거룩한 **성읍**이 배경에 있을지라도,9:24 말씀은 하나님의 백성의 죄를 다루고 의로움을 세울 때의 하나님의 조치에 초점을 둔다.

가브리엘은 다니엘에게 전하는 말씀으로 죄와 속죄와 의로움, 곧 구원의 핵심에 대해 소통한다. 이것들은 예언자들이 추구했고 "천사들도 보고 싶어하는" 이슈들이다.벧전1:10-12 베드로는 적대적인 세계에서 구원과 새로운 생명에 대해 말할 때, 초대 교회와 오늘날의 교회를 위해 가브리엘이 다니엘과 한 대화의 핵심을 포착한다. 베드로와 교회에게 구원과 새로운 생명은 예수 그리스도 안에 있다. "이 마지막 때에" "자비를 입은" 사람이며, "여러분을 어둠에서 불러내어 자기의 놀라운 빛 가운데로 인도하신 분의 업적을, 여러분이 선포하"는 임무를 받은 "거룩한 민족이요, 하나님의 소유가 된 백성"으로 부르려고,벧전2:9-10 예수는 "이 마지막 때에"벧전1:20 드러냈다.

교회생활에서의 본문

예언은 희망으로 이어진다

9장의 상당한 분량에서 칠십 년에 대한 예레미야의 예언에 초점을 둔다.렘25:11-14; 29:10 이 문제에 대해, 예언의 예고적 측면에 몰두하는 것이 절정에 도달한다. 다니엘은 예레미야의 글을 묵상할 때, 예루살렘과 관련된 사건에 대한 예정표를 제공하는지 궁금해 한다.

가브리엘은 도착하자마자, 칠십 년이 실제로 미래로 뻗으면서 일곱 이레, 예순 둘 이레와 마지막 한 이레로 나뉘는 일흔 이레를 나타낸다고 다니엘에게 말한다. 압제가 있겠지만 **우상을 거기에 세운 사람이 하나님이 정하신 끝 날을 맞이할**9:27 시기에 대한 희망도 있다.

성서는 예고를 포함하는데, 이 가운데 일부는 매우 일반적인 예고다. 에스겔은 이스라엘의 양이 흩어질 것이지만 하나님이 자신의 마음을 따르는 목자 아래 다시 모을 것이라고 예고한다.겔34:7-24 교회는 예수가 이 예고를 성취하고 있다고 본다.

어떤 예고는 약속의 형태로 되어 있다. 예를 들어, 하나님은 사람의 마음에 율법을 기록하겠다고 약속한다.렘31:31-34 이 주제는 신약에서 중요해진다.히10:11-18; 롬2:15 어떤 예고는 예레미야의 칠십 년에 대한 가브리엘의 말과 마찬가지로, 매우 구체적인 것 같다.단9:24-27 명백하게 정확한 내용 때문에, 그리스도인들은 칠십 년의 각 부분을 과거나 현재나 미래의 확인 가능한 사건과 연결시키려 하는 데 많은 시간과 정력을 사용했다.[일흔 이레, 318쪽]

교회는 가브리엘의 예고를 해석하려 할 때, 어느 정도로 역사에서나 미래의 구체적인 사건과 연결시켜야 하는가? 너무 자주 미래 사건과 엄밀하게 연결된 해석들은 잘못된 것으로 드러났다.

원 저자의 원래 의도가 아니었다고 해도, 구약의 일부는 신약 저자들이 예수의 생애에서 성취되는 예고라고 여겼다. 많은 예고가 묵시 문학에 나온다. 이런 묵시 문학의 특성에서, 우리는 마치 역사적인 기록인 것처럼 해석하는 것을 경계해야 한다. 미래를 자세하게 예고하려고 성서를 사용하는 것은 목표를 빗나가는 경향이 있다. 성서는 죄에 대해 경고하고, 주로 구원과 그리스도 안에서의 온전한 생명과 희망으로 이끌며 안내한다. 성서에 근거한다고 추정하는 어떤 예고는, 국제 문제에 대해 미리 경고한다고 주장한다. 이 예고들은 국제적 협조를 무시하고, 민족주의를 강화하는 경향이 있으며, 재앙을 면하고자 하는 공포와 노력을 조장하는 경향이 있다. 적절하게 다뤄진다면 예고는 희망을 장려한다. 교회는 압제와 다툼과 증오와 폭력으로 찢겨진 세상 가운데 있음을 발견할 때, 성서의 예고는 자기 백성을 보호하고 모두를 위한 자신의 목적을 이루는 주권적 하나님을 가리킨다.

다니엘 9:24-27의 일정표는 분명하게 단순하지도 않고, 어느 일정표에도 들어맞지 않는다. 하지만 이것은 희망을 제시한다. 신자들에게 하나님이 악을 제안하고 사악한 사람들을 바꿀 수 있고, 부패한 사회 제도를 끝낼 수 있다는 점을 확신시켜준다.

다니엘서에서, 예고는 위기의 시기를 위한 것이다. 성전이 더럽혀지고, 성전 제사가 중지되는 것은 재앙이었다. 그때와 마찬가지로 오늘날 "우리가 얼마나 더 오래 기다려야합니까?"계6:10, 참조라는 질문이 나온다. **지체하지 마십시오!**단9:19

어떤 사람들은 찾으려고 하지만 성서는 현행 문제에 대한 대답을 제공하지 않는다. 오히려, 곤경의 시기에 다니엘서와 같은 책들은 교회에 희망을 준다. 희망은 교회가 견딜 수 있도록 힘을 준다. 희망은 갱신과 회복의 약속을 지탱한다. 희망은 교회에게 사랑의 방식을 실천하도록 장려한다. 희망으로 말미암아 교회는 하나님의 변화시키는 조치에 초점을 둘 수 있다. 교회가 예수의 권능과 권위 아래 "모든 민족을 제자로 삼"으라는 명령마28:19에 순종하는 것처럼, 희망은 선교를 고취시킨다.

다니엘의 미래에 대한 환상

사전검토

10:1-12:13은 한 단위를 형성하고, 구조는 복잡하다. 긴 도입이 있고10:1-11:1 하늘의 존재의 중심 메시지로 이어진다.11:2-12:4 도입에서 다니엘은 다가올 계시의 말씀을 받는다. 하나님의 전령이 나타나는데, 그 전령 앞에 다니엘은 엎드린다. 하늘의 전령은 자신의 메시지가 다가올 시대에 유대 백성과 관련이 있다고 설명한다.10:12-14 다니엘은 한 번 더 땅에 엎드린다. 둘째 하늘의 전령이 다니엘의 입술을 건드리고, 다니엘에게 힘을 주며, 메시지가 신뢰할 만함을 단언한다.

하늘의 메시지는 11:2에서 12:4까지 확장되는데, 알렉산더 대왕의 대두와 셀레우코스 왕의 마지막, 곧 안티오쿠스 4세 에피파네스주전 175-164년을 통치까지의 역사적 시기를 다룬다. 왕의 이름은 거론하지 않지만, 역사의 일반적인 지식을 통해 우리는 팔레스타인의 남쪽과 서쪽의 왕들과 북쪽과 동쪽의 왕들을 확인할 수 있다.[**셀레우코스 왕조**, 317쪽]

환상을 해석하는 관점

11장의 환상은 대략 주전 600년에서 주전 164년까지의 세계 역사를 간략하게 소개한다. 이 자료가 주전 2세기에 기록됐다면, 주전 169-164년 무시무시한 박해의 시기에 견디도록 장려하는 신실한 자들에게 보내는 메시지 역할을 한다. 2세기에 유대 저자가 자신들의 저술을 용기와 경건과 지혜로 매우 존경을 받는 과거 사람들에게 돌리는 것은 특이한 현상은 아니다. 그들은 속이려고 의도한 것이 아니다. 단순히 자신들의 저술에 권위를 추가하려고 했을 뿐이다. 그러므로 역사를 "예고"하고 안티오쿠스 4세 에피파네스의 통치를 받을 위기의 시대에 유대인들에게 격려하고자 다니엘이 선택됐다.

한편 환상이 주전 6세기 다니엘이 기록한 것이라면, 메시지는 동일하다. 나라는 일어나고 망한다. 정치적인 세력은 허상이며 오래 가지 못한다. 하나님의 백성은 정치적인 세력으로 말미암아 자신을 신들로 생각하도록 현혹된 폭군의 손에 고통당한다. 심각한 박해도 오래 가지 못한다. 이른 시기를 받아들인다면, 박해에 더 강조를 두게 된다. 그러나 메시지는 하나님이 역사를 통제하며, 자기 백성을 돌보며 신실한 자들에게 보상한다는 것인데, 이 메시지는 날짜에 대한 논쟁보다 더 중요하다.[**다니엘서: 연대와 저작권**, 303쪽]

기록 시기에 대해 어떤 견해를 취하든지, 오늘날의 독자는 환상의 모든 부분을 역사의 사건들과 일치시키려고 해서는 안 된다. 다니엘의 예고를 역사의 알려진 사실들과 조화시키거나, 주전 2세기의 저자가 역사의 모든 사실을 정확하게 보유하고 있다고 증명하는 것은 핵심을 놓치는 것이다. 영감의 이론을 뒷받침하려고, 다니엘 11장의 사건들은 역사와 일치시키거나, 역사가 어떻게 기록돼야 하는지에 대한 21세기의 개념을 반영하는 것은 흥미로울 수 있다. 매우 자주 이런 노력은 다니엘서의 본질적인 의미와 목적을 모호하게 하는 논쟁으로 이어진다.

환상은 다니엘이 하늘의 존재와 대화하는 것으로 마무리한다.12:5-13 다니엘은 사건들이 언제 일어날 것인지 묻는다. 대답은 신비스럽게 주어진다. 신실하라는 요구가 주요 관심사다.

처음부터 환상은 예고로 제시된다. 환상은 **마지막 때**를 위한 것이다.10:14 하나님의 백성이 당시 강대국 사이의 갈등에 끼어있을 때, 그들과 그들의 **영광스러운 땅**11:16, 41에 초점을 둔다. 서쪽의 세력은 북쪽과 맞서려고 팔레스타인을 휩쓸고 지나간다. 다시 북쪽의 세력은 남쪽과 맞서려고 팔레스타인을 휩쓸고 지나간다. 궁극적으로 모든 악을 상징하는 한 왕이 북쪽에서 대두한다.11:21 그는 교만하고 거만하다. 그의 능력과 센 힘은 악한 목적을 위해서만 사용된다. 거짓과 속임수가 그의 모든 행동에 가득하다. 그는 좌절할 때에는 자신의 분노를 하나님의 백성에게 쏟는다. 그는 성전을 더럽히고 신실한 자들을 박해하며, 자신을 무엇보다 신으로 간주하면서 신들 중의 하나님에 도전한다. 결국 그의 군사적 힘과 큰 부와 무자비한 통치는 전혀 쓸모없다.

많은 해석자들은 환상에서 절정에 다다를 때 나오는 북쪽의 악명 높은 왕이 안티오쿠스 4세 에피파네스주전 175-164년 통치라는 사실에 동의한다. 다니엘의 환상은 아마도 상상력을 자극하는 해석을 장려하려고 때로 모호한 방법으로 이 안티오쿠스의 행동을 드러내는 것 같다. 마카비1서와 마카비2서는 이 사건들을 더 자세하게 묘사하는데, 명백히 마카비1서 저자는 다니엘서를 "수정"하려고 하며, 마카비2서의 저자는 다니엘서를 뒷받침하려고 한다.Goldstein, 1976:42-54; 1983:63-70 이 시기의 역사는 복잡하며 모략과 갈등으로 가득하고, 자료는 약간 일치하지 않는 요소들이 있다. 하지만 안티오쿠스가 핵심 전투에서 마카비 가문에게 자신의 장군이 패했다는 소식을 들은 직후, 신비스러운 질병으로 주전 164년 말에 죽었다는 사실은 명백하다.[안티오쿠스 4세 에피파네스, 293쪽] 논의되는 왕의 이름이 거론되지 않으므로, 묘사와 운명이 심지어 종종 그리스도의 대적자라고 불리는 종말의 인물을 포함하기까지, 뻔뻔스럽게 전능한 하나님에 도전하는 역사상의 모든 폭군들에게 적절하다고 간주할 여지가 있다.[그리스도의 대적자, 292쪽]

개요

주석적 해설

도입 10:1-11:1

10:1 환상의 약속

페르시아의 고레스 왕 제 삼년에, 다니엘은 환상을 받았다. 다니엘의 포로기는 느부갓네살의 대부분의 통치 기간에 해당하고, 고레스의 시대까지 이어진다.[고레스, 301쪽] 환상의 약속은 주전 536년 고레스의 제 삼년에 오는데, 대략 느부갓네살이 왕이 되고 칠십 년이 되는 해다.1:1, 21 해설을 보라

혼동되지 않도록 독자에게 이 환상을 받은 다니엘은 **일명 벨드사살이라고 하는** 1장의

다니엘이라고 말한다.10:1; 1:7 이처럼 독자는 다니엘서의 통일성을 확신하게 된다. 여기서 우리는 환상에 대한 해석뿐만 아니라, 히브리 영웅들과 강력한 왕들의 이전 이야기들의 주제와 비슷한 주제를 기대하게 된다. 이 환상은 다니엘서의 나머지와 분리될 수 없다. 첫 절은 3인칭으로 기록된다.10:1; 7:1, 참조 이 절은 환상의 시기와 환상을 받는 이와 환상의 본질적인 내용과 다니엘이 환상의 의미를 이해한 바를 소개한다.

도입 단락은 다니엘의 경험을 **환상**이라고 부른다. 메시지를 전하는 하늘의 존재가 나타난다는 점에서 이것은 환상이다. 다른 환상들단7-8장처럼 이상한 사건이나 무시무시한 짐승도 없다. 도입에서는 **말씀**메시지 또는 신탁에 대해 두 가지를 지적한다. 첫째, 말씀은 **참된** 것이며 신뢰할 만하다. 둘째, 말씀은 **큰 갈등**새번역, "심한 고생 끝에"-역주 곧 전쟁과 관계된다. 환상에 대한 긴 도입은 **진리의 책**10:21이라고 진리에 대한 또 다른 언급으로 마무리한다. 갈등을 언급하는 것은 좋은 이야기 전달의 기법이며, 독자의 관심을 증폭시킨다. 갈등은 아마도 환상을 이해하려는 다니엘의 내적인 갈등을 가리키지 않는 것 같다. 대신에, 이 갈등은 아마도 가브리엘과 페르시아의 대적하는 통치자와 그 다음으로 그리스도의 통치자와의 천상의 갈등을 가리키는데,10:13, 20 11장에서 자세히 설명하듯이, 땅에서의 북쪽과 남쪽의 왕들 사이의 갈등과 일치한다.

다니엘은 이 신탁에 주목하고, **그 뜻을 깨달았다.** 이것은 8:27의 경험과는 매우 달랐다. 거기서 다니엘은 **몹시 놀랐고, 그 뜻을 이해하지 못하였다.** 그러나 이 환상의 마지막에서, 그는 온전히 이해하지는 못하고 더 많은 정보를 요구한다.12:8

10:2-3 다니엘의 준비

받게 될 하나님의 계시에 대해 알고서, 다니엘은 그 계시를 받을 준비를 한다. 그의 준비는 세 가지, 곧 애통과 금식과 개인적인 단장으로 구성된다. 아마도 다니엘조차도 놀랍게도 그의 준비는 세 이레 동안 지속된다. 긴 시간 지연되는 이유는 13절에서 제시될 것인데, 13절에서 하늘의 전령은 자신이 21일 동안 **페르시아 왕국의 천사장**에게 막혔다고 설명한다. 그러나 세 이레 동안 다니엘의 준비가 하늘의 주목을 끌지 않은 것은 아니다.10:12

애통새번역, "고행"-역주은 구약 다른 곳에도 나온다. 두 사례에서 애통은 국가적 또는 정치적 불운과 관련됐다. 사무엘은 사울이 왕으로 거부된 것을 "슬퍼했다"새번역, "후회했다"-역주삼상15:35-16:1 에스라는 포로에서 돌아온 자들의 신실하지 못함에 대해 "애통"했다.스10:6; 느8:9, 참조 예루살렘의 황폐한 상태를 안 자들은 "애통했다."느1:4 다니엘은 예정된 유월절과 무교절에 애통했으므로, 다니엘은 이 절기들을 성전에서 떨어져서 적절히 지킬 수가 없어서 애통하고 있을지도 모른다. 성전을 더럽히는 안티오쿠스의 나중 행동은 이 경축하는 사건을 "애통으로 바꾸었다."마카비1서 1:39, 45-47 다니엘은 받게 될 메시지는 자기 백성에게는 고통의 말씀을 포함할 것이라고 감지한다. 금식의 의식과 몸단장을 거부하는 것은 영적인 통찰력과 감수성을 높인다고 여겨졌다. 다니엘의 준비가 철저하다는 사실은 또한 계시에 권위를 부여한다. 계시를 받는 자가 개인적으로 온전히 준비되어 있기 때문이다. 다니엘이 이전에 성서를 연구하는 것은 계시를 위한 서막이 됐다.9:2 여기서 마찬가지로 하나님을 찾는 것은 하나님의 계시에 대해 준비하는 것이다.10:3

10:4-11:1 하늘의 전령가브리엘의 도착

시간과 장소와 출현 10:4-6

다니엘은 전령의 출현 날짜와 장소를 기록한다. 날짜는 **첫째 달 스무나흗날**이다. 장소는 바빌로니아에서 흘러나오는 **큰 강 티그리스 강 둑**이다. 우리가 아는 한, 유월절이 첫 달의 열나흗날에 해당하고, 무교절은 열닷샛날에서 스무하룻날에 해당한다는 사실을 제외하고 날짜의 의미는 없다.레23:5-6 그러므로 사건의 날들은 다니엘이 세 이레를 준비하는 동안 지나간다. 전령은 티그리스 강 옆에 있는 다니엘에게 나타나는데, 이는 환상을 받을 때 강가에 있었던 에스겔의 경험과 비슷하다.겔1:1; 단8:2의 언급, 참조

다음으로 다니엘은 인간의 모양을 했지만 천사와 같은 광채가 돋보이는 한 사람으로 나타나는 천상의 존재의 모습을 묘사한다. 아마도 8:16과 9:21과 마찬가지로 가브리엘 천사일 것이다. 어떤 면에서 이 하늘의 존재는 에스겔 1:4-25출25:10-22; 왕상6:23-28; 계4:7, 참조의 살아 있는 피조물이나 그룹을 닮았다. 이 본문은 요한계시록1:12-16에 나오는 존귀하게 된 그리스도, 인자에 대한 환상의 배경이 된다.

인간 모양을 한 하늘의 존재는 제사장 의복인 **모시 옷을 입고** 있으며,레6:10; 16:4 **우바스의 금으로 만든 띠로 허리를 동이고 있었다.**10:5 이것은 순금이었다.렘10:9, 참조 그의 몸은 녹주석 같았고 그의 팔과 다리는 **빛나는 놋쇠**처럼 빛났는데, 이는 에스겔의 환상에 기록된 특징들이다.겔1:7, 16 **그의 얼굴은 번갯불 같이** 환했다는 점은 "해가 강력하게 비치는 것과 같"은 얼굴을 한 인자에 대한 요한의 환상을 떠올리게 한다.계1:16 전령의 목소리는 **큰 무리가 지르는 소리와도 같았다.**10:6 요한의 환상에서 목소리는 "큰 물소리와 같았다."1:15 우리는 이것을 나이아가라 폭포미국/캐나다나 나이아가라보다 약 18m 더 높고

1.6km 더 넓으며, 브라질이 아르헨티나와 접하는, 열대 우림지의 이구아수 폭포와 같은 큰 폭포수의 천둥에 비교할 수 있다. 전령은 하나님의 거룩함과 위엄을 반영한다.단7:9-10; 겔1:26-28 천사에 대해서는 다니엘 4:9-18, 7:9-27 해설과 다니엘 8장을 위한 성서적 맥락에서의 본문을 보라.

다니엘의 장면과 소리에 대한 반응 10:7-9

명백히 다니엘은 환상을 받을 때, 다른 사람들과 함께 있다. 그들은 **그 환상을 보지 못하였다.** 하지만 무시무시한 무언가가 일어나고 있다는 것을 느낀다. 그래서 **그들은 두려워하며, 도망쳐서 숨었다.** 다니엘의 경험은 다마스쿠스 도상에서의 사울과 비슷하다. 주 예수가 사울에게 나타났을 때, 한 기사에 따르면 그와 함께 있는 자들은 아무 것도 보지 못하고 목소리만 들었으며, 입을 열지 못했다.행9:3-8; 요12:29, 참조

저자는 하늘의 방문객의 모습을 더 묘사하지 않고, 이 환상에 대한 반응을 상세히 묘사한다. 환상의 압도적인 특성은 환상의 영향을 목격함으로써 묘사된다.욜1:4-12에서의 황폐하게 하는 메뚜기의 영향, 참조

다니엘은 하늘의 존재 앞에 **혼자만 남아서** 압도당한다. 그는 약해지고 핏기가 가시고 죽은 것처럼 창백해진다. **그의 말소리를 들었을 때에,** 다니엘은 쓰러진다.10:9 정신을 잃고 땅에 쓰러졌다. 또 다른 면에서 다니엘의 경험은 에스겔1:28과 요한계1:17의 경험과도 비슷하다.

하늘의 전령이 다니엘에게 응답하다 10:10-11:1

이 긴 도입에서 다양한 주제가 엉켜있다. 모두가 하늘의 존재에게서 받은 메시지를 전하는 다니엘에게 권위를 부여하고자 의도됐다. 첫째, 메시지를 전달하는 자로서의 다니엘이 권위는 의심의 여지가 없다. 왜냐하면 그의 경험은 인정받은 예언자인 에스겔1:1-28과 이사야6:1-13의 경험과 비슷하다. 기록된 대로, 다니엘의 하늘 전령에 대한 묘사는 에스겔의 환상과 비슷하다. 다니엘의 경험도 이사야의 소명과 같다. 하늘의 환상을 받을 때 다니엘도 마찬가지로 압도당했다. 그는 입술이 만져지기까지 말을 할 수 없었다. 이사야 역시 하나님의 백성을 위한 중대한 메시지를 받았다. 이사야와 마찬가지로 다니엘은 섬길 준비가 되어 있다.

둘째, 하늘의 존재는 다니엘을 하나님에게 큰 **사랑을 받은** 자로 여긴다.10:11; 9:23, 참조 이런 확인은 다니엘의 삶과 섬김에 신뢰성을 더해준다.

셋째, 하늘의 방문객은 진리의 책에 기록된 대로 하나님의 역사를 위한 계획을 이행하는 많은 하늘의 존재에 속한다고 자신을 소개한다.10:21; 7:9-10 해설 참조 그는 자신을 이스라엘의 역사를 감독하는 보호 천사인 미가엘과 함께 일하는 자라고 부른다.10:21; 12:1 하지만 하늘의 방문객은 자기 이름을 제시하지 않는다. 8:15-19과 9:21-23에서 다니엘이 가브리엘과 함께 한 경험은 이 사건가 매우 밀접하게 비슷하므로, 하늘의 전령을 가브리엘로 보는 것은 일리가 있다.

대화 과정에서 다니엘을 세 번 어루만진다.10:10, 16, 18 먼저 나타난 하늘의 존재가 다니엘을 어루만졌는지 아니면 첫 천사에 합류한 다른 천사들이 다니엘을 어루만졌는지는 명백하지 않다. 처음의 경우, 한 손이 엎드린 자세에서 그의 손과 무릎을 일으켰다. 그 다음에 하늘의 방문객은 다니엘에게 주의 깊게 듣고 일어서라고 말한다. 천사는 다니엘이 준비 기간 동안 한 기도가 들렸다고 가리킨다.10:12 천사가 온 것은 다니엘의 기도에 대한 반응 때문이다.

하늘의 방문객은 자신이 오는 것을 지연시킨 하늘의 영역에서의 사건들에 대한 정보를 알려준다. **페르시아 왕국의 천사장이 스무하루 동안 내 앞을 막았다. 내가 페르시아에 홀로 남아 있었으므로, 천사장 가운데 하나인 미가엘이 나를 도와주었다.**10:13 페르시아 왕국의 천사장다른 나라의 통치자들보다는의 반대는 천사가 보여준 역사와 대결하는데, 이 역사에서 하향 곡선이 페르시아에서 시작한다.11:2 주님의 군대는 구약의 오래된 전통에 따라 갈등에 관여한다.민10:34-36; 신33:2-3; 수5:14-15; 삿5:20; 사13:4; 단8:10에서처럼; 쿰란의 War Rule에서, 1QM12 바울은 "통치자들과 권세자들과 이 어두운 세계의 지배자들과 하늘에 있는 악한 영들을 상대로 하는" 교회의 투쟁을 언급한다.엡6:12 다른 신약 본문도 이런 영적 전쟁을 언급한다.마16:18; 막3:24-27; 눅10:18; 요12:31; 유1:9; 계12:7-12; 19:11-21; 아래 성서적 맥락에서의 본문을 보라

유대 전통에서, 각 나라는 자신의 보호 천사가 있다.신약에서 개인과 교회에게 있듯이: 마18:10; 행12:15; 계1:20; 창48:16, 참조 신명기 32:8-14에 따르면, 이스라엘의 주님, 지극히 높으신 하나님은 다른 나라 각각을 책임지는 하수인을 두었다. 이들이 하늘 법정에 속하며 옛적부터 계신 분단7:9, 참조: 욥1:6; 신32:8의 쿰란 버전; Wink, 1984:18-35; 1986:88-93 주위에 보좌에 심판을 위해 앉아 있는, 천사들, "신들"이나 "하나님의 아들들," 거룩한 이들, 신적인 존재들이다. 여호와와 견주어 다른 나라들의 신들은 쓸모없으며, 이스라엘은 그들을 섬기지 않아야 한다.신32:15-21; *TDOT*, 1:274 신명기에서 주님은 직접적으로 이스라엘을 보호한다.출23:20, 참조: 천사는 주님이 직접 나타난 것이다 다니엘서와 같이 후대 전통에 따르면,

주님은 이스라엘에 보호 천사, 곧 **천사장 가운데 하나**이자,10:13 **너희의 천사장**이요,10:21 **너의 백성을 지키는 위대한 천사장** 미가엘12:1을 임명했다.

에녹1서와 다른 위경에서, 천사장 미가엘이 종종 나온다.에녹1서 9:1에서처럼 이 책들과 쿰란도 미가엘을 이스라엘의 보호 천사로 안다.모세의 언약 10:2; 에녹1서 20:5; 1QM 17:6-8 미가엘은 하나님 앞에서 이스라엘을 위해 중재하고,레위의 언약 5:5-6; 토빗서 12:15, 참조 적에 맞서 하나님의 백성을 위한 전사다.에녹2서 22:6[J]; 1QM 9:14-15; *ABD*, 4:811, 참조 신약에서, 유다서 1:9는 천사장 미가엘이 모세의 시체를 놓고 악마와 다퉜지만 악마를 꾸짖는 일에 주님의 지시에 따랐다고 지적한다. 요한은 미가엘과 그의 천사들이 악마와 사탄이라고 불리는 큰 용을 무찌르는 장면을 본다.계12:7-12; 살전4:16, 참조

나라들의 천사들은 "실질적인 실재의 실제 영성과 가능성을 대변한다. 페르시아 왕국의 천사장의 힘은 페르시아 제국의 정치적 힘을 반영하는데, 그 앞에서 미약한 유다는 성전이 파괴되고 땅이 황폐해지며 백성이 바빌로니아에 포로로 잡혀가면서 중요하지 않은 것처럼 보였음이 틀림없다."Wink, 1986:89 앗시리아 왕은 경멸하며 자신이 정복한 "나라들의 신들"에 대해 말할 수 있다.왕하18:33-35 이 나라 천사들은 자신의 의지를 지니며, 하나님의 뜻을 거부할 수 있는데, 하나님은 스스로를 제안하며 그들의 자유를 범하지 않는다. 다니엘의 기도는 하나님이 "인간의 자유와 협력하여 일하도록" 열어주는데, 하늘에서의 전쟁에 이르도록 하며, 곧 이는 "땅의 모든 사건은 하늘에 대응 사건이 있다"는 사실을 보여준다.Wink, 1986:90-91; 삼하5:24, 참조 나라 천사들은 선을 위한 것이든 악을 위한 것이든 "나라에 활력을 더해주고, 유지하며 인도하는, 보이지 않는 영성"을 나타낸다.Wink, 1986:92-93

환상은 페르시아 왕 고레스를 가리키며 시작하지만,10:1 실제 힘은 하늘의 손에 있다. 게다가 하늘은 명백히 땅과 접촉한다. 이름이 "누가 하나님과 같은가?"를 의미하는 미가엘은 가브리엘을 도우러 오며, 따라서 가브리엘에 다니엘에게 메시지를 가지고 가도록 할 수 있다. 메시지는 마지막 때에 하나님의 백성들에게 미칠 다가올 사건과 관련된다.10:14; 2:28 **마지막 때**아리트 하야밈['*aarit hayyamim*]는 민수기 24:24"다가올 날에"; 새번역, "앞으로"-역주에서와 마찬가지로 미래 언젠가를 가리킨다. 마찬가지로 **세상 끝**이라는 구절단 8:17; 11:35, 40은 절정의 사건이나 시간의 끝을 가리킨다. 어느 표현도 반드시 궁극적인 종말론적 마지막 때를 가리킬 필요는 없지만, 12:1-4은 이 방향으로 가리킬 수도 있다.

가브리엘이 하늘에서의 갈등을 보고하자마자, 다니엘은 말을 잇지 못하고 엎드렸다. 단10:15; 눅1:20-22, 참조 이때 이사야에게와 마찬가지로사6:1-8 어떤 이가 다니엘의 입술을

어루만졌다.10:16 이사야는 자신의 죄악을 느낀다. 다니엘은 자신의 연약함을 느낀다. 제단에서 집은 핀 숯이 입술에 닿자, 이사야는 하나님의 백성에게 갈 준비가 된다. 그러나 다니엘은 다시 만져지고단10:18 그를 향한 하나님의 사랑이 상기된다. 다니엘에게 두려워하지 말라고 한다. 다니엘은 힘이 돌아와 들을 준비가 된다.

약속받은 메시지를 나누기 전에, 가브리엘은 이제 **돌아가서 페르시아의 천사와 싸워야 한다**고 말하는데, 미가엘이 페르시아 군주를 막고 있었다.10:13 그 후에 **그리스의 천사장이 올 것**이며, 그와 미가엘은 또한 나라-천사에 맞서 다툴 것이다.10:20-21; 12:1, 참조 여기서 저자는 다가올 환상, 곧 페르시아 왕의 몰락과 그리스의 알렉산더 대왕의 발흥11:1-4과 그에 이어 나올 왕들11:4-12:1에 대한 배경을 제공한다. 유대인들은 팔레스타인에 위치한 무력한 작은 무리다. 강력한 공격자들이 계속 몰려와 주변 많은 지역에서 그들의 땅을 휩쓴다. 연이어 나오는 제국들이 하나님의 백성을 지배한다. 하지만 하나님은 통제하고 있으며, 다니엘과 같은 신실한 자들의 기도에 응답한다. 하나님의 백성은 살아남을 것이다. 하나님은 무슨 일이 일어날지 아는데, 이는 사건들이 이미 진리의 책에 기록됐기 때문이다.10:21

환상에 대한 긴 서론에서 정교한 병행법과 반복이 있다. 두 섹션10:8-14과 15-21 각각은 아래 표에서 볼 수 있는 대로 동일한 핵심을 지적한다.

세부 내용	섹션 10:8-14	섹션 10:15-21
힘이 빠진다	10:8두 번	10:16-17; 18두 번
땅에 쓰러진다	10:9	10:15
전령이 깨운다	10:10	10:18
큰 사랑을 받은이라 불린다	10:10	10:19
두려워하지 말라고 듣는다	10:12	10:19
왜 천사가 왔는가	10:12	10:20-21
페르시아 천사장	10:13	10:20

이런 반복은 다니엘의 경험의 놀라운 특성을 강조하고, 이미 언급한 대로, 계시될 내용의 권위적 성격을 분명히 한다. 다니엘서의 가장 긴 환상 보고단11장가 가장 인상적으로 펼쳐지면서 이제 드러날 것이다. 저자는 이 긴 서론으로, 독자에게 메시지에 특별히 주의하도록 경고하며, 따라서 하나님에게서 환상을 받는다는 것은 가벼운 문제가 아니

라는 것을 내포한다. 다니엘 10장은 다음에 대한 정보를 제공한다.

1. 다니엘의 준비
2. 하늘의 전령의 출현
3. 전령 가브리엘과 크게 하나님의 사랑을 받는 자 다니엘 사이의 대화
4. 환상을 받을 때의 다니엘과 에스겔의 병행 내용
5. "만짐"과 "소명"에서의 다니엘과 이사야의 병행 내용
6. 진리의 책 – 땅의 사건들은 이미 정해졌고, 결과는 하늘이 결정했다
7. 하나님의 백성을 보호하는 천사들 – 땅에서의 싸움이 얼마나 심각하든지에
   상관없이 신실한 자들이 생존할 수 있도록 한다

이런 통찰력이 쌓이면 긴장감을 불러일으킬 뿐만 아니라, 또한 메시지를 받는 맥락을 제공한다. 권위와 신뢰를 쌓을 뿐만 아니라, 메시지가 전쟁과 고난에 대한 것이라 하더라도 또한 희망과 확신을 장려한다.

메시지 11:2-12:4

이어진 내용들은 다니엘 시기부터 안티오쿠스 4세 에피파네스의 통치를 포함해서 그 시기까지의 선별된 사건들을 가리킨다. 환상의 절정을 이루는 것은 안티오쿠스의 난폭한 통치다. 11장은 8장의 환상과 상당 부분 병행을 이룬다. 두 장 모두 페르시아와 그리스의 갈등11:2-4; 8:1-8, 참조과 그리스 제국의 발흥11:3-4; 8:8을 묘사한다. 두 장 모두 절정의 방식으로 오만하고 대담한 왕에 주목한다.11:21-39; 8:9-14, 23-26, 참조

처음에 내용들은 주전 539년부터 알렉산더 대왕에게 패배한 주전 334-331년까지 통치가 확장된 페르시아 왕들에게 초점을 둔다. 알렉산더가 죽고 그의 제국이 붕괴되자, 분리된 제국의 두 부분 사이의 갈등으로 초점을 옮겨간다. 즉 북쪽의 왕은 시리아팔레스타인의 북과 동쪽 영토를 통제하는 셀레우코스 왕조를 이끌고, 남쪽의 왕은 이집트팔레스타인의 남과 서쪽를 통제하는 프톨레마이오스 왕조를 이끈다. 페르시아가 붕괴된 후, 환상의 범위는 대략 150년의 기간에 해당하며, 그 기간에 북쪽과 남쪽은 팔레스타인 통제 문제로 싸운다.

환상의 세부 내용최소한 11:39를 통해은 쉽게 이 기간의 역사와 서로 연결된다. 그러므로 어떤 이는 **환상**10:7이 미래를 가리키는 것이 아니라 가려진 역사 기록일 뿐이라고 간주

했다.Porteous 다른 이는 이 자료가 예견하는 예언이라고 주장하려고 시도한다.Baldwin 여전히 다른 이들은 유사-예언이라고 보고, 주전 2세기의 박해 경험이 성서 구절과 개념의 도움으로 어떻게 해석되는지를 지적한다.Goldingay 이어지는 언급의 어조는 예견하는 예언이라는 실재에서 감하지 않으면서, 골딩게이가 제시한 흐름을 따른다. 다니엘 11장은 페르시아의 멸망에서 안티오쿠스 4세 에피파네스의 통치까지의 역사적 사건들을 해석하는 데 안티오쿠스 4세 에피파네스의 마지막을 예견하면서, 환상에 대한 하늘의 관점을 사용한다. 다니엘은 예언자로서,마24:15 소식에 대한 하나님의 해설을 받는 인간과 하나님의 세상 사이의 참된 연결고리라고 불린다.[**연표**, 299쪽 왕들과 그들을 언급하는 절들을 열거한다.]

11:2 페르시아 왕들

메시지는 가브리엘이 **이제 내가 진실을 너에게 말하겠다**라고 말하는 것으로 시작한다. 전령은 닥칠 날에 관해 **진리의 책**10:21에 기록된 것을 다니엘과 나눌 것이다.

메시지는 고레스 이후의 페르시아 왕들로 시작한다. **페르시아에 또 세 왕이 일어날 것이며, 그 뒤에 넷째는 다른 누구보다 큰 재물을 모을 것이다.**11:2 이 네 번째 공식은 근동 문헌과 성서에서 발견된다.2:36-43 해설 참조 이 공식은 셋에 어떤 면에서 다른 셋을 능가하는 넷째가 이어지는 완벽한 단위를 의미한다.2:36-43 해설 참조 이 공식은 넷째 항목인 강조점으로 신속하게 이동하는 문학적 기법이다.잠30:15-31; 암1:3-2:8, 참조

실제로 2백 년의 기간에 네 왕 이상이 있었지만, 그들은 확인하기 어렵다. 고레스 이후,단10:1 세 주목할 만한 왕들은 아마도 캄비세스,Cambyses 다리우스Darius 1세, 아하수에로Xerxes 1세주전 486-465년가 있는데, 이들은 주전 480년에 그리스를 침략했지만 패패를 경험했다. 싸움 후에 아닥사스다Artaxerxes 1세주전 465-425년 448년에 평화가 안정되는 기간이 있었지만, 페르시아인들이 아시아의 그리스 도시들을 지배하면서 경쟁관계는 계속됐다. 아마도 **넷째** 왕은 페르시아의 마지막 왕, 다리우스 3세일 것이다. 의미는 페르시아 왕족, 아케메네스 왕조the Achaemenids의 연속된 왕들이 있다는 것이다. 이때 한 왕이 매우 즉 더 유력하고 더 강하게 대두하는데, 그는 **모든 사람을 격동시켜서 그리스를 칠 것이다.** 결국 그리스인들은 수 세기 동안 페르시아에 압박을 받았고, 주전 334년 알렉산더 대왕 아래에서 그들은 마침내 주도할 준비가 됐다. 다리우스 3세는 마지막 페르시아 왕이었고, 따라서 **그리스**에 맞서 대항할 페르시아 제국의 누적된 부와 힘을 상징한다.

11:3-4 전사 왕

그러나 그리스에서는 용감한 왕이 일어난다.11:3 이는 알렉산더 대왕을 가리키며, 그는 주전 336년 마케도니아에서 왕이 됐다. 그의 아버지 필립 2세는 외교와 군사적 능력을 통해 주전 338년 즈음 전체 그리스 본토를 지배하지만, 페르시아와 전쟁을 벌이기 전에 암살됐다. 그의 아들 알렉산더는 뛰어난 군사 전략가였으며, 자신의 고국과 인도 사이에 영토를 빠른 속도로 침략하고 정복했다.8:5, 참조 알렉산더가 세상에 알려진 가장 큰 제국을 합치자, 주전 323년에 열병에 걸려 죽었다. 그의 주요 장군들 넷 가운데 그의 제국은 **깨어져서, 천하 사방으로 나뉘었다.**[알렉산더, 290쪽]

11:5-20 남쪽과 북쪽의 형세 변화

이어 나오는 선택된 갈등은 남쪽에서 이집트를 통제하는 프톨레마이오스 왕조와 팔레스타인의 북과 동쪽 지역을 통제하는 셀레우코스 왕조 사이의 갈등이다.[**연표**, 299쪽] 주전 3세기와 3세기의 이 갈등에서 군대들은 종종 유다를 통과해 행진했다. 유대인들은 이 국제 갈등에서 볼모가 됐다. 하지만 전령은 주로 **영광스러운 땅,**11:16, 41 **성전,**11:31 **거룩한 언약,**11:28, 30 백성들 사이의 **지혜 있는 지도자들**11:33, 35; 12:3, 10에 관심을 둔다. 큰 어려움이 있겠지만 신실한 자들에게는 구원이 베풀어질 것이다. 이 기간에 고난이 현재의 죄에 대해 하나님이 만족하지 못한 결과라는 암시는 없지만, 7중으로 포로기 이전 죄악에 대해 보상하는 것은 9:24-27의 490년 기간 이내다.9:24-27; 11:21-45 해설을 보라

강력한 통치자 11:5

선택된 사건들의 순서는 주전 323-282년 이집트를 통치한 프톨레마이오스 1세와 시작한다. **그의 장군 가운데 하나가 그보다 더 강해진다**는 것은 역사에서의 특정 사건을 가리킬 것이다. 알렉산더 제국의 한 지역을 받은 안티고노스Antigonus는 알렉산더 제국의 통일성을 유지하려고 시도했다. 주전 319년에 안티고노스는 예루살렘을 점령했고 그 다음에 주전 316년 바빌로니아를 공격했다. 셀레우코스 1세는 프톨레마이오스 1세를 위해 사령관으로 섬기려고 주전 315년 이집트로 도망갔다. 그들은 함께 주전 312년 가자에서 안티고노스를 무찔렀다. 주전 301년 이프소스Ipsus 전투에서 안티고노스는 알렉산더의 장군들 가운데 다른 넷에 패배했고, 목숨을 잃었다. 셀레우코스는 자기 영토를 회복했고 점차 안티고노스의 땅을 차지하여, 결과적으로 프톨레마이오스 1세보다 더 강력해졌다.11:5 그러나 이집트는 안티오쿠스 3세 대제주전 223-187년 시기까지 팔레스타인

을 통제했다. 11:16을 보라.

남쪽과 북쪽의 동맹 11:6

몇 년 뒤에, 거의 50년 뒤에주전 250년 프톨레마이오스 2세282-246년는 자기 딸 베레니스Berenice를 안티오쿠스 2세 테오스주전 261-246년와 결혼시켜 셀레우코스 왕조와의 관계를 돈독히 하려 했다. 이를 위해 안티오쿠스는 자기 아내 라오디케Laodice와 이혼하고, 따라서 자기 아들 셀레우코스와 안티오쿠스가 왕위를 잇지 못하게 됐다. 그러나 결혼은 오래가지 못했다. 2년 뒤 안티오쿠스 2세는 라오디케에게 돌아왔다. 하지만 라오디케는 안티오쿠스 2세, 베레니스, 그녀의 이집트 수행원들, 베레니스와 안티오쿠스 2세의 아들을 죽여 복수했다. 그 다음에 라오디케의 아들 셀레우코스 2세 칼리니쿠스Callinicus, 246-225년는 시리아를 지배하기 시작했다. 같은 해 베레니스의 아버지 프톨레마이오스 2세 필라델푸스Philadelphus는 죽었고, 그의 아들 프톨레마이오스 3세 유에르게테스Euergetes, 주전 246-222년가 이집트에서 통치하기 시작했다.

북쪽이 남쪽에 침략당하다 11:7-8

프톨레마이오스 3세 유에르게테스는 베레니스의 오빠다. 자기 누이, 베레니스와 조카와 베레니스의 이집트 수행원의 죽음을 복수하고자, 프톨레마이오스 3세는 북쪽 곧 셀레우코스 제국을 침략했다. 프톨레마이오스 3세는 지중해 접경 안디옥과 셀레우키아를 차지했고, 라오디케를 죽이도록 했다. 프톨레마이오스 3세는 **그 신들과 부어 만든 우상들과 은과 금의 아름다운 그릇들**11:8을 가지고 이집트로 돌아왔다. 한 나라의 신들과 성스러운 제의 그릇들을 빼앗는다는 것은 백성들뿐만 아니라 신들에게 모욕적인 패배를 의미한다.1:2; 5:2-4, 23; 렘52:17-23, 참조 프톨레마이오스 3세는 고향에서의 문제 때문에 북쪽과의 더 깊은 갈등에서는 자유로웠다.

남쪽이 북쪽에 침략당하다 11:9

프톨레마이오스 3세가 고향에 돌아온 후, 라오디케의 아들, 셀레우코스 2세 칼리니쿠스는 북쪽 왕위를 계속 이어갔다. 2년 후 셀레우코스 2세는 프톨레마이오스 3세와의 문제를 해결할 정도로 충분히 강력해졌다고 느꼈다. 주전 242년 그는 이집트를 침략했지만, 패배하여 자기 땅으로 돌아와야 했다.

북쪽이 남쪽을 계속 괴롭히다 11:10

셀레우코스 2세를 그의 두 아들 셀레우코스 3세 2주전 226-223년와 안티오쿠스 3세 마그누스Magnus, 안티오쿠스 대제, 주전 223-187년가 안티오쿠스 3세는 이전에 프톨레마이오스 3세가 점령했던 셀레우키아를 다시 점령했다.주전 219년

남쪽 왕의 저항 11:11-12

프톨레마이오스 4세 필로파토르Philopator, 주전 222-204년는 이집트의 왕위에 올랐을 때, 북쪽에서의 학대를 멈추기로 결정했다. 큰 군대를 이끌고 그는 주전 217년 팔레스타인의 접경지대에 있는 이집트의 전초 기지인 라피아에서 안티오쿠스 4세를 만났다. 고대 역사에 따르면,Polybius, *Hist.* 5 프톨레마이오스는 70,000명의 보병1, 500명을 잃음과 5,000명의 기병700명을 잃음과 73마리의 코끼리를 가지고 있었다. 안티오쿠스 3세는 62,000명의 보병 10, 000명과 4,000명의 죄수를 잃음과 6,000명의 기병300명을 잃음과 102마리의 코끼리를 가지고 있었다. 프톨레마이오스 4세가 승리했지만,11:11 성공의 혜택을 누리지는 못했다. 그는 예루살렘으로 갔고, 성전에 들어가려 했으나 하나님이 제지했다고 보고된다.마카비3서1-2장 그는 팔레스타인과 페니키아를 다시 회복한 후, 그 다음에 반야스Banias에서 패배했고 화해했다. 그는 북쪽에의 승리를 환성하려고 계속 밀어붙이지 못했다는 의미에서 그는 **승리는 차지하지 못했다.**11:12

북쪽 왕의 침략 11:13-15

다음 약 15년이 지난 후, 안티오쿠스 3세는 오늘날 터키라고 불리는 곳을 침략했고, 또한 옛 셀레우코스 제국의 경계를 회복하려고 동쪽으로 군사작전을 벌였다. 여기서의 성공을 통해, 안티오쿠스 3세는 "마그누스" 또는 "대왕"이라는 칭호를 얻었다. 그는 이집트를 침략하려는 바람에서 마케도니아의 필립 4세와 동맹을 맺었다. 11:14이 가리키듯이, 많은 사람이 **일어나서 남방 왕을 칠 것이다.**

이 시기에 프톨레마이오스 4세가 죽었고주전 204년 아주 어린 아들 프톨레마이오스 5세 에피파네스주전 204-180년가 뒤를 이었다. 어린 왕을 맞서 이집트가 반란을 일으켰다. 게다가 안티오쿠스 3세 대왕과 그의 동맹은 팔레스타인을 본격적으로 침략할 준비를 했다. 주전 201년 그는 가자까지 갔다. 주전 200년 그는 파니아스Paneas, 후대 가이사랴 빌립보 가까이에서 이집트 장군 스코파스Scopas를 만났다. 이집트인들이 물러났다. 예루살렘은 수년간 세 번 주인이 바뀌었다. 주전 198년 안티오쿠스는 스코파스가 예루살렘에 남겨

둔 수비대를 만나 무찔렀다. 이때부터 유다는 완전히 셀레우코스 지배를 받았다. 안티오쿠스 대제는 이집트가 **당해 낼 힘이 없어**11:15 이집트를 장악했다. 명백히 이집트 내에서 불화와 반란도 있었다.

전투가 북쪽과 남쪽 사이에 있었지만, 전령은 팔레스타인에 있는 유대인들의 상태를 간략하게 언급한다. 명백히 유대인들은 곤경에 처했다. **그들은 그들 가운데 하나가 물밀 듯이 내려갈** 때 어떻게 해야 할지 몰랐고, 어떤 방향으로 정해야 할지도 몰랐다.11:10 고국의 안녕과 신앙을 지키는 것 이외에 그들의 관심이 무엇인지 명백하지 않다. 그들의 땅은 전쟁하는 나라들에 내어주는 대로였다. 명백히 유대인들은 이집트에 주님께 바치는 제단이 있고, 이집트에서 앗시리아까지의 대로가 있으며, 이집트와 앗시리아가 주님을 예배하는 일에 이스라엘에 합류할 것이라는 이사야의 환상을 알고 있었다.사19:19-25 그들은 예루살렘이 하나님의 활동이 온 땅에 미치는 중심이 될 것에 대한 이사야 예언자의 메시지도 알고 있었다.사60:9-14 그러나 유대인들 가운데 예언자의 환상에 표현된 유대인의 희망이 셀레우코스 왕조 측에서 직접 한다면 실현될 것이라고 믿는 **난폭한 사람들**이 있었다. 그들은 이집트의 어린 왕 프톨레마이오스 5세의 섭정에 맞서는 반란에 합류했다.Josephus, *Ant.* 12.3.3-4 이 폭력적인 노력은 처음부터 **그들은 실패할 것이다**11:14라는 운명이 정해져 있다고 전령은 지적한다. 하지만 나중에 셀레우코스 왕조는 팔레스타인을 장악하고 지배했다.11:15, 위에서 지적한 대로

북쪽의 승리와 몰락 11:16-19

안티오쿠스 대제는 이집트를 정복한 후, 이제 유력해졌다. **그는 자기의 뜻대로 억압할 것이다.**11:16 누구도 한동안은 그를 막을 수 없다. 주전 198년 안티오쿠스 대제는 예루살렘에 있는 이집트 수비대를 무찔렀고, **영광스러운 땅**11:16 유다를 포함해서 팔레스타인을 확고하게 통제했다.

안티오쿠스 대제는 프톨레마이오스 왕조를 파멸시키려고 이집트로 이동하는 대신, 다른 길을 택했다. 주전 195년 그는 자기 딸 클레오파트라를 프톨레마이오스 5세 에피파네스에게 결혼하도록 주어 화평의 조약을 맺었다.11:17 안티오쿠스가 놀랍게도 클레오파트라는 왕국을 파괴하고 더 나아가 이집트를 굴복시킬 그의 계획에 협조하지 않았다. 대신 클레오파트라는 자기 남편과 새 나라에 완전히 충성했다. 클레오파트라는 이집트와 신흥 로마 세력 사이에 동맹하려는 계획을 확고하게 지지했다. 따라서 이집트를 지배하려는 안티오쿠스의 계획은 성공하지도 못했고, 그에게 이득이 되지도 않았다.11:17

안티오쿠스 대제는 좌절하고서 **해변 땅** 쪽으로 방향을 돌렸다.11:18 그는 소아시아의 이집트 식민지를 공격했고, 리디아와 프리지아에 메소포타미아에서 온 2,000가족을 정착시켰고, 그 다음에 서쪽 방향으로 그리스로 갔다. 주전 191년 테르모필레Thermopylae에서 로마인들이 그를 배신했다. 소아시아에서 로마 장군 루사우스 스키피오Lucius Scipio는 주전 190-189년 마그네시아에서 그를 무찔렀고, **그가 더 이상 행패를 부리지 못하게 하고,**11:18 동부 길리기아와 시리아, 타우르스 산맥의 동쪽 측면까지 항구적으로 그를 몰아붙였다.

이것은 안티오쿠스의 권력에서 전환점이었다. 안티오쿠스 대제는 로마의 봉신이 됐고, 자기 아들 안티오쿠스 4세를 포함해서 스무 명의 인질을 로마에 보내야 했다. 그는 줄곧 전쟁을 벌였으나 주전 187년 로마에 공물을 바치려고 수사Susa의 바알 사원을 약탈할 때 암살됐다. 그는 비틀거리다가 넘어져서, 사라지고 말 것이다.11:19 주제는 공통적이다. 즉, 승리의 순간에 재앙이 닥치고 모든 것을 잃게 될 것이다.11:43-45의 그의 아들, 참조

북쪽 왕의 세금 징수원 11:20

안티오쿠스 3세 대제 뒤에 그의 아들 셀레우코스 4세 필로파토르주전 187-175년가 계승했다. 셀레우코스 4세의 이야기는 비극적이다. 그의 주요 일은 자기 아버지에게 부과된 로마에게 바치는 공물을 바치기 위해 돈을 마련하는 것이었다. 그는 예루살렘 성전의 보고에 있는 기금을 압수하도록 자신의 장관 헬리오도루스Heliodorus를 보냈지만, 마카비2서에 따르면3:7-39; 5:18 시리아 사람들은 하나님이 보낸 환영에 놀라 달아났다. 안티오쿠스의 통치는 평판이 좋지 않고, **아무도 모르게**11:20 즉, 주전 175년 헬리오도루스가 쿠데타를 일으키려는 시도에서 암살로 끝나게 된다.

남쪽 왕들과 북쪽 왕들 사이의 이렇게 긴 갈등을 열거하여, 환상의 초점이 되는 북쪽 왕 안티오쿠스 4세 에피파네스의 출현을 위한 무대가 마련된다. 이 왕은 유대 민족을 유린했고, 그들의 하나님과 언약을 무시했으며, 성전과 영광스러운 땅을 더럽혔다.

11:21-45 북쪽의 무시무시한 왕

안티오쿠스 4세 에피파네스주전 175-164년는 셀레우코스 4세 필로파토르가 죽자주전 175년 권력을 장악했다. 안티오쿠스는 자기 국민에게 문화의 종교에서 그리스화 정책을 밀어붙였고, 유대인들에게는 끔찍한 박해를 가했다.[**안티오쿠스 4세 에피페네스**, 293

쪽] 하늘의 전령이 이 끔찍한 왕에 대해 말하는 이야기는 다음과 같이 다섯 부분으로 나 뉜다.

11:21-24 그의 권력 장악
11:25-28 그의 첫 남쪽 침략
11:29-35 그의 두 번째 남쪽 침략
11:36-39 신들 중에 신에 대한 그의 반항
11:40-45 그의 마지막 남쪽 군사작전과 예견된 종결

왕이 권력에 오르다 11:21-24

주전 190년 안티오쿠스 3세 대제의 어린 아들인 이 안티오쿠스나중에 4세로 불림는 로마 에 볼모로 잡혀갔다. 그는 14년 동안 거기서 호사스럽게 지냈다. 셀레우코스 4세 필로파 토르는 자기 형제 안티오쿠스를 대체하려고 자신의 아들 데메트리오스Demetrius를 로마 로 보냈는데, 안티오쿠스는 수도 안디옥으로 돌아오지 않았다. 대신에 그는 아테네에 머 물렀고, 곧 거기서 공직을 맡았다. 셀레우코스 4세 필로파토르를 살해했던 헬리오도로스 는 왕위에 오르려고 시도했다. 안티오쿠스는 자기 형제의 죽음에 대한 소식을 듣고서, 안디옥에 가려고 아테네를 떠났고 헬리오도로스의 음모를 좌절시켰다.

헬리오도로스가 도망했을 때, 안티오쿠스는 권력을 장악했고 **술책**을 써서 왕위를 빼 앗았다.11:21 안티오쿠스는 살해된 셀레우코스 4세의 어린 아들을 보호하는 후견인을 세 웠는데, 그가 꼭두각시 왕 역할을 했다고 한다. 본문은 셀레우코스 4세 필로파토르를 대 신해 **비열한 사람**, "악한 뿌리"마카비1서 1:10 곧 안티오쿠스 4세 에피파네스가 일어날 것 이며, 그는 **왕이 될 권리도 없는 악한 사람**11:21이라고 말한다. 셀레우코스의 아들 데메 트리오스는 왕권을 이을 다음 인물이지만, 그는 로마에 볼모로 잡혀 있어, 데메트리오스 1세 소테르가 결국 왕위를 차지하는데 안티오쿠스 4세가 죽을 때에야 비로소 차지했다.

군의 세력도 그의 앞에서는 패하여 깨질 것이다.11:22 이것은 그의 통치의 끊임없는 전 쟁상태를 가리킨다. 안티오쿠스 4세는 **동맹을 맺고 왕위에 오른 왕**, 유대 대세자장 오 니아스Onias 3세를 물러나게 했다.11:22; 9:26, 참조 오니아스는 성읍 시장에 대한 사법권 을 침범하는 극단적인 그리스화주의자인 시몬과의 갈등을 해결하려고 셀레우코스 4세 의 도움을 얻으려고 안디옥에 왔다. 시몬은 시리아 총독 아폴로니오스Apollonius에게 성전 보고에 있는 많은 돈에 대해 말했었다. 아폴로니오스는 이 보고를 압수하도록 헬리

오도로스를 보냈지만, 마카비2서 3-4장에 따르면 대중들의 저항과 기적으로 무산됐다. 그 다음에 셀레우코스 4세는 죽었고, 오니아스의 형제 야손Jason이 안티오쿠스에게 대제 사장직에 대해 은 350달란트를 제공했다. 안티오쿠스 4세는 이 제안을 받아들였고 오니 아스를 수도에 붙잡아두고 야손을 주전 175년에 임명되도록 했다. 3년 후, 메넬라오스 Menelaus는 대제사장직에 대해 야곱에게 더 높은 가격을 제의했고, 메넬라오스는 10년 동안 "잔인한 폭군"으로 통치했다.마카비2서 4:23-50; 13:3-8 다시 오니아스는 메넬라오스 가 과도한 공물을 왕에게 바치려고 성전에서 금을 훔친 사실을 폭로했다. 메넬라오스는 오니아스를 살해하도록 했다.마카비2서 4:32-34

술책 배후에는 어떻게 유대를 통치해야 하는가의 문제가 있었다. 토라는 그 땅의 율법 일 것인가? 아니면 국민이 "삶의 그리스 방식"과 "이국적 방식"과 "모세 법과는 반대되 는 새로운 관습"을 받아들이면서, 유대는 그리스화된 국가가 될 것인가? 안티오쿠스는 자기 영토에서 통일성을 장려하는 후자를 요구했다.마카비1서 1:41-42 야손은 연무장을 세 워 예루살렘 거주민들이 "예루살렘에 있는 안디옥" 조직에 등록하도록 안디오쿠스에게 서 구매하여 허가를 받았다. 이와 같이 그들은 특권과 이득을 위해 그리스 방식을 실행 하고 장려할 수 있었다.마카비2서 4:9-22; 마카비1서 1:11-15, 41-53 이 계획이 발전하자, 모세 법에 대한 유대 전문가들이 반대하였는데, 이는 왕이 나중에 토라 준수의 관행을 없애려 함으로써 이 반대를 짓누르기로 결정하게 된 배경을 설명하는 데 도움이 된다.마카비1서 1:54-57; 마카비2서 6:1-11; 단11:30-32; *ABD*, 4:437-438 안티오쿠스 4세는 **소수의 백성**, 유대 귀족, 토라보다 그리스 관습을 선호하고, 특권을 위해 대가를 치렀던 "배반자들"과 상대 함으로써, 이 동맹과 함께 유대를 통치하는 **패권자로 군림하게 될 것이다.**11:23; 마카비1서. 1:11[**안티오쿠스 4세 에피페네스, 293쪽**]

야손의 대제사장직이 끝나는 시기가 다가오자, 안티오쿠스는 이집트의 필로메토르 대 관식에 참여하도록 아폴로니오스를 보냈다.주전 172년 거기 있으면서 아폴로니오스는 필 로메토르의 참모들이 시리아에 적대적이며 팔레스타인을 차지하려 한다는 사실을 알았 다. 그래서 안티오쿠스와 군대는 시리아에 대한 충성을 확인하려고 예루살렘으로 올라 가서, "야손과 성읍 사람들에게서 장대하게 환영을 받았다."마카비2서 4:21-22 분명히 시리 아는 이전과 나중과 심지어 지금도 약탈과 공물을 통해 팔레스타인에서 재물을 축적했 다. 시리아는 그들의 지지자들에게 보상했고, 야손이 확실히 "돈을 왕에게" 보내도록 했 다.

안디옥에 공물을 운반하는 자로서 야손은 메넬라오스를 파견했는데, 메넬라오스는 야손을 배반하고 대제사장직에 대해 야손보다 더 많은 돈을 제의했다. 메넬라오스는 자신이 약속한 것을 정기적으로 지불하지는 않았다. 하지만 그는 왕의 파견단에게 팔아 주려고 성전의 금 그릇 일부를 훔쳤다.마카비2서 4:23-29 이와 같이 안티오쿠스는 **그의 조상들도** 하지 않았던 일로, 유대에게서 많은 재물을 빼앗았고, **전리품과 노략물과 재물**을 자신을 지지하는 유대인들에게 낭비하면서 몰상식한 방식으로 사용했다. **요새지역을 공격할 음모를 계획할 것인데, 그의 통치 기간은 얼마 되지 않을 것이다.** 그가 유대인들을 압제하는 기간은 얼마가지 않을 것이다.

왕의 첫 남쪽 침략 11:25-28

주전 170년 이집트는 팔레스타인을 다시 장악하려고 시도했다. 안티오쿠스 4세는 이집트 군대를 무찌르고, 주전 169년 이집트를 침략했으며, 프톨레마이오스 4세 필로메토르주전 181-146년를 포로로 끌고 갈 수 있었다. 필로메토르는 **음모를 꾸민다**는 이집트 왕궁의 나쁜 조언을 따랐다.11:25-26 강력한 이집트 귀족들이 필로메토르의 형제인 프톨레마이오스 7세를 알렉산드리아 왕으로 삼았다. 그 다음에 안티오쿠스 4세와 프톨레마이오스 6세는 프톨레마이오스 7세를 폐위시키려고 연합했다. 이것이 11:27의 배경이 되는 것 같다. 즉 **그 때에 그 두 왕이 함께 먹으려고 한 식탁에 앉지만, 그 동기가 악하므로, 서로 거짓말을 주고받을 것이다. 그러나 … 그들은 원하는 바를 얻지 못할 것이다.**11:27 각자는 자신의 목적을 이루려고 시도했지만 아무것도 얻지 못했다. 그러나 하나님은 정말로 일정표가 있다. **하나님께서 정하신 때**의 끝이 아직 남아 있기 때문이다.11:27; 11:24, 참조

한편 안티오쿠스가 이집트에서 살해됐다는 "잘못된 소문"이 야손에 들렸다.11:22-23 해설을 보라 그래서 야손은 대제사장으로 자신을 계승했던 메넬라오스를 자리에서 쫓아내려고 예루살렘으로 갔다.마카비2서 5:5-10; ABD, 1:270; 주전 169년 안티오쿠스는 이 소식을 들었을 때, "유대가 자신의 권위에 맞서 반란을 일으켰고," 왕에게 정기적으로 공물을 바치는 메넬라우스에 맞설 뿐만 아니라 자신을 위한 성전 보물을 훔치려는 의도로 받아들였다.마카비2서 4:27; 5:11-21 그래서 유대와 고국에서의 문제 때문에 안티오쿠스 4세는 이집트에서 멀리 떨어져야 했다. 안티오쿠스 4세는 격노하여, 많은 전리품을 가지고 돌아와 자신의 의지를 실현하고자 예루살렘에서 멈추었다.단11:28 그의 군대는 성읍을 약탈했고, "너무 많은 피를 흘렸다." 메넬라우스는 심지어 안티오쿠스를 성전에 인도하여 성전을 약탈할 수 있었고, 그의 군대는 찾아낸 숨겨진 어떤 보물도 빼앗았다.주전 169년; 마카

비1서 1:19-28; 마카비2서 5:1-23

안티오쿠스는 프리지아 사람 필립이 예루살렘을 통치하도록 임명했다. 사마리아의 안드로니코스와 더불어 필립은 그리스 숭배와 문화를 유대인들 가운데 통합하고자 했다. 유대인들 스스로도 나뉘었다. 어떤 유대인들은 토라에 충실하기로 결심한 반면, 다른 유대인들은 그리스화된 방식을 기꺼이 받아들였다. 필립은 유대인들을 다룰 수 없었다.마카비2서 5:22-23

거룩한 언약이라는 용어는 이방인이 성전에 침입한 맥락에서 세 번 나온다. 이 용어는 토라와 성전을 가진 유대 언약 백성을 가리킨다.단11:28, 30 **거룩한 언약**은 **가장 높으신 분의 거룩한 백성**7:27 및 **거룩한 백성**12:7과 비슷하다.

강력한 지도자들, 그들의 군사적 힘과 국제적인 동맹에 대한 저자의 비관을 주목하라. 그들의 계획은 성공하지 못하는 이유는 마지막이 아직 정하신 때가 아니기 때문이다.11:27

왕의 두 번째 남쪽 침략 11:29-35

아무리 강력하거나 직접 결정하는 지도자처럼 보인다고 해도, 그들의 행동은 **정한 때에** 이뤄진다.11:29 전령은 진리의 책에 미리 기록된 대로 하나님이 궁극적으로 역사를 통제한다고 다시 주장한다.10:21

안티오쿠스는 자기 수도로 돌아온 직후, 프톨레마이오스 6세 필로메토르와 프톨레마이오스 7세가 이집트를 함께 통치하는 데 동의했다는 사실을 알았다. 안티오쿠스는 그들이 경쟁관계로 서로 약화시키기를 희망했었다. 하지만 필로메토르는 배반하여, 속임수를 쓰는 안티오쿠스의 허를 찌를 수 있었다.11:27; 8:25, 참조 이때 이집트 사람들은 로마와의 동맹을 협상했다.

안티오쿠스는 격노하여, 군대를 이끌고 이집트를 향했다.주전 168년 그러나 이 침략은 지난 침략과 같지 않을 것이다. 이번에는 **깃딤의 배들**11:30; 새번역 "서쪽 해안의 배들"-역주은 안티오쿠스가 알렉산드리아로 돌아오는 길에 가로막고 그에게 이집트 영토를 떠나라고 명령했다. 깃딤의 배들은 포필리우스 라에나스Popilius Laenas의 지휘를 받는 로마 군대를 가리키는 비유적 용어다. 깃딤은 키프로스 섬의 페니키아 성읍 이름과 어떤 서구인들에게도 적용될 수 있다. 포필리우스가 모래에서 안티오쿠스 주위로 원을 그렸고, 원에서 나오기 전에 물러나는 결정을 요구했다는 이야기다. 안티오쿠스는 굴욕적으로 고국으로 돌아갈 것에 동의했다. 즉 그는 **낙심하여 퇴각**할 것이다.11:30

국내외 계획들이 수포로 돌아가자, 안티오쿠스는 격노하고 **거룩한 언약을 맺은 사람들에게 분풀이를 하고** 가혹한 조치를 취하였다.단11:30 예루살렘은 여전히 그리스화 정책에 저항하고 있어서, 안티오쿠스는 교훈을 가르치도록, 즉 "모든 성인 남자들을 죽이고 여자들과 남자 아이들을 노예로 팔도록" 아폴로니오스를 보냈다. 아폴로니오스는 평화를 가장했지만, 안식일에 많은 사람들을 죽였다.주전 167년; 마카비1서 1:29-40; 마카비2서 5:24-27 이 당시, 유다스 마카베우스Judas Maccabeus는 다른 이들과 함께 광야에서 피난처를 찾으러 도망했다.

안티오쿠스 4세는 곧 유대 의식에 따른 성전에서의 **날마다 드리는 제사를** 금지하고, 성전에 **흉측한 파괴자의 우상**, 곧 그리스 신 제우스 제단을 섬길 운석과 함께 세웠다.단11:31; Goldstein, 1976:145-152 안티오쿠스는 올림포스 산의 제우스를 이스라엘의 하나님 및 자신과 동일시했다.11:36-39 해설을 보라; 마카비2서 6:1-6; 마카비1서 1:44-54, 참조[**흉측한 우상**, 290쪽 안티오쿠스는 자신이 원래의 유대 종교를 정화하며 회복하고 있다고 생각한다는 실마리가 있다.Goldstein, 1976:125-160 그러나 이방인들은 성전을 방탕과 매춘시리아 풍요 제의에 대해 말하자면과 부적절한 희생제물에 사용했다. 안티오쿠스는 성전 밖의 우상들을 위해 제단과 성소를 만들고 거기서 돼지를 제물로 바치며 그 제물을 먹으라고 사람들에게 지시했다.레11:7; 신12장; 왕하23장의 개혁과는 반대로. 마카비1서 1:47; 마카비2서 6-7장을 보라

안티오쿠스는 안식일, 전통적인 절기, 유아의 할례 준수를 어겼고, 심지어 자신이 유대인이라고 고백했다. 안티오쿠스는 유대인들에게 자기 생일을 매달 기념하는 제사에 참여하고, 포도 수확의 신 디오니시오스바커스를 기념하도록 도우라고 명령했다. 왕은 그리스도 풍습에 맞게 바꾸지 않는 유대인들을 죽이라는 법령을 선포했다.마카비2서 6:7-11

유대인들은 어쩔 수 없이 최소한 세 무리로 나뉘는 것 같다. 어떤 유대인들은 안티오쿠스가 제정한 **언약을 거역하는** 방식을 기꺼이 받아들였다. 동시에 많은 이들이 토라에 계시된 이스라엘의 하나님과 그분의 방식에 충성했으며, 신성모독의 그리스도와 정책에 맞서 **용기 있게 버티는** 조치를 기꺼이 취했다.단11:32 하지만 토라에 헌신했던 사람들 가운데도 일치하지 않았다. 신실함이 어떻게 표현돼야 하는가? 폭력적인 저항으로 표현돼야 하는가? 이것은 마가비 가문의 방식이었다. 아니면 신실함은 하나님이 구원하기를 기다리면서 이집트에서 피하여 추방생활에서 돌아오는 방식을 따라야 하는가? 어떤 경우든 토라에 대한 충성은 어려울 것이다.

어떤 경건한 유대인들은 하나님이 폭력적인 저항을 금지한다고 믿고, 하나님이 광

야로 피한 안식을 준수하는 자들을 보호할 것이라는 예언을 신뢰했다.사32장; 55:12-13; 56:1-2; 58:11-14; 렘2:2-3; 17:19-27; 슥4:6; 출16:29, 참조 그들은 안식일에 방어하지 않고 쉬는 날에 왕의 군대에 몰살당했다. 그래서 다른 유대인들은 안식일에는 자신을 방어하기로 결정했다.마카비1서 2:29-41; 마카비2서 6:11; Goldstein, 1976:164, 235-236 순교자들은 부활할 때 자신들의 신앙을 변호되기를 기다려야 할 것이다.단12:2-3 해설과 아래 성서적 맥락에서의 본문을 보라

지혜 있는 자들마스킬림[maśkilim]은 다니엘서에서 지도자 무리를 가리키는 전문적인 용어다.11:33, 35; 12:3, 10; Anderson: 139 분명히 그들은 백성들에게 충성할 이유를 가르치면서, **깨우치고** 계몽하는 토라 전문가로 인정된다. 하지만 하나님에게 충성하면, **칼에 쓰러지고, 화형을 당하고, 사로잡히고, 약탈을 당할 것이다.**11:33 마타티아스와 마카비 가문이 무장한 반란을 시작하기 전 약 1년의 박해가 있었다. 신실함에 대한 군사적 해결은 **많은** 이들에게 호소력을 지녔다. 이전에는 그리스 문화와 종교 방식을 포용했던 많은 유대인들이 자신들의 목숨을 구하고자, 이제 군사전략을 펼치는 마카비 가문에 **위선적으로**새번역, "술책을 쓰며"-역주 합류했다.11:34 그들은 마카비 가문이 변절자 동향 사람인 그리스화된 유대인들에게 열성적이지만 맹렬한 공격에 살아나기를 희망했다.마카비1서 2:44-48 마카비 가문이 유대 독립을 결국 확보했지만 유대 국가는 오래가지 못했다.마카비1-2서; 주전 142-63년[**연표**, 299쪽] 마카비 가문은 **학살당하는** 이들에게 **조금은** 도움을 줄 뿐이다.11:34 하지만 **정한 때**에 있게 될 궁극적인 구원과 비교할 때 그들은 무엇을 성취했는가?11:35

이와 같이 하늘의 전령은 군사적 방어나 보복을 권장하지 않는다. 시험이 오겠지만 하나님은 할당된 범위를 넘도록 허용하지 않을 것이다. **지혜 있는** 자들은 신실함과 심지어 죽음까지도 포함하는 고난을 당하여야 사람들이 **단련을 받고, 순결하게 되며, 끝까지 깨끗하게 남을 것**이라는 사실을 깨닫는다.11:35; 12:10; 마카비2서 7:30-38, 참조 그들이 넘어진다고 해도 그들의 참된 신앙은 어떤 인간의 힘에도 짓밟힐 수 없으며11:35 부활의 희망이 있다.12:2-3

하나님은 역사를 주관한다. 안티오쿠스 4세에 대한 무장한 저항에 휘말린 자들을 따르지 않아야 한다. 무장은 조롱거리가 된다.11:34 **지혜 있는** 자들은 안티오쿠스 4세에 저항하겠지만, 물리적인 힘으로 저항하지 않는다. 안티오쿠스 4세의 가치 기준과 교만과 술책, 악을 위한 재원의 방탕한 사용, 이 모두는 하나님의 백성에게 용납이 되지 않았다. 안티오쿠스는 무너질 것이다! 한편, **지혜 있는** 자들은 하나님이 자신의 때와 방식으로

위기를 끝낼 것을 기대하면서, 많은 이들이 거룩함의 방식을 이해하는 데 도움이 될 것이다.11:35; 12:3, 10 **지혜 있는** 자들은 군사 우선 정책이 보호하고 구원할 만군의 주님이 거부하는 것이라는 이사야의 통찰을 보여줄 것이다.사31:1-8 하나님은 비전을 성취하고자 폭력의 사람들이 아니라 **지혜 있는** 자들을 통해 역사한다.

지혜 있는 자들이나 분별력이 있는 자들은 아마도 다니엘서 자체가 나오게 된 영향력 있는 무리들을 대변하는 것 같다. 그들은 토라 교사들로서, 현재의 정치 사건들을 하나님이 주관한다고 이해하며, 오만한 폭군의 맹렬한 공격이 끝날 것이라는 사실을 알고 있다. **지혜 있는** 자들은 폭력으로 폭력을 맞서지 않고 하나님을 신뢰한다. 그들의 비폭력적 접근은 자비로운 하나님의 위엄 있는 통치에 근거한다. 그들은 분별력이 있으며, 다른 이들이 동일한 견해를 채택하고 **많은 사람을 옳은 길**에 이르도록 권장한다.12:3 이야기단 1-6장와 환상단7-12장이 명백히 하듯이, 다니엘이 이 무리에 속한다.[**다니엘서: 연대와 저작권**, 303쪽]

왕의 신들 중의 하나님에 대한 도전 11:36-39

왕은 자기 좋을대로 하며11:36; 11:28, 자기 마음대로 하고서야, 참조 안티오쿠스 4세는 자기 이전의 동양 폭군과 마찬가지로, 자제력을 잃고서 어떤 의무도 알지 못한다. 이전에 느부갓네살에 대해 말한 것과 마찬가지로, 안티오쿠스 4세는 **마음대로 사람을 죽이기도 하고, 마음대로 사람을 살리기도 하고, 마음대로 사람을 높이기도 하고, 마음대로 사람을 낮추기도 하셨습니다.**5:19 누구도 도전한 대가로 고통을 당하지 않고서 안티오쿠스 4세의 권위에 도전할 수 없었다. 비슷한 말들을 페르시아 사람들, 숫양에 대해서도 **그 숫양은 자기 마음대로 하며 더욱 강해졌다**라고 말했고,8:4 **자기들의 뜻대로 억압할** 안티오쿠스 대제에 대해서도 말했었다.11:16

안티오쿠스의 오만함은 자신을 신격화하려는 시도에서 절정에 이르렀다. **스스로를 높이고, 모든 신보다 자기를 크다고 할 것이다.**11:36 안티오쿠스에 대한 이런 묘사는 바울이 "하나님의 성전에 앉아서, 자기가 하나님이라고 주장할" "불법자"를 묘사할 때 반영된다. 하지만 주님은 "그 입김으로 그를 죽이실" 것이다.살후2:3-4, 8 자신들의 성공을 아후라 마즈다Ahura Mazda, 선과 빛의 최고신-역주의 탓으로 돌리는 페르시아 왕들과 다르게, 안티오쿠스는 자신을 신으로 여기고, 그리스인들 사이의 통치자-제의라는 언젠가의 전통에서 자기 백성들이 자신을 섬기기를 원했다.Alexander the Great, ABD, 1:149, 참조 그는 신의 이름, **에피파네스**를 취했는데, 이는 "신이 현현하다"를 의미한다. 왕은 자신의 얼굴이 제우스의 얼굴과 일치한다고 생각했다. 몇 동전들 위에, 그는 태양신과 같은 광선으로 왕관 장식이 되어 있다. 동전은 점차 올림포스 제우스의 전통적인 특징으로 그를 묘사하고, 테오스 에피파네스theos epiphanes, 신이 현현하다와 니케포로스nikēphoros, 승리를 가져옴; IDB, 1:150이라는 단어가 새겨져 있다. 보통 사람들은 그를 **에피파네스**라고 부르지 않았다고 한다. 대신 언어유희로, 그들은 그를 에피마네스, 즉 "미친 사람"이라고 불렀다.

안티오쿠스가 스스로의 명예를 높이는 절정은 **괴상한 말로, 가장 높으신 하나님을 대적함**11:36 때다. 이 **모든 왕 가운데서 으뜸가는 군주**가 이스라엘의 하나님이요,2:47 **만왕의 왕이며,**8:25 참 하나님이시고, 참 주님이다.신10:17; 딤전6:15 유대인들에게 이 왕의 놀라운 조치는 그가 예루살렘 성전에 제우스를 위한 제단을 놓았을 때에 절정에 이르렀다. 안티오쿠스는 자신의 "신성"을 진지하게 받아들였다. 그는 종교 때문에 자신의 제국을 함께 묶을 수 있을 것이라고 믿었다.마카비1서 1:41-42 안티오쿠스는 사람일 뿐이지만 자신을 다른 어떤 신보다 위에 있는 신이며, 만물을 자신 안에서 통합할 수 있는 촉매제라고 간주할 만큼 오만했다.

하늘의 전령은 **진노의 시기**새번역, "하나님의 진노"-역주**가 끝날 때까지는,** 안티오쿠스가 **형통할 것이다**11:36라고 한다. 우리는 안티오쿠스의 진노를 생각할 수도 있다.11:30 이것은 하나님의 진노와 훈육이 이스라엘 사람들의 죄 때문에 그들에게 방금 임했지만 하나님은 곧 민족에게 자비를 보여줄 것이라고 의미하는 것 같다. 포로생활은 이전 세대의 이스라엘의 죄에 대해 하나님의 **분노**이자 징벌로 명백히 여겨진다.9:16 안티오쿠스로 말미암은 고난은 하나님이 진노한 결과라는 암시가 있지만, 다니엘서는 어느 세대의 죄가 하나님의 **진노**를 야기했는지 명시하지 않는다.8:19 해설을 보라 일흔 이레490와 일곱 배의 징벌의 원리레26장는 현재의 고통이 포로기 이전 세대의 죄 때문이라는 사실을 내포한다.9:24-27 해설을 보라 그러나 마카비서는 유대인들이 현재 하나님의 율법을 어기고 있기 때문에 이 진노가 왔다고 주장한다.마카비1서 3:8; 마카비2서 5:17, 20; 7:33-38 하나님은 모든 일들을 **정하신** 분이다. 하나님은 자비로우시므로 그의 백성에게 내리는 진노가 끝나고 지나치게 오래 가지 않으며, 안티오쿠스를 멈추게 할 것을 아신다.11:36

다니엘서는 하나님이 하늘과 땅을 통치한다는 사실을 거듭 강조한다. 그러나 이것은 인간이 단순히 자동기계이거나 꼭두각시라는 것을 의미하지는 않는다. 인간의 행동이 정말로 영향을 미친다. 종종 왕들과 장군들의 행위가 하나님의 목적의 성취를 지연시키거나 부지중에 기여한다. 역사의 사건들은 그 배후에 영적인 영역이 있는 것 같다. 이것은 1990년 초 소비에트 연방 제국의 붕괴 때에 교회가 한 역할에서도 잘 드러난다. 안티오쿠스가 지상의 세력의 최정점에서 하늘의 세력의 직면할 때, 결과는 쉽게 예견된다.

다니엘 11:37과 11:39은 안티오쿠스가 스스로에 대해 신적인 영예를 주장하는 오만함에 대한 추가적인 통찰력을 제공한다. 안티오쿠스는 알려진 신들 가운데서 올림포스 제우스자신과도 동일시된를 셀레우코스 왕조 제국의 신으로 삼으려고 택했다. 이는 자기 조상들의 신들을 대신하는 것이기도 했고, 여인들이 사랑했고,담무스[*Tammuz*], 겔8:14 수메르-아카드의 채소 신이기도 한 아도니스의 제사를 대신하는 것이었다. 그러므로 **그 밖에 어느 신도 섬기지 않을 것이다. 자신을 그 모든 것보다 더 높일 것이다.**11:37

안토니오쿠스가 제우스를 섬긴 부분적인 이유는, 제우스가 예루살렘과 다른 유다 성읍에 있는 수비대를 차지했던 자기 군사들의 신이었기 때문이다. 안티오쿠스는 백성들에게 자신의 의지를 집행하는 데 이 군사들에 의존했다. 따라서 안토니오쿠스가 가장 강력한 **요새를 수비**하도록 **이방 신**이 도왔다. 어떤 유대인들은 그를 **받아들일** 것이다. 안토니오쿠스 4세는 자기 신앙을 부인하고 그리스의 방식과 예배를 채택한 유대인들을 장려했기 때문이다. 그는 이런 변절자 유대인들에게 더욱 부요하게 할 것이다.11:39 그들에게 은과 금과 선물과 책임의 자리를 제공할 것이다.마카비1서 2:18 게다가 인티오쿠스는 최고의 낙찰자에게 중요한 재물을 팔고 싶어 했다. 그는 **토지를 보상으로 나누어줄 것이다.**11:39; 마카비2서 4:24, 참조

하늘의 전령은 계속 안티오쿠스의 신성모독적인 행위에 대한 이런 장황한 내용을 계시한다. 여기서 다음 섹션에서도11:40-45 미래 "그리스도의 적대자"를 암시하는 내용은 없다. 안티오쿠스 4세 에피파네스가 예표 인물이 되면서, 이 개념이 본문에 숨었을 수도 있다. 역사는 직선적이므로, 한 시대의 사건들은 순환하는 방식으로 다른 시대의 사건과 상응할 수 있다. 이와 같이 많은 면에서 무시무시한 왕에 대한 이런 묘사는 "그리스도의 적대자"와 같은 무시무시한 미래 인물에 대한 가능성을 포함해서, 이전과 이후의 비슷한 폭군의 행동을 전형적으로 보여준다. 본문 자체는 배경을 고려할 때, 미래 그리스도의 대적자나 "불법자"살후2:3를 묘사하려고 의도한 것이라고 해석해서는 안 된다.

왕의 마지막 남쪽 군사작전과 예고되는 몰락 11:40-45

11:40의 **그를**은 안티오쿠스 4세를 가리킨다. 천사는 이제 **마지막 때**에 일어날 일들에 대해 예언하는데, 지금까지 배경에 잠재해 있던 주제다.11:27, 35 이것은 절대적인 최종 종말론적인 의미에서 마지막 때를 가리키는 것은 아니다. 대신에 이것은 안티오쿠스가 범한 행위의 마지막을 가리킨다.8:13-14, 19; 11:27, 35, 40; 12:4, 9-13, 참조

다음 단락에 나오는 정보는, 다니엘 11장의 이전 섹션과 마찬가지로 증면된 역사의 과정을 따르지는 않는다. 환상은 안티오쿠스가 죽기 전 대략 주전 165년에 받았을 것이다. 안티오쿠스가 정말로 끝이 났다는 사실을 제외하고, 이 예언들은 결코 상세하게 성취되지 않았으므로 어떤 해석가는 11:40-45이 역사상으로 먼 지점을 가리킨다고 생각한다.

이 섹션은 이집트의 프톨레마이오스 왕조가 무시무시한 왕, 안티오쿠스 4세에게 도발할 것이라는 사실을 예언하는데, 안티오쿠스 4세는 **병거와 기마병과 수많은 해군을 동원**한 강력한 군대로 급습하는 방식으로 전쟁을 벌일 것이다.11:40 그가 남쪽 나라를 치며 전진할 때, 심지어 **영광스러운 땅**이스라엘도 **홍수처럼** 통과할 것이다. 많은 죽음이 있겠지만, **에돔과 모압과 암몬 백성의 지도자들**은 모면할 것이다.11:41 그들은 유대인들에게 적대적이며 안티오쿠스를 지지하므로, 이를 구체적으로 언급한다. 결과적으로 그들은 **그의 손에서 피할 것이다.** 안티오쿠스는 이집트와 리비아와 에티오피아를 완전히 장악할 것이다.11:43

무시무시한 왕은 큰 성공을 경험할 것이다. 하지만 그는 고국에서 반란에 대한 소문으로 소환되고, 거기서 죽음을 맞이한다.산헤립과 마찬가지로, 사37:7 무시무시한 왕은 **동쪽과 북쪽에서 들려온 소식**에 당황하게 될 것이다.11:44 그는 **많은 사람들을 죽여** 반란을 진압하고자 크게 노하여 돌아올 것이다.11:44 12:2-3와 마찬가지로, 여기서 **많은 사람들**이라는 용어는 신실한 유대인을 가리킨다.사53:11-12, 참조 예루살렘은 안티오쿠스 4세가 증오하는 특별한 대상이었다.

그는 지중해와 **거룩하고 아름다운 산**, 예루살렘 자체 사이의 팔레스타인으로 갈 것이다. 거기서 해안 길을 따라 그는 전면적인 공격을 위한 **왕실 장막**이라는 본부를 세울 것이다. 하지만 이 지점에서 그 무시무시한 왕은 **그의 끝이 이를 것이다. 그를 도와줄 사람이 없어** 그는 죽는다.11:45 이것은 **사람이 손을 대지 않아도, 그는 끝내 망할 것이다**8:25 라는 이전 진술을 반영한다.

그러나 기록에 따르면 안티오쿠스 4세는 동쪽 페르시아에서 주전 164년 말에 죽었다. 그는 엘리마이스Elymais; 성서의 엘람에 있는 나네아Nanea 또는 아나히타[Anahita]; 아르테미스, 아포르디테 또는 다이아나와 동일시 됨 성전을 약탈하고서 지역 주민들에게 저항을 받았다. 그는 도망쳐서 바빌로니아로 도망했다. 마카비1서 6:1-17에 따르면, 유다에 있는 자기 군대가 참패했으며, 군대의 재물은 유대인들에게 빼앗겼고, 그가 성전에 세운 우상은 무너졌다는 소식이 그에게 들려왔다. 안티오쿠스는 이 소식을 듣고서, "심하게 마음이 동요했고, … 실망감에 병들어 누웠다." 그는 자신의 친구 필립을 왕국을 다스릴 지도자를 세운

후 신비스러운 질병으로 죽었다. 안티오쿠스는 예루살렘 성전이 다시 봉헌 된 직후 정말로 죽었지만, 이 소식이 그에게 알려질 시간은 거의 없었다.Goldstein, 1976:307 다른 기사에 따르면, 그는 폐병이나Appian, Syr. 66 하나님의 징벌을 받아 벌레마카비2서 9장; Josephus, *Ant.* 12.9에 의해 죽었다고 한다.

줄곧 "무시무시한 왕"으로 소개된 안티오쿠스의 끝에 대한 묘사는 알려진 역사적 사건에는 맞지 않으므로, 이 단락을 어떻게 해야 할까?단11:40-45 어떤 이는 이런 자료들은 구체적이며 확인 가능한 사건들을 반영해야 하며, 그래서 이 사건들은 안티오쿠스와 같은 이가 마지막 때에 대두할 미래에의 성취를 소개한다고 느낀다. 하지만 이전 설명에서도 보여주었듯이, 주전 2세기의 사건들이 이 환상에서 너무 신중하게 열거되므로 이 단락에서조차도 안티오쿠스 4세와 동일시하는 것을 고려하지 않을 수 없다.

이 자료를 보는 다른 방법이 있다. 첫째, 우리는 11:40-45이 안티오쿠스 4세 당시 아마도 주전 대략 165년에 기록된 **환상**10:8에 있다는 입장을 취할 수 있다.[**다니엘서: 연대와 저작권**, 303쪽] 저자는 자신의 당시까지 이스라엘에 영향을 미친 최근 역사를 반영했고, 난폭함과 고통의 마지막이 분명했다는 확신을 가졌다. 과거 성취에 근거하여, 저자는 안티오쿠스가 큰 성공을 기대하고 이집트를 공격할 또 다른 원정대를 보낼 것이라고 기대했다. 하지만 결과는 안티오쿠스가 아름답고 거룩한 산, 예루살렘에 대한 마지막 공격을 계획한 대로 되지 않을 것이다.

둘째, 우리는 이 지점에서 저자는 완전히 다른 접근을 채택한다고 주장할 수 있다. 저자는 안티오쿠스의 사망을 역사의 가려진 이야기가 아니라, 하나님이 과거에 행한 대로 곧 현재의 위기를 완화하도록 조치를 취할 것이라는 사실을 보여주려고 성서의 암시로 묘사한다. **회오리바람**11:40; 새번역 "칠 것이다"라고 동사로 번역-역주은 이사야 21:1-2을 떠올리게 하는데, 거기서 "회오리바람"은 어떻게 "배신하는 자가 배신하고 파괴하는 자가 파괴"하는지를 상징한다. **홍수처럼 지나갈 것이다**11:40는 앗시리아 왕이 어떻게 "홍수같이 유다를 휩쓸"새번역, "유다로 밀려들고, 소용돌이치면서 흘러"-역주 것인지에 대해 이사야 8:8을 떠올리게 한다. 한참 성공했을 때, 안티오쿠스는 **동쪽과 북쪽에서 들려온 소식**을 듣고, … **나갈 것이다**11:44라는 표현은 이사야 37:7의 산헤립을 떠올리게 한다. 안티오쿠스가 **거룩하고 아름다운 산**에서 **크게 노하여**, **많은 사람을 죽이고 멸망시키러** 돌아오듯이,11:44-45 앗시리아 사람들도 "딸 시온 산에서, 예루살렘 성 안에서 주먹을 휘두른다." 사10:32

안티오쿠스가 예루살렘 가까이에서 죽을 것이라는 사실은 하나님이 여호사밧의 골짜기, 곧 "결정의 골짜기"욜3:2, 12-15; 위치는 명시되지 않았지만 예루살렘에 가깝다; 전통은 성읍 동쪽의 기드론 골짜기를 가리킨다에서 이스라엘 적들을 심판할 것이라는 요엘의 말씀을 떠올리게한다. 안티오쿠스의 죽음은 다니엘서에서는 너무나 절정의 사건이기 때문에, 그가 예루살렘에 가까이 왔다는 것은 적절할 것이다. 에스겔이 절정의 사건을 기대한 것도 여기서다.겔38:14-16; 39:2-4 성서의 통찰력은 악인들의 끝이라는 주제에 집중된다. 상황은 메시아 예언과는 같지 않은데, 메시아 예언의 성취는 사실이지만 이사야 9:1-7에서처럼 기대된 것과는 다른 방식으로 일어나거나 일어날 수도 있다.

셋째, 이 단락은 무모한 폭군의 죽음을 예언하므로, 보복이 없도록계17-18장, 참조; 거기서는 이름을 사용하지 않고 로마의 몰락을 언급한다; 17:9, 18 그의 죽음이 어떻게 발생할 것인지에 대한 구체적인 내용은 피하는 현명함이 있다. 더 중요한 것은 전달되는 메시지다. 즉 하나님은 오만하게 에피파네스, 곧 신의 신현이라고 주장하는 안티오쿠스 4세조차 포함해서, 가장 강력하고 무모한 폭군들을 통제한다는 것이다. 하늘의 전령은 안티오쿠스의 생애를 오만함과 폭력과 신성모독으로 검토한다. 여기에 지나치게 확장되고 착취하며 잔인한 악한 통치가 있으며, 반란과 붕괴와 하나님의 심판이 무르익었다. 하나님의 백성에 대한 그의 증오가 가장 위험에 처한 순간에 도달했을 때, 심판이 올 것이다. 하늘의 전령은 **그의 끝이 이를 것이니, 그를 도와줄 사람이 없을 것이다**11:45라고 분명히 한다. 정확하게 어떤 방식과 시기는 실제로 중요하지 않다.

넷째, 11장의 자료에 대한 해석이 오로지 역사적일 수만은 없는 이유는, 하나님 자신의 때와 방식으로 끝이 난 안티오쿠스와 같은 이가 다른 시대와 다른 곳에서 많이 있기 때문이다. 수세기에 걸쳐서 하나님의 백성을 박해한 통치자들이 대두했다. 그들은 이기적이고 비이성적이다. 전쟁과 정치가 국가나 통치자를 숭배하는 대체 종교이자 거짓 종교와 연결시켜, 그들은 자신들의 통치를 우상숭배로 바꾸었다. 그 다음에 그들은 하나님에게 심판을 받고 죽는다. 이와 같이 안티오쿠스 4세는 살아서는 "현현한 신"인척 하지만 죽어서 "하나님의 임을 모두에게 드러내는" 모든 오만한 통치자들을 위한 전형적인 본보기다.마카비2서 9:8

마지막 때에 문자 그대로의 방식으로 정확하게 안티오쿠스 4세에 대하 기록된 것을 행할 한 인물이 나타날 것이라고 주장하는 것은 지나친 해석이다. 하지만 때로 안티오쿠스와 같은 폭군이 나타났다고 주장하는 것은 적절하다. 역사의 마지막에 그와 같은 폭군이 있을 수 있다. 하나님이 어떻게 그리고 언제 현재 세대를 마무리할 지에 대해서는 우리가 알지 못하고,막13:32; 행1:7 이런 자료들은 우리의 역사의 현재 순간을 하나님의 시간표에서 위치시키지도 않는다. 다니엘서는 현재의 국제적 격변을 해석하거나 끝을 예언하는 데 사용될 수 있다. 그러나 이 해석은 우리가 하나님에게 충실하고, 오만한 인간의 권세에 비판하며, 하나님이 원하는 대로 모두를 심판하고 끝낼 수 있다고 우리에게 상기하도록 요구할 때만, 바람직한 목적에 기여할 수 있다.

12:1-4 신실한 자들의 구원

폭군의 죽음과 더불어, 전령은 안티오쿠스가 멸망시키려 한 백성에 대한 정보로 계시를 마무리한다.

그 때에(에트[*et*], 12:1는 11:40과 연결되고 새로운 것을 시작하지는 않는다. 11장에서 들려준 이야기는 **때**에 대한 언급, 특히 안티오쿠스가 마지막을 맞이할 때에 대한 언급으로 함께 묶인다. 그의 잔학 행위는 **얼마 되지 않을 것이다.**11:24 끝은 **정하신 때**11:27일 것이다. **정한 때에 그가 다시 남쪽으로 내려갈 것이다.**11:29 안티오쿠스의 몰락은 **끝날 때**11:35, 40로 언급된다. 이와 같이 이 절은 안티오쿠스의 끝을 가리킨다. **때**에트[*et*]라는 단어는 동일한 절에서 세 번 더 나온다.12:1 **나라가 생긴 뒤로 그 때까지 없던 어려운 때가올 것이다. 그러나 그 때에 … 너의 백성은 모두 피하게 될 것이다.** 그 때라는 반복되는 구절은 안티오쿠스의 죽음과 신실한 이스라엘 사람들의 구원을 가리키는 반복어구와 같이 나온다.

안티오쿠스의 패배 배후에는 하늘이 역사한다. 안티오쿠스는 하나님의 백성을 위협하고 그들의 예배를 파괴하지만, 하늘의 왕국에서 백성을 위한 보호자, 즉 너의 백성을 지키는 위대한 천사장 미가엘이 나타날 것이다. 이전에 지적한 대로, 각 나라는 보호 천사가 있다.10:10-11:1 해설, 참조 미가엘은 이스라엘을 책임지고, 적페르시아, 그리스, 안티오쿠스와 같이; 10:13, 20; 12:1에 맞서 신실한 자들을 보호한다. 그는 일어나서 안티오쿠스의 운명을 봉인할 것이다.

그러는 동안 이스라엘은 나라들이 나타난 이후로 전에는 경험하지 않은 **고통**을 겪을 것이다. 이것은 안티오쿠스가 백성뿐만 아니라 그들의 예배를 근절하려고 시도한 첫 사람이었다는 사실을 반영한다. 과거 그들은 이웃들에게 침략당하고 포로로 끌려가며 학대를 당했다. 하지만 이것은 그들의 역사에서 처음으로 알려진 학살이었다.에스더서의 학살에 대한 계획, 참조 안티오쿠스에게 받은 고통이 세대의 마지막 전에 더 많은 고난을 끌어들일 것이라는 암시가 있지만, 이것이 자세히 묘사되지는 않는다.

미가엘이 개입할 때 구원의 때가 올 것이다. 미가엘이 안티오쿠스의 보호 천사와 대면하고 이길 것이라고 예언한다. 미가엘의 이름은 "누가 하나님과 같은가?"를 의미하는데, 그를 다시 소개한 것은 환상에 대한 소개를 떠올리게 한다.10:13, 21 이스라엘의 보호 천사인 미가엘은 이미 거기에 있으면서, 유대인들을 대적하는 자들을 정복하고 있다. 이것은 이제 마지막에 그의 결정적인 도움에 대한 전조다. 그의 개입의 종국은 하나님의 백성을 최종적으로 구원하는 것이다.

신실하고 충성스러운 자들의 이름은 **그 책에 기록**된다.12:1; 7:10 해설, 참조 이것은 생명의 책을 가리킨다.시69:28; 139:16; 눅10:20; 계20:12-14 신실한 자들은 **많은 사람을 죽이고 멸망시킬** 안티오쿠스의 계획에 영원한 희생자들이 되지 않을 것이다.11:44 신실한 자들은 살 것이다! 미가엘은 그들을 위해 개입할 것이다. 하늘의 전령은 죽음의 영역에 내몰지 않고 **너의 백성은 모두 피하게 될 것이다**라고 말한다.

천사는 안티오쿠스로 말미암은 고통의 시기에 순교자로 죽었거나 죽을 자들에게 이제 주목한다. 그들에게 무슨 일이 일어날 것인가? 2절은 밀접하게 이전에 지나간 일과 연결된다. 다니엘 시대도 안티오쿠스 시대도 명백하게 발전된 부활 교리가 없었다고 종종 주장된다. 하지만 L. J. 그린스푼Greenspoon이 이런 결론에 문제를 제기했다.아래 성서적 맥락의 본문을 보라 다음의 다니엘 12:2은 부활과 관한 중요한 본문이다. **땅 속 티끌 가운데서 잠자는 사람 가운데서도, 많은 사람이 깨어날 것이다. 그들 가운데서, 어떤 사람은 영원한 생명을 얻을 것이며, 또 어떤 사람은 수치와 함께 영원히 모욕을 받을 것이다.**

그린스푼의 판단에 따르면, 다니엘서에서의 부활 가르침에 대한 혁신적인 내용은, 의인뿐만 아니라 악인도 깨어난다는 것이다.Greenspoon: 282 12:2에서, **많은 사람**은 유대인들을 가리키며,대다수는 "소수"와 대조된다 포괄적인 의미로 사용된다. 즉 "셀 수 없는 많은 사람들," "많은 다수" 또는 심지어 "모두"를 의미한다.사53:11-12; 막10:45; 14:24; 1QH 4:27; IQS 6:1; TDNT, 6:536-545, 참조 많은 사람은 대두되는 이방인들을 포함할 수도 있지만, 아마도 여기서의 묘사에서는 아닐 것이다. **사람 가운데서도, 많은 사람**이라는 용어에서, "사람 가운데서도"는 **땅 속 티끌 가운데서 잠자는** 자들 일부를 가리킨다.Hartman, 1978:307 이 위기에서 죽은 유대인들은 다시 살아나고 보상이나 징벌을 받을 것이다. 이 단계에서 부활 희망이 이전 세기의 이스라엘 사람들을 어느 정도로 포함하는지에 대해서는 명확하지 않다. 이전 본문들은 악인이 스올에 남을 것이라는 인상을 남긴다. 이 주제에 관한 구약에서 연대기적으로 마지막 진술인 다니엘서의 진술은 의로운 유대인과 악한 유대인 모두의 부활을 그린다.

죽은 자의 부활에 대한 신앙은 마카비 시대에 더욱 강해졌다.마카비2서 7:9, 23, 참조 이 신앙은 하나님이 안티오쿠스와 같은 이들의 압제로 고난당하고 죽은 신실한 자들을 변호하고 보상한다는 신념에서 나왔다. 압제와 악함이 최절정에 다다랐을 때, 그들은 하나님이 개입하기를 기대했다. 하나님이 변호하고 심판할 때, 의로운 자들이 죽었더라도 다시 살아나고 영원한 생명에 대한 보상을 잃지 않을 것이며, 변절자들은 심판과 영원한 수치를 위해 다시 살아날 것이다.구약의 전례에 대해 아래 성서적 맥락을 보라

하늘 전령은 마지막으로 다음과 같은 신실한 자들 내의 무리에 초점을 둔다. **지혜 있는 사람은 하늘의 밝은 빛처럼 빛날 것이요, 많은 사람을 옳은 길로 인도한 사람은 별처럼 영원히 빛날 것이다.**12:3 지혜 있는 사람마스킬림[maśkilim]은 명철과 분별력이 있는 토라 교사들이다. 그들은 폭군들이 신앙의 타협을 요구할 때, 토라에 충실한 자들이며, **많은 사람을 옳은 길로 인도**한다. **지혜 있는 사람**은 온화하나 확고하다. 그들은 다른 이들이 이해하도록 돕고, 잘못된 동기로 오는 자들이라고 해도 다른 이들을 정결하게 하는 데 헌신한다. 많은 신실한 자들이 희생을 당하겠지만, **많은 사람**이 정결하게 된다. 그들은 하늘이 지상의 장면 배후에 작용하고 있다는 사실을 이해하고, 하나님이 자신들을 구원하기를 기다린다.11:33, 35; 12:10 해설을 보라 그리스화된 유대인들은 이런 지혜 있는 사람의 가르침과 본보기를 경멸했는데, 이 지혜 있는 사람들 가운데 일부는 그들의 목숨을 잃었다.12:2 하지만 부활할 때, 그들의 운명은 뒤바뀔 것이다. 지혜 있는 사람은 생명뿐만 아니라 고귀한 명예가 주어질 것이다. 즉 **하늘의 밝은 빛처럼 빛날 것이요, … 별처럼 영원히 빛날 것이다.**12:3

이 장면은 이사야의 종의 노래와 비슷하다. "나의 종이 매사에 형통할 것이니, 그가 받들어 높임을 받고, 크게 존경을 받게 될 것이다."사52:13 "나의 의로운 종이 자기의 지식으로 많은 사람을 의롭게 할 것이다."사53:11-12 다시 **많은 사람**은 이스라엘의 회중을 가리킨다. **많은 사람**이라는 용어는 또한 마가복음 10:45과 히브리서 9:28와 같이 신약에서도 사용된다.

하늘 전령의 이 마지막 말은 하나님의 백성의 신실한 영적 지도자들에게 수여될 영광을 강조하려고 의도됐다. 이 말들은 안티오쿠스에 대해 말한 것과 대조될 때 제대로 평가될 수 있다. 뿔로 묘사된 안티오쿠스가 배반의 통치를 시작했을 때, 그는 자신을 **하늘 군대에 미칠 만큼** 강하다고 과장하고, **그 군대와 별 가운데서 몇을 땅에 떨어뜨렸**다.8:10-11 안티오쿠스는 심지어 별들 가운데 자리를 추구하면서, 권세와 영광을 좇았다. 하지만 이것이 그가 얻을 수 있는 것이 아니었다. 그의 인물됨, 방법, 교활함과 속임수, 폭력, 하나님의 백성과 그들의 예배에 대한 신성모독적인 공격, 이 모두는 **사람이 손을**

대지 않아도, 그는 끝내 **망**하게 되는 결과로 이어진다.8:25 이것은 **하나님이 정하신 끝 날을 맞이할 때** 일어날 것이다.9:27 오만한 자는 **그의 끝이 이를 것이니, 그를 도와줄 사람이 없을 것이다.**11:45 여기에 명백한 대조와 심지어 역설이 있다. 안티오쿠스는 술책에서 지혜 있고 별들을 파악하나 참으로 지혜 있는 사람에게서 냉대 당하는데, 지혜 있는 사람은 별을 파악할 뿐만 아니라, 별들과 같이 빛나는 선물을 받으며, 단순히 평생 동안이 아니라 **영원히** 빛나게 된다.

신실한 자들은 영원한 생명으로 다시 살아날 것으로 것이다.12:2 별과 같이 빛나는 것은 지혜 있는 교사들을 위해 마련되는데, 그들은 많은 사람을 의로운 길로 인도한다. 12:3의 절반의 병행구는 지도자 가운데 한 무리가 논의의 대상이라는 것을 보여준다. 예수는 자신의 약속에서 모든 의인을 포함한다. "의인들은 그들의 아버지의 나라에서 해와 같이 빛날 것이다."마13:43 어쨌든, 이 명예는 선물로 주어진다. 이것은 얻는 것도 움켜쥐는 것도 붙잡는 것도 아니다. 지혜 있는 사람은 땅의 왕들이 잘못된 방법으로 찾으나 헛수고하는 명예를 얻는다.

신앙 공동체의 새로운 생명과 영광에 관한 이 절정의 진술은 희망에 대한 다른 메시지와 함께 나온다. 다니엘서의 시작에, **하늘의 하나님이 한 나라를 세우실 터인데, 그 나라는 영원히 망하지 않을 것이며, 다른 백성에게 넘어가지 않을 것입니다**2:44가 있고, 다니엘서의 중간에, **나라와 권세와 온 천하 열국의 위력이 가장 높으신 분의 거룩한 백성에게로 돌아갈 것이다. 그의 나라는 영원한 나라다. 권세를 가진 모든 통치자가 그를 섬기며 복종할 것이다**7:27가 있으며, 이제 다니엘서의 마지막에, **땅 속 티끌 가운데서 잠자는 사람 가운데서도, 많은 사람이 깨어날 것이다. 그들 가운데서, 어떤 사람은 영원한 생명을 얻을 것이며, …. 지혜 있는 사람은 하늘의 밝은 빛처럼 빛날 것이요, 많은 사람을 옳은 길로 인도한 사람은 별처럼 영원히 빛날 것이다**12:2-3가 있다.

가브리엘은 다니엘에게 **마지막 때까지 이 말씀을 은밀히 간직하고, 이 책을 봉하여 두어라**고 지시한다. 이것은 하늘 전령의 계시가 끝난다는 것을 표시한다.12:4. 봉한다는 것은 메시지를 의도한 세대까지 이 진리를 비밀로 지킨다는 것을 의미한다. 메시지가 알려졌을 때, 이것은 기쁨과 의로움과 지혜의 근원이 될 것이다. 환상은 독자에게는 이상하과 당황스럽게 보일 수 있지만, 끝이 도달하면 이해할 것이다.

비슷한 가르침이 8:26에서 주어졌다.사8:16, 참조 8장에서 환상이 봉해진 것은, 환상이 **아직 멀었기** 때문이다. 여기서 이것은 **마지막 때**까지다. 두 경우 의미는 의미는 동일하다. 다니엘은 환상을 안티오쿠스 4세 에피파네스 때까지 비밀로 지키고자 한다. 즉 표면

상으로 주전 536년의 셋째 해부터,10:1 안티오쿠스의 난폭한 통치 시대까지다.주전 175-
164년

다니엘과 안티오쿠스 사이의 시대에, 하나님의 말씀은 봉인된다. **많은 사람이 왔다갔
다 하고, 지식은 늘어날 것이다.**12:4; 새번역, "많은 사람이 이러한 지식을 얻으려고 왔다갔다 할 것이
다"-역주 NRSV를 포함해서 어떤 번역본은 그리고 **악이 늘어날 것이다**와 같이 다른 의미
를 선택한다. 그리스어 번역본마카비1서 1:9, "악들," 참조에 근거한 이런 수정은 히브리어 다
아트*da'at*, 지식를 라아*ra'ah*, 악, 재앙 또는 고난로 수정할 필요가 있다. 대안으로 어떤 언어학
자는 다아트의 또 다른 의미가 "고난"이라고 생각한다. 하지만 의미는 히브리어 본문 그
대로에서 가능하며, 더 어려운 독법을 유지한다는 원리에 따르면, 지식이 선호된다.

지식의 증가는 다음과 같은 아모스의 말씀을 떠올리게 한다.

> 그 날이 온다. 나 주 하나님이 하는 말이다.
> 내가 이 땅에 기근을 보내겠다.
> 사람들이 배고파 하겠지만, 그것은 밥이 없어서 겪는 배고픔이 아니다.
> 사람들이 목말라 하겠지만, 그것은 물이 없어서 겪는 목마름이 아니다.
> 주의 말씀을 듣지 못하여서, 사람들이 굶주리고 목말라 할 것이다.
> 그 때에는 사람들이 주의 말씀을 찾으려고
> 이 바다에서 저 바다로 헤매고,
> 북쪽에서 동쪽으로 떠돌아다녀도,
> 그 말씀을 찾지 못할 것이다.암8:11-12

다니엘 12:4은 향상된 운송수단을 갖추고, 전문적인 지식이 폭발적으로 늘어나고, 정
보가 쏟아지는 20세기를 가리키지 않는다. 오히려, 안티오쿠스 4세 에피파네스의 시기
를 가리키는데, 이때는 하나님에게서 더 이상의 말씀이 없던 시대였다. 사람들은 이런 말
씀을 찾으려 이리 저리 서둘러 다니지만, 성공하지 못한다. 그러나 환상이 안티오쿠스가
공포할 때의 위기의 시대에 봉인이 해제될 때, 하나님의 말씀에 대한 기근이 멈출 것이
다. 그때는 다니엘이 봉한 말씀이 모두가 접근할 수 있을 것이다. 그러는 동안 **지식은 늘
어날 것이다.** 하나님은 다니엘과 같은 사람들이 역사적 사건의 흐름에서 의미 있는 관찰
을 도출해낼 수 있도록 할 것이다.

결론 12:5-13

12:5-6 얼마나 더 오래 있어야 합니까?

하늘 전령의 계시가 마치자, 환상은 10:19로 돌아간다. 다른 두 사람이 서 있는데, 한 사람은 강 이쪽 언덕에 서 있고, 다른 한 사람은 강 저쪽 언덕에 서 있었다.12:5 장면은 8:13의 두 천사 사이의 대화와 같은데, 거기서 한 천사는 환상 속에서 본 이 일들이 언제까지나 계속될까? … 파멸을 불러올 반역이 자행될까?라고 묻는다. 여기 12:6에서 두 천사 가운데 하나는 모시 옷을 입은 사람10:5, 참조, 아마도 가브리엘에게 이런 놀라운 일들이 끝나기까지, 얼마나 더 오래 있어야 합니까?라고 묻는다. 놀라운 일들펠라오트[pela'ot]이라는 단어는 인간의 능력이 아니라 하나님의 행위를 가리킨다. 이와 같이 질문은 안티오쿠스 4세 에피파네스와 관련된 하나님의 놀랍고 강력한 행위를 가리킨다.7:25-26; 8:14, 25; 9:27; 11:36, 45에 묘사됨 8:13에서처럼, 질문은 "얼마나 더 오래 있어야 합니까?"시74:10; 79:5; 80:4; 89:46; 계6:10, 참조라는 애탄의 형태로 진술된다. 하나님이 압제당하는 백성을 위한 결정적인 조치를 취할 때까지 얼마나 더 오래 있어야 합니까?

12:7 전령의 대답

모시 입은 사람은 두 손을 하늘을 향해 들고 이상한 방식으로 응답한다.12:7 이런 식으로 손을 든다는 것은 하나님을 증인으로 부르면서, 맹세한다는 것이다. 두 손을 든다는 것은 말하는 내용의 중대성을 상징한다. 비슷한 내용에 대해, 요한계시록 10:5-6에 나오는 요한의 환상을 비교하라.

이때 다니엘은 그가 한 때와 두 때와 반 때가 지나야 한다. 거룩한 백성이 받는 핍박이 끝날 때에, 이 모든 일이 다 이루어질 것이다12:7라고 영원히 살아 계신 분에게 맹세하면서 말한 것을 듣는다.4:34, 참조

모시옷을 입은 사람의 이 응답은 다시 세 때와 반 때라는 일정 기간을 다시 반복한다.7:25; 8:14; 9:27 해설을 보라 거룩한 백성이 받는 핍박12:7은 11:21-45에 묘사된 안티오쿠스 아래에서의 무시무시한 고난을 가리킨다. 그러나 이 난폭함의 절정은 짧을 것이다.11:36, 진노에 대한 해설을 보라 정한 때11:27, 35 거기에 세운 사람이 하나님이 정하신 끝 날을 맞이할 때,9:27 정하신 것을 반드시 이루시며,11:36 이 모든 일이 다 이루어질 것이다.12:7

12:8 다니엘이 더 자세한 설명을 요구하다

다니엘이 이 말씀을 듣지만, 이해하지 못한다. **벨사살이 바빌로니아 왕이 된 첫 해에**,7:1 **벨사살이 왕위에 오른 지 삼 년이 되는 해에**,8:1 **다리우스가 바빌로니아 나라의 왕이 된 첫 해**,9:1 **고레스 왕 제 삼년에**,10:1 다니엘은 환상을 받는다. 당시 다니엘은 자기 백성들과 그들이 포로에서 고국에 돌아오는 데 관심을 가졌다. 하지만 이상하게도 각 환상은 먼 미래에 올 왕에 초점을 두는데, 그 왕은 하나님의 백성을 더럽힐 것이며, 그들이 하나님에게 하는 예배를 짓밟을 것이다.

다니엘은 자기 백성이 포로에서 돌아오는 것에 대한 관심과 미래 폭군에 대한 환상 사이가 단절되는 것에 당황스러워 한다. **다니엘은 천사님, 이 모든 일의 결과가 어떠하겠습니까?**12:8라고 묻는다.

12:9-13 전령의 마지막 말

하늘 전령은 환상이 안티오쿠스의 때, **마지막 때**를 위한 것임을 분명히 한다.11:35, 40:. 12:4, 9 그는 이 환상의 내용이 이전 환상과 마찬가지로, 그때까지 은**밀하게 간직되고 감추어질 것이다**12:9라고 다시 반복한다. 요한의 환상에서 예언이 봉해지지 않은 것은 때가 가까웠기 때문이다. 그러나 다니엘서와 마찬가지로, 악한 자들은 계속 악하고, 거룩한 자들은 계속 거룩할 것이다.계22:10-11 하늘 전령은 많은 사람유대인들이 **깨끗해질 것이다**12:10라고 마지막 권고의 말을 전한다.

다니엘은 자신의 길을 가서 정결의 삶을 살아야 한다.12:13 이 말씀은 마카비 가문이 하는 것처럼, 신실한 자들이 역사를 폭력적으로 바꾸려는 임무를 직접 맡지 않아야 한다고 다시 강조한다. 신실한 자는 거룩함과 정결함과 온화함에 초점을 두어야 한다. 그들의 삶은 **계속 악해질** 악인들과 대조적이다.12:10 악하고 변절한 유대인들이 이렇게 행하는 이유는 하나님의 방식을 **이해**하지 못하기 때문이다. **지혜 있는 사람**은 위기의 때에 하나님의 방식을 이해하고 모든 신실한 자를 가르칠 수 있는 자다.11:33, 35; 12:3; 11:33-35 해설을 보라 안티오쿠스와 같은 사람에 직면할 때, 그들은 필요하다면 **칼에 쓰러지고, 화형을 당하고, 사로잡히고, 약탈을 당할** 준비가 되어 있다.11:33 그들의 삶은 하나님을 기다리면서 거룩함과 온화함을 입증한다. **지혜 있는 사람**을 따르는 **많은** 신실한 유대인들은 또한 **정화되고, 정결케 되고 정제될 것이다.**12:10; 새번역, "많은 사람이 깨끗해질 것이다"-역주

모시옷 입은 사람은 마지막으로 얼마나 더 오래 있어야 합니까?라는 질문에 **날마다 드리는 제사가 없어지고, 혐오감을 주는 흉측한 것이 세워질 때부터, 천이백구십 일이 지나**

갈 것이다12:11라고 대답한다. 날들을 1150⁸:¹⁴과 1290¹²:¹¹과 1335¹²:¹²라고 셀 때의 차이점을 만족스럽게 설명할 수 없다. 아마도 숫자에 숨겨진 상징이 있을 것이다. 어떤 이는 안티오쿠스 아래 고난당할 때의 시간이 지나가자 하나님에게 행동할 시간을 주려고 이 끝을 조금 뒤로 미룬 새롭고 변형된 계산이 기록됐는지에 대해 의심한다. 오늘날 끝의 때를 정한 자들은 결국 또한 그들의 계산을 조정해야만 한다.막13:32; 행1:7, 참조 동일하게 예언된 사건, 곧 성전 정화와 날마다 드리는 제사의 회복이 논의되므로, 12:11은 8:14을 수정한 것 같다. 다니엘 12:12은 미가엘이 유대인을 위해 일어나는, 약간 나중 사건, 곧 안티오쿠스의 죽음을 가리키는 것 같다.11:45-12:1

안티오쿠스 4세 에피파네스 당시 많은 달력들이 사용됐다. 음력 달력은 354 1/4일로 구성됐다. 양력 달력은 365 1/4일로 구성됐다. 초기 바빌로니아 사람들은 음력-양력 달력을 따랐고, 매 2-3년마다 한 달을 추가했다. 마케도니아 셀레우코스 달력주전 312년 가을부터과 바빌로니아 셀레우코스 달력주전 311년 봄부터이 있었다. 유대인들은 바빌로니아 셀레우코스 달력을 사용했지만, 많은 논란과 혼란이 있었다. 종교 절기를 위한 연대는 매우 중요했으며, 따르는 달력은 중대한 사건의 연대를 결정하는 데 결정적이었다. 사건이 언제 일어났는가? 사건이 언제 시작됐는가? 사건이 언제 끝났는가?

12:11-12의 모시옷 입은 사람이 언급한 사건의 때는 명확하지 않다. 계산은 언제 시작되는가? 안티오쿠스가 주전 167년에 예루살렘을 약탈하고, 유대인을 학살했는가? 유대인이 번제를 중단하고서 약간 나중에 계산이 시작됐는가? 아니면 우상을 세운 것과 함께 시작됐는가? 언제 계산이 멈추는가? 우상을 제거할 때인가? 성전을 정화하고 다시 봉헌할 때인가? 안티오쿠스의 죽음의 때인가? 본문은 말하지 않는다.

전령은 신실한 자들이 신중히 살아야만 하는 위기의 제한된 시기가 있다고 정말로 말한다. 위기는 짧게 지속되고, 끝날 것이다. 아마도 다른 달력들이나 시작하는 때나 마치는 때를 조정하는 데, 두 가지 계산하는 방법이 제시된다. 하나는 1290일이고, 다른 방법은 1335일이다. 하나는 3년과 7개월이고, 다른 방법은 3년과 8과 1/2개월이다. 마카비1서에서 주어진 계산에 따르면, 첫 이교 제사에서 예루살렘 성전에서의 제단 재봉헌까지는 대략 3년이었는데,마카비1서 1:59; 4:52-53; 하지만 마카비2서 10:3는 2년이라고 한다 제단 재봉헌은 안티오쿠스가 예루살렘을 함락한 지 대략 3과 1/2년 후에 발생했다.단7:25; 8:14; 9:27; 12:7, 참조

모시옷을 입은 사람은 **기다리면서 참는 사람은 복이 있을 것이다**라는 복으로 마무리한다. 이는 다음의 이사야 30:18을 떠올리게 한다.

그러나 주님께서는 너희에게 은혜를 베푸시려고 기다리시며,

너희를 불쌍히 여기시려고 일어나신다.

참으로 주님께서는 공의의 하나님이시다.

주님을 기다리는 모든 사람은 복되다

다시 다니엘에게 **네 길을 가거라**12:9; 새번역, "가거라"-역주라고 말한다. 본질적으로 다니엘에게는 자신의 삶을 끝까지 계속 살라고 말한다. 죽음이 곧 올 것이며, 그 다음에 **안식**이 온다.12:13; 새번역, "너는 죽겠지만"-역주 지혜 있는 자 가운데 한 사람으로서, 죽음 후에 다니엘은 12:2-3에서 기대하는 대로, 부활의 생명을 경험할 것이다. 그는 **보상으로 거룩한 백성**12:7과 함께 **끝 날에**12:13 다시 일어날 것이다. 이 표현은 12:4의 **마지막 때**와 동일한 의미를 지니는데, 12:4의 경우 보상은 더 직접적인 것 같다. 이 경우 **끝 날**은 종말의 부활을 의미할 수 있다는 가능성을 열어 두어야 한다. 다니엘 12장에서 끝은 악한 안티오쿠스의 단순한 끝보다 훨씬 더 중요한 것을 알리면서, 의도적으로 환기시키는 용어, 곧 악에 대한 하나님의 궁극적인 승리를 가리키는 것 같다.Anderson: 145-146

다니엘서는 매우 평온하게 끝난다. 다니엘의 일은 끝났다. 그는 자유롭게 지상의 삶의 마지막까지 자기 길을 갈 수 있다. 하나님이 삶과 죽음에서 다니엘에게 채우기를 원했던 자리를 채웠던 지식 때문에, 그는 평화롭게 안식할 수 있다. 하나님이 자신의 때와 자신의 방식으로 역사를 펼칠 것이며, 하나님이 악을 물리치고, 다니엘 자신은 보상으로 다시 살아날 것이라는 확신 때문에, 그는 평화롭게 안식할 수 있다. 다니엘의 삶은 신실한 자들이 신실한 삶이 가능할 때를 단순히 기다린 것은 아니라는 사실을 입증한다. 대신에, 위기 가운데 그들의 삶은 **영원히 설**2:44 나라의 특징을 이루는 삶의 방식을 입증한다.

주전 2세기에 토라 두루마리가 태워지고, 할례받은 아기들이 함께 학살당하도록 어머니의 목에 묶이며, 미친 사람이 왕좌에 올랐고, 압제와 불의와 전쟁과 인간의 죄가 넘쳐나는 때가 왔다.마카비1서 그러나 그때조차도, 개인적으로도 신실한 공동체로도 신자들이 사랑과 정의와 평화 문제로 씨름할 수 있으며, 희망에 차고 하나님에게 순종하는 삶을 살 수 있다. 이것이 다니엘의 중심이 되는 취지다.

외경의 보충

그리스어 구약에서, 다니엘 2장에 이어 두 이야기, 곧 수산나 이야기13:1-64와 벨과 뱀 이야기14:1-42가 추가된다. 두 이야기는 다니엘의 지혜를 강조한다. 이런 결론은 다니엘

을 더욱 확실하게 지혜 문학과 함께 두는 효과를 지닌다.

수산나는 요아킴의 아름답고 고결한 아내에 대한 이야기다. 수산나는 두 호색적인 재판관의 제안을 거절하므로, 그들에 의해 함정에 빠진다. 수산나는 다니엘의 개입이 없었다면, 간통으로 처형됐을 것이다. 다니엘이 수산나를 고발한 자들을 반대 심문하여 그들의 위증을 밝히고 그들을 투석형에 처하게 했다. 13:54-55, 58-59에서의 역설적인 언어유희에 주목하라.5:25 해설, 참조

벨과 뱀 이야기에서, 다니엘은 현명한 조치로 페르시아의 왕 고레스가 섬기는 우상 벨과 뱀의 약점을 입증할 수 있다. 다니엘은 지혜로운 전략가이며, 그들이 살아계신 하나님과 비교하여 아무것도 아님을 드러낸다. 다니엘서에 대한 이런 추가 내용들은 아마도 허구일 것이다.[다니엘서에 대한 보충, 320쪽]

성서적 맥락에서의 본문

부활

구약에서 모든 사람들은 무덤에 간다. 구약은 죽었다가 살아난 사람들, 즉 사르밧의 과부의 아들,왕상17:17-24 수넴 여인의 아들왕하4:32-37과 시체가 엘리사의 무덤에 놓였던 한 사람왕하13:21에 대해 말한다.

구약에서 종종 죽는다는 것은 눕는다는 것 및 잔다는 것과 비교된다. 이것은 부활을 깨어 일어서는 것으로 말하는 토대를 형성한다.단12:2, 13 구약에서 자주 나오는 죽음을 가리키는 반복어구는 다윗왕상11:21과 솔로몬11:43과 르호보암14:31과 아사15:24와 아합 22:40에서처럼 조상들과 잠에 든다고 말하는 것이다. 이것은 그들이 땅의 무덤에 있는 선조들에게 합류했다는 것을 의미한다. 하지만 이 재결합은 결코 스올에 대한 언급과 함께 언급되지 않는다. 선야곱, 창37:35과 악민16:30 모두 스올무덤, 구덩이, 지하세계에 내려간다. 현세 후에, 스올에서의 어둑한 존재가 제안되지만 거의 세부 내용은 제시되지 않는다.ABD, 2:102-104 심지어 지혜 문학도 "죽은 사람은 아무것도 모른다"전9:4-6, 10; 욥7:9; 14:21라고 말한다. 하지만 토라가 금하더라도신18:11; 삼상28; 왕하21:6; 사8:19 때로 죽은 사람의 의견을 구한다.

일반적으로 이스라엘 사람들은 미래의 부활보다는 땅에서의 장수를 희망했다.출20:12 이상은 기드온과 마찬가지로 "나이가 많을 때까지" 사는 것이다.삿8:32 하지만 히브리서 11:19은 아브라함이 이삭을 희생제물로 바쳐 하나님의 후손에 대한 약속에 위협이 된다

면 이삭의 짧은 생애가 미칠 결과에 생각하면서, "하나님께서는 이삭을 죽은 사람들 가운데서도 되살리실 수 있다고 생각했던 것입니다"라고 말한다. 구약은 어떤 힘도 제지할 수 없는 주님여호와의 힘을 선언한다. 하나님은 삶과 죽음을 통제한다. 이것은 부활을 믿는 신앙에 대한 뿌리를 제공한다. 한나는 "주님은 사람을 죽이기도 하시고 살리기도 하시며, 스올로 내려가게도 하시고, 거기에서 다시 돌아오게도 하신다"삼상2:6; 신32:39, 참조라고 노래한다. 자비 가운데 세상의 창조주는 생명을 다시 줄 수 있다.마카비2서 7:23 이사야는 "주님의 백성들 가운데서 죽은 사람들이 다시 살아날 것이며, 그들의 시체가 다시 일어날 것입니다"사26:19라고 말한다. 여기서 히브리어 본문은 어렵지만, 이스라엘의 하나님의 이름을 위해 순교자로 죽은 자들을 위해 부활을 약속하는 것 같다.ABD, 5:682

에스겔의 마른 뼈에 대한 환상겔37-38장은 일종의 부활에 대해 미리 보여주는 것 같다. 분명히 이 장면은 원래 집합적인 의미에서 뼈들은 추방당한 자들이고, 기적은 유다의 "땅"에 재건하는 것을 의도했다.37:12-14 마찬가지로 호세아 6:1-3은 북 왕국 이스라엘의 회개와 회복에 대한 희망을 표현한다. 고린도전서 15:4은 그리스도의 부활에서 이에 대한 성취를 본다. 이런 구약 본문들은 간접적으로 부활 교리를 미리 보여준다.

다니엘 12:2-3의 단락은 구약에서 가장 명백하게 부활을 언급하는 곳이다. 일반적인 부활이나 특별한 부활에 대한 세부 내용은 자세히 다뤄지지 않는다. 모두가 부활한다고 주장하지도 않지만, 유대인들"많은 사람"이 영원한 생명이나 모욕을 받고, 지혜 있는 사람은 특별한 영예를 받도록 다시 살아날 것이라고 말한다.위의 해설을 보라 여기서 부활 개념은 희망을 제공하고, 하나님의 언약에 충실하기 때문에 고난당하고 심지어 죽는 사람들 사이에 인내를 장려한다. 순교당한 의로운 자는 보통 하나님이 주신 수명을 사는 것보다 짧은 삶을 산다. 이것은 하나님의 긍휼 및 변함없는 사랑, 언약을 지키는 것과 조화를 이루지 못한다.단9장; 마카비2서 7장 자신들의 신앙을 부인하고 변절자가 되는 자들은 심판을 받도록 살아날 것이다. 부활에 대한 신앙은 하나님의 의로운 심판과 신실한 자를 위한 하나님의 변호를 믿는 신앙과 함께 간다. 하나님의 정의는 구약 곳곳에서 확증되며, 결국 명백해져야만 한다. 정의가 이전에는 보이지 않았더라도 부활 때문에 정의가 가능해진다. 이와 같이 부활에 대한 신앙은 **하나님의 권능과 정의와 사랑**에 근거한다.단9:4-19; ABD, 5:684

많은 해석가들은 포로기나 안티오쿠스 4세 때 명백하게 발전된 부활 교리가 없었다고 주장한다. 하지만 L. J. 그린스푼Greenspoon은 이런 결론에 문제를 제기한다. 그는 **삶과 죽음**과 같은 용어들이 지닌 의미의 범위를 묘사하고, 부활 개념이 전사로서의 여호와와 연결되어, 이스라엘의 초기 역사에서 발견된다고 제안한다. 그린스푼은 다니엘 12장이 이사야 26:14과 26:19에서 이끌어 온다고 결론 내린다. 여기서 다시 첫 의미는 "예루살 렘의 거룩한 산에서 주님을 경배"27:12-13하도록 포로에서의 돌아오게 하고 이스라엘을 회복한다는 것이다. 하지만 이사야 26장은 간접적으로 부활 교리를 미리 보여준다. 죽은 것 같지만, 생명의 숨을 허락하는 하나님이 포로 된 자들을 모으고 세울 것이다.창2:7; 시 104:29-30

그린스푼은 다른 구약 본문의 배경을 조사하고, 다니엘 12:2-3의 명확한 진술과 관련 시킨다. 전도서는 누구도 죽음 후에는 생존하지 않으므로 인간에게 삶을 즐기라고 요구 한다. "육체가 원래 왔던 흙으로 돌아가고, 숨이 그것을 주신 하나님께로 돌아간다."2:24; 3:21-22; 12:7 욥기 14:12은 인간이 다시 살 희망이 없다고 말한다. 욥기 19:25-27의 번 역과 의미는 어렵다. 여기서 욥은 구원자-변호자에 대한 신앙을 정말로 단언하는데, 그 구원자는 하나님 앞에서 자신의 정의가 인정받는 것을 볼 것이다. 세 번 욥은 자신이 하 나님을 볼 것이라고 주장한다. NRSV 번역은 부활한 욥의 가능성을 고려하지만, 욥의 변호와 하나님을 보는 것을 강조한다.욥38-42에서 강화됨

위에서 지적했듯이, 에스겔 37:1-14은 이스라엘이 자신의 땅에서 재건되는 것을 상상 한다. 이사야 52:13-53:12은 종의 구속적 고난과 이어지는 높여짐을 기념한다. 이것은 무엇보다 하나님의 백성, 곧 언약 공동체를 가리킨다. 나라들 사이에 흩어져 고난당하는 포로 된 자들은 세워지고, 방관하는 통치자들이 놀랍게도 모든 민족을 하나님에게로 회 복할 것이다. 하지만 의로운 남은 자가 관련되는 것 같으며, 그리스도인들은 이 예언이 예수 그리스도의 종의 사역과 죽음과 부활에서 결정적으로 성취된다고 믿는다.막10:33- 45; 행3:13; 4:25-30; 8:32-35; 마8:17; 벧전2:24-25 열왕기의 엘리야와 엘리사 이야기는 이미 언급했다. 그린스푼319이 조사를 마칠 때, "죽은 자들의 몸의 부활이라는 개념은 주전 9 세기에서 2세기까지에 해당하는 성서 자료에서 표현된다."고 주장한다.

구약은 의로운 자들이 하나님과 함께 하기를 희망한다고 설명한다.시73:23-25에서처럼; 시16:9-10, 참조 이것은 심지어 시련을 통해서도 하나님이 가까이 있음을 증언하며, 따라 서 심지어 죽음조차도 하나님의 사랑에서 우리를 갈라놓을 수 없다는 후대의 확신을 위 한 토대를 제공한다.롬8:34-39; 고후5:8, 참조 신약은 더욱 교리적으로 발전된 내용을 제공 한다. 신약 신학은 예수 그리스도의 부활에 토대를 두는데, 그리스도는 다가올 "죽은 사 람의 부활"을 위한 "첫 열매"가 된다. 그리스도에 속한 자들은 그분이 올 때에 다시 살아 날 것이며, 큰 기쁨과 그리스도와 교제를 경험할 것이다.고전15:20-23 누구든지 그리스도

를 믿는 자는 입과 삶으로 예수는 그리스도라고 고백하고, "하나님께서 그를 죽은 사람들 가운데서 살리신 것," 즉 부활과 함께 올 심판에서 "구원에 이르고" "부끄러움을 당하지" 않을 것이라고 믿는다.롬10:8-13; 딤전2:10-13; 막8:38 믿지 않는 자는 유죄를 선고받고, 하나님과 분리될 것이다.눅16:19-31, 고통당하는 악인들; 요5:28-29; 고후5:10; 계20:13, 참조

다니엘서에서, 하늘 전령의 말은 에스겔의 마른 뼈 골짜기에 대한 환상과 병행을 이룬다. 이스라엘을 재건할 때 하나님의 백성에 대한 희망이 있다. "나 주 하나님이 말한다. 내 백성아, 내가 너희 무덤을 열고, 무덤 속에서 너희를 이끌어 내고, 너희를 이스라엘 땅으로 들어가게 하겠다."겔37:12-14 가브리엘은 역시 주님의 도움에 대한 기도를 반영하고 있는데, 이 기도에서 압제당하는 자들은 죽음에서의 구원과 압제자들에 대한 심판을 구한다.시69-70편을 보라 하나님은 신실한 자들에게는 새롭게 된 생명과 신실하지 못한 자들에게는 모욕을 약속하려고 이 전령을 보냈다.단10:11 여기서 다니엘서는 다른 구약 본문보다 더 나아가, 많은 사람들이 특히 순교로 단축된 후에 현세의 수명을 넘어 영원한 생명을 경험하도록 다시 살릴 것이라는 사실을 가리킨다.11:33 의로운 자들에게는 기쁨이 있고, **많은 사람을 옳은 길로 인도한 지혜 있는 사람**에게는 영광이 있다.12:2-3, 10

요한계시록 21:1-22:5은 다니엘 12장에 대한 신약 주석을 제공한다. 또한 "하나님의 보좌와 어린 양의 보좌" 주변에 모인 부활한 공동체를 묘사한다. 다니엘서의 이 본문은 또한 누가복음 14:12-14과 마태복음 13:43을 위한 배경을 제공한다. "그 때에 의인들은 그들의 아버지의 나라에서 해와 같이 빛날 것이다."

구약에서 죽음 후의 존재는 명확하게 규정되지 않는다. 스올 곧 지하세계는 선한 자와 악한 자 모두에게 해당하는, 기쁨이 없고 어두운 장소다. 하지만 다니엘서에서, 많은 죽은 자의 부활이라는 개념이 명백히 제시된다. 다니엘서의 기록과 예수 시대 사이에는 부활에 대해 더 많은 내용이 언급된다.마카비2서 7:23; 에녹1서 22-27; 92-105장 어떤 본문은 의인들을 위한 불멸을 단언한다마카비4서; 솔로몬의 지혜서 1-6장; 희년서 23:31[기쁜 영들과 같이] 보상과 징벌은 자주 부활과 함께 나온다.솔로몬의 시편 3, 13-15편; 바룩2서 49-51장; 에스드라2서 7장; IQS 3:13-4:26, 참조 그러나 의견의 일치는 없다. 사두개파 사람들은 토라오경에 토대를 두고서, 천사의 형태나 영의 형태로 부활이 있다는 사실을 부인했다. 그러나 바리새파 사람들과 예수와 그분의 추종자들은 강력하게 부활에 대한 신앙을 채택했다.마22:23-33; 행23:7-8; Viviano

신약에 따르면, 예수 그리스도의 부활은 신자들의 부활에 대한 약속과 더불어 나온다. 예수는 "나는 부활이요 생명이니, 나를 믿는 사람은 죽어도 살고"요11:25라고 말씀한다.

예수는 마지막 날에 신자들을 살리시는 것에 대해 말한다.요6:39-51

초기 교회에서 가장 놀라운 부활을 강조했다. 예수 그리스도의 부활은 사도들의 선포 가운데 핵심이 됐다.행2:22-32; 롬1:4에서처럼 이로 말미암아 사도들은 사두개파 사람들과 갈등하게 됐는데, 사도들이 "예수의 부활을 내세워서 죽은 사람들의 부활"을 주장했기 때문이다.행4:2 이 신자들은 예수의 부활을 완전히 확신했고, 기꺼이 이 신앙을 위해 고난당하고 죽었다. 그들은 또한 예수를 믿는 자들은 그분에게 속하고, 그분과 함께 살아날 것이라고 주장했다.고전15:12-29; 살전4:13-18 신자들의 삶에서의 성령의 현재 사역은 그들이 고난 가운데도 신실함을 유지한다면 동일한 성령이 허락한 부활의 삶을 공유할 것이라는 "보증"이 된다.고후5:1-10; 롬8:16-25; 단12:12, 참조 게다가 불의한 죽은 자들의 부활도 당연하게 여겨진다.히9:27; 계20:12-15

신약은 그리스도 안에 있는 자든 그리스도 밖에 있는 자든 모두가 일어나 심판을 맞이할 것이라고 가르친다. 신자들의 부활은 영원한 삶을 위한 부활이다. 상대적으로 그리스도가 없는 자들에게 대해서는 거의 말하지 않는다.계20장, 참조 요한복음 5:29에서, 예수는 "생명의 부활"과 또한 "심판의 부활"에 대해 말씀한다.행24:15, 참조 이 성서 구절들은 하늘 전령의 말씀을 반영한다. 즉 **땅 속 티끌 가운데서 잠자는 사람 가운데서도, 많은 사람이 깨어날 것이다. 그들 가운데서, 어떤 사람은 영원한 생명을 얻을 것이며, 또 어떤 사람은 수치와 함께 영원히 모욕을 받을 것이다.**단12:2 이 말씀에서 우리는 기독교 복음의 부활 생명에 대한 이른 시기의 약속을 어렴풋이 엿볼 수 있다. 다니엘서는 바울이 다음과 같이 선언한 진리를 가리킨다. "그리스도 안에서 우리가 바라는 것이 이 세상에만 해당되는 것이라면, 우리는 모든 사람 가운데서 가장 불쌍한 사람일 것입니다."고전15:19

교회생활에서의 본문

기도와 영적 전쟁

다니엘은 **심한 고생**10:1-12에 대한 참된 말씀을 받았을 때, 3주 동안 애도하고 금식하며 자기 백성의 미래를 위해 기도했다. 다니엘에게 기도는 "양방향의 거래"일 뿐만 아니라, "또한 상당한 현실을 관장하는 큰 사회적-영적 세력에 관여한다."Wink, 1992:309 다니엘서에서 우리는 이 세력들이 기도에 대한 응답을 어떻게 방해하는지에 대한 첫 계시를 받는다. 이스라엘의 보호 천사인 미가엘이 페르시아의 천사를 주의를 딴 데로 돌리는 전투에 끌어들여서, 전령 천사가 하나님의 백성을 위한 미래에 대한 환상을 전달하도록 통과할 수 있을 때까지, 페르시아의 천사장은 가브리엘이 다니엘에게 오는 것을 방해한다.

다니엘은 여호와에 대한 충성을 방해하는 어떤 것도 저항하고, "하나님의 통치에 대한 허위" 모두를 인식하려고 노력하면서, 이스라엘을 대변한다.Aukerman: 49-51 3주 동안 다니엘은 보이지 않는 영적 세력, 아마도 바빌로니아의 영적 세력과 이스라엘에게 가증한 것으로 간주되는 관습의 훈련과 싸운다.단1:3-7 해설을 보라 다니엘의 기도는 말씀이 그의 입을 떠나는 첫 날 들리지만, 하나님은 응답하지 않는 것 같다. 그러는 동안 맹렬한 전투가 하늘에서 두 나라의 천사들 사이에 벌어지고 있었다. "페르시아 천사는 자신이 보호하는 나라가 이런 재능 있는 종속국 백성을 잃기를 원치 않으며," 21일 동안 여호와를 좌절시킬 수 있다.Wink, 1992:310 마침내 이스라엘의 보호 천사는 전령 천사가 지나갈 수 있도록 개입한다.

이것은 우리에게 우리 자신의 기도에 대해 무언가 말해준다. 윙크Wink는 흥미로운 제안을 한다. 수년 동안 우리는 평화를 위해 기도한 반면, "미국의 천사"와 소비에트 연방의 천사"는 심각한 군사 경쟁에 사로잡혔었다. 두 측이 영적으로 강직하여 이것은 소용이 없는 듯했다. 하지만 하나님은 평화를 위한 시위와 기도를 통해 그리고 동유럽의 교회와 목회자들을 통해 역사하고 있었다. 결국 핵무기 감축 조약이 타결됐고, 나중에 소비에트 연방 영토는 나뉘었고, 미국은 군비 경쟁을 할 여유가 없었다.

영적 세력천사들은 하나님이 역사를 주관하는 것에 저항하지만, 잠시 동안 지배할 수 있다. 하나님은 우리 자유와 또한 제도와 체제의 자유에 의해 제한되는데, 이런 자유는 종종 잠시 동안 하나님의 의지를 좌절시킨다. 이런 세력은 하나님의 세계에서의 하나님의 역사와 치유를 방해하고 지연시키지만, 하나님은 조롱당하지 않는다. 우리 기도는 하나님이 지배 체제의 세력을 약화하는 데 도움이 되는데, 이 체제의 잔악함은 종종 절망의 징표다. 그들의 시간은 오래 가지 않는다. 21일이든 수년이든 수세기가 걸리든 하나님이 우세할 것이다.Wink, 1992:310-313

이와 같이 다니엘서는 우리가 더욱 활력이 넘치고 단언적이며, 표현하고 끈질긴 기도를 할 수 있도록 격려한다. 하나님이 우세할 것이며, 우리 기도는 하나님의 통치에 대한 장애물을 극복하는 데 도움이 될 수 있다. 순교와 십자가는 신실한 자들을 정화하는 데 작용할 수 있으며,단11:35 하나님의 자비와 부활의 능력을 불러일으킨다마카비2서 7:23 거대한 악의 세력은 하나님에 맞서지만, 신앙과 기도로 우리는 하나님의 기적을 일으키는 힘을 확신한다.Wink, 1992:317; 단9:15 참으로 신자는 "통치자들과 권세자들과 이 어두운 세계의 지배자들과 하늘에 있는 악한 영들을 상대로 하는 것입니다."엡6:12 하지만 "언제나 성령 안에서" 기도하면서, 신자는 "버티어 서서" "평화의 복음을 전"하며, 하나님의 갑옷을 입고, "성령의 검 곧 하나님의 말씀"을 받는다.엡6:13-18

마지막 날을 기다리기

오늘날 교회에서 마지막 때의 국제적 사건의 전후 관계를 간절히 알고자하는 것 같다. 특히 이라크가 고대 바빌로니아 지역에 있고, 어떤 이는 사담 후세인을 현대 느부갓네살로 보았기 때문에, 걸프 전쟁1991은 이런 추측을 할 충분한 기회가 됐다. 지금까지는 성서에 근거한 국제적 사건들에 대한 예언들이 대부분은 신뢰할 수 없었다. 이제 소비에트 연방의 붕괴로 북아메리카 전문가들은 자신들의 예언 구도에 들어맞는 새로운 대적자들을 확인해야만 할 것 같다.

많은 이들이 다니엘서를 미래 사건을 구별하기 위한 시간표나 기준으로 사용하려고 했다. 종종 이것은 박해 때의 신실함과 인내에 대한 요구와 하나님의 통치에 대한 확신이라는 다니엘서의 영속적인 메시지를 약화시킨다. 어떤 이는 **앞으로 일어날 일,**2:45 **마지막 때에,**10:14 **끝 날**11:35, 40; 12:4, 9, 12과 같은 다니엘서의 구절들을 사용하여 끝 날의 세계 위기를 구상하기가 쉽다고 여긴다. 그러나 이 구절들은 해설에서 설명한 대로, 고대 위기의 종결에 주로 적용하는 것이 가장 좋겠다. 이 언어는 훨씬 더 큰 일들에서, 백성이 안티오쿠스에게서 구원받은 후, 하나님의 영원한 나라가 올 것이며, 하나님은 온 땅을 다스리는 왕이 될 것이라는 것을 암시한다.단2:44; 7:14, 18, 27; 슥12-14장, 참조 하지만 이 언어는 종말론적으로 상기시키는 언어며, 자세하게 설명되지 않는다. 이 언어는 하나님과 그분의 통치에 대한 신앙을 단언하는데, 하나님의 통치는 현재가 신실한 자들에게는 냉혹해 보여도 그분의 세계에서 승리할 것이다.

오늘날 많은 사람들이 "마지막 날들"에 대해 말하고, 우리는 특별하거나 특이한 방식으로 그 날에 도달했다고 믿는다. 그러나 신약 저자들에게 마지막 날은 예수의 오심과 오순절 때 성령의 부으심으로 시작한다. 마지막 날은 예수가 돌아올 때까지 계속될 것이다. 베드로는 마지막 날이 오순절에 시작됐다고 보았다. "마지막 날에" 하나님은 모든 육체에 자신의 영을 부을 것이다.행2:17 비슷한 방식으로 바울은 그리스도인들이 "말세를 만난" 자들이라고 한다.고전10:11, 옛 세대와 다가올 새 세대가 겹치는 곳에서 산다

히브리서 저자는 "이 마지막 날에는 하나님께서 아들을 통하여 우리에게 말씀하셨습니다."히1:2라고 했다. 예수는 "자기를 희생 제물로 드려서 죄를 없이하시기 위하여 시대의

종말에 단 한 번 나타나셨습니다."히9:26 예수가 오실 때, 마지막 날이 시작됐다. F. F. 브루스Bruce 1954:68는 "마지막 날이 그리스도의 초림과 함께 시작했고, 재림과 함께 끝날 것이다. 마지막 날은 올 세대와 현재 세대가 겹치는 날이다."라고 언급한다. 오순절 때 성령의 오심은 마지막 날을 시작할 뿐만 아니라, 올 일들에 대한 보증이 된다. 신자들은 이제 마지막 때의 큰 수확의 첫 열매를 경험한다.롬8:23

교회의 첫 날부터, 신자들은 주님의 재림이 "가까이 옴"을 기다리라고 권고 받았다. 베드로는 "만물의 마지막이 가까이 왔습니다."벧전4:7라고 한다. 야고보도 "주님께서 오실 때가 가깝습니다."약5:8라고 동의한다. 히브리서 저자는 신자들에게 "그 날이 가까워 오는 것을 볼수록" 모이고 서로 격려하라고 권고한다.히10:25 바울은 "우리의 구원이 우리가 처음 믿을 때보다 더 가까워졌습니다. 밤이 깊고, 낮이 가까이 왔습니다."라고 인지한다.롬13:11-12

마지막 때에 교회는 "마지막 날"을 기다린다. 예수는 부활과 심판이 임할 마지막 날에 대해 말한다.요6:39, 44, 54; 11:24; 12:48 마지막 날은 "그 날,"the day, 고전3:13; 롬2:16 "그 날,"that day, 살전5:4; 딤후1:12, 18 "그 큰 날"유1:6이라고 불린다. 또한 "주님의 날"살전5:2; 벧후3:10과 "하나님의 날"벧후3:12과 "예수 그리스도께서 나타나실 날"용어에서 차이가 있다: 고전1:8; 고후1:14; 빌1:6, 10; 2:16이라고 불린다. 마지막 날은 "진노의 날"롬2:5이며 "구속의 날"엡4:30이다.

마지막 날까지 얼마나 오래 걸리겠는가? 하나님이 시간을 보는 방식은 우리와는 다르다.벧후3:8 그 사이에 복음은 전 세계에 전해져야 한다.마24:14 전쟁과 전쟁에 대한 소문이 있을 것이다. "이런 일이 반드시 일어나야 한다. 그러나 아직 끝은 아니다."막13:7 지나가는 날마다 하나님은 은혜의 한 날을 더 주신다. 하나님의 자비와 인내 때문에 시간이 확장된다. 하나님은 누구도 멸망하기를 원치 않고, "모두 회개하는 데에 이르기를" 바란다. 벧후3:9

다니엘서는 이야기와 환상에서, 하나님이 자신의 목적을 성취해 감에 따라, 신실한 자들에게 요구하는 삶의 방식을 교회에 잘 보여준다. 다니엘과 그의 친구들은 베드로가 마지막 날의 삶에 대한 교회에 제시하는 가르침의 본보기가 된다. 그들은 다음을 잘 보여준다. "어떠한 사람이 되어야 하겠습니까? 여러분은 거룩한 행실과 경건한 삶 속에서 … . 티도 없고 흠도 없는 사람으로, 아무 탈이 없이 하나님 앞에 나타날 수 있도록 힘쓰십시오."벧후3:11, 14

부활의 희망

『순교자들의 모범』Martyrs Mirror은 16세기에 박해당한 신자들이 자신의 화덕과 사자굴을 직면할 때 힘을 얻으려고 종종 다니엘서의 이야기에 호소했다는 사실을 보여준다. 다니엘과 세 젊은 사람은 그들에게는 신앙과 신실함의 본보기였다. 초기 아나뱁티스트들은 마카비서를 알았고, 유대인들이 안티오쿠스 4세 당시 박해와 순교를 어떻게 견뎠는지에 대해 감명을 받았다.

그들은 또한 다니엘서에 나오는 순교자들의 부활에 대한 약속을 소중히 여겼다. 1571년 아네켄 핸드릭스Anneken Hendriks가 53세 때 이웃에게 배반을 당했다. 집행관이 그녀에게 "메노나이트의 저주받은 교리"를 채택했다고 고발했고 그녀의 손을 매달았다. 핸드릭스는 교육은 받지 못했어도 자신이 하나님을 신뢰함을 분명히 했다. 그들은 그녀가 더 이상 증언하지 못하도록 화약을 그녀의 입에 채웠고, 암스테르담에서 불에 산 채로 던졌다. 브라흐트Braght는 자신의 논평에서 다음과 같이 다니엘 12:1-3을 언급한다. "하지만 경건한 자의 위로가 되시는 자비로운 하나님은 이 짧고 일시적인 시련을 겪는 이 신실한 증인에게 영원한 보상을 허락할 것이며, 그때 그녀의 다문 입은 기쁨으로 가득하여 열릴 것이다."Braght: 872-873

다니엘서의 이야기와 환상은 특히 **모든 신보다 자기를 크다고 하는** 독재적인 통치자들을 직면하는 그리스도인들에게 가치가 있다.단11:36 실제로 이것은 어떤 정부에게도 유혹이 되며,계13장에서처럼 신자들은 경계할 필요가 있고, **지혜롭고** 하나님에게만 속한 것을 **이해할** 필요가 있다.막12:17; 행5:29 우리가 하나님의 힘과 정의와 사랑을 신뢰하게 되면, 우리는 그리스도에게 속하므로 확고한 부활 신앙을 가지게 된다. 이와 같이 우리는 **고통** 가운데서도 **인내**할 수 있어 **깨끗해질** 것이다. 다니엘과 마찬가지로, 우리는 신실한 섬김에서 우리 길을 가며, 부활의 아침을 기다린다.단12:13

다니엘서 개요

에세이

흉측한 우상 이 구절은 많은 변형된 형태로 표현된다. 다니엘 9:27에서, 이것은 **흉측한 우상**이며, 히브리어로 복수 명사이자 단수 분사다. 11:31에서 이것은 **흉측한 파괴자의 우상**이며, 히브리어로 단수 한정 명사이며 분사다.

셈어로 번역될 때 올림포스 제우스를 가리키는 그리스어 이름은 "바알 샤멤"이 된다. 마카비2서 6:2 문자 그대로, 이것은 "하늘의 주"를 의미한다. 유대인들은 이 명칭을 싫어하여 바알을 쉬쿠츠*šiqquṣ*로 대체하고, 샤멤*šamem*이라는 단어를 언어유희로 쇼멤*šomem*으로 대체한다. 쉬쿠츠는 거의 우상 숭배와 우상 숭배 관습만을 가리키는 데 사용되는 단어였으며, 따라서 "몹시 싫은 것" 또는 "가증한 것"을 의미했다. 쇼멤은 두 가지 의미를 지녔다. 압도하는 두려움이나 놀라움이라는 의미에서 "섬뜩하게 되다"와 더 이상 거주하지 않는다는 의미에서 "황량하다"라는 의미를 지닌다.

안티오쿠스 4세 에피파네스는 아마도 자신이 고대 유대 종교를 정화하고 회복한다고 생각했을 것이다.Goldstein, 1976:125-160 그는 예루살렘 성전에 아마도 숭배할 운석과 함께 제우스에게 바치는 제단을 설치했다.마카비2서 6:2; 마카비1서 1:54, "황폐하게 하는 신성모독" Goldstein, 1976:145-152 이를 거론할 때, 신실한 유대인들은 이방인의 구절인 "하늘의 주"를 사용하기를 거부했으며, 대신에 "섬뜩하게 하거나 황폐하게 하는 혐오스러운 것"으로 대체했다. 유대인들에게는 제우스 제단으로 말미암아 성전에서 참된 예배자뿐만 아니라 하나님 자신도 사라지게 됐다. 예수와 바울도 이런 황폐하게 하는 신성모독, 곧 하나님의 성전에서의 이방 숭배에 대해 알았다.막13:14; 마24:15; 살후2:4

알렉산더 대왕 마케도니아의 알렉산더주전 356-323년는 마케돈의 필립 2세의 아들이었다. 그의 선생은 아리스토텔레스였는데, 아리스토텔레스가 영리한 젊은 왕자에게 미친 영향은 추측할 수 있을 뿐이다. 알렉산더는 주전 336년에 아버지의 왕좌에 올랐고 2

년 후 페르시아 제국을 침략하기 시작했다. 알렉산더의 목적은 소아시아에서 그리스 도시들을 "해방"시키는 것이었다. 하지만 일단 시작하자 멈추지 않았다. 그는 그라니코스 강주전 334년과 잇소스주전 333년에서 페르시아를 무찔렀고, 그 다음에 남쪽 이집트로 향했다. 다음으로 그는 북동쪽 메소포타미아로 행진했는데, 거기서 그는 다리우스 3세가 도망하면서 페르시아 제국을 멸망시켰다.주전 331년 주전 327년에 그는 동쪽으로 바빌로니아를 통과해서 인도파키스탄와 인더스 강으로 갔다. 그의 군대는 인도로 더 가기를 거부하여 그들은 돌아왔다.

주전 323년 6월 알렉산더는 바빌로니아에서 죽었다. 그의 장군 가운데 하나가 그의 시체를 이집트로 가져가, 주전 331년 알렉산더가 세운 알렉산드리아에 수세기 동안 안치했다. 알렉산더는 살아 있는 동안에도 그리스 사람들이 자신을 숭배하도록 요청했고, 통치자-제의 전통은 시리아와 이집트와 나중에 로마 황제들을 위해 진행됐다. 따라서 안티오쿠스 4세 에피파네스는 자신을 신이나 마찬가지로 높이려 할 때 따를 선구자들이 있었던 셈이다.

알렉산더의 정복은 역사에서 새로운 시대, 곧 그리스 문화헬레니즘 시대를 열었는데, 이때 그리스 언어, 철학, 신학, 종교, 예술, 풍습, 필수품이 서부 아시아의 세계에 파고들었다. 그 대신 아시아의 사상이 서구에 들어갔고 주전 4세기부터 계속 문명 발전에 영향을 미쳤다. 역사가 W. W. 탐Tam 1948이 다음과 같이 알렉산더 대왕에 대해 평가했다. "그는 역사에서 최고로 풍요롭게 하는 영향력을 행사한 사람 가운데 하나였다. 그는 문명 세계를 한 틀에서 들어 올려 다른 곳으로 옮겼다. 즉 그는 새로운 시대를 열었으며, 어떤 것도 다시는 이전과 같을 수는 없다 …. 배타주의는 '사람이 사는 세계,' 곧 문명인들의 공동 소유라는 개념으로 대체된다. … 그리스 문화가 지금까지는 실제로 그리스인들에 국한되었으나 이제 세계 곳곳에 퍼지고, 거주민들이 사용하도록 그리스의 많은 방언을 대신하여, 코이네, 즉 공통 언어로 알려진 그리스어 형태가 생겨났다."Porteous: 123가 인용함 이미 주전 3세기에 구약은 이집트와 다른 곳에 거주하는 그리스어를 말하는 많은 유대인들을 위해 이 공통 그리스어로 번역됐다. 이 본문은 초기 교회에서 널리 사용됐다. 이 번역본 가운데 가장 잘 알려진 것이 70인역이다.

알렉산더가 죽자마자, 그의 새롭게 얻은 제국은 그의 장군들이 지배하는 지방으로 나뉘었다. (1) 마케도니아와 그리스는 안티파테르Antipater와 카산드로스Cassander의 지배를 받고, (2) 트라키아Thrace는 뤼쉬마코스Lysimachus의 지배를 받으며, (3) 시리아는 셀레우코스 1세의 지배를 받았고 (4) 이집트와 팔레스타인은 프톨레마이오스 1세의 지배를 받았다.단8:8의 네 뿔, 참고 안티고누스Antigonus는 오늘날 터키라고 불리는 곳을 받았는데, 그는 제국의 통일성을 유지하려고 노력했다. 그는 주전 301년 이프소스Ipsus에서 패배하고 네 장군들의 손에 자기 아내를 잃었다. 추가적으로 분열이 일어났다. 그러나 결국 세 왕조는 마케도니아와 이집트와 시리아에서 세워졌다. 이 그리스 왕국들은 로마가 대두하기 전까지 수 세기 동안 지속됐다.[아래의 **프톨레마이오스, 셀레우코스**]

그리스도의 대적자 그리스도의 대적자는 사탄적 인물이거나 사탄-인간 같은 인물로, 많은 이들은 예수 그리스도의 재림 전에 나타날 것이라고 믿는다. 그리스도의 대적자는 그리스도인들을 최후로 박해하는 이라고 여겨지며, 예수 그리스도가 돌아올 때 패배할 것이다. 이 개념의 기원은 모호하다. 예수 그리스도가 성육신한 하나님이듯이, 그리스도의 대적자는 사탄의 성육신이라고 간주된다.

가장 이른 기독교의 언급 가운데 하나는 마가복음 13장에서 발견된다. 거기서 예수는 인자가 구름 타고 오기 전 "많은" 거짓 그리스도들과 거짓 예언자들이 있을 것이라고 예언했다. 거짓 그리스도들단순히 그리스도가 아니다이 기적과 놀라운 일을 행하고, 많은 이들을 타락하게 할 것이다. 데살로니가후서 2:3-12에서, 바울은 모든 신과 예배 대상을 반대하며 나타날 "불법한 자"에 대해 말한다. 그는 자신이 하나님이라고 선언하면서, 하나님의 성전에 자리를 차지할 것이다. 이 불법한 자는 기적과 놀라운 일을 행하고 진리를 거부한 자들을 속일 것이다. 예수가 올 때, "그 입김"으로 불법한 자를 파멸시킬 것이다. 선포된 복음으로 악을 드러내는 것 같다; 계19:11-16, 참고

요한일서에서 그리스도의 대적자는 이단의 영이다. 성육신을 부인하는 자마다 그리스도의 대적자다.2:18-23

그리스도의 대적자 주제는 또한 요한계시록에도 나온다.9:1-11, 13-19; 13:1-18; 16:12-16; 17:13-14; 20:7-10 13장의 두 짐승에게는 용악마이 권세를 주며, 그리스도의 대적자의 역할로 묘사된다. 첫째 짐승은 다니엘 7장의 네 짐승에 의존하며, 열 개의 뿔과 일곱 개의 머리를 가지고, 치명적인 상처가 머리 가운데 하나에 있다. 첫째 짐승은 그리스도의 대적자, 곧 성도를 박해한 로마 제국으로 성육신한 사탄으로 해석된다. 거짓 예언자인 둘째 짐승19:20은 양과 같이 두 개의 뿔이 있다. 둘째 짐승은 거짓 그리스도로서 기억을 행하며, 첫째 짐승의 숭배를 요구한다.황제 숭배; 16:12-16, 참고 17장에서 빨간 짐승로마제국, 특히 17:8의 네로은 매춘부의 어머니"바빌로니아," 로마인 여자의 배우자다. 18장은 로마의 타락한 도시에 대한 예언적 애도가다. 두 짐승은 최후 전투를 위해 군대를 기른다. 그리

스도는 자신의 하늘 군대와 함께 돌아오며, 짐승들은 패배당하고 불의 호수에 던져진다. 짐승들을 추종하던 이들은 그리스도의 입에서 나오는 칼로 쓰러지는데, 이 칼은 아마도 복음과 하나님의 말씀의 전파일 것이다.계19장

초기 그리스도인들 사이에서 첫 짐승은 아마도 로마 제국과 그 제국의 황제를 상징했을 것이다. 매춘부는 로마를 의미했다. 그러나 그리스도의 대적자와 거짓 예언자라는 주제는 신비스럽다. 그리스도의 대적자 전통은 수 세기 동안 이어졌다. 이 전통은 심지어 예수에게서 죽을 유대 거짓 메시아로 다잘과 같은 이슬람에게도 작용했다.

사도 시대 이후로, 그리스도의 대적자를 세계 지도자, 황제, 및 권력 구조와 동일시하려는 시도가 있었다. 666이라는 숫자를 사용하여 이레나이우스주후 2세기는 그리스도의 대적자를 제국 자체보다는 구체적인 황제와 동일시했다. 종교개혁 이전과 종교개혁 시기에, 로마 교회는 바빌로니아로 간주되고, 교황은 그리스도의 대적자로 여겨졌다. 다시 종교개혁자들도 그리스도의 대적자들로 불렸다. 더 최근 역사에서 많은 이들은 세계가 최종 갈등의 상황에 있다는 사실을 두려워하면서, 국가 지도자, 특히 전쟁 때에 그리스도의 대적자로 불렀다. 어떤 이는 나폴레옹과 카이저 빌헬름과 히틀러를 그리스도의 대적자로 불렀다.

다니엘서의 무시무시한 왕은 그리스도의 대적자에 대한 원형이 됐다.[아래 안티오쿠스 4세 에피파네스] 이 잔인한 왕은 유대인들을 압제하고 박해했으며, 그들의 예배를 말살하려 했다. 작은 뿔,7:8 비열한 사람,11:21 스스로를 높이고 하나님을 대적할 것11:36이라고 묘사되지만, 영광스럽지 못한 결말을 맞이했다.11:45

많은 이들이 미래에 예수 그리스도가 올 때 파멸당할 그리스도의 대적자가 있을 것이라고 믿는다. 신학적으로 이 사람은 하나님이라고 주장할 것이다. 정치적으로 이 사람은 전 세계를 통치한다고 주장할 것이다. 그의 권력은 사탄에게서 올 것이다. 그는 오만하게 예수 그리스도를 대신하려고 할 것이다.

과거의 무시무시한 왕이든 미래의 그리스도의 대적자이든, 신실한 자들은 하나님이 "사람이 손을 대지 않아도"단8:25 과거의 오만한 통치자를 무너뜨리듯이, 예수 그리스도가 미래의 어떤 그리스도의 대적자도 이길 것이라고 이해하고 믿는다.

안티오쿠스 4세 에피파네스(주전 175-164년) 가장 이른 시기의 셀레우코스 왕조는 유대인들과의 우호관계를 희망했다. 안티오쿠스 3세주전 233-187년는 이를 무관용으로 그리고 심지어 유대인들에 대한 적대감으로 바꾸었고, 다음 왕들도 그를 따랐다.[아

래의 **셀레우코스 왕조**] 안티오쿠스 4세 에피파네스는 유대의 종교 관습을 제거하고 그리스 사상과 문화를 유대 공동체에 부여하려고 어떤 누구보다도 더 열심히 노력했다.[아래 **그리스 문화**] "그때 왕안티오쿠스은 자기 전 왕국에 모두가 한 민족이어야 하며, 모두가 자신들의 특별한 문화를 포기해야 한다고 썼다."마카비1서 1:41

안티오쿠스는 11년 동안 시리아의 안디옥에서 통치하면서, 그리스 문화를 전파하여 다양한 민족들에 대한 통치를 강화하려고 의도했다. 안티오쿠스 자신은 자부심이 컸고 사치스럽고 엄격했다. 즉각적으로 그는 그리스화되기를 원했던 유대인들을 지지했다. 여호수아는 정통 유대 대제사장 오니아스 3세의 동생이었으며, 그리스 방식을 기꺼이 채택했다는 것을 보여주려고 자기 이름을 야손으로 바꾸었다. 유대 분파들 사이와 유대 충성주의자와 유대 그리스화주의자 사이와 지위에 대해 더 많은 대가를 지불하는 사람들 사이에 다툼이 발전했다.

경건한 오니아스 3세는 자신의 적 시몬의 계획을 막고자 셀레우코스 4세에 호소하려고 안디옥에 갔다. 당시 셀레우코스 4세가 죽고 안티오쿠스 4세가 권력을 차지했다. 안티오쿠스 4세는 야손에게서 공물을 받고, 야손이 그리스 문화를 장려하겠다는 점에 동의하면서 그를 오니아스 3세를 대신해 대제사장직에 임명했다.마카비2서 4:1-17 옛 왕의 정책은 유대인들이 토라를 준수해야 한다는 것이었다. 이제 새로운 왕의 정책은 유대인들이 그리스의 삶의 방식을 따라야 한다는 것이었다. 안티오쿠스 4세가 통치할 때, 거듭 팔레스타인에 대한 통치권을 확보하려고 했다. 때로 그는 자기 군대가 유대를 약탈하도록 하고 재물을 자신이 좋아하는 이들에게 주었다.단11:21-24 해설을 보라 안티오쿠스는 시리아 군대를 데리고 주전 172년 예루살렘에 있었으며 야손에게서 환영을 받았다.마카비2서 4:21-22 그해 후반 메넬라오스는 야손보다 더 많은 공물을 바쳐, 대제사장이 됐고 그리스화 정책을 훨씬 더 강하게 밀어붙였다.마카비2서 4:24 후에 곧 메넬라오스는 이전 제사장 오니아스 3세를 죽이도록 했다.마카비2서 4:30-34 그 후 안티오쿠스는 이집트를 침략했고, 그 싸움에서 전차와 더불어 코끼리를 사용했다. 거기 있는 동안 안티오쿠스가 죽었다는 거짓 소문이 돌았다. 이집트를 지지하는 야손은 두 무리유대주의를 지지하는 무리와 그리스화 정책을 지지하는 무리의 유대인들을 학살하기 시작했다. 이 소식이 안티오쿠스에게 들렸을 때, 그는 유대가 반란을 일으킨다고 이해했다. 안티오쿠스는 격노하여 예루살렘으로 행진했고, 성전을 약탈했으며 수천 명을 죽였다.주전 169년; 마카비1서 1:16-28; 마카비2서 5:1-23; 단11:25-28 해설을 보라

약 1년 후, 안티오쿠스는 로마 사람들 때문에 포기할 수밖에 없었던 제2차 이집트 침

략에서 돌아올 때,단11:30 해설을 보라 한 번 더 예루살렘을 향해 행진했다.주전 168-167년 그는 예루살렘에 22,000명의 파견대와 함께 아폴로니우스를 급파했다. 군대는 의도적으로 안식일에 예루살렘에서 행진했는데, 안식일에는 율법에 충실한 유대인들이 아직 싸우지 않았다. 왕의 명령으로 유대주의를 풍기는 모든 것을 파괴했다. 성전은 더럽혀졌고, 거룩한 책들이 태워졌으며, 많은 이들이 죽임을 당했다. 유다스 마카베우스와 일부 사람들은 광야로 도피했다.마카비2서 5:24-26[아래의 **마카비 가문**] 유대 형식의 예배는 금지됐고, 이교의 종교 의식이 도입됐다. 유대인들은 돼지를 제물을 바치도록 지시받았다.마카비1서 1:44-49 이후 곧 유대식의 예배에 대한 결정적인 모욕이 가해졌다. 왕은 제우스에게 바치는 제단을 예루살렘 성전에 세우도록 했다.마카비2서 6:1-2; 마카비1서 1:54[위의 **흉측한 우상**]

주전 167년 또 다른 명령은 할례와 심지어 안식일 준수와 율법 읽기를 금지했다. 유대인들은 부정한 음식을 먹어야만 했다.마카비1서 1:56-64 안티오쿠스는 유대 신앙과 유사한 모든 것은 너무나 제거하고 싶어서 토라에 충실한 자들을 학살했다. 사람들은 광야로 도피했다. 많은 이들이 타협했다. 활발한 저항이 예루살렘에서 멀지 않은 모데인Modein에서 일어났다.마카비2서; 아마도 주전 166년에[아래 **마카비 가문**] 2년 후 "율법에 열심인"마카비1서 1:27 유대인들은 안티오쿠스 군대를 물리쳤지만, 아직 예루살렘의 요새에서는 쫓아내지 못했다. 그들은 성전을 정화하고 제단을 다시 봉헌했으며, 매일의 제사를 회복했다.주전 164년; 마카비1서 3-4장 안티오쿠스는 니카노르Nicanor의 패배에 대한 소식을 듣고, 주전 164년 페르시아에서 페르시아 성전을 약탈하려 했으나 성공하지 못한 후 곧 죽었다.마카비1서 6:1-16; 마카비2서 9장; Polybius, *History* 31.11; Josephus, *Ant.* 12.9; Appian, *Syr.* 66; 마카비2서. 1:13-17는 안티오쿠스 4세와 안티오쿠스 3세를 혼동하는 것 같다: ABD, 4:1020

유대인들에게 안티오쿠스는 악의 화신이었다. 그는 자신을 안티오쿠스 에피파네스신이 현현하다라고 불렀고, 백성은 그를 안티오쿠스 에피마네스미친 사람이라고 조롱했다. 이 사건에 대한 유대의 관점은 마카비1-2서에서 발견된다.

이 주석에서 따르는 해석은 다니엘 7-11장의 많은 자료들을 안티오쿠스 에피파네스를 염두에 두고 읽어야만 한다는 것이다.단7-11장 해설을 보라 그의 악한 행동과 하나님의 백성을 가혹하게 박해하는 행위는 그리스도의 대적자라고 불리는 사탄적 인물에 대한 원형이 된다.

묵시문학 어떤 이는 묵시의 뿌리가 지혜문학에 있다고 주장하지만, 묵시 문체는 예언에서 나왔다. 이스라엘 예언자들은 행동하는 사람들이었다. 그들은 감동적인 설교가였으며, 이스라엘과 유다의 정치를 비판했다. 예언자들은 하나님이 자기 백성을 통치한다는 사실을 변론했다. 그들은 백성의 구체적인 죄를 다루었고, 백성들은 거의 오해하지 않았다. 그들은 솔직하고 직설적이어서 거부당하고 박해를 받았다. 예언자들은 백성의 죄와 반역에 대한 하나님의 심판을 예견했다. 예언자들에게 나라들은 종종 이스라엘에 심판이나 구원을 야기하는 하나님의 대행자였다.렘21장에서처럼; 사44-45장 그러나 때로 예언자들도 주변 나라들을 꾸짖었고, 그들이 하나님의 통치에 순종하라고 요구했다.암1-2장에서처럼; 사19장

묵시문학 저자들은 기록된 말씀을 사용했다. 그들은 팔레스타인을 넘어서, 하나님의 그분의 백성의 우주적인 임무를 위한 환상을 드러냈다. 다윗의 메시아주의에 초점을 두는 대신에, 그들은 전 세계가 하나님의 영역이라고 간주했다. 그들에게 나라들은 전체가 하나님의 적이었다. 솔직한 발언 대신에 그들의 메시지는 저자와 독자 모두에게 너무 당혹스러운 환상으로 표현되어, 메시지를 설명하는 데 천사들이 필요했다.

대부분의 이해할 수 없는 내용들은 묵시적 기록의 상징이다. 묵시적 기록에서는 삶의 흔한 것들이 새와 동물과 같이 상징적인 의미를 지닌다. 사자는 충성을 암시하고, 소는 힘을 암시하며, 독수리는 속도를 암시하고 동물의 뿔은 힘을 암시한다. 몸의 일부는 상징적인 가치를 지닌다. 즉 손은 힘을 암시하고, 다리는 안정감을 암시한다. 하얀 머리는 나이나 위엄을 암시하고, 입은 하나님에 속하든 악마에 속하든 신탁을 암시하며, 눈은 통찰력과 지식을 암시한다. 옷도 의미를 지닌다. 긴 옷은 제사장직을 의미하고, 왕관은 지위를 의미한다. 색깔도 상징적인 가치를 지닌다. 하얀 색은 정결이나 승리를 의미하고, 진한 붉은 색은 고통이나 순교를 의미하는 반면, 진홍색은 퇴폐적인 사치를 암시한다. 무엇보다 숫자는 숫자의 가치 이상을 가리킨다. 넷은 하나님의 창조 세계의 구석을 가리킨다. 일곱과 마흔은 완전과 완성을 암시한다.

예를 들어 동물과 새에서의 상징을 보는 이런 경향은 현재에까지 지속된다. 매는 세계 문제에 대한 군사적 해결을 주창한다. 비둘기는 평화로운 수단을 암시한다. 닭은 겁쟁이를 암시한다. 돼지는 탐욕을 대변하며, 부엉이는 지혜를 대변한다. 토끼는 과도한 번식을 암시한다.

묵시적 기록은 예언 메시지를 확장하는 포로기와 포로기 이후의 발전이었다. **영광스러운 땅**단11:41 팔레스타인이 이른 시기의 자료에는 부각되지만, 전 세계가 묵시문학 저자에게 무대가 된다. 예언자가 주로 유대 공동체 내에서 악과 선 사이의 싸움에 관심을

가지는 대신에, 관심이 전 세계의 갈등으로 옮겨간다. 묵시문학 저자들에게는 이 싸움이 하늘에서 격노하고, 땅에서 펼쳐진다. 그들은 하나님이 역사에서 직접적인 조치를 취하여, 역사를 새로운 질서로 바꾸기를 구했다. 하나님의 영원한 나라가 하늘에서 현재에 들어올 것이다.

구약에는 이사야24-27장와 요엘과 스가랴9, 14장에서 묵시적또는 더 정확하게 묵시 원형의 본문이 있다. 에스겔과 다니엘은 이런 양식 발전에서 선도한다. 묵시적 환상은 중간기와 외경에스드라2서와 위경에녹1서와 바룩2서에 풍부하다. 신약에는 마가복음13장과 마태복음24장과 누가복음21장, 데살로니가서와 특히 요한계시록에서 묵시적 본문이 있다. 묵시적 자료에는 하늘과 땅과 미래에 대한 비밀이 은밀하고 상징적인 용어로 위에서부터 계시된다. 세부 논의에 대해서는 러셀,Russell 1964 콜린스,Collins 1984 모리스,Morris 1972 핸슨,Hanson 1975의 저작을 참조하라. 본문과 방향을 위해 에스드라2서에 대해 해설이 덧붙여진 외경을 참조하고, 위경에 대해서는 찰스워스Charlesworth를 참고하라. 묵시적 기록의 은밀한 성격으로 말미암아 신자들은 특히 종말과 예수 그리스도의 재림과 관련하여 미래를 예견하는 데 이 자료들을 사용하려는 유혹을 받는다.

바빌로니아/갈대아 두 문명이 주전 3천년부터 그리스도가 오기 전의 마지막 세기까지 메소포타미아에 번성했다. 두 문명은 수도, 앗시리아와 바빌로니아로 유명했다. 바빌로니아 문명과 앗시리아 문명은 주로 이집트 문명과 같은 시기였다. 앗시리아와 바빌로니아는 오늘날의 이라크 지역에 있다. 바빌로니아는 남쪽 바그다에서 페르시아 만까지의 티그리스 강과 유프라테스 강 사이 지역에 위치한다. 앗시리아는 북쪽 영토와 티그리스 강의 동쪽까지 차지했다.

가장 이른 시기의 바빌로니아에 대한 언급은 주전 2200년까지 거슬러 올라갈 수 있다. 아카드어로 된 이 이름은 바브–이림*bab-ilim*이다. 성서에서 이것은 바벨, "하나님의 문"이었다. 바빌로니아라는 이름의 후대 형태인 "신들의 문"은 그리스어로 바부론*babulon*이 됐고, 현재 이름 바빌로니아Babylon에 이르렀다.

바빌로니아의 초기 역사에서, 이 지역은 함무라비주전 1792-1750년가 대두하기 전까지 안정적이지 못한 정치 국가들의 자주 변하는 동맹이 지배했다. 함무라비가 지배할 때, 바빌로니아는 주요 강국이 됐다. 함무라비의 통치 마지막 즈음, 그는 모든 메소포타미아를 지배했다. 그는 자신을 "세계 네 지역의 왕"이라고 불렀다. 함무라비는 위대한 왕과 법적 지성으로서의 명성을 쌓았다. 그의 유명한 법전은 주후 1901년 수사Susa에서 발견됐다.

함무라비는 그리스도에 이르는 세기 초까지 서부 아시아에서 바빌로니아를 주도적인 도시로 만든 왕조의 가장 성공적인 왕이었다.

다니엘서는 바빌로니아 역사에서 훨씬 후대를 다룬다. 연속되는 왕조들은 갈대아 왕조, 곧 신-바빌로니아 제국주전 626-539년가 대두하기까지 함무라비의 첫 왕조를 이었다. 주전 626년 나보폴라사르Nabopolassar는 바빌로니아 사람들을 해방시키고자 니푸르와 앗시리아에 대한 공격을 감행했다. 나보폴라사르가 바빌로니아 가까운 곳에서의 전투에서 앗시리아를 무찔렀을 때, 바빌로니아 사람들은 의기양양하여 주전 625년에 나보폴라사르를 왕으로 삼았다. 그는 다음 10년을 자기 지위를 확고히 하는 데 보냈고, 그 다음에 앗시리아 통제를 받는 영토를 장악하려고 유프라테스 강 위로 행진했다. 새로운 강국이 서부 이란인 메대에 대두했는데, 그들은 앗시리아 사람들을 맹렬히 공격하는 데 기여했다. 주전 614년에 메대 사람 키악사레스Cyaxares는 앗시리아에 진격하여 무너뜨렸다. 나보폴라사르는 전리품 일부를 취하고자 앗시리아 가까이에서 키악사레스를 만났다. 나보폴라사르의 아들 느부갓네살이 메대 왕의 손녀 아미티스Amyitis와 결혼하여 화해가 곤고해졌다. 그 다음에 동맹국들은 주전 612년 니느웨 성읍을 포위하고 결국 함락시켰다.

나보폴라사르는 앗시리아를 공격하는 추가 군사작전을 펼쳤다. 앗시리아 왕 아슈르-우발리트Assur-uballit 2세611-609년는 하란에서 지배하려고 했으나창11:31 주전 610년 시리아로 도망해야만 했다. 그는 시리아로 진격하고 있던 동맹국 이집트의 바로 느고Neco 2세에게서 도움을 기다렸다. 도중에 그는 요시야주전 609년; 왕하23:29-30를 무찔렀고, 유다를 이집트의 봉신으로 삼았다. 느고는 앗시리아 군대를 도우려고 계속 갈그미스하란의 서쪽 96km 떨어진 북 유프라테스 강 근처로 이동했다. 주전 605년 봄에 황태자 느부갓네살이 갈그미스에서 앗시라아-이집트의 동맹을 공격하고 무찔렀다.렘46장 승리의 축하는 나보폴라사르의 죽음으로 갑자기 끝났고, 느부갓네살은 왕이 되려고 고국으로 갔다.[아래 **유다 왕들**]

느부갓네살과 이후의 왕들의 시기는 신-바빌로니아 또는 갈대아 제국이라고 불린다. 갈대아라는 이름은 이 왕들의 가문이 나오게 된, 티그리스 강과 유프라테스 강의 하류에 있는 늪과 호수 지역의 이름에서 유래한다.[아래 **느부갓네살**]

느부갓네살이 통치하는 동안, 바빌로니아 성읍은 구조물에서 세계적인 인정을 받았다. 그는 요새, 성벽, 궁전과 유명한 "공중 정원"을 지었다. 행렬과 축제를 위한 성문과 사원과 훌륭한 대로가 있었다. 게다가 다양한 크기와 양식의 개인 집들은 독창적인 구조물과 근사한 장식을 갖추었다.

바빌로니아는 세계에 다양하고 막대하게 기여했다. 기록 자체가 주전 4천 년에 설형 문자쐐기 모양로 바빌로니아에서 나타났다. 이것은 중동을 통과하여 서쪽으로 주전 3천 년의 에블라까지 이르렀고, 심지어 주전 2천 년의 팔레스타인에까지 이르렀다. 이후 설형 문자는 대부분 대체됐지만, 앗시리아는 법적 문제와 행정적 문제에 대해 주전 8-7세기의 팔레스타인에 도입했다.ABD, 1:1212-1218 기록 때문에 법적 문헌들에서 학교 교육 과정, 도덕·윤리 문제와 관련된 철학 저술, 드라마, 시, 잠언과 격언에까지 문학이 발전하기에 이르렀다.

점술은 바빌로니아 사람들이 신들과 소통하려고 했던 한 분야였다. 바빌로니아 사람들은 의학 분야에서 앞섰다. 고대 의학 문헌은 처방에 대한 지침과 함께 증상을 열거한다. 바빌로니아 사람들이 우수했던 분야로 수학도 있다. 고 바빌로니아 시기에, 60진법에 근거하여 곱셈과 나눗셈, 제곱과 제곱근에 대한 평판이 있었다. 그들은 천문학 자료와 달력과 점성술을 발전시켰다. 우리가 바빌로니아 사람들의 이런 기여를 인식하면 할수록, 다니엘서에 대한 해석은 더욱 흥미로워진다. 한편으로 우리는 다니엘서에 미친 바빌로니아 문화와 지식의 영향을 발견하고, 다른 한편으로 바빌로니아 문화와 지식과 역사에 대한 인식에서 많은 본문을 어떻게 해석할지에 대해 이해하는 데 도움이 된다.

연표

주요 사건들

주전

627-587년	예레미야 예언
612년	니느웨와 앗시리아가 메대와 바빌로니아에 패하다
605년	이집트가 갈그미스에서 느부갓네살에게 패하다
604-603년	느부갓네살이 시리아-팔레스타인에 대한 통치를 확립하다
603-601년	유다가 바빌로니아에 세금을 납부하다
601-600년	느부갓네살이 이집트에게서 거절당하다; 유다가 이집트 측에 서다
699년	느부갓네살이 예루살렘을 치는 무리를 보내다
598-597년	예루살렘이 느부갓네살에게 포위되다; 여호야김이 죽다; 여호야긴이 3개월 동안 통치하다; 시드기야가 첫 주요 추방에 지정되다; 많은 이들이 포로로 끌려가다.왕하24:6-17
587/586년	예루살렘의 멸망; 성전이 파괴되다; 2차 주요 추방왕하25:1-12; 렘52:4-15

582년	3차 추방렘52:30
562년	에윌므로닥아멜-마르둑이 느부갓네살을 계승하다
559년	고레스가 페르시아에서 통치를 시작하다
554-539년	벨사살이 나보니도스556-539년 밑에서 바빌로니아를 통치하다
550년	고레스가 메대-페르시아 제국을 형성하려고 메대를 정복하다
539년	바빌로니아가 구바루메대 사람 다리우스와 고레스에게 멸망하다
538년	고레스가 유대인들에게 돌아가도록 허락하다사45:13; 스1장
520-516년	예루살렘 성전이 재건되다; 멸망한 지 70년 후 재봉헌되다단9:2해설을 보라; 스6:15
336년	알렉산더 대왕이 마케도니아에서 왕이 되다
334-331년	페르시아 제국이 알렉산더 앞에 멸망하다
323년	알렉산더 대왕의 죽음

남쪽 왕-이집트	북쪽 왕-시리아
프톨레마이오스 1세 소테르 주전 323-282년(단11:5)	셀레우코스 1세 나카토르 312-281년(11:5)
(팔레스타인과 페니키아를 지배하다)	안티오쿠스 1세 소테르(구원자) 281-261년
(일부 유대인들을 알렉산드리아로 데려오다)	
프톨레마이오스 II 필라델푸스 282-246년(11:6)	안티오쿠스 2세 테오스 261-246년(11:6)
(70인역 번역 시기)	
프톨레마이오스 III 유에르게테스 246-222년(11:7-9)	셀레우코스 2세 칼리니쿠스 246-225년(11:7-9)
	셀레우코스 3세 소테르 225-223년(11:10)
프톨레마이오스 4세 필로파토르 222-204년(11:10-12)	안티오쿠스 3세 대제 223-187년(11:10-19; 로마의 속국, 주전 190/188년)
(마카비3서, 참고)	
프톨레마이오스 4세 에피파네스 204-180년(11:14-17)	셀레우코스 4세 필로파토르 187-175년(11:20)
프톨레마이오스 6세 필로메토르 180-145년(11:25-28)	안티오쿠스 4세 에피파네스(신이 현현하다)
(로마에 도움을 청하다, 주전 168년)	175-164년(11:21-45; 마카비1-2서, 참고)

세계 강국의 유대인 지배

주전

609-605년	유다, 요시야의 죽음 후에 이집트의 속국
604-587/586년	유다, 갈그미스 전투 후에 바빌로니아의 속국
601-598/597년	유다가 바빌로니아에 반란을 일으키다; 이집트의 편을 들다
597-587년	바빌로니아가 통제하다; 많은 유대인들이 바빌로니아로 추방되다

587/586-539년	예루살렘이 불타다; 유대인들의 포로로 끌려가 바빌로니아의 통치를 받다
539-334년	메대-페르시아 통치를 받는 유대인들
334-323년	알렉산더 대왕, 곧 그리스의 통치를 받는 유대인들
322-198년	이집트프톨레마이오스, 그리스화의 통치를 받는 유대인들
198-164/142년	시리아셀레우코스, 그리스화의 통치를 받는 유대인들
167/166-164년	마카비 가문이 이끄는 유대인의 유격전
164-142년	예루살렘이 시리아 요새를 제외하고 해방되다
	정화된 성전, 종교적 자유마카비1서 4:41-61
	완벽한 정치적 자유를 위한 지속되는 싸움
142-63년	독립, 하스모니안 통치자마카비1서 13:41
주전 63년 -주후 325년	로마의 지배를 받는 유대인들

페르시아 왕 고레스/메대 왕 다리우스 고레스 2세 대제는 일반적으로 아케메네스또는 페르시아 제국 건설을 책임진 자로 간주된다. 이 이름은 고레스의 조상, 아케메네스라는 가족 시조까지 거슬러 올라간다. 고레스는 주전 559년에 페르시아 왕이 됐다.

고레스는 페르시아 왕 캄비세스 1세주전 585-559년의 아들이다. 전설에 따르면, 그의 어머니는 메대 왕 아스티아제스의 딸이며, 그는 목동에게서 자라났고 후에 그의 외할아버지이자 군주에게 반기를 들었다고 한다. 고레스는 주전 590-589년경 태어났다. 그는 약 50세 되던 해인 주전 539년 바빌로니아를 정복했다.

고레스는 주전 559년경 페르시아 통치를 시작했다. 주전 550년에 고레스는 메대를 무너뜨렸고, 메대-페르시아 제국에 합병시켰다단5:27; 6:8; 에1장 고레스는 아스티아제스의 군사들에게서 변절의 도움을 받았다. 그 다음에 고레스는 리디아를 치러 행진했다. 그 수도는 지금은 터키라고 불리는 서부 해안가에서 가까운 곳에 위치한 사르디스였다. 이 군사작전은 주전 547-546년경에 이뤄졌다. 그 다음에 고레스는 동쪽을 주목했다. 페르시아의 위협이 점차 증가하는 것을 예상하고서, 나보니도스는 바빌로니아 외곽지역에서 도시로 신들을 옮겨오면서, 바빌로니아로 돌아왔다.

고대 기록에 따르면, 메대와 페르시아 사람들은 축제 동안주전 539년 10월 바빌로니아를 공격하기로 했는데, 그때 바빌로니아 사람들은 밤새 내내 마시고 즐겼다.벨사살의 축제, 단5

장 메대의 구바루/우그바루가우바루와; 그리스어:고비라스; ABD, 2:39; ANET: 306; 아래를 보라 구티움 총독이 고레스 군대를 전투도 하지 않고 바빌로니아 성읍으로 이끌었다. 한 보고에 따르면, 그들은 방향이 바뀐 유프라테스 강의 바닥을 통해 들어갔다고 한다. 2주 후 고레스는 도시로 들어갔다. 나보니도스와 그의 아들 벨사살의 무능한 통치 때문에, 바빌로니아 사람들은 해방자로서 고레스를 환영했고, 그의 길에 녹색 나뭇가지를 던졌다. 고레스는 나보니도스가 "방해"한 후 신의 참된 예배를 회복하려고 마르둑이 자신을 택했다고 주장했다. 고레스는 마르둑을 섬겼고, 거룩한 도시의 항구적인 성소에 형상들을 신속히 되돌려놓았다. 고레스는 다니엘 4:27에 지적된 압제의 종류인 바빌로니아 거주민들에 대한 강제노역이라는 멍에를 제거했다고 스스로에게 찬사를 보냈다.ANET: 315-316

다니엘서에서 여러 번 다리우스를 언급한다. (1) **메대 사람 다리우스가 그 나라를 차지하였다.**5:31-6:28 (2) **메대 족속 아하수에로의 아들 다리우스가 바빌로니아 나라의 왕이 된 첫 해.**9:1 아하수에로의 그리스어 형태가 크세르크세스Xerxes인데, 이는 많은 이들이 믿기로 고대 왕의 호칭이다. (3) **메대 사람 다리우스 일년에.**11:1 이 다리우스는 결코 바빌로니아에서 통치 첫해를 넘어서지 않은 것 같다는 사실을 주목하라.

고레스에 대해 여러 언급이 있다. (1) **다니엘은 고레스 왕 일년까지 왕궁에 머물러 있었다.**1:21 (2) **바로 이 사람 다니엘은 다리우스 왕이 다스리는 동안과 페르시아의 고레스 왕이 다스리는 동안 잘 살았다.**6:28 (3) **페르시아의 고레스 왕 제 삼년에, 일명 벨드사살이라고 하는 다니엘이 계시로 말씀을 받았다.**10:1

메대 왕 다리우스는 그의 이름이 후대 페르시아 왕들에게 알려지지만, 역사가들에게는 알려지지 않았다. 게다가 연대상으로 나보니도스/벨사살최후의 바빌로니아 왕들과 메대를 정복하고 주전 539년에 바빌로니아를 침략한 고레스 사이에 왕이나 왕국에 대한 시간이 전혀 없다.

메대 사람 다리우스의 정체에 대해 몇 가지 이론이 있다. 첫째이자 가장 그럴듯한 이론으로, 메대 사람 다리우스는 메대에서 구티움 총독인 구바루우그바루, 고비라스와 동일시된다. 다리우스가 전투도 하지 않고 고레스 군대를 바빌로니아로 이끌었을 때 대략 62세였다.5:31 2주 후 그들은 성읍이 고레스를 환영하도록 도우려고 거기 있었다. 고레스는 구바루를 "바빌로니아와 강 너머 지역의 총독"이자 메소포타미아의 부섭정副攝政으로 임명했다. 구바루는 8개월 후 죽을 때까지 총독을 임명하고 있었다.따라서 다니엘은 항상 첫 해의 그를 소개했다 다리우스는 페르시아 왕위의 이름의 짧은 한 형태였을 수 있다.다라야후: "선을 확고히 붙드는 자" 페르시아 사람들이 신속히 메대 사람들을 능가한다고 해도,단8:3 바빌로니아 제국의 붕괴 후 바빌로니아를 다스리는 첫 왕으로 메대 사람을 둔다는 것은, 앗시리아단니엘서의 도식에서는 바빌로니아가 대체함; ABD, 2:30와 메대와 페르시아와 그리스단2, 7, 8장, 참고라는 네 개의 세계 제국 이 이어진다는 고대 통용되는 개념에 잘 들어맞는다. 이 것은 또한 메대 군대가 바빌로니아를 함락할 것이라는 예언에도 들어맞는다.사13:17-19; 21:2, 9; 렘51:1, 27-28; ABD, 2:38-39; ANET: 306

둘째, 어떤 이는 다리우스와 고레스가 동일한 사람이며, 다니엘 6:28은 "다니엘은 다리우스, 즉 페르시아 사람 고레스가 다스리는 동안 잘 살았다"라고 번역돼야 한다고 제안한다. 이 견해에서 메대 사람 다리우스는 고레스에 대한 왕위의 이름이다. 이 견해에 대한 증거는 다니엘서의 일부 고대 번역본에서 발견되는데, 거기서 11:1은 **고레스의 첫 해**라고 읽는다. 더 나아가 고레스는 메대 사람들과 관련되며, 또한 "메대 사람들의 왕"이라고 불리었다. 하지만 최선의 계산은 고레스가 바빌로니아의 왕이 되었을 때 50대 초반으로 보는 것이다.단5:31, 예순 두 살, 참고 비문에 따르면, 다니엘 6:1이 암시하는 대로, 고레스는 많은 신하들을 임명했지만, 구바루를 통해 임명했을 것이다.위를 보라

학자들 사이에 다양한 이론에 대한 의견이 일치하지 않는다. 어떤 학자들은 모든 이론을 거부한다. 어떻게 해결이 되든지, 초기 메대-페르시아가 바빌로니아를 통치할 때, 메대 사람 다리우스와 페르시아 사람 고레스는 밀접하게 연관되든지 동일한 사람이라는 것이 명백하다.

고레스는 정복당한 민족들에게 온화한 것으로 알려졌다. 그는 강제노동의 멍에를 폐지하고ANET: 316 잡혀온 유대인들에게 예루살렘으로 돌아가 성전을 재건하도록 허용함으로써 자신이 관대하다는 점을 입증했다.대하36:22; 스1:1-8 이사야 44:28-45:1에서, 주님은 고레스를 자신의 "목자"와 "나 주가 기름 부어 세운"히브리어: 마쉬아흐[mašiah], 즉 메시아 자라고 부른다.

고레스는 중앙아시아 전투 동안 사라졌고, 그의 아들 캄비세스 2세주전 530-522년가 뒤를 이었는데, 그는 이집트를 차지했다. 페르시아 제국은 당시까지 세상에 가장 큰 제국이 됐다. 페르시아 제국은 인도까지 동쪽 전체를 다스렸다.

다니엘서: 연대와 저작권 누가 언제 다니엘서를 기록했는가? 학자들 사이에 논란이 많다. 다니엘서의 특성은 연대와 저작권을 최종적으로 결정하기가 거의 불가능하다. 다니엘과 그이 친구들에 대한 연속된 이야기는 한 부류의 대답을 시사한다.단1-6장 다니엘의 것으로 여겨지는 환상들은 다른 부류의 대답을 시사한다.단7-12장

이야기들은 역사적인 사건과 경험을 반영한다. 하지만 이야기들은 오늘날 역사 기록을 이해하는 대로의 역사는 아니다. 때로 이야기의 세부 내용은 느부갓네살과 같은 왕들에 대해서 알려진 바나 바빌로니아와 페르시아와 같은 제국에 대해 알려진 바에서 벗어난다. 이야기의 세부 내용을 통해 저자나 기록 연대를 확인하면 잘못된 결론에 이를 수도 있다. 다니엘이 느부갓네살의 꿈을 해석할 때의 세부 내용단2:36-45은 최소한 이야기의 최종 형태에 대해 정말로 마카비 시대의 연대를 요구하는 것 같다. 우리는 모든 이야기가 어떻게 마카비 시대의 압박 가운데 있는 유대인들의 필요를 충족하는지를 볼 수 있지만, 이야기의 어떤 것도 그 배경을 필요로 하지는 않는다.Rowley in ABD, 2:30 일반적으로 이야기들은 이른 연대 즉 마카비 이전의 시대를 시사하며, 아마도 어떤 양식은 포로기인 주전 6세기에서 오기도 하는 것 같다.

환상 때문에 학자들은 다니엘서를 묵시록으로 부르기에 이른다.[위의 **묵시문학**] 이 장르가 연대와 저작권을 결정하는 데 또 다른 종류의 실마리를 제공한다. 묵시적 기록의 대두, 즉 그 양식, 종교적 신앙의 특성, 과거 사건들에 대한 암시, 위의 것들과 다가올 것들과 인간과 다른 세계에 대한 견해, 이 모두는 연대와 저작권을 결정하는 데 기여한다. 묵시적 기록은 주전 200년과 주후 200년 사이에서 최절정에 이르렀다. 이는 주전 2세기의 안티오쿠스 4세 에피파네스 통치 때주전 175-164년 받은 압제의 시기와 같은 후대 연대를 시사한다.

이야기들은 바빌로니아 배경을 반영한다. 환상들은 바빌로니아에 있는 다니엘의 것으로 여겨지지만, **영광스러운 땅**유대 고국과 예루살렘과 성전 및 폭력적인 압제자의 손에 있는 백성들에게 닥칠 무시무시한 사건들에 관심을 가진다.

여섯 개의 교훈적인 이야기들은 다니엘과 그의 친구들을 중심으로 이뤄진다. 이야기들의 문체와 내용은 다니엘이 이야기의 저자로 간주돼야 한다고 요구하지 않는다. 이야기들은 3인칭 관점으로 제시된다. 구전을 통해 세대 사이에 전달되고, 2세기에 편찬되며, 마카비 시대의 신앙의 위기에 충족되도록 각색됐을 수 있다. 책에 있는 에스더나 룻이라는 이름이 저작권에 대해 의미가 없듯이, 이야기에 관한 한 다니엘의 이름이 책에 있다는 사실이, 저작권에 대해 어떤 의미를 지닐 필요는 없다.

네 개의 환상은 다른 문제를 야기한다. 다니엘 7장은 다니엘이 꿈을 기록했다고 말한다. 이 환상과 이어지는 환상들은 대부분 1인칭으로 기록된다. **내가 밤에 환상을 보았는데.**7:2 **한 환상이 내게 보이니**8:2; 새번역, "환상 속에서 보니, 나는"-역주 **내가 이렇게 기도드리면서 아뢸 때에, 지난번에 환상에서 본 가브리엘이 … 나에게 와서.**9:20-21 **나 다니엘만**

이 환상을 보고.10:7 과거의 유명한 인물이 기록한 것으로 돌리는 것이 묵시문학의 특징이지만, 어떤 해석가는 위경에서 잘 알려진 이런 특징을 고려하지 않고서, 이런 자료를 문자 그대로 해석해야 한다고 믿는다.

환상은 다니엘 시대부터 주전 2세기까지의 미래 역사를 추적하려고 의도한다. 그러므로 어떤 해석가는 이 환상들이 하나님의 영감에 의한 예견된 예언의 가능성을 보호하고자 6세기의 다니엘이 본 것으로 여겨야만 한다고 믿는다.Yamauchi 하지만 환상의 많은 세부 내용을 주전 165-164년까지의 역사에서의 세부 내용과 일치시킬 수 있다.단11:40-45 해설을 보라 거기서부터 환상들은 안티오쿠스 4세주전 164년 말에 죽은의 몰락을 예언하고 하나님의 영원한 나라의 승리에 대한 일반적인 확신을 표현하면서, 더 정확하지 못하고 더 환기시킨다.

예수는 다니엘 9:27이 "예언자 다니엘"이 말했다고 언급한다.마24:15 이로 말미암아 문자적 해석을 따르는 이들은 이 자료를 다니엘이라는 이름을 가진 책보다는 다니엘이라는 사람의 것으로 돌렸다.

다니엘서에 대한 후대 연대와 관련된 한 문제는 다니엘서가 유대 정경으로 받아들여졌다는 것이다. 어떤 이는 다니엘을 예언자라고 부르고 "모세의 율법과 예언서와 시편"눅24:44에 대해 말하는 예수 시대 가까이에서 정경이 완성됐다고 여기면서, 너무 늦게 기록된 자료들이 회람되고 존중받고 성서로 받아들여지기에는 시간이 충분하지 않다고 주장한다. 시편은 히브리 성서의 셋째 구분인, 다니엘서가 발견되는 성문서의 시작과 가장 긴 부분을 형성했다. 주후 90년경 얌니아에서의 "손을 더럽힌" 성문서들에 대한 랍비들의 논의는 이미 2세기 이전까지 정경이 된 책에 대한 것으로 정경화 결정이 아니었다.ABD, 1:841 성문서들은 반드시 즉각적으로 성서의 권위가 주어질 필요는 없었다. 그러나 책들을 정경으로 통합하는 과정은 여전히 추측에 의한 것이다. 다니엘서의 조각들이 쿰란주전 200년0주후 100년에서 발견됐다는 사실은, 다니엘서가 그때든 아니든 정경의 일부로 깊이 간주됐다는 추가적인 증거가 된다.

이 주석에서는 다니엘서의 자료, 특히 이야기는 이른 시기에 유래한다는 사실을 당연하게 여긴다. 이야기와 환상의 모음은 안티오쿠스 4세 에피파네스 당시의 신실한 자들에게 직면하는 위기에 대처하고자 2세기에 함께 묶였다.

이와 같이 이야기와 환상은 저작권에 대한 다른 견해가 필요한 것 같다. 아람어 부분에서 이야기들은 히브리어로 기록된 다른 환상단8, 9, 10-12장을 모으면서 독특한 방법으로 배열됐을 수 있다. 즉 다니엘 2장은 다니엘 7장의 환상과 병행을 이루고, 다니엘 3장은 다니엘 6장과 병행을 이루고, 다니엘 4장은 다니엘 5장과 병행을 이룬다. 다니엘 1장은 아마도 전체를 통합하고 전체를 위해 히브리어로 된 인클루지오를 제공하려고 마지막에 준비됐을 것이다.

포로기의 왕궁에서의 삶을 다루는 이야기들은 다니엘과 친구들이 신실했고 하나님의 신실함을 경험했다면 다른 이들도 역시 경험할 수 있다는 견해를 제시한다. 환상은 하나님의 백성이 무기력하고 이방 통치자들에게 박해를 받은 또 다른 상황을 반영한다. 어떤 이들은 이방 방식과 종교를 자신들에게 강요하는 이방 압제자와 그들의 조치를 지지하고, 다른 이들은 반대하면서 백성들은 나뉘었다. 하나님의 성전과 예배와 백성이 공격을 당할 때, 백성들은 하나님이 왜 개입하지 않는지 이해할 수 없어 혼란스러웠다.

더 많은 해석가들은 저자들이 책에 나타난다면 그들은 11:32-35, 12:3, 10, 1:4에서 언급되는 **지혜 있고** 분별력이 있는 자들이라는 의견에 도달하고 있다. 지혜 있는 자들은 스스로를 다니엘과 그의 친구들과 동일시했다. 그들의 임무는 교사로서, 싸우는 것이 아니라, 많은 이들이 이해하도록 하고 가르치는 것이다. 그들은 그렇게 할 때, 어떤 이는 죽겠지만 부활할 때 그들은 **하늘의 밝은 빛처럼 빛날 것이요, … 별처럼 영원히 빛**나도록 지목될 것이라는 사실을 알았다.

지혜 있는 자들이 변절자 유대인들과 시리아 사람들에게 폭력적인 조치를 취하는 마카비 사람들에게 합류한 하시딤 사람들아마도 바리새인파와 에세네파의 선구자들과도 동일시되어서는 안 된다.마카비1서 2:39-48; 7:12-18; 마카비2서 14:6; ABD, 3:68-69 그러나 지혜 있는 자들은 "음식으로 더럽혀지고" "안식일"과 "거룩한 언약을 모독하거나" "왕이 명령한 것을 행하"기보다는 죽음을 택하는그리고 많은 이들이 정말로 죽었다 자들의 지도자로 적합할 것이다. 그들은 동굴에 숨었고, 명백하게 반격하지 않으려는 절대적으로 확고한 입장을 취했다.마카비1서 1:62-64; 2:29-40; 하지만 안식일에는 하지 않았다는 마카비2서 6:11을 보라 지혜 있는 자들은 안식일에조차도 유대인들에게 싸우도록 모은 군사우선주의의 마카비 사람들의 작은 도움을 무시했다.단11:34; 마카비1서 2:39-41 지혜 있는 자들은 동료 유대인들에게 **사람이 손을 대지 않아도**단8:25 그들을 구원하는 데 하나님을 신뢰하도록 촉구했다. 이런 방식이 많은 이들의 고난과 죽음을 수반하지만 지혜 있는 자들은 이 경험이 백성을 정결하게 할 것이라고 말했다. 그들은 악한 통치자들을 이기고, 하나님의 통치를 세우고, 순교자들이 하나님의 영원한 나라에 참여하도록 세우는 데 인내와 하나님에 대한 희망을 조언했다.11:33-35; 12:2-3, 10-13; 마카비2서 7장; 14:46; 그리고 마카비2서의 구원의 기적, 참고 이런 대담한 신앙은 모든 세대의 신자들에게 본보기가 된다.

그리스 문화(헬레니즘) 이 용어는 그리스 사상, 관습과 종교에 대한 헌신이나 동일한 것을 모방하는 것을 가리킨다. 이것은 이성에 대한 강조, 지식과 예술과 중용과 시민의 책임과 신체적 발전에 대한 추구를 포함한다. 전형적으로 이것은 다른 신들을 올림포스 신들과 동일시하려는 시도도 포함한다. 알렉산더 대왕주전 356-323년은 그리스 문화를 대표하는 자라고 간주됐다. 팔레스타인에 미친 그리스 문화의 영향은 유대교에 심각한 도전이 됐다. 주전 2세기 즈음, 예루살렘은 그리스 문화를 지지하는 자들"변절자들"과 그리스 문화를 반대하는 자들모세 언약을 지킴; 마카비1서 1:11-15로 나뉘었다.

안티오쿠스 4세 에피파네스주전 175-164년가 자신의 명령을 어기면 사형을 언도하면서, 유대인들에게 싫어하는 그리스 풍습과 관습과 종교를 강요할 때, 이 문제는 위기에 다다랐다. 이것은 안티오쿠스 4세가 자기 제국의 백성들에게 언어와 종교와 문화와 복장에서 통합하도록 하는 일반적인 정책의 일부였다.마카비1서 1:41-64; 마카비2서 4-7 안티오쿠스는 토라 준수를 없애려 했다. 그는 예루살렘에 셀레우코스 왕조와 제국의 보호신인 올림포스의 제우스 숭배를 확립하기를 원했다.ABD, 5:15 이로 말미암아 마타티아스와 그의 아들들의 주도 아래 마카비 사람들의 반란이 안티오쿠스에 맞서 일어났다.주전 167년에 시작[
위의 안티오쿠스 4세 에피파네스][아래의 **마카비 가문**]

유다 왕들 유다 왕국의 말기는 소란스러웠다. 유다의 남 왕국은 10세기 솔로몬의 통치에 이어 세워지고서, 335년 지속됐다. 말기는 정치적으로 안정되지 못했다. 마지막 네 왕들 가운데 둘은 각각 세 달만 다스렸을 뿐이다.

요시야는 주전 640년 여덟 살의 나이에 통치하기 시작했다.왕하22:1 역대기에 따르면, 요시야는 통치한 지 여덟째 되는 해16세에 다윗의 하나님을 찾았고, 열두째 되는 해에 유다와 예루살렘에서 이방 숭배의 산당을 제거하기 시작했다.대하34:1-7 열여덟째 되는 해주전 622-621년 그는 성전을 수리하기 시작했다. 대제사장은 성전에서 "율법책"을 찾았는데, 이로 말미암아 큰 영적 부흥에 이르게 됐다.아마도 신명기의 이전 형태; 왕하22-23장 이 당시 앗시리아 제국이 비틀거리기 시작했다. 바로 느고는 앗시리아를 도우러 갔을 때, 이집트 가까이에 있는 유대 지방을 함락했고, 그 지방을 자기 영토에 편입시키려 했다. 요시야는 느고와 싸우든지대하35:20-27 아니면 동맹국으로 환영하고 그를 위한 통행을 열어주든지 하려고 므깃도에서 그를 "만나러" 갔다.왕하23:29 하지만 느고 자신은 편을 바꿀 수도 있는 동맹국의 손에 므깃도를 두기보다는 므깃도와 후퇴주전 605년에서처럼 필요하다면를 위한 길을 통제하기를 원했다.ABD, 3:1017 어쨌든 거기서 요시야는 살해되거나 치명

상을 입었다.609 B.C.; 왕하23:29; 대하35:23-24

요시아의 아들 **여호아하스**는 요시아가 죽은 후 백성들이 선택했다. 하지만 느고는 이 제 유다를 속국으로 삼으면서 팔레스타인을 완전히 장악했다. 세 달 후, 느고는 바빌로 니아에게서 하란을 성공적으로 얻지 못하고서 돌아가는 길에, 여호아하스를 폐위시키고 이집트로 끌고 갔다.왕하23:30-34 살룸으로 불리기도 했던 여호아하스는 이집트에서 죽 었다.렘22:10-12;겔19:4 느고는 여호야김여호아하스의 형제을 왕위에 앉혔다.주전 609년

느고가 **여호야김**에게는 이 이름을 주고 왕위에 앉혔다. 그는 처음에는 엘리아김으로 불렸으며, 요시야의 다른 아들이었고, 죽을 때까지 18년을 다스렸다.주전 609-598년; 왕하 23:34-24:6 요시야가 제거한 종교적 학대는 여호야김 때 다시 시작됐다. 여호야김은 예레 미야가 바룩에게 받아쓰게 한 유명한 편지에서 수신 대상이었던 왕이다. 여호야김은 완 전히 무시하면서 예레미야의 편지를 찢어서 태우고는 예레미야를 박해했다.렘36장

유다는 이집트에 무거운 세금을 지불해야만 했다. 하지만 느부갓네살이 갈그미스에서 느고를 무찌르고 하맛에서 또 다시 승리했을 때주전 605년 이집트가 팔레스타인을 장악한 것도 끝났다. 느부갓네살의 아버지가 죽고, 그는 왕위에 오르고자 고국으로 서둘러 가야 했다. 느부갓네살은 즉위한 지 4년 내내 서부에서 군사작전을 펼쳤다. 아마도 604-603 년 느부갓네살이 아스글론을 함락시킨 직후, 느부갓네살이 아스글론 가까이에 진격했기 때문에렘47장 여호야김과 예루살렘도 주전 604년 11월에 유다가 금식한 후렘36:9 바빌로 니아에 굴복했다. 이와 같이 주전 604년은 다니엘이 바빌로니아로 끌려가는 가장 이른 시기의 연대지만, 주전 597년이 더 가능성이 높다.아래를 보라

여호야김은 주전 603-601년 "세 해" 동안 느부갓네살에게 세금을 냈다.왕하24:1; 단1:1 해설, 참고 그 다음 주전 601-600년 느부갓네살은 이집트를 침략하려 했으나 양측 모두 큰 손실을 맛보면서 좌절됐다. 이렇게 바빌로니아가 약하다는 징후 때문에 여호야김은 반항하여 주전 600년에 세금을 중지하고, 이집트와 자신을 왕위에 오르게 한 느고를 지 지했다. 느부갓네살은 이미 유다를 견제하려고 팔레스타인에 둔 바빌로니아 부대를 보 냈다.왕하24:2 여기서 실패하고서 느부갓네살은 자기 군대를 보냈고,주전 598-597년 예루 살렘은 잠시 포위된 후 주전 597년 3월에 함락됐다. 여호야김은 성이 무너지고 느부갓 네살이 도착하기 전에 죽었다.왕하24:6-12 그러나 역대기는 느부갓네살이 여호야김을 묶 어 바빌로니아로 데려갔다고 하지만, 이후의 보고는 없다.대하36:6 요세푸스 *Ant.* 10.6.3는 느부갓네살이 여호야김을 죽이고 장사지내지 않고서 그의 시체를 예루살렘 성벽 앞에 던졌다고 보고한다.이와 같이 렘22:13-19; 36:30을 성취한다; ADB, 3:664-665

느부갓네살이 여호야김을 징벌하러 오는 도중에, 여호야김의 아들 **여호야긴**이 주전 598년에 유다 왕이 됐다. 여호야긴은 3개월 동안 다스렸다. 느부갓네살이 도착했을 때, 여호야긴은 항복했다. 열왕기하 24:8-16과 역대하 36:10에 따르면, 느부갓네살은 하나님의 집의 보물과 아마도 다니엘과 에스겔을 포함해서 많은 포로와 함께 여호야긴을 바빌로니아로 잡아갔다. 이때는 느부갓네살이 다스린 지 여덟째 해가 되는 때였다.주전 597년 여호야긴은 느부갓네살이 죽을 때까지 바빌로니아에서 감옥에 있었다. 에윌므로닥이 그를 놓아주고 영예로운 자리를 허락하며, 매일 왕과 함께 식사를 하도록 허락했다.왕하25:27-30 예레미야는 여호야긴을 "여고냐"렘24:1; 27:20; 28:4; 29:2와 "고니야" 22:24-28; 37:1라고 불렀다.

느부갓네살은 **시드기야**를 왕위에 앉혔고, 따라서 신하가 된다는 표시로 그렇게 이름을 불렀다.주전 597년 시드기야는 이전에는 맛다니야라고 불렸으며, 마지막 유다 왕이자 왕위에 오른 요시야의 셋째 아들이다. 시드기야는 주전 587-586년 바빌로니아 앞에 모두가 몰락하기 전까지 직위를 유지했다. 그는 수천의 지도자들과 기술공들과 더불어 여호야긴이 끌려간 후 남겨진 나머지 사람들을 다스렸다. 시드기야는 바빌로니아에 충성을 약속했지만,겔17:13-19 그와 그의 동료들은 바빌로니아에 맞서 음모를 꾸미고 원조를 약속했던 이집트로 기울었다. 예레미야21장는 이 행위의 어리석음을 보고, 이에 대해 경고했다.

시드기야의 아홉째 되는 해주전 589년 이집트와의 협상으로 고무되어, 바빌로니아에 반항하여 공물을 중단했다. 느부갓네살은 반역자들에게 군대를 보내어, 성읍을 포위했다.왕하24:20-25:3 예루살렘 주민들은 1년 반 동안 묶였다. 시드기야는 절망 속에서 히브리 노예들을 놓아주기로 약속하고 이집트에 호소했는데, 이집트는 진격하여 한 동안 바빌로니아 사람들을 몰아내어 자유롭게 된 자들이 다시 노예가 됐다.렘34장; 37:5 하지만 유다가 이집트에게 갖는 희망과 하나님이 자신의 성읍과 성전을 보호할 것이라는 믿음은 꺾이고 말았다. 성벽이 무너졌을 때, 시드기야는 도주를 시도했지만 사로잡혔다. 시드기야의 자녀들은 그 앞에서 살해됐고, 시드기야는 이 끔찍한 장면이 그의 마지막 장면이 되면서, 눈이 멀게 됐다. 그는 바빌로니아로 포로로 끌려갔다. 주전 587-586년 예루살렘 성읍은 불타고 나머지 백성들은 포로로 끌려갔다. 유다 왕국은 끝이 났다.왕하25:4-11

마카비 가문 이것은 안티오쿠스 4세 에피파네스 당시 시리아에 맞서 무장한 반란을 이끌고, 제사장들과 국가 지도자들의 가문을 제공한 유대 가문의 이름이다.[위의 **안티오**

쿠스 4세 에피파네스] 이 가문은 또한 하스몬 가문Hasmonaeans으로도 알려졌는데 신비스러운 가문의 조상 하스몬Hasmonaeus의 이름에서 유래했다.

반란은 경건한 유대인들에게는 매우 받아들일 수 없는, 안티오쿠스 4세 에피파네스의 정책의 결과로 일어났다. 약 7년간의 심한 박해 후에 마타티아스가 이교의 제물을 바치도록 한 왕의 신하와 한 유대인을 죽였을 때 반란이 시작됐다. 그는 제단을 고르게 하고서 다섯 아들들과 함께 산으로 도주했으며, 거기서 그들은 피니어스와 같은 "율법에 열심인" 자들에 합류했다.주전 167년; 마카비1서 2장; 민25장 마타티아스는 몇 개월 열렬하게 싸우고서 죽었다. 반란은 그의 다섯 아들에게 남겨졌다. 두 아들 엘르아살과 요한은 죽었다.

마카비라 불리는 유다스가 지도자가 되고주전 166-160년 그에게서 마카비 가문이라는 이름이 나왔다. 마카비는 "망치"를 의미하는데, 그가 못을 박는 망치와 같이 적을 때렸기 때문에 주어진 별명일 것이다.ABD, 4:454 유다스는 언약 법 준수를 옹호하고 강화하고, 독립적인 유대 국가를 재건할 목적을 가진 전사였다. 유다스는 성공적으로 시리아 장군 아폴로니우스와 세론Seron을 무찔렀다. 이것은 안티오쿠스가 팔레스타인에서 받고 있던 수입을 줄어들게 했으며, 절박함 가운데 그가 죽었던 페르시아에서 기금을 올리려고 했다. 그러는 동안 안티오쿠스는 유대에서의 반란을 진압하려고, 세 장군 프톨레마이오스와 니카노르Nicanor와 고르기아스Gorgias와 더불어 리시아스Lysias를 보냈다.주전 165-164년 주전 164년에 유다스는 벧술Bethzur에서 리시아스를 무찔렀다. 주전 164년 12월에 유다는 성전에서 이방 우상을 제거하고 성대하게 새로운 수전절修殿節과 더불어 예배를 재건했다.마카비1서 3-4장 시리아 사람들과 변절자 유대인들은 여전히 예루살렘의 요새를 장악했고, 정치적인 통제의 발판을 유지하려고 노력했다.

유다스는 요단 강 동쪽에서 적에 맞서 전쟁을 벌인 반면, 다른 형제는 안전을 위해 갈릴리에 흩어져 있던 유대인들을 유대로 데려왔다.

리시아스가 큰 군대를 이끌고 돌아와 유다스를 무찔렀다. 그러나 리시아스는 유대의 예배를 중단시키려 하지 않았다.

안티오쿠스 4세 에피파네스가 죽은 후주전 164년; 마카비1서 6장; 마카비2서 9장 그의 계승자 데메트리오스Demetrius 1세는 반란을 종결시키려고 니카노르를 보냈다. 니카노르는 유다스에게 패배했다. 니카노르는 대신 항복하지 않으면 성전을 태우겠다고 위협했다. 이로 말미암아 유다스를 크게 지지하게 됐고, 니카노르는 살해되기에 이른다. 이때 유다스는 유대가 독립 국가인 것처럼 로마와 평화조약을 맺었다. 로마 원로원은 데메트리오스

1세에게 유대인들과 싸우는 것을 멈추라는 서한을 전달했다. 그러나 메시지가 도착하기 전에 유다스는 시리아 장군 박시데스에게 패배하고 죽임을 당했다.마카비1서 7:26-9:22

요나단이 주전 160년 반란을 주도했다. 그의 형제 요한의 죽음을 복수하려는 전투에서, 요나단은 패배했다. 요나단은 주전 142년까지 이어갔는데, 142년에 마타티아스의 다른 아들 시몬이 그를 계승했다. 25년의 싸움과 전쟁 후에 유대인들은 주전 142년 이방인들의 멍에에서 정치적인 자유를 달성했다.마카비1서 13:41-42 주전 140년 시몬은 유대인들의 군대 사령관이자 총독으로 섬기면서 대제사장이 됐다. 시몬은 주전 134년 사고로 인한 죽음을 맞이했고, 그의 아들 요한 힐카누스John Hyrcanus, 주전 134-104년가 계승했는데, 그는 유대 국가를 영향력과 번성의 최정점에 이르게 했다. 하스몬 시기에는 폼페이는 팔레스타인을 침략했고, 로마의 통치가 시작된 주전 63년까지 이어졌다.

마카비 가문의 이야기는 마카비1, 2, 4서에 나온다. 이 책들은 그리스어 구약에 나오며, 마카비1-2서는 외경을 포함하는 성서에 나온다. NRSV 외경 역시 동방 정교회를 옹호하면서, 마카비3서안티오쿠스 4세의 반세기 전 이집트 유대인들의 투쟁에 대한와 마카비4서마카비2서 6:12-7:42에 대한 확장, 부활 대신에 영혼의 불멸을 강조하면서 그리스 철학자가 해석함를 포함한다. 학자들은 마카비1서와 같은 일부는 상대적으로 신뢰할만하다고 간주하지만, 특히 다른 책들에서는 윤색이 나타난다. 그러나 역사조차도 편향적으로 전한다.

마카비1서는 마카비 가문의 자유를 위한 싸움에 찬사를 보내려고 기록되었으며, 마카비 가문과 구약 지도자들 사이의 비슷한 점을 보여주고, 제사장과 왕으로서의 하스몬 가문을 정당화한다. 마카비1서는 토라를 지킨다는 자신들의 종교에 얽매어서 싸우기를 거부하고, 반항하지 않으며 심지어 안식일에 스스로를 방어하지 않아 학살당한 경건한 무리들을 비판한다.1:54-64; 2:29-38; 마카비2서 6:11, 참고 이런 사람들은 셀레우코스 대행자들의 말을 신뢰하기 때문에 어리석다고 묘사된다.마카비1서 7:5-30 유대인들은 예언이나 하늘에서의 기적도 없이 마카비 가문의 공적으로 구원받았다. 이 책은 부활이라는 보상을 언급하지 않는데, 아마도 저항하지 않는 순교를 단순히 경건한 자들의 방침일 뿐이라고 반대했던 마타티아스 때문일 것이다. 마타티아스는 화덕의 세 젊은 사람들과 사자 굴의 다니엘에 대한 이야기를 존중하지만2:59-60 마카비1서는 환상에 대해서는 아무 언급도 하지 않는데, 아마도 환상을 위조로 간주했을 것이다.단7-12장 마카비1서는 심지어 다니엘 11장에서 예견된 사건들의 순서나 내용을 수정하려고 한다.Goldstein, 1976:42-54 구원은 율법과 하스몬 가문에 순종하는 데서 온다.마카비1서 5:62

마카비2서는 마카비 형제들의 이야기를 들려주지만, 그들이 "기껏해야 효과가 없고 최악으로는 반역과 죄로 부패했다"는 것을 보여준다.Goldstein, 1976:33 구원의 기적들이 많다. 순교가 찬사를 받는다. 순교자들에 대한 부활을 단언한다. 하나님은 무에서 만물을 창조했다고 인정받는다.마카비2서 7장; 12:42-45; 14:46 승리는 순교와 기도로 얻은 하나님의 은혜에서 온다. 심지어 유다스도 자신이 군대보다는 하나님을 신뢰한다고 말한다.8:18 마카비2서는 두 가지 비슷한 섹션이 있는데, 각각은 성전과 순교와 "그들의 동맹으로서의 전능한 이와 함께 한"8:24 승리에 대한 위협을 이야기하고, 그 다음에 수전절마카비2서 1-10장과 니카노르의 날11-15장이라는 새 절기에 대한 첫 기념을 다룬다. 오니아스 3세는 모범이 되며, 이방인들과의 언약이 유대 법이 무시되지 않는 한 유익할 수 있다는 사실을 보여주는 데 도움이 된다. 몇 가지 면에서 마카비2서마카비1서가 아니라는 기도에 가치를 두고, 구원하는 하나님을 신뢰하고 어느 정도 무저항을 실천하며 따라서 순교와 부활로 이어지는 데서마카비2서 6:11-17 다니엘서와 더 조화를 이룬다.Goldstein, 1976:4-36; ABD, 4:440-450

나보니도스 느부갓네살이 주전 562년 죽었을 때, 그의 아들 에윌므로닥이 계승했다. 에윌므로닥아멜마르둑은 유다의 포로로 끌려온 왕 여호야긴을 자기 상에서 먹도록 허용하면서 극진히 대우했다.왕하25:27-30 에윌므로닥은 혁명에서 죽임을 당했고주전 560년 느부갓네살의 딸과 결혼한 네르갈 사레셀네르갈-사레셀이 계승했다.렘39:3, 13 그는 주전 556년에 죽었고, 어린 아들 라바쉬-마르둑Labashi-marduk이 계승했는데, 그는 세 달 후 나보니도스가 왕위를 차지할 때 제거됐다. 나보니도스는 주전 556-539년에 다스렸는데, 주전 539년에 메대-페르시아 침략자들이 승리했다. 나보니도스의 이름은 "신 나부가 존경받을 것이다"를 의미하며, 그는 이상한 통치자였다. 그는 느부갓네살 가문에도 속하지 않으며, 역사와 고대 성소의 회복에 관심을 가졌다. 나보니도스는 주전 544년 왕권을 자기 아들 벨사살에게 맡겼다.ANET: 313; 느부갓네살의 아들로서의 벨사살의 "문제"에 대해서는 단5:2, 11, 18 해설을 보라 나보니도스의 어머니는 하란의 신Sin 사원에서 대여제사장이었고, 나보니도스를 나보폴라사르와 느부갓네살에게 소개했다. 나보니도스는 신Sin이 자신에게 10년 동안 북서 아라비아의 데마Tema에서 살도록 명령했다고 주장한다. 여기 역시 아라비아와 메소포타미아 사이의 무역로를 통제하고 성장하는 페르시아 세력을 피하기에 좋은 곳이었다.ABD, 4:973-976 바빌로니아의 성직자들은 나보니도스가 의식을 혼합하고 난나와 신Sin과 같은 이상한 신들에 대한 숭배를 도입하며, 데마에 살면서 요새와 궁전을 짓도록 강제노역을 동원하고 자신의 책임을 무시하며, 그 책임을 아들의 손에 맡긴다고 크게 불평했다. 페르시아 사람들은 나보니도스가 신Sin으로 마르둑을 대체하려 하고, 그들의 정복이 마르둑의 고대 숭배를 회복했다고 주장했다.ANET: 31~316

나보니도스는 데마에 있는 동안 7년의 질병으로 고생했다. 많은 이들은 이 질병이 다니엘 4장에 느부갓네살에게 돌리는 질병이라고 믿는다. 쿰란에 발견되는 문헌 가운데, 나보니도스의 기도4QprNab는 주전 2세기 후반이나 1세기 초의 것으로 보이는데, 느부갓네살에 대한 다니엘 4장과 비슷하게 나보니도스에 대한 이야기를 들려준다. 주요 차이점은 느부갓네살이 하나님의 통치권을 인정할 때 하나님에게서 치료를 받았지만, 쿰란 조각에서는 유대의 퇴마사가 나보니도스의 죄를 용서하고 그에게 하나님에 대한 진리를 가르쳐줌으로써 그를 고쳤다는 것이다.

이것이 본문이다.Vermes: 274

> 지극히 높으신 하나님의 명령으로 데만에서 악성 종기로 고생할 때, 위대한 왕 바빌로니아의 나부나이 왕이 한 기도의 말씀이다.
>
> 나는 악성 종기 7년 동안 고생했으며, … 퇴마사가 내 죄를 용서했다. 그는 유다의 포로로 끌려온 자들의 자녀에 속한 유대인이었고, 그가 "지극히 높으신 하나님의 이름을 높이고 영광을 돌리려고 쓸 때 이것을 설명하라."라고 말했다. 그리고 나는 이와 같이 기록했다.
>
> "나는 지극이 높으신 하나님의 명령으로 데만에서 악성 종기로 고생했다. 7년 동안 나는 금과 은, 동과 철, 나무와 돌과 진흙의 신들에게 기도했다. 왜냐하면 나는 그들이 신들이라고 믿었기 때문이다. …"

다니엘서 4장의 저자는 예루살렘을 파괴하고 포로 생활을 고안한 자로서의 느부갓네살의 이미지와 나보니도스 아래 그의 통치를 확장할 때의 사건과 결합하기로 택했는가? 나보니도스 가 주전 543년 바빌로니아로 돌아왔을 때, 페르시아의 고레스가 메대를 정복했고, 바빌로니아는 침략 받을 위기에 놓였다. 기록에는 간격이 있지만, 나보니도스는 주전 539년 새해 절기를 기념하려고 바빌로니아에 머물렀다. 기념하는 동안 고레스는 바빌로니아로 진격하고 있었다. 나보니도스는 나라 신들이 보호를 위해 바빌로니아로 오도록 명령했다. 그 직후 고레스 군대가 전쟁도 하지 않고 바빌로니아로 입성했다.나보니도스의 통치에 대한 역사 자료를 위해 ANET: 305~315를 보라 침략자들이 성읍을 통과해서 흐르는 유프라테스 강의 방향을 바꾸어 강바닥까지 들어갔다고 한다. 침략에서 벨사살은 죽임을 당했다.단5:30 나중에 나보니도스는 포로로 끌려가 유배되어 죽었다.

느부갓네살(또는 느부갓레살) 아카드어로 느부갓네살의 이름 나부-쿠두리-우수르는 나부Nabu라는 신의 이름을 결합했다. 이와 같이 왕의 이름은 "나부여, 내 아들을 보호하라" 또는 "나부여, 내 경계를 보호하라"라는 의미를 지닌다. 느부갓레살Nebuchadrezzar은 예레미야서와 에스겔서에서처럼 바빌로니아 철자를 모방한 것이다. 느부갓네살은 열왕기하와 역대하와 다니엘서에서 유대의 다른 형태다.

느부갓네살은 나보폴라사르의 아들이자 에윌므로닥아멜-마르둑의 아버지다. 느부갓네살은 주전 605-562년 바빌로니아를 다스렸다. 나보폴라사르는 신-바빌로니아 제국을 건립한 자다. 나보폴라사르가 앗시리아에 반역할 때주전 626년 요시야주전 640-609년는 종교 개혁을 수행하고 잃은 영토를 회복하려 했다.[위의 **유다 왕들**]

나보폴라사르는 바빌로니아 성읍을 재건했다. 주전 605년에 그는 이집트의 바로 느고를 만나도록 자기 아들 느부갓네살을 보냈다. 유프라테스 강 상류에 인접한 도시인 갈그미스의 전투에서, 이집트의 느고는 역사적으로 참패했다. 이때 나보폴라사르가 죽어, 느부갓네살은 바빌로니아의 왕위에 오르려고 고국으로 돌아왔다. 다음 4년 내내 느부갓네살은 유프라테스 강 서쪽에 군사작전을 펼쳐, 공물을 모으고 성읍들을 정복했다. 아마도 604-603년 느부갓네살이 아스글론을 함락한 직후, 여호야김도 바빌로니아에 굴복했다.렘36:9, 유다는 느부갓네살이 아스글론으로 진격했기 때문에 주전 604년 11월에 금식했다; 렘47장, 참고 이와 같이 주전 604년 후반은 다니엘이 바빌로니아로 끌려간 가장 이른 시기의 개연성 있는 연대이지만, 주전 597년이 더 가능성이 높다.아래를 보라

여호야김은 주전 603-601년 "세 해" 동안 느부갓네살에게 세금을 바쳤다.왕하24:1 느부갓네살이 시리아-팔레스타인에 대해 충분히 강력하게 장악했다고 생각했을 때, 주전 601-600년 이집트를 침략하려 했지만, 양측 모두 큰 손실을 입고 좌절됐다. 바빌로니아가 약해졌다는 이런 조짐 때문에 여호야김은 고무되어 반란을 일으키고, 주전 600년에 세금을 중지하고서 이집트와 팔레스타인에 대한 소유권을 다시 주장하려고 했던 느고를 지지했다. 이 시기에 예언자 예레미야는 유대 지도자들에게 이집트에 의존하는 것에 대해 경고했다. 느부갓네살은 유다를 치려고 바빌로니아 부대를 보냈다.왕하24:2 여기서 실패하자, 느부갓네살은 자기 군대를 보냈고주전 598-597년 예루살렘은 잠시 포위된 후 주전 597년 3월 함락됐다. 아마도 다니엘을 포함해서 포로로 끌려갔다. 시드기야가 왕으로 임명됐으며, 무거운 공물이 부과됐다. 다음 해에 시드기야는 점차 이집트로 기울

었고, 마침내 주전 589년에 바빌로니아에 바치는 세금을 중지했다. 느부갓네살은 주전 587년 유다를 침략했고 두 번째 포위 공격을 감행했는데, 이로 말미암아 예루살렘 성읍과 성전이 파괴되고 유대인들은 두 번째로 대규모 추방이 이뤄졌다.주전 586년

느부갓네살은 메대 왕의 딸 아미티스와 결혼했다. 이 동맹으로 그의 왕국의 경계를 북쪽과 북서쪽까지 확보했다. 느부갓네살이 모은 공물은 성전과 요새와 궁전 건축에 들어갔고 노예 노동이 제공한 인력은 패배한 나라에서 왔다.

느부갓네살의 주요 건축 계획은 그의 궁전이었다. 이 궁전은 유프라테스 강 동쪽 둑에 인접한 도시 북쪽의 모퉁이에 위치했다. 궁전은 약 300m 크기의 사다리꼴로 되어 있다. 궁전은 다섯 개의 주요 뜰을 포함했다. 중앙 뜰은 약 52m×17m 크기이며, 남쪽 끝에 공식 알현실이 있었다. 아마도 이 큰 방에서 벨사살은 자기 손님들을 대접했을 것이다.

느부갓네살의 생애의 마지막 30년에 대해서는 거의 알려진 바가 없다. 느부갓네살은 자신의 큰 도시 건설에 노력을 쏟아 부은 것처럼 보인다. 다니엘 4장에 보고된 정신착란은 이 시기에 일어났을 수 있지만, 이 일화는 나보니도스의 일생에서 옮겨왔을 수도 있다.[위의 **나보니도스**] 느부갓네살은 메대 세력이 점차 성장하는 것을 인식했다. 오피스까지 확장되는 방어벽을 시포르에서 바빌로니아 북쪽에 건설했다. 방어벽은 북쪽의 부족 공격에서 성읍을 보호하려고 계획됐다.

느부갓네살은 주전 562년에 죽었고, 그의 아들 에월므로닥아멜-마르둑; 주전 562-560년이 계승했다.

프톨레마이오스 왕조 이는 알렉산더 대왕의 제국이 분열된 후 이집트를 지배한 왕조의 이름이다.주전 323년 프톨레마이오스 왕조는 이집트를 병합한 로마에 패배할 주전 30년까지 지배했다.

이 이름은 주전 305년 이집트에서 왕이 된 후 이집트를 받았던, 알렉산더 대왕의 장군인 프톨레마이오스 1세 소테르주전 323-282년에게서 유래한다. 많은 군사작전 후 프톨레마이오스 1세는 통치를 확장하여 팔레스타인과 페니키아를 합병시켰다. 프톨레마이오스 왕조 아래에서의 유대인들에 대해서는 거의 알려지지 않았다. 예레미야44장은 거기서 유대 디아스포라에게 말한다. 주전 320년 많은 유대인들이 전쟁 포로로 알렉산드리아에 왔다. 프톨레마이오스 2세 필라데푸스주전 282-246년 아래에서 유대인들은 자신들의 예배에 사용하려고 히브리어 성서를 그리스어로 번역하기 시작했다. 아리스테아스Aristeas의 허구적 편지는 왕이 그것을 요구했다고 잘못 주장한다. 가장 잘 알려진 그리스어 번

역본은 70인역이다. 유대인들은 세금을 냈고 대신 프톨레마이오스 왕조는 유대인들에게 지역 문제에서 많은 자율권을 보장했다.

유대에 대한 통제는 셀레우코스 왕조와 프톨레마이오스 왕조 사이에서 오고 갔다. 주전 198년 이전 대부분은 이집트의 진영에 속했지만, 시리아는 자주 이에 대해 도전했다. 다니엘 11:7-9은 프톨레마이오스 3세 유에르게테스주전 246-222와 자기 여동생이자 안티오쿠스 2세의 아내를 살해한 것에 대한 보복으로 시리아를 침략한 사건을 언급한다. 심지어 그가 이집트에 돌아올 때 예루살렘 성전에 제물을 바쳤다는 보고가 있다.ABD, 5:542 프톨레마이오스 5세 필로타토르주전 222-204년는 주전 217년 가자의 라피아에서 안티오쿠스 3세를 무찔렀다. 다니엘 11:11-12과 마카비3서가 이에 대해 말한다. 프톨레마이오스 5세 에피파네스주전 204-180년가 통치할 동안, 이집트는 주전 200년에 시리아에게서 파니움에서 패배했고, 주전 198년 즈음 팔레스타인이 셀레우코스 왕조에 지배당했다는 사실이 명백하다.[아래의 **셀레우코스 왕조**] 다니엘 11장은 셀레우코스 왕조와 프톨레마이오스 5세 필로메토르주전 180-145년; 단11:14-17 해설을 보라 사이의 경쟁 일부를 추적한다. 그는 마카비 반란 동안 다스렸고, 아시아에서 이집트의 세력을 재건하려고 계속 노력했다.

수수께끼 성서 세계에서 수수께끼는 일반적이었다. 수수께끼는 청중을 놀라게 하려고 의도한다. 히다hidah라는 단어가 사사기 14:12-19에 나오는데 거기서 삼손은 수수께끼를 제안했다.

   "먹는 자에게서 먹는 것이 나오고,
   강한 자에게서 단 것이 나왔다."

때로 수수께끼히브리어 히다[ḥidah, 단수]; 히토트[ḥidot, 복수]라는 단어는 "어려운 질문"을 가리키는 데 사용된다.왕상10:1 수수께끼를 푼다는 것은 한 아이를 두고 두 여인이 싸운 사건에서의 솔로몬과 마찬가지로, 어려운 결정을 할 능력을 시사한다.왕상3:16-28 "수수께끼"라는 단어는 삶의 수수께끼와 같이 "모호한 말" 또는 난해한 말을 가리킬 수 있다.시 49:4[히브리어로5절] 시편 49편은 신정론, 곧 하나님이 선과 악을 다루는 방식에 대한 어려운 문제를 탐구한다. 다니엘 8:23의 **흉계에 능숙한**히브리어 히토트[ḥidot, 복수]; 수수께끼들, RSV 무시무시한 왕에 대한 경우, 주술에 참여한다는 암시일 수 있다. 흉계는 하늘에서의 그 비밀에 침범하여 다투려는 시도를 가리킬 수 있다.8:12, 참고 흉계는 또한 공직을 최고로 제시하는 자에게 팔고, 다른 이들에게 배반하고, 권력과 재물을 위해 계략을 펼치는 안티오쿠스 4세의 정치적인 수완을 암시할 수도 있다.

최소한 "모호한 말"을 다루는 능력은 천부적이지는 않더라도 지적인 우월함을 시사한다. 다니엘서는 수수께끼를 설명할 수 있다.아람어; 아이단[ʾaidan]; 히브리어 히도트[hidot]에 대해; 5:12 난해한 꿈을 해석한 요셉과 마찬가지로, 이런 어떤 해석가도 "예언적 지혜," 즉 거룩한 신들의 영이나 하늘을 통해서만 접근할 수 있는 지혜가 필요할 것이다.5:11 오직 이런 신비한 지혜로운 벨사살의 연회실 벽에 있는 난해나 말을 이해할 수 있다.5:25-28

셀레우코스 왕조 이는 알렉산더 대왕의 제국이 주전 323년 분열되고 주전 63년 로마 제국이 대두하기 전까지 시리아와 바빌로니아와 페르시아를 지배했던 왕조의 이름이다. 이 이름은 마케도니아에서 인도까지 군사 정복주전 336-323년에서 알렉산더 대왕과 동행했던 기병 고위직이었던 셀레우코스 1세 니카토르에서 유래한다. 알렉산더의 제국이 분열됐을 때, 셀레우코스는 소아시아에서 인도까지 확장된 가장 큰 땅을 받았다. 상당한 소요와 갈등이 있었지만, 셀레우코스 1세는 주전 312년그의 통치하는 해에 대한 공식적인 계산이 시작되는 때 가까스로 바빌로니아를 회복하고 주전 301년 시리아와 소아시아 상당 부분에 대한 통제력을 얻었다. 실루기아Seleucia는 동부 수도였고, 이제 셀레우코스 1세 니는 안디옥에 서부 수도를 세웠다. 셀레우코스 왕조는 로마가 주전 64년 셀레우코스 제국을 무너뜨리기까지 지속됐다. 로마는 폼페이가 유대의 내전을 해결하고 시리아의 로마 총독 아래 둔 동일한 해인, 주전 63년 시리아를 로마의 지방으로 삼았다.

시리아의 셀레우코스 왕조와 이집트의 프톨레마이오스 왕조는 팔레스타인 지배를 위해 경쟁했다. 팔레스타인은 대부분 주전 322-198년에 이집트의 지배를 받았다. 안티오쿠스 3세 대제가 주전 200년에 이집트에 승리한 후, 팔레스타인은 주전 198년에 더 지속적으로 셀레우코스 통치를 받게 됐다. 무시무시한 왕, 안티오쿠스 4세 에피파네스주전 175-164년는 셀레우코스 왕조의 일원이다.

셀레우코스 1세 니카토르의 아버지는 안티오쿠스라고 불리는 마케도니아 사람이었다. 시리아의 오론테스 강 접경 안디옥의 수도를 포함해서, 여러 성읍뿐만 아니라 이 이름을 담은 셀레우코스 왕들이 그를 기억하여 거론된다. 셀레우코스 왕조는 자신들의 제국을 통합하려고 그리스 문화와 종교에 전념하고 전파하는 것으로 유명했다. 이 정책으로 말미암아 그들은 유대인들과 갈등하게 됐는데, 이 갈등이 안티오쿠스 4세 에피파네스 때에 절정에 다다른다.[위의 **안티오쿠스 4세 에피파네스**]

일흔 이레, 다니엘 9:24-27 해석가들은 수세기 동안 490년이라는 이 기간을 역사에서 알려진 중대한 시점과 연결시키려고 노력했다. 어떤 이론은 490년이 안티오쿠스 4세 에피파네스와 주전 164년 성전 재봉헌에 점차 다가간다고 간주한다. 다른 이론은 490년이 주후 32년이나 33년에 유월절 예수의 죽음에까지 도달한다고 보았다. 여전히 다른 이들은 먼 미래를 가리키고, 종결 시점이 천년기로 인도할 "대 고난"이라고 주장한다.

일부 상세한 내용에서 보여주겠지만, 연대기를 엄밀하게 수학적으로 해석하는 자들 사이에는 거의 의견이 일치하지 않는다. 한 전제는 예레미야가 **예루살렘을 보수하고 재건하라는 말씀**을 주었다는 것이다.9:25; 주전 605-597년 예레미야는 폐허가 재건될 것이라고 알렸다.렘30:8; 31:11-12, 23-24 한 "이레" 후, 곧 주전 605년에서 49년 후 고레스가 왕이 됐다.이것은 주전 556년이겠지만 고레스는 실제로 주전 559년에 왕이 됐다 둘째 기간은 대제사장 오니아스 3세가 주전 171년에 죽으면서 끝났는데, 이는 예레미야 예언이 있은 지 434년 후였다. 중복되는 해의 숫자를 더하여434 + 49 483년=69이레의 해에 이른다. 마지막 이레는 주전 171-164년의 일곱 해 기간인데, 이때 안티오쿠스 에피파네스는 유대인들을 박해했다.

대안으로 재건된 예루살렘에 대한 명령의 해를 느헤미야가 예루살렘을 재건하라는 허락을 받은 때주전 445-444년로부터 기름 부어서 세운 이가 끊어지는 예수의 죽음까지주후 32-33년계산하여, 대략 483년의 때나 69이레가 된다. 이때 일흔 번째 이레는 연기될 수 있다.

최근 제안은 고레스가 명령을 내린 그의 첫해?인 주전 551년에서 계산이 시작되는 것이다. 49년 후 주전 502년 이 해석에서 "기름 부어서 세운 왕"으로 확인되는 느헤미야는 예루살렘 재건에 대한 허락을 받았다. 둘째 기름 부어서 세운 이는 힐카누스이며, 그는 주전 68년 왕과 대제사장에서 제거됐다. 마지막 이레의 중간주전 68-61년 로마의 폼페이는 제사를 멈추었다. 주전 61년에 490년이 끝났고, 유대의 통치를 율리우스 카이사르 아래에서 주전 61년 로마 사람들에게 상실한다.Faulstich: 103-110 많은 제안들 가운데 또 다른 하나는 490년이 고레스의 명령에서 주후 66년 로마에 맞선 유대 전쟁의 시작까지 뻗는다는 것이다.Lurie

해석의 다양성은 (1) 일부 번역 문제, (2) 490년의 계산을 시작하는 사건이나 시간, (3) 이레의 숫자가 면밀하게 계산되어야 하는가 아니면 시간 구역을 더 대변하는가, (4) 기름 부어서 세운 이가 역사에서 메시아 예수를 의도했는가 아니면 또 다른 기름 부어서 세운 이인가, (5) 왕단9:27이 악한 인물인가 아니면 그리스도인가에 달려있다.

여기서 한 특정 견해를 선호하고 경쟁하는 견해들에서 선택된 주장의 설득력을 인정할 수 있다. 다양한 견해는 다음과 같이 폭넓게 묘사될 수 있다.

해 석	70이레/49년	62이레/49년	1이레/7년
(Porteous, Young, Baldwin, Goldingay, 참고)			
역사적	주전 587/586-539년	주전 539-171년	주전 171-164년
메시아적/상징적	주전 538-440(?)년	주후 26년	주후 26-32/33 또는 70년
교회/상징적	주전 587년-주후 32년	주후 32년-종말	그리스도의 대적자 시간
세대주의적	주전 445-396년	주전 396년-주후 32/33년 대환난	

해의 계산이 시작하는 때에 대해서는, 제안들은 이사야가 회복을 선언했다고 여겨지는 주전 655년에서 사45:1, 13 느부갓네살이 대두하는 주전 605년까지, 또는 고레스가 포로들에게 고국으로 돌아가도록 허락하는 명령의 시기인 주전 538년까지, 또는 느헤미야에게 예루살렘 성벽을 재건하도록 한 허락의 시기인 주전 445년까지, 또는 아닥사스다가 에스라에게 내린 명령의 시기인 주전 458년까지와 이런 시기의 변형의 시기까지로 범위가 다양하다.

해를 계산할 때 양력을 사용하는가 아니면 음력을 사용하는가? 해는 연속되는가? 아니면 세대주의자가 주장하듯이, 이레의 마지막 두 세트 사이에는 무한한 간격이 있는가? 많은 이들에게 부자연스러워 보이는 이런 형태의 계산과 함께, 환상의 끝나는 지점이 현재 역사의 바깥에 있다. 숫자는 역사적 자료로 다뤄져야 하는가 아니면 묵시적 기록과 일치하는가? 거의 명백하게 숫자는 기간을 나타낸다고 여겨졌다. 연대기를 생각하는 대신에, 역사 자료를 해석하는 양식화된 방식인 "역사 배열"chronography을 생각해야 하는가?Goldingay: 257 본 저자는 후자를 고수하고 해석 도표에서의 해석 A를 가장 가능성 높다고 고려한다.

이와 같이 490년은 일반적인 틀, 곧 "거의 인위적인"quasi-artificial 도식을 제공한다.Hartman, 1978:251 이것은 해석가에서 다니엘의 숫자를 옹호하거나 비판하는 데서 구해줄 것이다. 특히 메시지의 의미와 취지를 파악하지 못하고서, 많은 시간과 노력이 이 숫자를 분별하고 변호하는 데 보냈다. 성서에서 많은 시간의 기간은 정확하기보다는 대략적이다. 예를 들어 사사기에서 압제나 평화의 40년의 기간은 정확한 기간으로 간주되지 않는다. 열왕기상 6:1에 따르면, 솔로몬의 성전은 출애굽한 지 480년이 되어 지어졌다. 이것은 정확한 연대기적 정보보다는 40년의 열두 번의 기간을 시사할 것이다. 심지어 예레미야에게도 70년은 평생과 완전함을 상징했다. 예레미야의 70년은 레위기 26장의 일곱 배의 징벌과 결합되어 490년이 된다. 이와 같이 가브리엘이 490년을 구분하는 것은 단순히 역사에서 다소간의 기간을 시사한다. 명백히 24-27절은 다니엘서에서 가장 어려운 구절일 것이다. 이미 고려한 내용 이외에도, 우리 해석은 여러 요인들을 고려한다. 8:13에서 익숙한 예루살렘, 성읍, 성소, 우상에 대한 관심이 있다. 다니엘 9장은 안티오쿠스에 대한 인접한 논의단8장과 10-11장와 문학적으로 관계가 있다. 이 모두는 일흔 번째 이레가 안티오쿠스 시대에서 절정에 이른다는 견해로 기운다. 이것은 환상이 주후 30년의 예수의 십자가에 못박힘이나 주후 70년의 예루살렘 멸망과 같은 주후 1세기의 사건들에 의해 다시 적용되거나 확증될 가능성을 배제하지 않는다. 예언에서 성취 자체가 예언들이 될 수도 있으며, 이차적인 성취가 있을 수도 있다. 그러므로 다니엘서에서 미래 그리스도의 대적자의 활동에 대한 전조를 보는 것이 반드시 무리한 것은 아니다. 예언은 2세기 사건을 가리키면서도, 이 사건들의 발생으로 다 된 것은 아니다.

다니엘서에 대한 보충 다니엘서가 최소한 두 형태로 유포됐다고 알려졌다. 쿰란에서 발견된 사본에서, 다니엘에 대해 유포된 어떤 이야기는 현재 성서 어디에도 발견되지 않는 것이 명백하다.

구약의 그리스어 버전에서, 다니엘서는 히브리어 버전보다 더 길다. 대부분의 영어 성서는 히브리어 버전에 근거한다. 그리스어 버전과 NRSV 외경의 네 가지 추가 내용은 아사랴의 기도와 세 유대인들의 노래, 수산나, 벨과 뱀이다. 마지막 둘은 이야기다. 장과 절의 구분은 그리스어 버전에서 왔다.

아사랴의 기도와 세 유대인들의 노래는 다니엘서의 그리스어 버전에서 3:23과 3:24 사이에 나온다.거기 해설을 보라 다니엘서의 그리스어 버전에서 두 이야기수산나; 벨과 뱀은 12장 뒤에 추가된다.거기 해설을 보라 이 이야기들은 (1) 70인역 버전LXX과 (2) 테오도티온 Theodotion 버전이라는 두 형태로 나온다. 이 기사들은 내용에서는 비슷하지만 표현에서는 상당한 차이가 있다.

다니엘 12장에 이어 나오는 수산나 이야기는 환상단7-12장과도 이전 이야기단1-6장과도 연결되지 않는다. 수산나 이야기는 배경이 바빌로니아의 부유한 유대인의 집이라는 사실을 제외하고는 다니엘서의 어떤 부분과도 연대기적으로 연결되지 않는다.

거의 누구도 이야기의 역사성을 옹호하지 않는다. 아마도 요셉과 보디발의 아내의 이야기에 영향을 받은 유익한 민간설화로 간주된다. 그러나 이 이야기에서 주인공은 여자다. 온전한 자는 옹호되고 악인은 징벌 받는 일반적인 주제 이외에도 수산나의 강한 믿음은 훌륭한 모범을 제공했으며, 또한 죽을 위기에 처하나 하나님의 개입과 다니엘의 지혜로 구원받는 순교자들의 이야기에 한 여인을 추가했다.

벨과 뱀의 이야기는 고레스의 예배 관습에 대한 이야기다. 고레스는 우상 벨을 예배했을 때, 다니엘이 예배하지 않았다는 것을 알아차렸다. 왜 그랬는지 묻자, 다니엘은 자신이 우상이 아니라 살아계신 하나님을 예배한다고 대답했다. 왕의 반응은 다니엘에게 우상이 매일 얼마나 많은 음식과 음료를 섭취하는지 목격하라고 요청하는 것이었다. 이어지는 시험에서 다니엘은 음식을 우상이 아니라 제사장들이 먹었다는 것을 입증했다. 격노한 왕은 벨과 그의 사원을 파괴하도록 다니엘에게 넘겨주고, 제사장들을 죽였다.

그 다음에 왕은 다니엘에게 자신과 다른 바빌로니아 사람들이 예배하는 뱀을 예배하라고 했다. "너는 이것이 살아계신 하나님이라는 사실을 부인할 수 없다"고 왕이 말했다.14:23 다니엘은 예배하기를 거부했고, 뱀이 불멸이 아님을 증명하도록 허락해달라고 요청했다. 다니엘은 뱀에게 복숭아와 기름과 머리카락을 섞은 것을 먹였다. 뱀은 그 혼합물을 먹고 터져버렸다.

신성한 뱀을 죽였으므로 격노한 왕은 다니엘을 사자 굴에 던져버렸다. 6일 동안 사자는 다니엘을 삼키지 않았다. 그 동안 천사가 예언자 하박국을 데려왔는데, 하박국은 다니엘을 먹이려고 국 한 그릇을 가져왔고, 그의 머리카락을 유대에서 바빌로니아까지 옮긴 후 그를 다시 유대로 돌려보냈다.겔11:1; 행8:39-40, 참고 일곱째 날에 왕은 다니엘이 살아 있는 것을 발견했다. 왕은 다니엘을 굴에서 빼냈고, 다니엘의 원수를 던졌는데, 그들은 재빠르게 먹혔다.

벨과 뱀 이야기의 기원은 논란의 대상이다. 사자 굴의 다니엘에 대한 세부 내용은 이 이야기가 다니엘서와는 별도로 유포됐다는 사실을 시사한다.6:16-24 벨과 뱀 이야기는 예레미야 51:34-35, 44에서 영감을 받은 제사장의 일화라고 제안해 왔다. 또 다른 견해는 벨과 뱀 이야기는 이사야 45-46장에서 발견되는 것과 상당히 비슷하게 우상을 조롱하는 패러디라는 것이다. 뱀 숭배가 이집트에서 오랫동안 행해졌으므로, 벨과 뱀 이야기는 특히 이집트의 유대인들 가운데 우상숭배를 없애려고 주전 1세기나 2세기에 기록됐다. 이 이야기는 아마도 주전 135년 경 다니엘서에 추가됐을 것이다.

벨과 뱀 이야기는 다니엘서 1-6장에 발견되는 주제들을 포함한다. 다니엘은 주인공이고, 왕은 주요 인물이다. 다니엘의 신앙으로 말미암아 왕이 어려움에 말려든다. 하지만 다니엘의 신앙으로 말미암아 왕을 어려움에서 벗어나게 한다. 다니엘을 보상을 받고 그의 원수는 징벌을 받는다. 결과적으로 다니엘의 하나님은 진정한 하나님, 살아계신 하나님, 지극히 높으신 하나님으로 간주된다.

아사랴의 기도와 세 젊은이의 노래

3:23과 3:24 사이에 나오는 다니엘서의 그리스어 버전의 추가 내용; NRSV번역은 가톨릭 성서 다니엘 3장에서 옴—역주

1 그러나 그들다니엘의 친구들, 하나냐와 미사엘과 아사랴;단1:6-7은 하느님을 찬송하고 주님을 찬미하며 불길 한가운데를 거닐었다. 2 그리고 아자르야는 불 한가운데에 우뚝 서서 입을 열어 이렇게 기도하였다.

3 "주 저희 조상들의 하느님, 찬미받으소서, 칭송받으소서. 당신의 이름은 영원히 영광 받으소서.

4 저희에게 하신 모든 일마다 당신께서는 의로우시고 당신께서 하신 일은 모두 진실하며 당신의 길은 다 올바릅니다. 당신의 판결은 모두 진실입니다.

5 그 모든 것을 저희에게, 저희 조상들의 거룩한 도성 예루살렘에 내리실 적에 당신께서는 진실하게 판정하셨습니다. 저희의 죄를 보시고 당신께서는 진실히 판결하시어 그 모든 것을 내리셨습니다.

6 저희는 당신에게서 멀어져 죄를 짓고 법을 어겼습니다. 정녕 저희는 모든 일에서 큰 죄를 지었고 당신의 계명들에 순종하지 않았습니다.

7 저희는 그것들을 따르지도 않고 잘되라고 저희에게 명령하신 대로 하지도 않았습니다.

8 그러므로 저희에게 내리신 그 모든 것, 저희에게 하신 그 모든 것을 당신께서는 진실한 판결에 따라 행하셨습니다.

9 당신께서는 저희를 무도한 원수들, 가장 가증스러운 반역자들, 불의한 임금, 온 세상에서 가장 사악한 임금에게 넘기셨습니다.

10 이제 저희는 입을 열 수도 없습니다. 당신의 종들과 당신을 경배하는 이들에게는 수치와 치욕뿐입니다.

11 당신의 이름을 생각하시어 저희를 끝까지 저버리지 마시고 당신의 계약을 폐기하지 마소서.

12 당신의 벗 아브라함 당신의 종 이사악 당신의 거룩한 사람 이스라엘을 보시어 저희

에게서 당신의 자비를 거두지 마소서.

13 당신께서는 그들의 자손들을 하늘의 별처럼, 바닷가의 모래처럼 많게 해 주시겠다고 약속하셨습니다.

14 주님, 저희는 모든 민족들 가운데에서 가장 작은 민족이 되었습니다. 저희의 죄 때문에 저희는 오늘 온 세상에서 가장 보잘것없는 백성이 되고 말았습니다.

15 지금 저희에게는 제후도 예언자도 지도자도 없고 번제물도 희생 제물도 예물도 분향도 없으며 당신께 제물을 바쳐 자비를 얻을 곳도 없습니다.

16 그렇지만 저희의 부서진 영혼과 겸손해진 정신을 보시어 저희를 숫양과 황소의 번제물로, 수만 마리의 살진 양으로 받아 주소서.

17 이것이 오늘 저희가 당신께 바치는 희생 제물이 되어 당신을 온전히 따를 수 있게 하소서. 정녕 당신을 신뢰하는 이들은 수치를 당하지 않습니다.

18 이제 저희는 마음을 다하여 당신을 따르렵니다. 당신을 경외하고 당신의 얼굴을 찾으렵니다. 저희가 수치를 당하지 않게 해 주소서.

19 당신의 호의에 따라, 당신의 크신 자비에 따라 저희를 대해 주소서.

20 당신의 놀라운 업적에 따라 저희를 구하시어 주님, 당신의 이름을 영광스럽게 하소서.

21 당신의 종들에게 악행을 저지른 자들은 부끄러운 일을 당하고 모든 권세와 세력을 빼앗긴 채, 권력이 꺾인 채 수치를 당하게 하소서.

22 그리하여 당신께서 주님이심을, 하나뿐인 하느님이심을, 온 세상에서 영광스러운 분이심을 그들이 알게 하소서."

23 세 젊은이를 가마 속으로 던진 임금의 종들은, 석뇌유와 송진과 삼 부스러기와 나뭇가지로 끊임없이 가마에 불을 때었다. 24 그래서 불길이 가마 위로 마흔아홉 암마나 치솟아 오르고, 25 또 옆으로도 퍼져 나와 가마 둘레에 있던 칼데아인들을 태워 버렸다. 26 그때에 주님의 천사가 가마 속 아자르야와 그의 동료들 곁으로 내려와서, 불길을 가마 밖으로 내몰고, 27 가마 복판을 이슬 머금은 바람이 부는 것처럼 만들었다. 그렇게 하여 그들은 불에 닿지도 않고 아프거나 괴롭지도 않았다.

28 그러자 세 젊은이가 가마 속에서 한목소리로 하느님을 찬송하고 영광을 드리며 이 노래로 찬미하였다.

29 "주님, 저희 조상들의 하느님, 찬미받으소서. 당신은 칭송과 드높은 찬양을 영원히 받으실 분이십니다. 당신의 영광스럽고 거룩하신 이름은 찬미받으소서. 당신의 이름은 드높은 칭송과 드높은 찬양을 영원히 받으실 이름입니다.

30 당신의 거룩한 영광의 성전에서 찬미받으소서. 당신은 드높은 찬송과 드높은 영광을 영원히 받으실 분이십니다.

31 당신의 왕좌에서 찬미받으소서. 당신은 드높은 찬송과 드높은 찬양을 영원히 받으실 분이십니다.

32 커룹들 위에 좌정하시어 깊은 곳을 내려다보시는 당신께서는 찬미받으소서. 당신은 칭송과 드높은 찬양을 영원히 받으실 분이십니다.

33 하늘의 궁창에서 찬미받으소서. 당신은 찬송과 영광을 영원히 받으실 분이십니다.

34 주님의 업적들아, 모두 주님을 찬미하여라. 영원히 그분을 찬송하고 드높이 찬양하여라.

35 주님의 천사들아, 주님을 찬미하여라. 영원히 그분을 찬송하고 드높이 찬양하여라.

36 하늘아, 주님을 찬미하여라. 영원히 그분을 찬송하고 드높이 찬양하여라.

37 하늘 위 물들아, 모두 주님을 찬미하여라. 영원히 그분을 찬송하고 드높이 찬양하여라.

38 주님의 군대들아, 모두 주님을 찬미하여라. 영원히 그분을 찬송하고 드높이 찬양하여라.

39 해와 달아, 주님을 찬미하여라. 영원히 그분을 찬송하고 드높이 찬양하여라.

40 하늘의 별들아, 주님을 찬미하여라. 영원히 그분을 찬송하고 드높이 찬양하여라.

41 비와 이슬아, 모두 주님을 찬미하여라. 영원히 그분을 찬송하고 드높이 찬양하여라.

42 바람아, 모두 주님을 찬미하여라. 영원히 그분을 찬송하고 드높이 찬양하여라.

43 불과 열아, 주님을 찬미하여라. 영원히 그분을 찬송하고 드높이 찬양하여라.

44 추위와 더위야, 주님을 찬미하여라. 영원히 그분을 찬송하고 드높이 찬양하여라.

45 이슬과 소나기야, 주님을 찬미하여라. 영원히 그분을 찬송하고 드높이 찬양하여라.

46 서리와 추위야, 주님을 찬미하여라. 영원히 그분을 찬송하고 드높이 찬양하여라.

47 얼음과 눈아, 주님을 찬미하여라. 영원히 그분을 찬송하고 드높이 찬양하여라.

48 밤과 낮들아, 주님을 찬미하여라. 영원히 그분을 찬송하고 드높이 찬양하여라.

49 빛과 어둠아, 주님을 찬미하여라. 영원히 그분을 찬송하고 드높이 찬양하여라.

50 번개와 구름아, 주님을 찬미하여라. 영원히 그분을 찬송하고 드높이 찬양하여라.

51 땅아, 주님을 찬미하여라. 영원히 그분을 찬송하고 드높이 찬양하여라.

52 산과 언덕들아, 주님을 찬미하여라. 영원히 그분을 찬송하고 드높이 찬양하여라.

53 땅에서 싹트는 것들아, 모두 주님을 찬미하여라. 영원히 그분을 찬송하고 드높이

찬양하여라.

54 샘들아, 주님을 찬미하여라. 영원히 그분을 찬송하고 드높이 찬양하여라.

55 바다와 강들아, 주님을 찬미하여라. 영원히 그분을 찬송하고 드높이 찬양하여라.

56 용들과 물에서 움직이는 모든 것들아, 주님을 찬미하여라. 영원히 그분을 찬송하고 드높이 찬양하여라.

57 하늘의 새들아, 모두 주님을 찬미하여라. 영원히 그분을 찬송하고 드높이 찬양하여라.

58 들짐승과 집짐승들아, 모두 주님을 찬미하여라. 영원히 그분을 찬송하고 드높이 찬양하여라.

59 사람들아, 주님을 찬미하여라. 영원히 그분을 찬송하고 드높이 찬양하여라.

60 이스라엘아, 주님을 찬미하여라. 영원히 그분을 찬송하고 드높이 찬양하여라.

61 주님의 사제들아, 주님을 찬미하여라. 영원히 그분을 찬송하고 드높이 찬양하여라.

62 주님의 종들아, 주님을 찬미하여라. 영원히 그분을 찬송하고 드높이 찬양하여라.

63 의인들의 정신과 영혼아, 주님을 찬미하여라. 영원히 그분을 찬송하고 드높이 찬양하여라.

64 거룩한 이들과 마음이 겸손한 이들아, 주님을 찬미하여라. 영원히 그분을 찬송하고 드높이 찬양하여라.

65 하난야와 아자르야와 미사엘아, 주님을 찬미하여라. 영원히 그분을 찬송하고 드높이 찬양하여라. 그분께서 우리를 저승에서 구해 주시고 죽음의 손아귀에서 구원하셨으며 불길이 타오르는 가마에서 건져 내시고 불 속에서 건져 내셨다.

66 주님께 감사하여라. 그분께서는 선하시고 그 자비는 영원하시다.

67 주님을 경배하는 이들아, 모두 신들의 신을 찬미하여라. 그분을 찬송하고 그분께 감사하여라. 그분의 자비는 영원하시다.”

수산나

다니엘서의 그리스어 버전의 13장: NRSV번역은 가톨릭 성서 다니엘 13장에서 옮–역주

1 바빌로니아에 요야킴이라고 하는 사람이 살고 있었다. 2 그는 수산나라고 하는 힐키야의 딸을 아내로 맞아들였는데, 수산나는 매우 아름답기도 하거니와 주님을 경외하는 여인이었다. 3 수산나의 부모는 의로운 이들로서 그 딸을 모세의 율법에 따라 교육시켰다. 4 한편 요야킴은 아주 부유한 사람으로서 넓은 정원이 그의 집에 맞붙어 있었다. 그는 누구보다도 큰 존경을 받았기 때문에, 유다인들이 늘 그를 찾아오곤 하였다.

5 그런데 그해에 어떤 두 원로가 백성 가운데에서 재판관으로 임명되었다. 바로 그들을 두고 주님께서 이렇게 말씀하신 적이 있다. "바빌로니아에서, 백성의 지도자로 여겨지는 재판관인 원로들에게서 죄악이 나왔다." 6 그들이 줄곧 요야킴의 집에 있었으므로, 소송 거리가 있는 이들은 모두 그리로 그들을 찾아갔다.

7 한낮에 사람들이 떠나고 나면, 수산나는 남편의 정원에 들어가 거닐곤 하였다. 8 그렇게 그곳에 들어가 거니는 수산나를 매일 눈여겨본 그 두 원로는 수산나에게 음욕을 품게 되었다. 9 그들은 양심을 억누르고 하늘을 보지 않으려고 눈을 돌린 채, 의로운 판결조차 생각하지 않았다. 10 둘 다 수산나 때문에 마음이 괴로웠지만 서로 고민을 말하지 않았다. 11 수산나와 정을 통하고 싶다는 자기들의 음욕을 밝히기가 부끄러웠던 것이다. 12 그러면서도 그 여인을 보려고 매일 부지런히 기회를 엿보았다.

13 어느 날 그들은 "점심때가 되었으니 집으로 가세." 하고 서로 말하고서는, 그곳을 나와 헤어졌다. 14 그러나 그들은 되돌아오다가 마주치게 되었다. 그리고 서로 까닭을 캐묻다가 마침내 자기들의 음욕을 실토하게 되었다. 그리하여 그들은 혼자 있는 수산나를 만날 수 있는 시간을 함께 찾아보기로 약속하였다.

15 그들이 알맞은 날을 엿보고 있을 때, 수산나가 여느 때와 마찬가지로 하녀 둘만 데리고 정원으로 들어갔다. 그리고 날이 무더웠으므로 그곳에서 목욕을 하려고 하였다. 16 거기에는 숨어서 수산나를 엿보는 그 두 원로 말고는 아무도 없었다. 17 수산나는 하녀들에게, "내가 목욕을 하게 올리브 기름과 물분을 가져오고 정원 문들을 닫아걸어라." 하고 말하였다. 18 하녀들은 수산나가 말한 대로 하였다. 곧 정원 문들을 닫아걸고서는 분부받은 것들을 가져오려고 옆문으로 나갔다. 원로들이 숨어 있었기 때문에 하녀들은 그들을 보지 못하였다.

19 하녀들이 나가자마자 두 원로는 일어나서 수산나에게 달려가 20 말하였다. "자, 정원 문들은 잠겼고 우리를 보는 이는 아무도 없소. 우리는 당신을 간절히 원하오. 그러니 우리 뜻을 받아들여 우리와 함께 잡시다. 21 그러지 않으면, 어떤 젊은이가 당신과 함께 있었고, 바로 그 때문에 당신이 하녀들을 내보냈다고 증언하겠소."

22 수산나는 탄식하며 말하였다. "나는 꼼짝 못할 곤경에 빠졌소. 그렇게 하면 그것은 나에게 죽음이고, 그렇게 하지 않는다 하여도 당신들의 손아귀에서 빠져나갈 수가 없을 것이오. 23 주님 앞에 죄를 짓느니, 차라리 그렇게 하지 않고 당신들의 손아귀에 걸려드는 편이 더 낫소."

24 그러고 나서 수산나는 크게 소리를 질렀다. 그 두 원로도 수산나를 향하여 소리를

지르더니, 25 그 가운데 하나가 달려가서 정원 문들을 열어젖혔다. 26 집에 있던 사람들이 정원에서 나는 고함 소리를 듣고, 옆문으로 뛰어들어 가 수산나에게 일어난 일을 보았다. 27 원로들이 저희 쪽의 이야기를 하자 하인들은 매우 수치스럽게 생각하였다. 수산나를 두고 누가 그와 같은 말을 한 적이 한 번도 없었기 때문이다.

28 다음 날, 수산나의 남편 요야킴의 집으로 백성이 모여들 때, 그 두 원로는 수산나를 죽이겠다는 악한 생각을 가득 품고서 그리로 갔다. 29 그들이 백성 앞에서 말하였다. "사람을 보내어 요야킴의 아내, 힐키야의 딸 수산나를 데려오게 하시오." 그러자 백성이 사람을 보냈다. 30 수산나는 부모와 자녀들과 모든 친척과 함께 나왔다. 수산나는 매우 우아하고 모습이 아름다웠다.

31 그는 베일을 쓰고 있었는데, 그 악인들은 수산나의 아름다움을 보고 즐기려는 속셈으로 베일을 벗기라고 명령하였다. 32 그러자 수산나 곁에 있던 이들과 그를 보는 이들이 모두 울었다. 33 그 두 원로는 일어나 백성 한가운데에서 수산나의 머리에 자기들의 손을 얹었다.

34 수산나는 눈물이 가득한 채 하늘을 우러러보았다. 마음으로 주님을 신뢰하고 있었기 때문이다. 35 그 두 원로는 이렇게 말하였다. "우리가 단둘이서 정원을 거닐고 있을 때, 이 여자가 여종 둘을 데리고 정원으로 들어가더니, 정원 문들을 닫아걸고서는 여종들을 내보냈소. 36 그때에 숨어 있던 젊은이 하나가 이 여자에게 가더니 함께 누웠소. 37 정원 구석에 있던 우리는 그 죄악이 벌어지는 것을 보고서 그들에게 달려갔소. 38 그리고 둘이서 정을 통하는 것을 보기는 하였지만, 그자가 우리보다 힘이 세어 붙잡을 수는 없었소. 그래서 그자는 문을 열고 달아나 버렸소. 39 그 대신 이 여자를 붙들고 그 젊은이가 누구냐고 물었지만, 40 이 여자는 그것을 우리에게 알려 주려고 하지 않았소. 이것이 우리의 증언이오." 41 그들이 백성의 원로이며 재판관이었기 때문에, 회중은 그들을 믿고 수산나에게 사형을 선고하였다.

42 그때에 수산나가 크게 소리 지르며 말하였다. "아, 영원하신 하느님! 당신께서는 감추어진 것을 아시고 무슨 일이든 일어나기 전에 미리 다 아십니다. 43 또한 당신께서는 이자들이 저에 관하여 거짓된 증언을 하였음도 알고 계십니다. 이자들이 저를 해치려고 악의로 꾸며 낸 것들을 하나도 하지 않았는데, 저는 이제 죽게 되었습니다."

44 주님께서 수산나의 목소리를 들으셨다. 45 그리하여 사람들이 수산나를 처형하려고 끌고 갈 때, 하느님께서는 다니엘이라고 하는 아주 젊은 사람 안에 있는 거룩한 영을 깨우셨다. 46 그러자 다니엘이 "나는 이 여인의 죽음에 책임이 없습니다." 하고 큰 소리

로 외쳤다.

47 온 백성이 그에게 돌아서서, "그대가 한 말은 무슨 소리요?" 하고 물었다. 48 다니엘은 그들 한가운데에 서서 말하였다. "이스라엘 자손 여러분, 여러분은 어찌 그토록 어리석습니까? 신문을 해 보지도 않고 사실을 알아보지도 않고, 어찌 이스라엘의 딸에게 유죄 판결을 내릴 수가 있습니까? 49 법정으로 돌아가십시오. 이자들은 수산나에 관하여 거짓 증언을 하였습니다."

50 온 백성은 서둘러 돌아갔다. 그러자 다른 원로들이 그에게 말하였다. "자, 하느님께서 그대에게 원로 지위를 주셨으니 우리 가운데에 앉아서 설명해 보게." 51 다니엘이 "저들을 서로 멀리 떼어 놓으십시오. 제가 신문을 하겠습니다." 하고 말하였다.

52 사람들이 그들을 따로 떼어 놓자, 다니엘이 그들 가운데 한 사람을 불러 말하였다. "악한 세월 속에 나이만 먹은 당신, 이제 지난날에 저지른 당신의 죄들이 드러났소. 53 주님께서 '죄 없는 이와 의로운 이를 죽여서는 안 된다.'고 말씀하셨는데도, 당신은 죄 없는 이들에게 유죄 판결을 내리고 죄 있는 자들을 놓아 주어 불의한 재판을 하였소. 54 자, 당신이 참으로 이 여인을 보았다면, 그 둘이 어느 나무 아래에서 관계하는 것을 보았는지 말해 보시오." 그자가 "유향나무 아래요." 하고 대답하였다. 55 그러자 다니엘이 말하였다. "진정 당신은 자기 머리를 내놓고 거짓말을 하였소. 하느님의 천사가 이미 하느님에게서 판결을 받아 왔소. 그리고 이제 당신을 둘로 베어 버릴 것이오."

56 다니엘은 그 사람을 물러가게 하고 나서 다른 사람을 데려오라고 분부하였다. 그리고 그자에게 말하였다. "유다가 아니라 가나안의 후손인 당신, 아름다움이 당신을 호리고 음욕이 당신 마음을 비뚤어지게 하였소. 57 당신들은 이스라엘의 딸들을 그런 식으로 다루어 왔소. 그 여자들은 겁에 질려 당신들과 관계한 것이오. 그러나 이 유다의 딸은 당신들의 죄악을 허용하지 않았소. 58 자 그러면, 관계하는 그들을 어느 나무 아래에서 붙잡았는지 나에게 말해 보시오." 그자가 "떡갈나무 아래요." 하고 대답하였다. 59 그러자 다니엘이 말하였다. "진정 당신도 자기 머리를 내놓고 거짓말을 하였소. 하느님의 천사가 이미 당신을 둘로 잘라 버리려고 칼을 든 채 기다리고 있소. 그렇게 해서 당신들을 파멸시키려는 것이오."

60 그러자 온 회중이 크게 소리를 지르며, 당신께 희망을 두는 이들을 구원하시는 하느님을 찬미하였다. 61 다니엘이 그 두 원로에게, 자기들이 거짓 증언을 하였다는 사실을 저희 입으로 입증하게 하였으므로, 온 회중은 그들에게 들고일어났다. 그리고 그들이 이웃을 해치려고 악의로 꾸며 낸 그 방식대로 그들을 처리하였다. 62 모세의 율법에 따라

그들을 사형에 처한 것이다. 이렇게 하여 그 날에 무죄한 이가 피를 흘리지 않게 되었다.

63 수산나가 수치스러운 일을 하지 않았다는 것이 드러났으므로, 힐키야와 그의 아내는 수산나의 남편 요야킴과 모든 친척과 함께, 자기들의 딸 수산나를 두고 하느님을 칭송하였다. 64 그리고 그날 이후로 다니엘은 백성 앞에서 큰사람이 되었다.

벨과 뱀

다니엘서의 그리스어 버전의 14장: NRSV번역은 가톨릭 성서 다니엘 14장에서 옮―역주

1 아스티아게스 임금이 조상들 곁으로 가자, 페르시아인 키루스가 그의 나라를 이어받았다. 2 다니엘은 임금의 벗으로서 임금의 어떤 친구보다도 존경을 받았다.

3 한편 바빌로니아인들에게는 벨이라고 하는 우상이 있었는데, 사람들은 날마다 고운 밀가루 열두 아르타바와 양 마흔 마리와 포도주 여섯 메트레테스를 바쳤다. 4 임금도 그 우상을 숭배하여 날마다 그 앞으로 나아가 경배하였다. 그러나 다니엘은 자기의 하느님만 경배하였다. 5 그래서 임금이 다니엘에게, "너는 어찌하여 벨께 경배하지 않느냐?" 하고 묻자, 다니엘이 대답하였다. "저는 손으로 만든 우상이 아니라, 하늘과 땅을 창조하시고 모든 생물을 지배하시는 살아 계신 하느님을 숭배합니다."

6 임금이 다시, "너는 벨께서 살아 계신 신이 아니라고 생각하느냐? 벨께서 날마다 얼마나 많이 마시고 드시는지 보고 있지 않느냐?" 하고 물었다. 7 다니엘이 웃으면서 말하였다. "임금님, 속지 마십시오. 그것은 속은 진흙이고 겉은 청동으로서 무엇을 먹거나 마신 적이 전혀 없습니다."

8 그러자 임금이 화를 내며 벨의 사제들을 불러 놓고 말하였다. "이 양식을 누가 먹는지 나에게 말하지 않으면 너희는 죽을 것이다. 그러나 너희가 그것을 벨께서 드신다는 것을 밝히면 다니엘이 죽을 것이다. 그가 벨을 모독하였기 때문이다." 9 다니엘은 "임금님의 말씀대로 이루어지기를 바랍니다." 하고 임금에게 말하였다. 벨의 사제들은 일흔 명이나 되었고 그 밖에도 그들의 아내들과 자녀들이 있었다.

10 임금은 다니엘과 함께 벨의 신전으로 갔다. 11 그러자 벨의 사제들이 말하였다. "자, 저희는 나갑니다. 임금님, 임금님께서는 음식을 올려놓으시고 포도주를 차려 놓으신 다음, 문을 잠그시고 임금님의 옥새로 봉인하십시오. 내일 아침에 와 보시고, 벨께서 그것들을 모두 드시지 않은 것으로 드러나면 저희가 죽을 것입니다. 아니라면 저희에 관하여 거짓말을 하는 다니엘이 그렇게 될 것입니다." 12 그러면서 그들은 걱정하지 않았다. 제사상 밑으로 비밀 통로를 만들어 놓고, 늘 그 통로로 들어가서 음식을 먹곤 하였던

것이다. 13 그들이 나간 다음에 임금은 벨에게 음식을 올려놓았다. 14 그러자 다니엘은 자기 종들에게 분부하여 재를 가져오게 하고, 임금이 혼자 있는 앞에서 온 신전에 그 재를 뿌려 놓았다. 그런 다음, 그들은 밖으로 나가 문을 닫고 임금의 옥새로 봉인하고 나서 떠나갔다. 15 그날 밤에도 사제들은 늘 하던 대로 아내들과 자녀들을 데리고 안으로 들어가 모든 것을 먹고 마셨다.

16 다음 날 아침에 임금은 일찍 일어났다. 다니엘도 그와 함께 있었다. 17 임금이 "다니엘아, 봉인이 그대로 있느냐?" 하고 묻자, 다니엘이 "임금님, 그대로 있습니다." 하고 대답하였다. 18 문들이 열리자마자 임금은 제사상 위를 살펴보고서는 큰 소리로 외쳤다. "벨이시여, 당신께서는 위대하십니다. 그리고 당신께는 거짓이 하나도 없습니다."

19 다니엘은 웃으면서 임금이 안으로 들지 못하게 하고서는, "바닥을 보십시오. 그리고 저것들이 누구 발자국인지 알아맞혀 보십시오." 하고 말하였다. 20 임금은 "남자들과 여자들과 아이들의 발자국이 보이는구나." 하고 말하더니,

21 분노를 터뜨리며 사제들과 그들의 아내들과 자녀들을 체포하게 하였다. 사제들은 자기들이 들어와서 제사상의 제물을 먹곤 하던 비밀 문들을 임금에게 보여 주었다. 22 임금은 그들을 사형에 처하고 벨은 다니엘에게 넘겨주었다. 다니엘은 벨과 그 신전을 부수어 버렸다.

23 그곳에 큰 뱀이 하나 있었는데 바빌로니아인들은 그것을 숭배하였다. 24 임금이 다니엘에게 "너는 이분께서 살아 계신 신이 아니라고는 말하지 못할 것이다. 그러니 이분께 경배하여라." 하고 말하자, 25 다니엘이 대답하였다. "저는 주 저의 하느님께만 경배합니다. 그분께서 살아 계신 하느님이시기 때문입니다. 임금님, 저에게 허락을 내려 주십시오. 제가 칼이나 몽둥이를 쓰지 않고서 저 뱀을 죽이겠습니다." 26 임금은 "너에게 허락을 내린다." 하고 말하였다.

27 다니엘은 역청과 굳기름과 머리털을 가져다가 한데 끓여 여러 덩어리로 만들고 나서, 그것들을 뱀의 입 쪽으로 던졌다. 뱀은 그것들을 먹더니 터져 죽었다. 그러자 다니엘이 말하였다. "보십시오, 여러분이 숭배하던 것을!"

28 바빌로니아인들은 그 소식을 듣고 몹시 화가 나서 임금을 모반하여 말하였다. "임금은 유다인이 되어 버렸다. 그래서 벨을 부수고 뱀을 죽이고 사제들을 살해한 것이다." 29 그들은 임금에게 가서, "다니엘을 우리에게 넘겨주시오. 그러지 않으면 당신과 당신 가족을 죽여 버리겠소." 하고 말하였다. 30 임금은 그들이 자기를 세차게 다그치는 것을 보고, 다니엘을 그들에게 넘겨주지 않을 수가 없었다.

31 사람들은 다니엘을 사자 굴에 던져 버렸다. 다니엘은 그곳에서 엿새 동안 지냈다. 32 그 굴에는 사자가 일곱 마리 있었는데, 날마다 사람 몸뚱이 두 개와 양 두 마리를 먹이로 주었다. 그러나 그때에는 사자들이 다니엘을 잡아먹게 하려고 아무것도 주지 않았다.

33 한편 유다에는 하바쿡 예언자가 있었다. 그는 국을 끓이고 빵을 부수어 사발에 담아서 들에 있는 추수꾼들에게 가져가는 길이었다. 34 그때에 주님의 천사가 하바쿡에게 말하였다. "네가 가지고 있는 그 음식을 바빌로니아로 가지고 가서 사자 굴에 있는 다니엘에게 주어라." 35 하바쿡은 "주님, 저는 바빌로니아를 본 적도 없고 그 굴은 알지도 못합니다." 하고 대답하였다. 36 그러자 주님의 천사가 하바쿡의 정수리를 붙들더니, 머리채를 잡고 자기 영의 위력으로 바빌로니아에 있는 그 굴 위에 데려다 놓는 것이었다.

37 하바쿡은 "다니엘, 다니엘! 하느님께서 그대에게 보내신 음식을 받으시오." 하고 소리를 질렀다. 38 다니엘은 "하느님, 당신께서 저를 기억해 주셨습니다. 당신을 사랑하는 이들을 저버리지 않으셨습니다." 하고 말하였다. 39 그리고 나서 다니엘은 일어나 음식을 먹었다. 하느님의 천사는 곧바로 하바쿡을 그의 고장으로 데려다 놓았다.

40 이렛날에 임금은 다니엘의 죽음을 애도하려고 그곳으로 갔다. 굴에 다다른 임금이 안을 들여다보니 다니엘이 앉아 있는 것이었다. 41 임금이 큰 소리로 외쳤다. "주 다니엘의 하느님, 당신께서는 위대하십니다. 당신 말고 다른 분은 계시지 않습니다." 42 그리고 나서 임금은 다니엘을 끌어 올리고, 그의 파멸을 꾀한 책임자들을 굴속으로 던지게 하였다. 그들은 임금이 보는 앞에서 곧바로 사자들에게 먹히고 말았다.

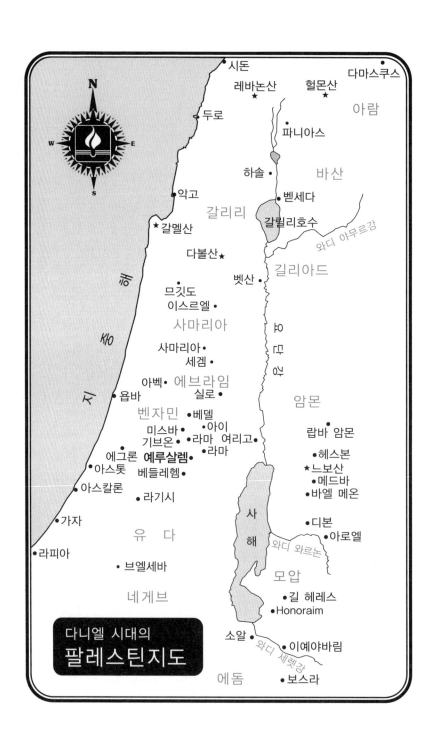

시돈
다마스쿠스
레바논산 ★ 헐몬산 ★
아람
두로
파니아스
하솔 ● 바산
악고 ● ● 벳세다
갈리리 갈릴리호수
★ 갈멜산 와디 야무르강
다볼산★
벳산 ● 길리아드
므깃도 ●
이스르엘 ●
사마리아
사마리아 ●
세겜 ●
아벡 ● 에브라임
욥바 ● 실로 ●
벤자민 ● 베델
미스바 ● ● 아이
기브온 ● ● 라마 여리고 암몬
에그론 ● 예루살렘 ● 랍바 암몬
아스돗 ● 베들레헴 ● ● 라마 ● 헤스본
아스칼론 ● ★ 느보산
● 라기시 ● 메드바
● 바엘 메온
가자 ● 사
유 다 ● 디본
라피아 ● 해 ● 아로엘
와디 와르논
브엘세바 ● 모압
네게브 ● 길 헤레스
● Honoraim
소알 ● ● 이예야바림
와디 세렛강

다니엘 시대의
팔레스틴지도

에돔 ● 보스라

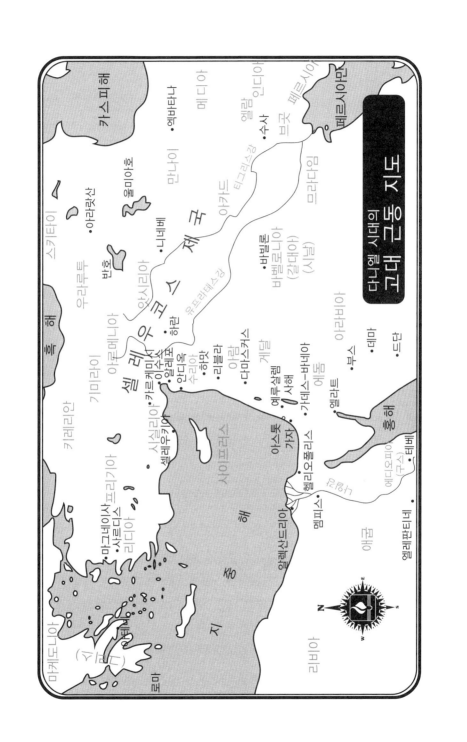

다니엘 시대의
고대 근동 지도

카스피해

스키타이

카레리안

키마라이

아르메니아

셀 레 우 코 스 제 국

우라루투

아라랏산

홀미이호

메디아

엑바타나

만나이

아카드

엘람 인디아

수사

보굿

페르시아만

페르시아

마라다임

나네베

하란

우프라테스강

티그리스강

바빌론
바벨로니아
(갈대아)
(시날)

리블라

아람

다마스커스

게달

아라비아

데마

부스

드단

마그네이사
사르디스
리디아

셀레우기아

시실리아

카르케미스
알레포

안디옥
수리아

하맛

예루살렘
사해

가레스-바네아

에돔

엘라트

홍해

메디오파
(구스)

티베

엘레판티네

마케도니아

아가야

시프러스

아수룻
가자

헬리오폴리스

알렉산드리아

멤피스

나일강

애굽

리비아

해

지

중

해

(그레시아)

로마

N

E

W

S

Bibliography

ABD
    1992   *Anchor Bible Dictionary*. Ed. by D. N. Freedman. 6 vols. New York: Doubleday.
Albright, William Foxwell
    1968   *Yahweh and the Gods of Canaan*. Garden City, N.Y.: Doubleday.
Alter, Robert
    1981   *The Art of Biblical Narrative*. New York: Basic Books, 1981.
Anderson, Robert A.
    1984   *Signs and Wonders: A Commentary on the Book of Daniel*. International Theological Commentary. Grand Rapids: Eerdmans.
ANET
    1950   *Ancient Near Eastern Texts Relating to the Old Testament*. Ed. by James B. Pritchard. Princeton: University Press.
Archer, Gleason L., Jr.
    1985   "Daniel." In *The Expositor's Bible Commentary*, vol. 7. Ed. by Frank E. Gaebelein. Grand Rapids: Zondervan.
Aukerman, Dale
    1993   *Reckoning with Apocalypse: Terminal Politics and Christian Hope*. New York: Crossroad.
Baldwin, Joyce G.
    1978   *Daniel: An Introduction and Commentary*. Tyndale Old Testament Commentaries. Madison, Wis.: InterVarsity Press.
Barr, J.
    1960   "Daniel." In *Peake's Commentary on the Bible*. OT ed. by H. H. Rowley. Nashville: Nelson.
Beale, G. K.
    1984   *The Use of Daniel in Jewish Apocalyptic Literature and in the Revelation of St. John*. Lanham, Md.: University Press of America.
Bender, H. S.
    1944   *The Anabaptist Vision*, Scottdale, Pa.: Herald Press.
Braght, Thieleman J. van
    1938   *Martyrs Mirror*. Trans. from the original Dutch ed. of 1660 by J. F. Sohm. Etchings by Jan Luyken. Scottdale, Pa.: Herald Press.
Bruce, F. F.
    1954   *The Book of Acts*. The New International Commentary on the New Testament. Ed. by F. F. Bruce. Grand Rapids: Eerdmans.
    1963   *Israel and the Nations*. Grand Rapids: Eerdmans.
    1969   *The New Testament Development of Old Testament Themes*. Grand Rapids: Eerdmans.
Brueggeman, Walter

1978   *The Prophetic Imagination.* Philadelphia: Fortress Press.

Charles, R. H., ed.

1913   *The Apocrypha and Pseudepigrapha of the Old Testament.* 2 vols. Oxford: Clarendon Press.

Charlesworth, James H., ed.

1983-85 *The Old Testament Pseudepigrapha.* 2 vols. New York: Doubleday.

Collins, John J.

1977   *The Apocalyptic Vision of the Book of Daniel.* Missoula, Mont.: Scholars Press.

1984   Daniel: *With an Introduction to Apocalyptic Literature.* Grand Rapids: Eerdmans.

Davidson, B.

1956   *The Analytical Hebrew and Chaldee Lexicon.* London: Bagster and Sons.

Ewert, David

1980   *And Then Comes the End.* Scottdale, Pa.: Herald Press.

Faulstich, E. W.

1988   *History, Harmony & Daniel: A New Computerized Evaluation.* Spencer, Iowa: Chronology Books.

Fewell, Danna, N.

1991   *Circle of Sovereignty.* Nashville: Abingdon.

Friedman, Edwin H.

1985   *Generation to Generation: Family Process in Church and Synagogue.* New York: The Guilford Press.

Fritsch, Charles T.

1955   "'God Was with Him': A Theological Study of the Joseph Narrative." *Interpretation* 9 (no. 1): 21-34.

Gammie, John G.

1983   *Daniel.* Knox Preaching Guides. Ed. by John H. Hayes. Atlanta: John Knox.

Gardner, Richard B.

1991   *Matthew.* Believers Church Bible Commentary. Scottdale, Pa.: Herald Press.

Goldingay, John E.

1989   *Daniel.* Word Biblical Commentary, vol. 30. Ed. by D. A. Hubbard et al. Dallas, Tex.: Word Books.

Goldstein, Jonathan A.

1976-1983 *I Maccabees. II Maccabees.* The Anchor Bible, vols. 41-41 A. Ed. by W. F. Albright and D. N. Freedman. Garden City, N.Y.: Doubleday.

Greenspoon, L. J.

1981   "The Origin of the Idea of Resurrection." In *Traditions in Transformation.* Ed. by B. Halpem and J. D. Levenson. Winona Lake: Eisenbrauns.

Hammer, Raymond

1976   *The Book of Daniel.* New York: Cambridge University Press.

Hanson, Paul

1975   *The Dawn of Apocalyptic: The Historical and Sociological Roots of Jewish Apocalyptic Eschatology.* Philadelphia: Fortress.

Hartman, Louis F.

1968   "Daniel." In *The Jerome Bible Commentary.* Ed. by R. E. Brown et al. Englewood Cliffs, N.J.: Prentice Hall, Inc.

Hartman, Louis F., and Dilella, Alexander

1978   *The Book of Daniel.* The Anchor Bible, vol. 23. Ed. by W. F. Al bright and D. N. Freedman. Garden City, N.Y.: Doubleday.

IDB

1962, 1976 *The Interpreter's Dictionary of the Bible.* Vols. 1-4, ed. by G. A. Buttrick, 1962; Suppl. vol., ed.

by K. Crim, 1976. Nashville: Abingdon.

Josephus, Flavius (A.D. 37–100)

1987   *The Works of Josephus*. Translated by William Whiston. Peabody, Mass.: Hendrickson Publishers.

Knight, George A. F.

1971   "The Book of Daniel." In *The Interpreter's One-Volume Commentary on the Bible*. Ed. by C. M. Layman. Nashville: Abingdon.

Koch, Klaus

1984   *The Prophets*. Vol. II: *The Babylonian and Persian Periods*.Trans, by M. Kohl. Philadelphia: Fortress.

Larkin, Clarence

1919   *The Book of Revelation*. Philadelphia: Author.

1918   *The Second Coming of Christ*. Philadelphia: Author.

Lehman, Chester K.

1950   *The Fulfillment of Prophecy*. Scottdale, Pa.: Mennonite Publishing House.

Lucas, E. C.

1989   "The Origin of Daniel's Four Empires Schema Re-examined." *Tyndale Bulletin* 40 (no. 2): 185-202.

Lurie, D. H.

1990   "A New Interpretation of Daniel's 'Sevens' and the Chronology of the Seventy 'Sevens.'" *Journal of the Evangelical Theological Society* 33:303-309.

Martens, Elmer A.

1986   *Jeremiah*. Believers Church Bible Commentary. OT ed. by E. A. Martens. Scottdale, Pa.: Herald Press.

Mauro, Philip

1970   *The Seventy Weeks and the Great Tribulation*. Swengel, Pa.: Reiner Publications.

Menno Simons

1956   *The Complete Writings of Menno Simons*. C. 1496-1561. Trans, from the Dutch by L. Verduin. Ed. by. J. C. Wenger. Scottdale, Pa.: Herald Press.

Mickelsen, A. Berkeley

1984   *Daniel and Revelation: Riddles or Realities?* Nashville: Nelson.

Montgomery, James A.

1979   *A Critical and Exegetical Commentary on the Book of Daniel*. Edinburgh: T. & T. Clark.

Moore, Carey A.

1977   *Daniel, Esther, and Jeremiah: The Additions*. The Anchor Bible, vol. 44. Ed. by W. F. Albright and D. N. Freedman. Garden City, N.Y.: Doubleday.

Morris, Leon

1972   *Apocalyptic*. Grand Rapids: Eerdmans.

NOAB

1991   *The New Oxford Annotated Bible with the Apocryphal/Deuterocanonical Books, NRSV*. Ed. by B. M. Metzger and R. E. Murphy. New York: Oxford University Press.

Oates, Joan

1986   *Babylon*. Rev. ed. New York: Thames and Hudson.

Owens, John Joseph

1971   *Daniel*. The Broadman Bible Commentary, vol. 6. Ed. by C. J. Al len. Nashville: Broadman.

Payne, J. Barton

1978   "The Goal of Daniel's Seventy Weeks." *Journal of the Evangelical Theological Society* 21 (no. 2, June 1978): 97-115.

Porteous, Norman W.
1965   *Daniel*. Philadelphia: Westminster.
Prophecy Conference
1953   *Prophecy Conference*. Report of Conference Held at Elkhart, Ind., Apr. 3-5, 1952. Scottdale, Pa.:
       Mennonite Publishing House.
Pritchard, J. B. See ANET.
Reid, Stephen Breck
1989   *Enoch and Daniel*. Berkeley, Calif.: Bibal.
Roop, Eugene F.
1987   *Genesis*. Believers Church Bible Commentary. OT ed. by E. A. Martens. Scottdale, Pa.: Herald
       Press.
Russell, D. S.
1964   *The Method and Message of Jewish Apocalyptic 200 B.C.- A.D. 100*. Philadelphia: Westminster.
1981   *Daniel*. Philadelphia: Westminster.
Sources
1985   The *Sources of Swiss Anabaptism*. Ed. by L. Harder. Classics of the Radical Reformation. Scottdale,
       Pa.: Herald Press.
Stauffer, Ethelbert
1945   "The Anabaptist Theology of Martyrdom." *The Mennonite Quarterly Review* 19 (no. 3, 1945): 179-
       214.
Stauffer, J. L.
1949   *Studies in the Book of Daniel*. Scottdale, Pa.: Herald Press. Talmon, Shemaryahu
1987   "Daniel." In *The Literary Guide to the Bible*. Ed. by R. Alter and F. Kermode. Cambridge, Mass.:
       Belknap Press of Harvard Univ. Press.
Tatford, Frederick A.
1953   *Daniel and His Prophecy*. London: Oliphants. 1980 reprint, Minneapolis: Klock & Klock.
TDNT
1964-76 *Theological Dictionary of the New Testament*. 10 vols. Ed. by G. Kittel and G. Friedrich; tr. and ed.
       by G. W. Bromiley. Grand Rapids: Eerdmans.
TDOT
1977-90 *Theological Dictionary of the Old Testament*. Vols. 1-6. Ed. by G. J. Botterweck and H. Ringgren.
       Grand Rapids: Eerdmans.
Thomson, J. E. H.
1983   "Daniel." In *The Pulpit Commentary*. Ed. by H. D. M. Spence and J. S. Excell. Reprint, Grand
       Rapids: Eerdmans.
Towner, W. Sibley
1984   *Daniel*. A Bible Commentary for Teaching and Preaching. Ed. by J. L. Mays et al. Atlanta: John
       Knox.
Viviano, Benedict T., and Justin Taylor
1992   "Sadducees, Angels, and Resurrection (Acts 23:8-9)." *Journal of Biblical Literature* 111:496-498.
Vermes, G.
1987   *The Dead Sea Scrolls in English*. 3d ed. London: Penguin Books.
Wallace, Ronald S.
1979   *The Lord Is King: The Message of Daniel*. Downers Grove, 111.: InterVarsity Press.
Walvoord, John F.
1971   *Daniel: The Key to Prophetic Revelation*. Chicago: Moody.
Wink, Walter

1984 *Naming the Powers: The Language of Power in the New Testament*. The Powers, vol. 1. Phildaelphia: Fortress.

1986 Unmasking the Powers: The Invisible Forces That Determine Human Existence. The Powers, vol. 2. Philadelphia: Fortress.

1992 Engaging the Powers: Discernment and Resistance in a World of Domination. The Powers, vol. 3. Minneapolis: Fortress.

Wood, Leon

1973 *A Commentary on Daniel*. Grand Rapids: Zondervan.

Yamauchi, Edwin M.

1990 *Persia and the Bible*. Grand Rapids: Baker Book House.

Young, E. J.

1949 *The Prophecy of Daniel*. Grand Rapids: Eerdmans.

추가적인 자료들

Anderson, Robert A. *Signs and Wonders*. International Theological Commentary. Grand Rapids: Eerdmans, 1984. Brief, well-written commentary on Daniel.

Baldwin, Joyce G. *Daniel: An Introduction and Commentary*. Tyndale Old Testament Commentaries. Madison, Wis.: InterVarsity Press, 1978. Masterful, carefully written. Excellent for per sonal study.

Bruce, F. F. *Israel and the Nations*. Grand Rapids: Eerdmans, 1969. Helpful background materials for the study of Daniel.

_____*New Testament Development of Old Testament Themes*. Grand Rapids: Eerdmans, 1969. Masterful chapters on "Rule of God," "People of God," and "Servant Messiah."

Ewert, David. *And Then Comes the End*. Scottdale, Pa.: Herald Press, 1980. Study of the end-times, based on the New Testament, but rooted in Old Testament themes.

Goldingay, John E. Daniel. Word Biblical Commentary, vol. 30. Dallas: Word Books, 1989. Excellent for person or group that wants to go more deeply into the interpretation of Daniel.

Wallace, Ronald S. *The Lord Is King: The Message of Daniel*. The Bible Speaks Today. Downers Grove: InterVarsity Press, 1979. Readable. Takes the text seriously, expounds it, and relates it to life today. Sees in Antiochus IV Epiphanes a foreshadowing of an antichrist in the last days.

Walvoord, John F. *Daniel: The Key to Prophetic Revelation*. Chicago: Moody, 1971. An example of commentaries written from the viewpoint that Daniel provides an outline of the program of God from Babylon to the second advent of Christ.

자료색인